Durchlässigkeit gestalten!
Wege zwischen beruflicher und hochschulischer Bildung

Regina Buhr, Walburga Freitag, Ernst A. Hartmann,
Claudia Loroff, Karl-Heinz Minks, Kerstin Mucke,
Ida Stamm-Riemer (Hrsg.)

Durchlässigkeit gestalten!
Wege zwischen beruflicher und hochschulischer Bildung

Waxmann 2008
Münster / New York / München / Berlin

Bibliografische Informationen der Deutschen Nationalbibliothek
Die Deutsche Nationalbibliothek verzeichnet diese Publikation in der Deutschen Nationalbibliografie; detaillierte bibliografische Daten sind im Internet über http://dnb.d-nb.de abrufbar.

Gefördert vom

Bundesministerium
für Bildung
und Forschung

EUROPÄISCHE UNION
Europäischer Sozialfonds

Diese Publikation ist Bestandteil der vom Bundesministerium für Bildung und Forschung (BMBF) und dem Europäischen Sozialfonds (ESF) im Rahmen der BMBF-Initiative „Anrechnung beruflicher Kompetenzen auf Hochschulstudiengänge (ANKOM)" geförderten wissenschaftlichen Begleitung. Förderkennzeichen 2105/28. Projektträger ist das Bundesinstitut für Berufsbildung (BIBB). Die wissenschaftliche Begleitung erfolgt durch die Hochschul-Informations-System GmbH (HIS) und die VDI/VDE Innovation + Technik GmbH (VDI/VDE-IT), in Kooperation mit dem Bundesinstitut für Berufsbildung (BIBB).

ISBN 978-3-8309-2027-4

Postfach 8603, 48046 Münster

www.waxmann.com
info@waxmann.com

Umschlaggestaltung: Christian Averbeck, Münster
Umschlagabbildung: www.fotolia.com
Satz: Stoddart Satz- und Layoutservice, Münster
Druck: Hubert & Co., Göttingen

Gedruckt auf alterungsbeständigem Papier,
säurefrei gemäß ISO 9706

Inhalt

Anrechnung und neue Formen des akademischen Lernens

Individuelle und betriebliche Nachfrageseite zu Anrechnung und Durchlässigkeit

Michael Thielen

Eine Agenda für Gleichwertigkeit und Durchlässigkeit

„Deutschland sucht Fachkräfte" – das ist in diesen Wochen immer häufiger die Botschaft, wenn die Bürger und Bürgerinnen morgens die Zeitung aufschlagen. Zunächst einmal liest man diese Botschaft sehr viel lieber als die Nachricht von fünf Millionen Arbeitslosen oder von 200.000 fehlenden Lehrstellen. Der Ruf nach Fachkräften macht deutlich, dass wir vorangekommen sind in Deutschland. Gleichwohl verweist er auch auf ein substanzielles Problem.

Wer über Qualifizierung für die Zukunft nachdenkt, muss falsche Alternativen und Gegensätze meiden.

Falsch ist die Alternative zwischen Zuwanderung kluger Köpfe von außen und mehr Qualifizierung zuhause. Denn im Bereich der Hochqualifizierten gehören Attraktivität für die international Besten und optimale Chancen für die Einheimischen zusammen wie zwei Seiten einer Medaille.

Falsch ist die Alternative zwischen Spitzenförderung und Breitenförderung. Wer die besonders Leistungsstarken zur Geltung kommen lässt, kann mehr für die Schwächeren tun. Und wer die Qualität in der Breite stärkt, schafft die Basis für den Aufstieg an die Spitze.

Falsch ist auch die Alternative akademische oder berufliche Ausbildung. Wir brauchen eine Erhöhung der Absolventenzahlen an Hochschulen. Wir brauchen aber genauso eine weitere Steigerung der Attraktivität beruflicher Aus- und Fortbildung für leistungsstarke junge Menschen.

Und wir brauchen vor allem mehr Durchlässigkeit zwischen diesen beiden Bereichen.

In Deutschland bestehen traditionell das System der beruflichen Bildung und das Hochschulsystem wenig verbunden nebeneinander. Diese Bildungssysteme verfolgen unterschiedliche Zielsetzungen, sie blicken auf unterschiedliche Traditionen zurück, sie basieren auf unterschiedlichen Regelwerken und unterliegen unterschiedlichen Verantwortlichkeiten.

Es fehlt an Informationen über das jeweils andere Bildungssystem; es werden unterschiedliche Fachsprachen verwendet; es verbergen sich hinter gleichen Begriffen unterschiedliche Inhalte; es liegen dem unterschiedliche Verständnisse zugrunde.

Diese Kluft passt nicht mehr in unsere Zeit.

Viele berufliche Aufgabenfelder können von Absolventen und Absolventinnen aus beiden Bildungssystemen gleichermaßen erfolgreich ausgefüllt werden. Die Rekrutierungspraxis von Unternehmen beweist, dass für viele Positionen sowohl die Absolventen und Absolventinnen aus der beruflichen Bildung, insbesondere die aus der Fortbildung, in Betracht kommen als auch die Absolventen und Absolventinnen von Hochschulen.

Gleichzeitig darf nicht verkannt werden, dass Unternehmen ab einer bestimmten Ebene nahezu ausschließlich Akademiker und Akademikerinnen rekrutieren. In vielen Bereichen ist eine akademische Weiterbildung Voraussetzung für das Vorankommen. Gerade den Leistungsfähigen aus der beruflichen Bildung dürfen diese Wege nicht verbaut sein.

Es geht dabei nicht um Nivellierung. Beide Bildungswege, der akademische wie der berufliche, haben ihre jeweiligen Stärken und ihr spezifisches Profil. Ich halte nichts davon, Unterschiede verwischen zu wollen, auch nicht in den Bezeichnungen. Im Gegenteil: Es muss das Ziel sein, die jeweiligen Stärken zu stärken und die Profile zu schärfen. Nicht Gleichheit ist der Schlüssel, sondern Gleichwertigkeit und Durchlässigkeit. Und da haben alle Verantwortlichen im Bildungssystem eine Menge zu tun.

Drei Punkte einer Agenda für Gleichwertigkeit und Durchlässigkeit will ich herausgreifen:

1. Die berufliche Fortbildung
   Auch innerhalb der beruflichen Bildung werden, insbesondere durch die Fortbildungsabschlüsse, Qualifikationen erworben, die zur Wahrnehmung anspruchsvoller Fach- und Führungsaufgaben befähigen. Durch den weiteren Ausbau und die Aktualisierung des Systems der geregelten beruflichen Fortbildungsabschlüsse wollen wir den Absolventen und Absolventinnen der Berufsausbildung das Signal geben, dass berufliche Bildung nach oben offen ist. Gerade den leistungsfähigen Schulabgängern und Schulabgängerinnen können sich hier attraktive Perspektiven bieten. Es ist zu wünschen, dass die Betriebe diese beruflichen Fortbildungsmöglichkeiten verstärkt bei der Personalgewinnung und bei der Personalentwicklung berücksichtigen.

2. Der Hochschulzugang
   Die in Deutschland sehr unterschiedlich ausgestalteten landesrechtlichen Hochschulzugangsregelungen für beruflich Qualifizierte sind intransparent und stellen oftmals eine nicht gerechtfertigte Hürde dar. Es ist ein wichtiges bildungspolitisches Ziel, unter Wahrung der Zuständigkeiten der Länder, zu klaren und gerechten Zugangsregelungen zu gelangen. Jedem beruflich Fortgebildeten muss es möglich sein, ohne sachlich ungerechtfertigte Hürden ein Studium in seiner Fachrichtung aufzunehmen.

3. Die Anrechnung beruflicher Qualifikationen
   Möglichkeiten, auf bereits vorhandenen Qualifikationen aufbauen zu können, sind bislang eher die Ausnahme. Sie sind meist auf besondere Studiengänge bezogen und oft von einzelnen Hochschullehrenden oder anderen spezifischen Gegebenheiten abhängig. Das ist unbefriedigend. Studierwilligen Absolventen und Absolventinnen aus der beruflichen Bildung sollten vorhandene gleichwertige Qualifikationen regelmäßig anerkannt werden, unabhängig von der Institution, in der sie erworben wurden.

Bund und Länder, Hochschulen und Unternehmen tragen Verantwortung für mehr Durchlässigkeit.

Von den Ländern wünsche ich mir vor allem transparentere rechtliche Regelungen für den Hochschulzugang beruflich Qualifizierter und, wo nötig, eine Weiterentwicklung des Rechtsrahmens für die Anrechnung.

Von den Hochschulen wünsche ich mir die Bereitschaft, sich in der Studienorganisation noch stärker auf Studierende aus der Berufsbildung einzustellen. Ich wünsche mir die Bereitschaft, die bisherigen Nischenangebote an den Hochschulen auszubauen und zu verbreitern, die Bereitschaft, Möglichkeiten der Anrechnung beruflicher Vorqualifikationen auszuschöpfen, ja, dass sie Attraktivität für beruflich Qualifizierte als eine Möglichkeit der besonderen Profilbildung für die eigene Hochschule entdecken.

Von den Unternehmen wünsche ich mir eine Personalpolitik, die den Aufstiegswillen von Menschen aktiv fördert, unabhängig davon aus welchem Bildungsweg ihre Erstausbildung stammt.

Natürlich hat auch der Bund seinen Teil beizutragen.

In der geregelten beruflichen Bildung werden Zugänge vereinfacht. Wir werden die Integration von Fortbildungselementen in die Erstausbildung vorantreiben und berufliche Fortbildungsabschlüsse noch besser positionieren. Und wir werden die Anrechnung beruflicher Qualifikationen auf Studiengänge weiter unterstützen. Für den Erfolg und die Verbreitung dieses Instruments ist entscheidend, dass an den Hochschulen praktikable und transparente Anrechnungsmodelle für Studiengänge zur Verfügung stehen, die Vertrauen stiften. Vertrauen darin, dass hier Gleichwertiges auch gleichwertig behandelt werden soll – nicht mehr und nicht weniger.

Die Forderung nach mehr Durchlässigkeit gehört zu den bedingungslos zustimmungsfähigen Sätzen in der Bildungsprogrammatik, sprich: Alle nicken, niemand widerspricht. Da dies nicht erst seit heute so ist, fragt man sich zwangsläufig, warum wir bei soviel Konsens noch nicht weiter sind.

Nehmen die einen das Thema nicht so ernst, weil sie ohnehin überzeugt sind, am besten würden alle Abitur machen und gleich studieren? Und die anderen nicht, weil sie die Lösung eher darin sehen, beruflichen Abschlüssen akademisch klingende Bezeichnungen zu geben? Liegt es an den praktischen Anwendungsproblemen oder an Zuständigkeiten?

Vielleicht spielt all dies eine Rolle, vielleicht kommen andere Gesichtspunkte hinzu. Wie dem auch sei: Ein Grund, sich mit dem Zustand abzufinden, ist das alles nicht. Wir brauchen einen neuen Anlauf aller Beteiligten. Die Zeichen dafür stehen gut. Der Innovationskreis berufliche Bildung von Ministerin Schavan hat das Thema vorangetrieben; die Reaktion der Länder ist konstruktiv. Der Bund jedenfalls wird nicht locker lassen. Denn Durchlässigkeit ist ein Gebot der Gerechtigkeit und der Vernunft. Der wirtschaftliche und soziale Aufstieg unseres Landes war und ist eng verbunden mit den Chancen auf persönlichen Aufstieg durch Bildung.

An diesen Chancen zu arbeiten und spürbare Fortschritte zu erzielen, lohnt sich.

Ernst A. Hartmann, Regina Buhr, Walburga Freitag, Claudia Loroff, Karl-Heinz Minks, Kerstin Mucke und Ida Stamm-Riemer

Durchlässigkeit zwischen beruflicher und akademischer Bildung – wozu, wie, warum und für wen?

1. Kontext dieser Publikation

Die hier vorliegende Buchpublikation entstand im Kontext der Initiative „Anrechnung beruflicher Kompetenzen auf Hochschulstudiengänge" (ANKOM) des Bundesministeriums für Bildung und Forschung (BMBF), die im Folgenden noch näher vorgestellt werden wird. Die wissenschaftliche Begleitung zur ANKOM-Initiative veranstaltete im September und Dezember 2007 zwei Tagungen[1], um die Anrechnung beruflicher Kompetenzen im breiteren Kontext der Durchlässigkeit zwischen beruflicher und akademischer Bildung mit Experten aus Wissenschaft, Wirtschaft und Politik zu diskutieren.

Mit dem Ziel, die Ergebnisse dieser Tagungen einem breiteren Publikum – jenseits der jeweiligen Teilnehmerkreise – zugänglich zu machen, entstand die Idee, die Referentinnen und Referenten und auch weitere Teilnehmerinnen und Teilnehmer dazu einzuladen, ihre Diskussionsbeiträge in einer etwas ausführlicheren Form für eine solche Publikation aufzubereiten.

2. Bildungs- und arbeitsmarktpolitischer Hintergrund

Das Thema Durchlässigkeit ist schon seit Jahrzehnten ein virulentes Problem. In vergangener Zeit ging es vor allem um Studienmöglichkeiten für Personen ohne Abitur – ein Bereich, in dem inzwischen unterschiedliche Möglichkeiten geschaffen wurden. Die Diskussion hat sich inzwischen erweitert um die Durchlässigkeit zwischen beruflichem und hochschulischem Bildungsbereich.

Für lange Zeit ist die Frage eines Zugangs zur Hochschule für Personen ohne traditionelle Studienberechtigung (Abitur), aber mit anderen lebensgeschichtlichen Voraussetzungen in Kategorien der Hochbegabtenförderung behandelt worden – als ein gleichsam nachträglicher Zugang für hochbegabte Spätentwickler.

In den 1960er Jahren waren es spezifische Bedarfe des Arbeitsmarktes (zum Beispiel bei Lehrkräften oder Ingenieuren), die zu Maßnahmen der Öffnung des Hochschulzugangs führten, allerdings ohne grundlegende Veränderungen der Schnittstellen und Selektionsstrukturen wie auch ohne Anpassung von Studienangeboten. In

1 Fachtagung „Perspektive Durchlässigkeit – Anrechnung gestalten! Chancen für die berufliche und hochschulische Bildung" am 18. und 19. September 2007 in Berlin und die Abschlusstagung zur ANKOM-Initiative „Beruflich erworbene Kompetenzen anrechnen!" am 6. und 7. Dezember 2007 in Bonn.

den 1980er und frühen 1990er Jahren wurden verstärkt bildungspolitische Möglichkeiten erörtert, um die Gleichwertigkeit zwischen beruflicher und allgemeiner Bildung zu befördern, nicht zuletzt um auf diese Weise die betriebliche Berufsausbildung aufzuwerten.

Eine dieser Möglichkeiten wurde auch in der Anbindung des Hochschulzugangs an die berufliche Bildung gesehen. Dieser Ansatz hat insbesondere seit den 90er Jahren dazu geführt, dass nahezu alle Bundesländer – allerdings in sehr unterschiedlichen Formen – Maßnahmen zur Öffnung des Hochschulzugangs für qualifizierte Berufstätige ergriffen haben (siehe dazu Teichler, Wolter, 2004).[2] Im Ergebnis sind alle diese Maßnahmen quantitativ nicht sehr erfolgreich gewesen.

Der Anteil der Studienanfänger an den deutschen Hochschulen, die auf einem dieser verschiedenen Wege in ein Studium gelangt sind, liegt seit Jahren bei ein wenig mehr als einem Prozent[3]; lediglich einige wenige Bundesländer weisen höhere Anteile auf. Von einer praktisch wirksamen Durchlässigkeit kann hier kaum gesprochen werden.

Die Verbesserung der Durchlässigkeit zwischen beruflicher und akademischer Bildung wurde auf europäischer Ebene im Jahr 1999 in der Bologna-Erklärung der Europäischen Bildungsministerinnen und Bildungsminister als bedeutsames politisches Ziel verankert. Die Verbesserung der Durchlässigkeit hatte auch auf Konferenzen, die Bologna folgten, zentrale Bedeutung. Auf nationaler Ebene hat die Bund-Länder-Kommission für Bildungsplanung und Forschungsförderung (BLK) diese Überlegungen wiederholt aufgegriffen. In der gemeinsamen Empfehlung des Bundesministeriums für Bildung und Forschung, der Kultusministerkonferenz (KMK) und der Hochschulrektorenkonferenz (HRK) zur Vergabe von Leistungspunkten in der beruflichen Fortbildung und deren Anrechnung auf ein Hochschulstudium vom September 2003 wurde diese Thematik verdeutlicht.[4]

Diesen bildungspolitischen Positionen steht ein Bedarf des Beschäftigungssystems gegenüber, da für die Wissensgesellschaft des 21. Jahrhunderts eine Verschiebung der Tätigkeitsbereiche hin zu Branchen mit hoher Forschungs- und Entwicklungsintensität festgestellt wird (vgl. Egeln et al., 2004). Damit steigen die Qualifikationsanforderungen in Richtung wissenschaftlich Ausgebildeter sowohl im verarbeitenden Gewerbe, im Handwerk als auch in den Dienstleistungsbereichen. Mit dem strukturellen Tätigkeitswandel wird somit ein steigender Bedarf der wissensbasierten Wirtschaft an Beschäftigten mit einer akademischen Aus- und (lebensbegleitenden) Weiterbildung prognostiziert. Die fortschreitende Verwissenschaftlichung von Produktion und Dienstleistungen verlangt quantitativ und qua-

2 Aktuell (2007/8) wurde beziehungsweise wird der Hochschulzugang für beruflich Qualifizierte etwa in Thüringen und Bayern gegenüber den jeweils zuvor bestehenden Regelungen erleichtert. Siehe auch http://www.kmk.org/hschule/Synopse2006.pdf.

3 Immatrikulierte aufgrund beruflicher Qualifikation oder Begabtenprüfung, vgl. Autorengruppe Bildungsberichtserstattung (2008): Bildung in Deutschland 2008, http://www.bildungsbericht.de/daten2008/bb_2008.pdf (zuletzt besucht: 18.09.2008).

4 BMBF-Pressemitteilung Nr. 202/03 „Berufsausbildung soll auf das Hochschulstudium angerechnet werden" vom 4. November 2003.

litativ zunehmend nach wissenschaftlich aus- und weitergebildeten Fach- und Führungskräften auf allen Ebenen der betrieblichen Arbeitsorganisation.

Auch für andere Gruppen von Fachkräften, wie etwa Absolventinnen und Absolventen der im Gesundheits- und Sozialwesen angesiedelten beruflichen Bildungsgänge, lassen sich analoge Argumentationen aufzeigen. Auch hier ist die Akademisierung im internationalen Vergleich gering; als Beispiel sei der Bereich der frühkindlichen Bildung genannt. Hier stellt sich ebenfalls die Notwendigkeit einer Weiterentwicklung der jeweiligen Kompetenzen (auch) auf akademischem Niveau. Im Gesundheitsbereich tragen ähnliche Entwicklungen wie auch technologisch getriebene Innovationen und der Druck, rationale Managementkonzepte einzuführen, zu diesem Entwicklungsbedarf bei. Im Bereich der frühkindlichen Bildung hingegen sind es fachlich-inhaltliche Erwägungen, die eine Aufwertung der entsprechenden Kompetenzen – auch im Hinblick auf die Sicherung der volkswirtschaftlichen Funktion des Bildungssystems – angeraten erscheinen lassen.

Diesen Anforderungen stehen folgende Problembereiche gegenüber:

- Geringer Akademisierungsgrad: Der Anteil von Hochschulabsolventinnen und -absolventen liegt in Deutschland weit unter OECD-Durchschnitt (OECD, 2007).
- Es bestehen Karrierebarrieren für qualifizierte Absolventen und Absolventinnen des dualen Systems: Trotz substanziell guter Qualifikationen sind Absolventinnen und Absolventen der dualen Berufsausbildung, aber auch der fachschulischen Ausbildung sowie der beruflichen Weiterbildung mit Karrierebarrieren konfrontiert. Für viele Fach- und Führungspositionen wird ein akademischer Abschluss implizit oder explizit vorausgesetzt.
- Die geringe Durchlässigkeit zwischen dem dualen System und der Hochschule stellt in Verbindung mit den genannten Karrierebarrieren auch ein Innovationshemmnis und damit ein Wettbewerbshemmnis für einschlägige Branchen dar, das auch von der Wirtschaft kritisch gesehen wird.
- Schließlich entstehen aufgrund der geringen Durchlässigkeit zu wenig Anreize, im Rahmen nachhaltigen lebenslangen Lernens Weiterbildung als Schutz vor vorzeitigem Verschleiß von Kompetenzen aktiv voranzutreiben. Dieser Aspekt ist auch angesichts der Entwicklungsdynamik der Kompetenzanforderungen einerseits und der demografischen Entwicklung (Alterung) der deutschen Gesellschaft sowie der damit verbundenen Notwendigkeit der Pflege des Bestandes an hoch qualifizierten Fachkräften andererseits von erheblichem Belang.

Eine nachhaltige Milderung dieser Problembereiche hat folgende Voraussetzungen:

- *Transparenz* der Aus- und Weiterbildung wie auch von Studiengängen bezogen auf Lernergebnisse, um eine internationale Vergleichbarkeit von Kompetenzen wie auch Abschlüssen zu erreichen.
- *Weiterbildungsangebote* sowohl im beruflichen als auch im hochschulischen Bereich müssen unterschiedliche Zielgruppen ansprechen und nutzerorientiert gestaltet sein (inhaltlich, organisatorisch, finanziell).

- Der *Zugang* zur hochschulischen Bildung für beruflich Qualifizierte ohne schulische Hochschulzugangsberechtigung muss weiter geöffnet und zwischen den Bundesländern harmonisiert werden. Jene Regelungen ohne künstliche Hürden könnten dafür Vorbild sein.
- Durch *Anrechnung* beruflicher Kompetenzen auf Hochschulstudiengänge können Durchlässigkeitshürden weiter gesenkt werden, etwa durch Vermeidung von Redundanzen und dadurch entstehende Zeitgewinne.
- Neue *Studienmodelle* – wie etwa berufsbegleitende, möglichst projektbasierte Bachelorstudiengänge – erlauben eine verbesserte Verzahnung von Berufstätigkeit und wissenschaftlicher (Weiter-)Bildung und sind deshalb für Berufstätige wesentlich eher studierbar als traditionelle Vollzeitstudiengänge.
- Auch zertifizierte Module der *wissenschaftlichen Weiterbildung* mit Anrechnungswert (Kreditpunkten) müssen vermehrt angeboten werden.

3. Die ANKOM-Initiative

Um in diesem Sinne zu mehr Durchlässigkeit zwischen beruflicher und hochschulischer Bildung beizutragen, hat das Bundesministerium für Bildung und Forschung unter Zuhilfenahme von Mitteln aus dem Europäischen Sozialfonds (ESF) im Jahr 2005 die Förderinitiative „Anrechnung beruflicher Kompetenzen auf Hochschulstudiengänge“ (ANKOM) ausgeschrieben. Den Kern dieser Initiative bildet ein auf die praktische Umsetzung orientiertes Maßnahmenbündel, das dem Ziel dient, Übergänge zwischen den Bildungsinstitutionen zu ebnen und bei hoch qualifizierten, berufserfahrenen Studierwilligen bereits vorhandene Qualifikationen und Kompetenzen auf das Studium anzurechnen.

In einem zweistufigen Ausschreibungsverfahren wurden elf Entwicklungsprojekte ausgewählt, die ab September 2005 ihre Arbeit aufnahmen und deren BMBF-ESF-Förderung im Dezember 2007 planmäßig auslief. In fast allen Fällen konnte die Förderung bis zum Ende des ersten Halbjahres 2008 verlängert werden, die niedersächsischen Projekte erhielten eine anschließende Landesförderung bis zum Jahresende 2008.

Aufgabe der Entwicklungsprojekte war es, Verfahren zu entwickeln und zu erproben, mit denen berufliche Kompetenzen von Personen, die bundesweit gültige Fortbildungsabschlüssen erworben haben, auf einschlägige Hochschulstudiengänge angerechnet werden können.

Parallel wurde eine wissenschaftliche Begleitung für die Förderinitiative eingesetzt. Sie besteht aus den Kooperationspartnern Hochschul-Informations-System GmbH (HIS) und VDI/VDE Innovation + Technik GmbH (VDI/VDE-IT). Als weiterer Partner wurde das Bundesinstitut für Berufsbildung (BIBB) eingebunden. Die wissenschaftliche Begleitung nahm ihre Arbeit im Oktober 2005 auf, mit einer ursprünglich geplanten Laufzeit bis Ende 2008, die bis Mitte 2009 verlängert wurde.

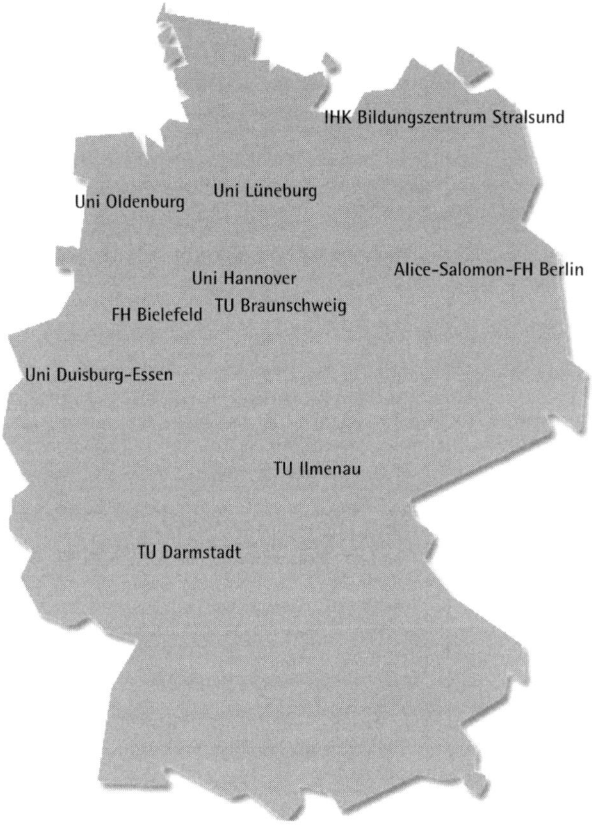

Abbildung 1:
Die Entwicklungsprojekte (geografische Verteilung der koordinierenden Institutionen)

Zur Unterstützung des Gesamtvorhabens konstituierte sich zudem ein aus Mitgliedern des Bundesministeriums für Bildung und Forschung, des Bundesinstituts für Berufsbildung, des Deutschen Gewerkschaftsbunds (DGB), der Industriegewerkschaft Metall (IGM), der Hochschulrektorenkonferenz und des Kuratoriums der Deutschen Wirtschaft für Berufsbildung (KWB) zusammengesetzter Ausschuss.

Die Landkarte (Abbildung 1) zeigt die Projekte in ihrer geografischen Verteilung. Dabei ist jeweils nur die koordinierende Institution angezeigt. Diese Einzelprojekte strahlen in Form von Kooperationen in weitere Regionen (zum Beispiel Bremen, Rheinland-Pfalz) aus. „Hinter“ diesen Institutionen stehen jeweils Projektkonsortien, denen Bildungseinrichtungen aus den Bereichen der beruflichen und akademischen Bildung und fallweise auch andere Partner wie etwa Unternehmen, Kammern und Verbände angehören.

Cluster Gesundheit und Soziales

Alice-Salomon-Fachhochschule Berlin:
Anrechnung beruflicher Kompetenzen auf die Hochschulausbildung von ErzieherInnen.

Fachhochschule Bielefeld, Fachbereich Pflege und Gesundheit:
Anrechnung beruflich erworbener Kompetenzen in Gesundheitsberufen auf den Bachelorstudiengang Pflege und Gesundheit.
Teilprojekt I: Pflegeberufe
Teilprojekt II: Gesundheitsfachberufe nach Berufsbildungsgesetz (BBiG).

Universität Lüneburg:
„KomPädenZ" - Anrechnung erworbener Kompetenzen von Erzieherinnen und Erziehern auf den Bachelorstudiengang Sozialarbeit/Sozialpädagogik unter Berücksichtigung des Gender-Mainstreaming-Prinzips.

Cluster Wirtschaftswissenschaften

Fachhochschule Bielefeld, Fachbereich Wirtschaft:
Anrechnung von beruflichen Kompetenzen aus den Fortbildungsprofilen „Technische(r) Betriebswirt/-in", „Geprüfte(r) Industriefachwirt/-in", „Geprüfte(r) Bilanzbuchhalter/-in" und „Controller/-in".

Carl von Ossietzky Universität Oldenburg:
„Qualifikationsverbund Nord-West".

Universität Duisburg-Essen:
„KArLos Rhein-Ruhr" - Berufliche Kompetenzen zur Anrechnung auf Logistikstudiengänge in der Region Rhein-Ruhr.

IHK Bildungszentrum Stralsund:
Regionales Entwicklungsprojekt „REAL" - Anrechnung der beruflichen Kompetenzen des Meisters/Technischen Betriebswirtes auf den Bachelorstudiengang Wirtschaftsingenieurwesen.

Cluster Ingenieurwissenschaften

Universität Hannover:
Anerkennung beruflicher Kompetenzen auf Hochschulstudiengänge in der Fakultät Maschinenbau.

Technische Universität Ilmenau:
Anrechnung beruflicher Kompetenzen auf universitäre ingenieurwissenschaftliche Studiengänge in Thüringen (bkus-ing).

Cluster Informationstechnologien

Technische Universität Carolo-Wilhelmina zu Braunschweig:
„ANKOM-IT" - Anrechnung beruflicher Kompetenzen aus dem IT-Sektor auf Hochschulstudiengänge.

Technische Universität Darmstadt:
„ProIT Professionals".

Abbildung 2: Fachliche Clusterung der Entwicklungsprojekte

Die Abbildung 2 zeigt die in dieser Förderinitiative gebildeten vier Cluster der Entwicklungsprojekte nach Fachrichtungen gegliedert: Gesundheit und Soziales, Ingenieurwissenschaften, Wirtschaftswissenschaften, Informationstechnologien. Diese Cluster wurden auch als eine Ebene der fachlich-inhaltlichen Kooperationsstrukturen innerhalb der ANKOM-Initiative etabliert.

4. Ergebnisse der ANKOM-Initiative

Die Entwicklungsarbeiten der ANKOM-Projekte sind – was die Aufgaben im Rahmen der geförderten Projektlaufzeit angeht – im Wesentlichen abgeschlossen. In diesem Band werden in einer Reihe von Beiträgen – insbesondere in den Kurzbeiträgen aus den Projekten[5] – einzelne Ergebnisse detaillierter vorgestellt. Hier werden die grundlegenden „Produkte" und Erkenntnisse kurz zusammengefasst:

- Zentrales Ergebnis der ANKOM-Entwicklungsprojekte ist es, die praktische Machbarkeit von Anrechnung auf Hochschulstudiengänge für unterschiedlichste Kombinationen von akademischen und beruflichen Fachrichtungen sowie Hochschultypen demonstriert zu haben.

5 Umfassende Darstellungen der Arbeit der Entwicklungsprojekte finden sich in zahlreichen Publikationen der einzelnen Projekte.

- Es liegt nunmehr eine ganze Reihe erprobter Methoden der Lernergebnisbeschreibung, der Prüfung von Äquivalenzen zwischen beruflichen und hochschulischen Lernergebnissen und der Gestaltung des Anrechnungsverfahrens selbst vor. Diese Verfahren bieten für jeweils unterschiedliche professionelle und akademische Kulturen angemessene Lösungen an.
- Alle ANKOM-Projekte haben Verfahren der pauschalen Anrechnung entwickelt. In pauschalen Anrechnungsverfahren wird die Äquivalenz bestimmter Lernergebnisse aus Programmen bestimmter beruflicher Weiterbildungsgänge mit Lernergebnissen der Module der jeweiligen Zielstudiengänge verglichen. Nach der formellen Absicherung dieses Lernergebnisvergleichs an der Hochschule (etwa durch Beschluss der jeweiligen Prüfungskommissionen) wird jedem Interessenten eine Anrechnung nach Vorlage der jeweiligen Zertifikate des beruflichen Bildungssystems pauschal gewährt, einschließlich der Zuerkennung der mit den Modulen verbundenen Kreditpunkte. Bei Änderungen in den jeweiligen beruflichen oder akademischen Bildungsgängen wird die pauschale Äquivalenzfeststellung gegebenenfalls angepasst.
- Ungefähr die Hälfte der ANKOM-Entwicklungsprojekte hat – zusätzlich zu den pauschalen – individuelle Anrechnungsmethoden entwickelt, so dass dort kombinierte pauschal-individuelle Anrechnungsverfahren entstanden sind. Die individuellen Anrechnungsmethoden erlauben es, zusätzlich zu pauschal erfassten Lernergebnissen weitere beruflich und außerberuflich erworbene Lernergebnisse für eine Anrechnung zu berücksichtigen. Dies kann sich zum einen auf formell zertifizierte Lernergebnisse (zum Beispiel Prüfungszeugnisse) beziehen, für die keine pauschale Äquivalenzprüfung vorliegt, weil der entsprechende Bildungsgang bei der pauschalen Prüfung nicht berücksichtigt wurde. Zum anderen besteht hier die Möglichkeit, auch informell, durch berufliche oder anderweitige Erfahrung erworbene Kompetenzen anzurechnen.
- In einzelnen Fällen wurden die Anrechnungsverfahren in neuartige, auf die Bedürfnisse berufstätiger Studierender zugeschnittene Studienmodelle integriert, wie etwa projektbasierte, berufsbegleitende Bachelorstudiengänge. Sofern dort auch landesrechtlich Zugangsregelungen vorliegen, die den Hochschulzugang für berufliche Qualifizierte weitgehend öffnen, sind in diesen Fällen alle Elemente der Durchlässigkeit zwischen beruflicher und akademischer Bildung modellhaft realisiert: Von der Öffnung des Zugangs über – pauschale und individuelle – Anrechnungsmöglichkeiten bis hin zur Realisierung von für Berufstätige studierbaren Angeboten.

5. Inhaltsstruktur dieses Bandes

In diesem Band sollen die verschiedenen Perspektiven auf den Gegenstand „Durchlässigkeit zwischen beruflicher und akademischer Bildung“ repräsentiert sein. Dies spiegelt sich in der Struktur der vier „Blöcke“ und der über die Blöcke verteilten Kurzbeiträge zu den ANKOM-Entwicklungsprojekten wider.

Der erste Block ist der bildungspolitischen Dimension und Rahmensetzung gewidmet. Neben den unterschiedlichen staatlichen Instanzen auf Bundes- und Landesebene wirken Verbände, Kammern und sonstige intermediäre Organisationen an der Gestaltung der bildungspolitischen Landschaft mit.

Die Durchlässigkeit zwischen beruflicher und akademischer Bildung ist zugleich ein wissenschaftliches Thema von hohem Interesse. Im zweiten Block finden sich Beiträge aus der Bildungs- und der Arbeitsmarktforschung.

Für Hochschulen ist die Entwicklung „durchlässiger" Angebote eine besondere Herausforderung, die Aufwand und Engagement erfordert, aber auch große Chancen im Hinblick auf zukunftsfähige Studienangebote und Profilbildung der Hochschulen mit sich bringt. Diesem Thema ist der dritte Block gewidmet.

Die letztlich entscheidende Frage im Hinblick auf die Durchlässigkeit zwischen beruflicher und akademischer Bildung betrifft die Bedürfnisse und Interessen der „Nachfrager". Diese Nachfrageperspektive ist zweigeteilt: Es geht hier um die Belange der individuellen Nachfrager – der an wissenschaftlicher Weiterbildung interessierten Absolventen und Absolventinnen der beruflichen Bildung – und die Belange der institutionellen Nachfrager – der Unternehmen, die im Rahmen der Personalentwicklung an solchen Angeboten interessiert sind. Der diesen Fragen gewidmete vierte Teil schließt die Buchpublikation ab.

Literatur

Egeln, J.; Eckert, T.; Heine C.; Kerst, C. & Weitz, B. (2004): Indikatoren zum Innovationssystem Deutschlands. In: Bundesministerium für Bildung und Forschung (Hrsg.): Studien zum deutschen Innovationssystem. Nr. 4-2004. Berlin.

OECD (2007): Education at a Glance. Paris.

Teichler, U. & Wolter, A. (2004): Zugangswege und Studienangebote für nicht-traditionelle Studierende. In: Die Hochschule, 13. Jahrgang, Heft 2/2004, S. 64-80.

Rahmenbedingungen für Durchlässigkeit und Anrechnung

Regina Buhr

Rahmenbedingungen für Durchlässigkeit und Anrechnung

Das Thema Durchlässigkeit und Anrechnung steht nicht im luftleeren Raum. Es handelt sich um eine hochkomplexe Angelegenheit, die sich in einem Spannungsfeld aus unterschiedlichen Interessen und Kulturen befindet. Neben der Vielfalt nationaler Akteure spielen auch internationale Institutionen eine beeinflussende Rolle. Die Beiträge dieses Abschnitts spiegeln die Sichtweisen der von Durchlässigkeit und Anrechnung beeinflussten, aber diese auch beeinflussenden Akteure. Sie beinhalten sowohl die Perspektive politischer Institutionen als auch den Anspruch, das Thema aus wissenschaftlicher Sicht zu beleuchten.

Der Beitrag von Robert Helmrich (Bundesinstitut für Berufsbildung, BIBB) beschreibt faktenreich die Situation der Fachkräfteentwicklung. Helmrich beleuchtet dabei sowohl die quantitativen Verschiebungen aufgrund des demografischen Wandels als auch die Veränderungen der Beschäftigung im primären, sekundären und tertiären Sektor. Er zeigt auf, wie der damit einhergehende zusätzliche Bedarf an höher qualifizierten Beschäftigten und die Veränderung bei den Arbeitsinhalten Durchlässigkeit zwischen den Bereichen berufliche und hochschulische Bildung erforderlich machen. Die von Robert Helmrich angeführten Arbeitskräfteangebots- und bedarfsprojektionen lassen zudem die Herausforderungen ahnen, die von den Hochschulen auf dem Weg zu mehr Durchlässigkeit gemeistert werden müssen. Dies gilt insbesondere, wenn deren Aufnahmekapazitäten in den Jahren 2012 bis 2014 um ein Etliches erhöht werden müssen, um die zu erwartenden Studierendenzahlen bewältigen zu können.

Kornelia Hauggs (Bundesministerium für Bildung und Forschung, BMBF, Abteilung „Berufliche Bildung, Lebenslanges Lernen") Beitrag basiert auf ihrer Rede auf der ANKOM-Abschlusstagung „Beruflich erworbene Kompetenzen anrechnen" im Dezember 2007. Sie spricht die Trennung zwischen beruflicher und hochschulischer Bildung als ein traditionelles Merkmal deutscher Bildungslandschaft an und erinnert daran, dass sich Hochschulen nicht zuletzt aufgrund dieser Tradition schwer damit tun, Kompetenzen, die nicht an Hochschulen erworben wurden, als gleichwertig zu den an Hochschulen erworbenen zu betrachten. Sie spricht sich für mehr akademisch ausgebildete Fachkräfte aus und betont gleichzeitig die Bedeutung der dualen Berufsausbildung für den Standort Deutschland. Sie weist darauf hin, dass Unternehmen für gehobene Fach- und Führungspositionen nahezu ausschließlich Personal aus dem wissenschaftlichen Nachwuchs rekrutieren, obwohl es angesichts der hohen Qualität der deutschen beruflichen Bildung durchaus möglich wäre, diese Positionen mit Absolventen und Absolventinnen mit beruflichen Aus- und Fortbildungsabschlüssen zu besetzen. Angesichts dieser betrieblichen Rekrutierungspraxis ist es deshalb erforderlich, so Kornelia Haugg, den Leistungsfähigen aus der beruflichen Bildung eine höherwertige akademische Weiterbildung zu ermöglichen. Sie betont dabei, dass die unterschiedlichen Identitäten von Hochschule und beruflicher Bildung davon unberührt weiterhin nebeneinander bestehen sollen. Dass das geht, belegt sie mit Hinweis auf bereits bestehende Kooperationen zwischen Hochschulen und Unternehmen beispielsweise bei dualen Studiengängen oder auch Weiterbildungsstudiengängen. Gleichwohl gibt sie zu bedenken, dass die Hochschulen ihre Studienstrukturen auf die spezifische Situation beruflich qualifizierter Studierender anpassen müssen. Brückenkurse und Beratung gehören für sie ebenso dazu wie flexible Studienzeiten. Sie sieht die Hochschulen in der besonderen Verantwortung – und zwar insbesondere auch die öffentlichen Hochschulen –, sich gegenüber den „non traditional students" zu öffnen. Die Rolle des Bundesministeriums für Bildung und Forschung sieht sie darin, auf politischer Ebene Anstöße und Impulse zu geben und praktische Wege aufzuzeigen, dass Durchlässigkeit machbar ist.

Peter van der Hijden (Europäische Kommission, Generaldirektion Bildung, Kultur, Referat Hochschule) gibt in seinem Beitrag einen Überblick über die verschiedenen von der Europäischen Kommission neu entwickelten Vorhaben und Instrumente für mehr Durchlässigkeit zwischen beruflicher und hochschulischer Bildung. In seiner Einführung betont er die Bedeutung von Transparenz und Nachvollziehbarkeit von Entscheidungen im Zusammenhang mit Anrechnungs- und Zulassungsverfahren. Dies ist nicht zuletzt deshalb so wichtig, um darüber der Befürchtung einer nicht ausreichenden Qualität der Ergebnisse beruflicher Lernleistungen entgegentreten zu können. Aus seiner Sicht leisten die von der Europäischen Kommission eingerichteten beziehungsweise unterstützten Vorhaben einen wichtigen Beitrag, um sowohl Bürgern und Bürgerinnen als auch im weitesten Sinne politischen Entscheidungsträgern und -trägerinnen dabei zu helfen, durch die Landschaft des lebenslangen Lernens zu navigieren.

Michael Ehrke (IG Metall-Vorstand, Ressort Bildungs- und Qualifizierungspolitik) und Joachim Koch-Bantz (Vorstand Deutscher Gewerkschaftsbund, DGB) betonen die hohe Bedeutung, die aus gewerkschaftlicher Sicht der Gleichwertigkeit von beruflicher und hochschulischer Bildung beizumessen ist. Sie weisen auf den technologischen Wandel und den damit verbundenen Bedarf an wissenschaftlich ausgebildeten Arbeitskräften hin. Aus ihrer Sicht müssten Unternehmen ein ureigenes Interesse daran haben, dass sich Mitarbeiter und Mitarbeiterinnen weiterqualifizieren und dies im Rahmen von Personalentwicklungskonzepten entsprechend berücksichtigen. Ein berufsbegleitendes Studium stellt für Michael Ehrke und Joachim Koch-Bantz eine sinnvolle Möglichkeit dar, Beschäftigte an ihr Unternehmen zu binden. Den Unternehmen wird somit zudem die Chance geboten, direkt über Wissensträger aus den eigenen Reihen, Impulse aus der Wissenschaft zu bekommen.

Sie sehen aber nicht nur einen einseitigen Nutzen für Unternehmen. Mit Blick auf die Hochschulseite erinnern sie daran, dass sich diese nach der Phase steigender Studienanfängerzahlen bis etwa zum Jahre 2015 auf eine neue Situation und damit neue Zielgruppen einstellen müssen. Die Entwicklung von beispielsweise Teilzeitstudiengängen für beruflich Qualifizierte ist nur eine der von den Autoren genannten Anforderungen, denen sich Hochschulen stellen müssen, um auch langfristig ihre Existenz zu sichern und ihren gesellschaftlichen Auftrag zu erfüllen.

Sowohl im direkten Zusammenhang mit den in den ANKOM-Pilotprojekten entwickelten pauschalen und individuellen Anrechnungsverfahren als auch im Hinblick auf die Annäherung der Bereiche berufliche und hochschulische Bildung sowie in der Kommunikation mit potenziellen Anrechnungsstudierenden sehen Michael Ehrke und Joachim Koch-Bantz die Schaffung von Vertrauen als zentrale Aufgabe. Aus gewerkschaftlicher Sicht sehen sie dabei die Frage der Qualität der beruflichen Abschlüsse als besonderes Handlungsfeld. Diese über die Weiterentwicklung von Qualitätssicherungssystemen zu gewährleisten und zu erhöhen, gehört mit zu den gewerkschaftlichen Aufgaben im Kontext von Durchlässigkeit und Anrechnung.

Ausgangspunkt des Beitrags von Barbara Dorn und Susanne Müller (Bundesverband der Deutschen Arbeitgeberverbände, BDA) ist die Feststellung, dass das deutsche Bildungssystem den Herausforderungen des Standorts Deutschland nur gerecht werden kann, wenn es sich in Richtung mehr Flexibilität und höherer Durchlässigkeit entwickelt. Die Kritik der Autorinnen an dessen derzeitiger Verfassung bezieht sich auf die Abgrenzung zwischen beruflicher und hochschulischer Bildung, die aus ihrer Sicht eine Ursache für überlange Ausbildungszeiten und unnötige Doppelqualifizierungen ist. In ihren Reflexionen über das zu sehr auf Abschlüsse statt auf tatsächlich erworbene Kompetenzen fixierte deutsche Bildungssystem beleuchten sie sowohl die Frage des Hochschulzugangs als auch die der Anrechnung von in anderen Bildungsbereichen erworbenen Kompetenzen auf ein Studium.

Eine Unterstützung auf dem Weg zu mehr Flexibilität und Durchlässigkeit stellt aus Sicht der Autorinnen der Europäische Qualifikationsrahmen dar, da dieser auf dem Prinzip der Lernergebnisse beruht und diese als Ergebnis von Bildungsprozessen, unabhängig davon, wo und wie sie durchlaufen wurden, einordnet. Dies, so Barbara Dorn und Susanne Müller, entspricht der Sichtweise von Unternehmen und Wirtschaft, weil in Unternehmen von jeher die Kompetenzen von Mitarbeitern und Mitarbeiterinnen entscheidend sind und nicht deren formale Abschlüsse.

Um die für eine erfolgreiche Verwirklichung von mehr Durchlässigkeit erforderliche Qualität zu sichern, plädieren die Autorinnen für einheitliche Qualitätskriterien für hochschulische und berufliche Bildung. Beschäftigungsfähigkeit und Praxisbezug, Qualitätsmanagement und interne Evaluation sowie Internationalität sind dabei die Bereiche, die aus Sicht der Wirtschaft im Rahmen eines umfassenden Qualitätssicherungssystems berücksichtigt werden müssen.

In seinen vier Thesen zu mehr Durchlässigkeit fokussiert Wilfried Müller (Vizepräsident für Studium und Lehre, Hochschulrektorenkonferenz, HRK) die zentrale Rolle, die die Hochschulen in diesem Prozess spielen. Seine erste These ist ein eindeutiges Votum, dass mehr Durchlässigkeit zwischen der beruflichen und der hochschulischen Bildung erforderlich ist. Er merkt an, dass die Hochschulen in den kommenden Jahren zwar keinen Mangel an Studierenden verzeichnen werden, dass sich dies aber langfristig verändern wird und die Erschließung neuer Zielgruppen daher eine zwingende Aufgabe darstellt.

These zwei sagt aus, dass Anrechnungspotenziale gegeben sind. Aus Sicht von Wilfried Müller vermittelt ein Hochschulstudium ein Kompetenzprofil, das auf einem hohen Anteil an Theorien und Methoden basiert. Da Elemente dieser Kompetenzen aber durchaus auch in anderen Lernzusammenhängen erworben werden können, ist es sowohl für die Hochschule als auch für die Studierenden nützlich, die Überschneidungsbereiche zu suchen, um doppeltes Lernen zu vermeiden.

In seiner dritten These spricht der Autor den sorgfältigen und verantwortungsvollen Umgang mit Anrechnung an. Gute und effiziente Lehre ist auf der einen Seite verbunden mit Studierenden, die neben der Neigung auch die Voraussetzungen für den jeweils nächsten Lernschritt mitbringen. Die Entwicklung von Angeboten, um gegebenenfalls fehlende Kompetenzen zu vermitteln, stellt aus Sicht von Wilfried Müller eine Möglichkeit dar, den Studienerfolg zu sichern.

Die vierte These beinhaltet den Aspekt der bewussten Gestaltung von Anrechnung. In diesem Zusammenhang sieht der Autor vor allem zwei Handlungsbereiche. Der eine bezieht sich auf die für Anrechnungsverfahren erforderlichen und bislang nicht zufriedenstellend vorliegenden lernergebnisorientierten Beschreibungen der Studiengänge. Hier sieht er im Rahmen von Akkreditierungsverfahren und mit Hilfe des künftigen Deutschen Qualifikationsrahmens (DQR) Entwicklungen, die dazu führen, dass zukünftig der Vergleich beruflicher und hochschulischer Kompetenzen erleichtert wird.

Als zweiten Bereich, der der bewussten Gestaltung bedarf, nennt Wilfried Müller die Anrechnungsverfahren selbst. Die hier erforderlichen Prozesse gehören klar beschrieben und als Bestandteil des Qualitätssicherungsmanagements der Hochschulen verankert. Eine Erleichterung sind hierbei Anrechnungsverfahren, in denen nicht oder nicht nur individuelle Kompetenzen geprüft werden, sondern ganze Ausbildungsprogramme, so dass die durch sie erworbenen Kompetenzen verglichen werden können.

Für Wilfried Müller gelten beide Handlungsbereiche nicht nur für die Durchlässigkeit innerhalb des deutschen Systems der beruflichen und hochschulischen Bildung. Lernergebnisorientierte Beschreibungen der Studiengänge und eine qualitätsgesicherte Anrechnungspraxis sind für ihn Gestaltungsfelder auf dem Weg zu mehr internationaler Mobilität.

Manfred Kremer (Präsident des Bundesinstituts für Berufsbildung, BIBB) diskutiert in seinem Beitrag die Frage nach der Bedeutung der Berufsbildung in der Wissensgesellschaft. Mit Bezug auf verschiedene Diskussionslinien zum Verhältnis von Theorie und Praxis in der beruflichen und hochschulischen Bildung sieht er eine Entwicklung, die in einer Ausweitung hochwertiger und flexibler Kombinationen von schulischen oder hochschulischen Bildungsgängen in Verbindung mit betrieblicher Ausbildung besteht. Er spricht von der Ausweitung des dualen Prinzips auf andere Bildungsbereiche. Aus Sicht von Manfred Kremer gilt es, für die Berufsbildung der Zukunft ein Kompetenzverständnis zu entwickeln, das Erfahrungswissen und theoretisch-systematisches Wissen als komplementär betrachtet. In seinem Ausblick weist er auf den Europäischen Qualifikationsrahmen, den Nationalen Qualifikationsrahmen und das Leistungspunktesystem für die berufliche Bildung hin und betont deren Nutzen, wenn es darum geht, Gleichwertiges auch als gleichwertig anzuerkennen.

In seinem Beitrag zu den Wegen der Beförderung der Anrechnung beruflicher Kompetenzen auf Hochschulstudiengänge erinnert Knut Diekmann (Deutscher Industrie- und Handelskammertag, Referat Grundsatzfragen, Weiterbildungspolitik) an die historischen Wurzeln, die dazu beitragen, dass bis heute die berufliche und die hochschulische Bildung wie zwei unverbundene Säulen nebeneinander stehen. Nach der Beschreibung der damit für Wirtschaft, Gesellschaft und den Einzelnen verbundenen Konsequenzen beleuchtet er das Thema Anrechnung und Durchlässigkeit im Kontext des freien Weiterbildungsmarktes. Sein Fazit, dass hochschulische Abschlüsse für Unternehmen und fortbildungsinteressierte Beschäftigte eine hohe Attraktivität genießen, aber diese Höherqualifizierung vom freien Weiterbildungsmarkt nicht offeriert wird, führt ihn zur Auseinandersetzung mit dem, was hochschulseitig erforderlich ist. Die Auflistung der Wege beinhaltet dabei sowohl den Aspekt des Hochschulzugangs für beruflich Qualifizierte ohne Zugangsberechtigung als auch den der Anrechnung beruflicher Kompetenzen. Für Knut Diekmann gehört neben der Entwicklung von Kooperationen zwischen Hochschulen und berufsbildenden Einrichtungen und der Anwendung standardisierter Anrechnungsverfahren sowie die Einrichtung weiterbildender berufsbegleitender grundständiger und weiterführender Studiengänge ein neues Selbstverständnis der Hochschulen mit zu den zentralen Voraussetzungen für mehr Durchlässigkeit. Aus seiner Sicht müssen sich Hochschulen von der Fixierung auf die eigenen, institutionalisierten Vorgaben emanzipieren, das klassische Verständnis von Forschung und Lehre überwinden und sich an konkreten und spezialisierten Qualifizierungsbedarfen von Arbeitsmarkt und Wirtschaft orientieren. Unter anderem regt er an, über die Gründung einer eigenen Hochschule durch Träger der beruflichen Bildung nachzudenken.

Robert Helmrich

Fachkräfteengpässe – Anforderungen an das Bildungssystem

1. Fachkräftemangel: Eine Situationsbeschreibung

Zu viele Potenziale bleiben ungenutzt. Rund sechzehn Prozent der 20- bis 29-Jährigen blieben 2005 ohne eine Ausbildung (BMBF, 2007). Zugleich verstärkt sich der Einfluss des sozialen Status. Mit einem höheren sozioökonomischen Status gehen bis zu dreimal geringere Hauptschul- und bis zu fünfmal höhere Gymnasialbesuchsquoten einher (vgl. Autorengruppe Bildungsberichterstattung, 2008, S. 11). Zudem verliert Deutschland, so die Ergebnisse der aktuellen OECD-Studie, bei der Ausbildung von Hochqualifizierten trotz einiger positiver Schritte weiter an Boden (OECD, 2008).

Wird der Bedarf der Wirtschaft an qualifiziertem Personal durch das Angebot auf dem Arbeitsmarkt nicht mehr oder nur unzureichend gedeckt, spricht man von einem Mangel an Fachkräften. Betrachtet man als einen groben Indikator für möglichen Fachkräftemangel die *Vakanzzeit offener Stellen*, dann zeigt sich ab 2005 ein allgemeiner Anstieg der Zeit, die eine gemeldete Stelle unbesetzt geblieben ist. Das heißt, die Betriebe haben mehr Zeit benötigt, um Personal für eine offene und zur Wiederbesetzung ausgeschriebene Arbeitsstelle einzustellen. Stellenbesetzungsprobleme schlagen sich, so ist die Annahme, zwar zunächst in einem veränderten Rekrutierungsverhalten nieder (zum Beispiel frühere Nachbesetzung, eigene Aus- und Weiterbildung), langfristig führt dies aber zu erhöhten Vakanzzeiten offener Stellen.

Eine Verlängerung der Vakanzzeiten ist in nahezu allen Wirtschaftszweigen anzutreffen. Doch dies ist noch nicht gleichbedeutend mit einem *generellen* Fachkräftemangel. Vielmehr sind es einzelne Branchen, in denen die Besetzung einer offenen Stelle deutlich länger dauert als noch 2004 und 2005. Als besonders schwierig stellt sich die Situation bereits bei den Maschinenbau- und Elektroingenieuren dar. Dort liegen die vergleichbaren Vakanzzeiten im Jahr 2006 bei deutlich über neunzig Tagen. Hier ist der Fachkräftemangel bereits angekommen (vgl. Biersack et al., 2008).

2. Die Herausforderungen des zukünftigen Arbeitsmarktes

Deutschland befindet sich in der Phase des anhaltenden *Bevölkerungsrückgangs*. Nach der 11. koordinierten Bevölkerungsvorausschätzung (2006) hatte Deutschland den höchsten Bevölkerungsstand bereits 2003 erreicht. Für das Jahr 2050 wird eine

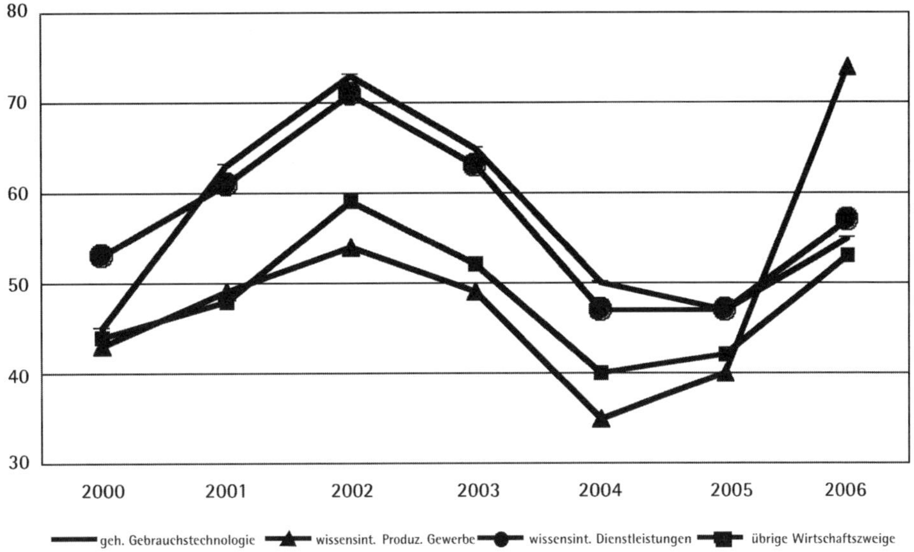

Abbildung 1: Durchschnittliche Vakanzzeiten (in Tagen) für ungeförderte „normale" sozialversicherungspflichtige Beschäftigungsverhältnisse nach Wirtschaftszweigen. Quelle: Ebcinoglu et al., 2008, Daten: Statistik der Bundesagentur für Arbeit, Berechnungen des BIBB

Bevölkerungszahl von nur noch knapp 74 Millionen Einwohnern im Basisszenario prognostiziert.[1]

Zugleich verschiebt sich die *Alterspyramide*, das Durchschnittsalter steigt. Die Bevölkerungsvorausschätzungen gehen davon aus, dass 2030 rund 28 Prozent der Bevölkerung über 65 Jahre alt sein wird. 2005 waren dies noch rund neunzehn Prozent der Bevölkerung. Demgegenüber wird der Anteil der unter 20-Jährigen von zwanzig Prozent im Jahr 2005 auf 16,6 Prozent im Jahr 2030 gesunken sein.

Der Ersatzbedarf kann mittelfristig durch das Neuangebot an Arbeitskräften nicht mehr gedeckt werden. Für die in den Baby-Boomer-Jahren Geborenen (erste Hälfte der 60er Jahre mit der Spitze von rund 1,3 Millionen Geburten im Jahr 1965), die zwischen 2020 und 2030 (je nach Renteneintrittsalter) in den Ruhestand gehen werden, wird es rein rechnerisch nur ein Neuangebot von Arbeitskräften von rund 672.000 Menschen aus dem Jahr 2006 geben (dieses Ersatzangebot ist bereits jetzt geboren).

1 Annahmen sind konstante Geburtenrate, leicht gestiegene Lebenserwartung und ein Zuwanderungssaldo von 200.000 Menschen pro Jahr. Unterstellt man eine sinkende Fertilitätsrate (1,2) sowie eine geringere Zuwanderung (100.000 pro Jahr), so würden im Jahr 2050 in Deutschland nur noch rund 67 Millionen Menschen leben. Selbst wenn aktuelle familienpolitische Maßnahmen greifen würden und die Geburtenrate von knapp über 1,3 auf 1,6 Kinder pro gebährfähiger Frau erhöht werden kann, wäre der Effekt auf die Altersverteilung minimal. Anstatt der für 2050 vorausgesagten 39,1 Millionen Personen im Alter zwischen zwanzig und 65 Jahren wären es dann rund 40,5 Millionen Menschen.

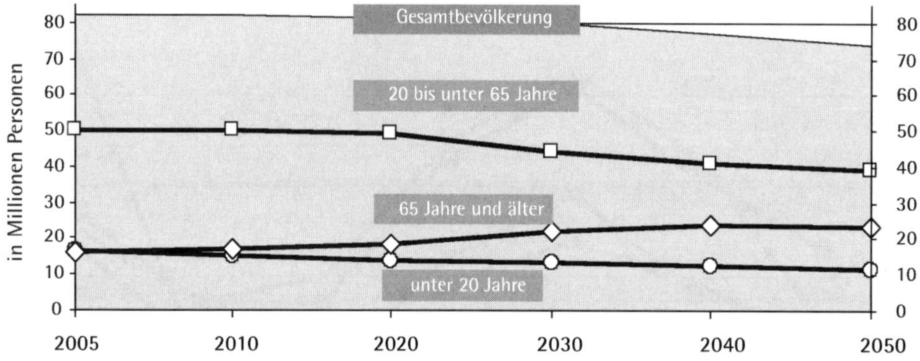

Abbildung 2: Bevölkerungsentwicklung in Deutschland 2005 bis 2050. 11. Bevölkerungsvorausschätzung 2006 mit Variante „mittlere Bevölkerung“: Geburtenhäufigkeit konstant, Lebenserwartung Basisannahme, Wanderungssaldo 200.000. Quelle: Bott et al., 2008, Daten: STBA, 11. koordinierte Bevölkerungsvorausschätzungen, 2006

Moderne Technologien, Innovationen und der fortdauernde Strukturwandel von der Industrie- zur Wissensgesellschaft werden zu geringeren Anteilen vom Neuangebot ausgebildeter Fachkräfte getragen werden. Die notwendigen Anpassungsleistungen werden sich verstärkt auf die älteren Erwerbspersonen verlagern.

Parallel zu dieser dominanten demografischen Entwicklung wird auch die zunehmende weltwirtschaftliche Verflechtung (Globalisierung) von Industrie, Handel und Dienstleistung neue und veränderte Qualifikations- und Arbeitsanforderungen an die Arbeitnehmerinnen und Arbeitnehmer bedeuten (siehe hierzu auch Bott et al., 2008).

Die *Flexibilisierung der Arbeit* zeigt sich insbesondere in den vielfältigen Beschäftigungsformen wie Teilzeit, befristete Beschäftigung, Arbeitnehmerüberlassung, geringfügige Beschäftigung, Scheinselbstständigkeit bis hin zur räumlichen und zeitlichen Entkopplung von Arbeit. Die Tätigkeitsprofile werden differenzierter, der Bedarf an betriebsspezifischen Kenntnissen und Fähigkeiten nimmt zu, die Abhängigkeit von Teamarbeit verstärkt sich. Dies ist gekoppelt mit größeren Anforderungen an die Eigeninitiative der Beschäftigten.

Tertiarisierung der Wirtschaftszweige: Die Beschäftigung im primären Sektor (Landwirtschaft, Bergbau) ist seit 1995 drastisch, im sekundären Sektor (verarbeitendes Gewerbe, Energie, Bau) stark zurückgegangen. Gleichzeitig verzeichnet der tertiäre Sektor (Finanzierung, Unternehmensdienste, private und öffentliche Dienstleistungen) zum Teil deutliche Beschäftigungszuwächse (vgl. hierzu Bonin et al., 2007, S. 63).

Der *Trend zur Höherqualifizierung* wurde bereits in der Vergangenheit vielfach belegt (vgl. unter anderen Dostal, W., Reinberg, A. & Schnur, P., 2002; Bott, 2003; Schade, 2007). Am Beispiel der alten Länder lässt sich dies sehr eindeutig zeigen. Universitäts- und Fachhochschulabsolventen und -absolventinnen verzeichneten zwischen 1991 und 2003 mit einem Plus von 33,8 beziehungsweise 39,6 Prozent einen starken Zuwachs, während der Bestand an Personen mit Meister-,

Techniker- und Fachschulabschluss in etwa auf dem Niveau von 1991 verharrte und der an Personen mit beziehungsweise ohne abgeschlossene Berufsausbildung um 9,3 beziehungsweise 28,7 Prozent zurückging (siehe Bonin et al., 2007, S. 68).

In nahezu allen Wirtschaftszweigen ist ein zusätzlicher Bedarf an höher qualifiziertem Personal erkennbar. Dies gilt vor allem für wissensintensive Wirtschaftszweige. Er ist geringer in den weniger wissens- und technologieintensiven Wirtschaftszweigen.

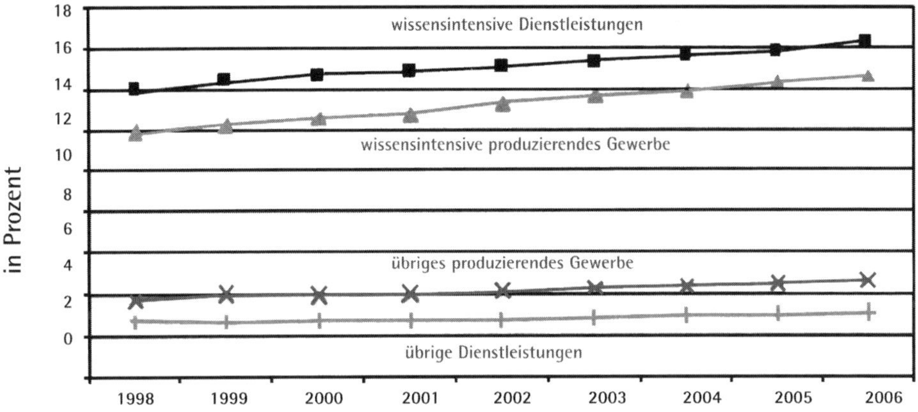

Abbildung 3: Akademikerquote in ausgewählten Zweigen der gewerblichen Wirtschaft 1998 bis 2006. Anteil der Universitäts- beziehungsweise Fachhochschulabsolventen an den Beschäftigten insgesamt in Prozent. Quelle: Ebcinoglu et al., 2008, Daten: Bundesagentur für Arbeit: Statistik der Sozialversicherungspflichtig Beschäftigten. Berechnungen des NIW

Gibt es aber auch eine *Tertiarisierung des Qualifikationsangebotes*? Auf der Angebotsseite hat sich der Anteil an Hochqualifizierten an der Bevölkerung in den letzten zehn Jahren nur geringfügig und auf vergleichsweise niedrigem Niveau (Deutschland 2005 mit 19,9 Prozent gegenüber 34,9 Prozent im EU-19-Durchschnitt) erhöht (OECD, EAG, 2007, S. 71).[2] Ein dominanter Tertiarisierungstrend beim Arbeitskräfteangebot ist derzeit in Deutschland nicht festzustellen.[3] Zugleich ist der Anteil der Erwerbspersonen ohne eine formale Qualifikation nahezu konstant geblieben. Unterdurchschnittlich nahm die Zahl der Erwerbspersonen mit einer abgeschlossenen Berufsausbildung (einschließlich Fach-, Techniker- und Meisterausbildung) zu. Diese unterschiedliche Entwicklung schlägt sich in der Verschie-

2 Hierbei ist aber festzuhalten, dass Deutschland aufgrund der herausragenden Bedeutung der dualen Berufsausbildung insgesamt einen im internationalen Vergleich hohen Bildungsstand aufweist, mit einem Anteil von rund 83 Prozent der 25- bis 64-Jährigen, die mindestens über einen Abschluss im Sekundarbereich II verfügen (OECD, EAG, 2007, S. 41).

3 Er zeigt sich auch in den internationalen Vergleichsstudien nicht, die die Entwicklungen zwischen Altersgruppen (25- bis 34-Jährige zu 45- bis 54-Jährige) ausweisen. So liegt der Hochschulabsolventenanteil der jüngeren Altersgruppe für Deutschland unter dem Anteil der älteren Gruppe. Dies ist zum Teil auf die bisher immer noch zu langen Ausbildungszeiten und hohen Abbrecherquoten im Hochschulbereich zurückzuführen.

bung der Gesamtangebotsstruktur nieder. Hochschulabschlüsse gewinnen Anteile, während die übrigen Qualifikationsstufen Anteile verlieren.

Informations- und Wissensarbeit nimmt mit dem Technologisierungstrend der Produktions- und Wirtschaftsprozesse der Industriegesellschaft und dem Übergang zur Dienstleistungs- und Wissensgesellschaft zu und bedingt Änderungen sowohl bei den Tätigkeiten als auch bei den Qualifikationsanforderungen. Die Tätigkeitsinhalte wandeln sich von materialbezogener Arbeit zu daten-, informations- und wissensbezogener Arbeit. Nicht nur für die Gruppe der hoch qualifizierten Angestellten und Selbstständigen in Forschung, Entwicklung, Konstruktion, Marketing und Beratung sondern auch für die Ebene der Facharbeiter wird die Arbeit zunehmend anspruchsvoller und verstärkt wissensbasiert. Das Anforderungsprofil verlagert sich von motorisch-manuellen Tätigkeiten zu kognitiv-abstrahierenden. Breites Fachwissen, Denken in Zusammenhängen, Übernahme von Prozessverantwortung, Selbststeuerung und Bereitschaft zu flexiblem Arbeitseinsatz in Gruppen sowie zur Weiterbildung werden zunehmend wichtiger.

3. Arbeitskräfteangebot und -bedarfsprojektionen[4]

Der Bedarf an Arbeitskräften wird in den kommenden rund dreißig Jahren bei einer unterstellten moderat steigenden Wirtschaftsleistung (plus 1,74 Prozent Wachstum pro Jahr) zunehmen. Bis 2020 steigt der Bedarf an Kernerwerbstätigen in Deutschland um 1,7 Millionen auf 33,6 Millionen Personen an. Zwischen 2020 und 2035 steigt der Bedarf an Erwerbstätigen bundesweit weiter um rund eine Million auf dann 34,6 Millionen Personen an.

Demografiebedingt[5] wird sich, wie bereits gezeigt, das Angebot an Arbeitskräften im gleichen Zeitraum verringern. In der Bilanz wird sich die Lücke zwischen Angebot und Bedarf in den Jahren um 2035 rechnerisch schließen.

Bereits ab 2015 ist demografiebedingt flächendeckend ein stark sinkendes Angebot an Arbeitskräften zu erwarten. Das Neuangebot wird immer weniger ausreichen, den Ersatzbedarf zu decken, geschweige denn einen Neubedarf zu befriedigen.

Dass die Angebotskurve noch bis weit nach 2020 oberhalb der Bedarfskurve verläuft, darf nicht den Eindruck vermitteln, dass der Bedarf gedeckt sei. Aufgrund von Phänomenen wie Sucharbeitslosigkeit, der möglichen mangelnden Passfähigkeit des Qualifikationsangebotes und -bedarfes sowie freiwilliger Nichterwerbstätigkeit von Hochqualifizierten ist stets ein relativ höheres Angebot erforderlich, um die Nachfrage nach Fachkräften zu decken.

---

4 Die folgenden Darstellungen beruhen unter anderem auf den Analysen der BLK 2002 und 2006 (veröffentlicht als Bonin et al., 2007) sowie Schnur et al., 2005, 2007, siehe auch Bott et al., 2008.

5 Grundlage ist bei diesen Projektionen noch die 10. koordinierte Bevölkerungsvorausschätzung, 5. Variante mit einer jährlichen Zuwanderung von 200.000 Menschen. Die 11. koordinierte Bevölkerungsvorausschätzung (2006) kommt bei vergleichbaren Varianten zu einem noch deutlicheren Bevölkerungsrückgang.

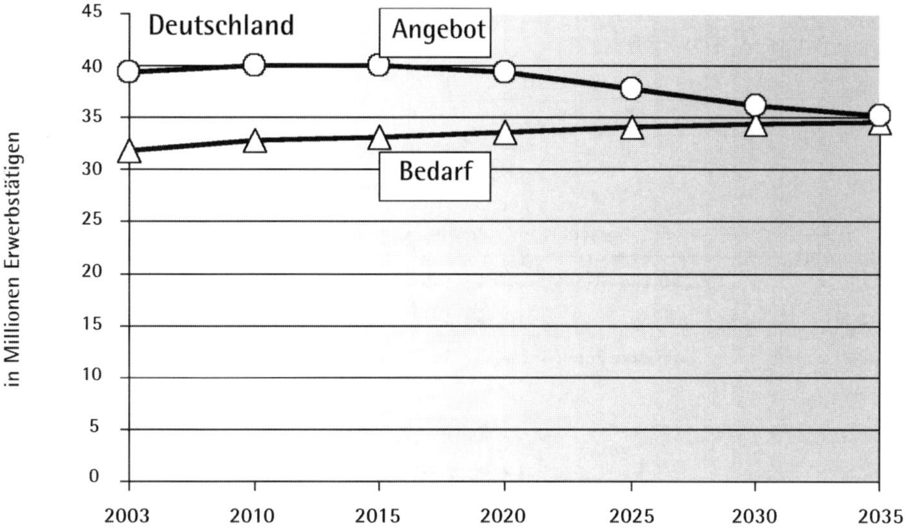

Abbildung 4: Erwerbstätigenangebot und -bedarf 2003 bis 2035. Quelle: Bonin et al., 2007, (BLK-Prognose, 2006), Berechnungen BIBB

Diese Entwicklung ist relativ stabil und valide. So kommt die wichtigste andere nationale Prognose, nämlich die des Instituts für Arbeitsmarkt und Berufsforschung IAB aus dem Jahr 2007 (Schnur & Zika, 2007), zu nahezu gleichen Entwicklungen, und dies mit einem vollends anderen Projektionsverfahren und in einer anderen Abgrenzung der projizierten Personengruppen.

Unterstellt wird in diesen Projektionen der Trend zu einer stärker dienstleistungs- und wissensbasierten Wirtschaft. Dies geht einher mit steigenden Anforderungen an die Qualifikation, insbesondere für Hochqualifizierte.

Entsprechend dieser Branchenentwicklung werden für Sozial- und Erziehungsberufe, für Organisation, Verwaltung, übrige Wissenschaften, technisch-naturwissenschaftliche Berufe, Dienstleistungs-, Bank- und Rechungskaufleute, Informatik und Datenverarbeitung ein Wachstum vorausgesagt. Hingegen werden Hilfs- und übrige Arbeiten, Büroberufe und kaufmännische Angestellte, Agrarberufe und Fertigungsberufe eher mit einer Abnahme der Beschäftigung konfrontiert sein.

Aus der Entwicklung der Wirtschaftszweige und des Arbeitskräftebedarfs nach Berufen lässt sich die *Nachfrage der Wirtschaft nach Qualifikationen* ableiten.

Für Arbeitskräfte *ohne eine abgeschlossene Berufsausbildung* wird sich die Situation nicht erkennbar verbessern. Der Bedarf wird weiter leicht sinken, während sich das Angebot nur unmerklich verändern wird. Wege, die diese Gruppe näher an Aus- und Weiterbildungsmaßnahmen heranführen, sind dringend notwendig. Ansonsten werden sie die Verlierer auf dem Arbeitsmarkt sein und nur geringe Chancen haben, dem Wechselspiel von Arbeitslosigkeit und kargen Mindestlöhnen zu entkommen. Hier besteht dringender Handlungsbedarf.

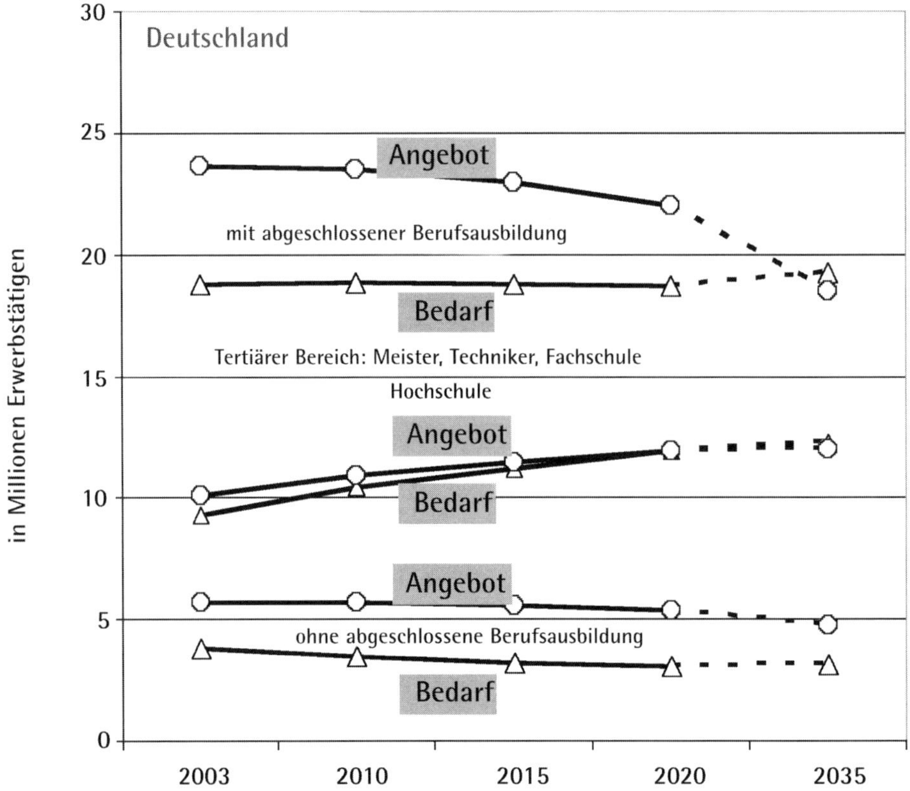

Abbildung 5: Erwerbstätigenangebot und -bedarf nach Qualifikationsstufen 2003 bis 2035. Quelle: Bott et al., 2008, Daten: Bonin et al., 2007, (BLK-Prognose 2006), Berechnungen BIBB

Demografiebedingt sinkt das Angebot an Personen *mit einer abgeschlossenen Berufsausbildung*, es wird aber noch bis 2030 weiter über dem Bedarf liegen. Ab 2020 wird man auch auf diesem Qualifikationsniveau mit einem schnell zunehmenden Fachkräftemangel konfrontiert sein, zumal selten das Angebot bedarfsspezifisch ausgerichtet ist. Ab 2035 wird das Angebot dann auch rein rechnerisch den Bedarf nicht mehr decken können.

Im *tertiären Bereich* werden sowohl Angebot als auch Bedarf weiter ansteigen – sie liegen bereits heute dicht beieinander. Bei den Hochschulabsolventen rührt der zu erwartende Bedarf zu etwa gleichen Teilen aus dem Ersatzbedarf und dem durch den wirtschaftlichen Strukturwandel bedingten Neubedarf. Der Ersatzbedarf wird ab Ende des zweiten Jahrzehnts (ab 2020) aufgrund des Ausscheidens der geburtenstarken Jahrgänge (Baby-Boomer-Generation) sehr deutlich anwachsen.

Der schon heute feststellbare Mangel an akademischen und hoch qualifizierten Fachkräften zum Beispiel in den Naturwissenschaften und in einigen technischen Berufen wird sich dann auf nahezu alle Berufsgruppen und Branchen ausweiten. In der Prognose ist dabei bereits optimistisch unterstellt, dass zum Beispiel alle, die ein Hochschulstudium aufnehmen wollen, und zwar im Umfang so wie in der Vergangenheit, dies auch tun können. Dies bedeutet, dass die Aufnahmekapazitäten der Hochschulen allein wegen der Doppeljahrgänge in den Jahren 2012 bis 2014, die durch die Schulzeitverkürzungen entstehen, um etwa dreißig Prozent erhöht werden müssen.

Besonders deutlich wird die Brisanz der Situation bei den nichtakademischen hoch qualifizierten Fachkräften wie Meister, Techniker und Fachschulabsolventen. Hier sind Bedarf und Angebot schon jetzt nahezu deckungsgleich, was als Indiz für einen massiven Mangel an Fachkräften in einigen Branchen gilt.

Dies führt bei gegebenem Bildungsverhalten bereits sehr zeitnah zu einem rein rechnerischen Ausgleich des Angebots und Bedarfs an Höherqualifizierten aus dem tertiären Qualifikationsbereichen (Meister, Techniker und Hochschulabsolventen) und damit zu einem massiven Fachkräftemangel (Abbildung 6).

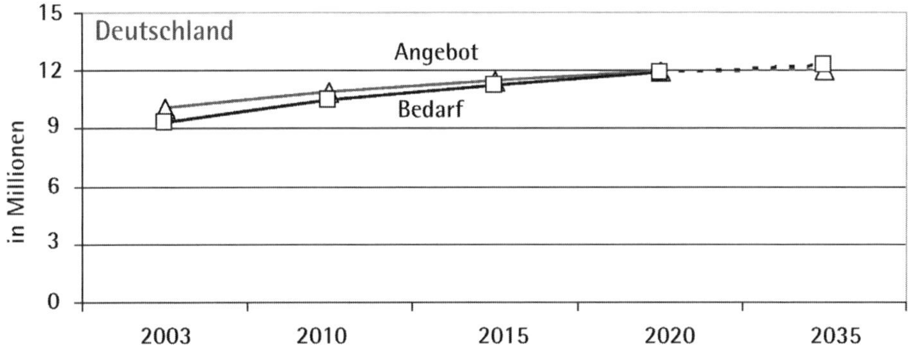

Abbildung 6: Angebot versus Bedarf – Tertiärer Bereich (Hochschulen, Meister, Techniker, Fachschulen) – Deutschland 2003 bis 2035. Quelle: Bonin et al., 2007, (BLK 2006), Berechnungen BIBB

Ab der zweiten Dekade wird die demografische Entwicklung das Arbeitskräfteangebot massiv beeinträchtigen. Angesichts der langen Reaktionszeiten von Maßnahmen, insbesondere im Bildungsbereich, sind entsprechende Handlungsbedarfe bereits jetzt gegeben.

4. Herausforderungen an das Bildungssystem

„Selektion, hohe Übergangshürden und oft sogar verschlossene Türen zwischen Bildungsabschnitten und Teilsystemen sind wenig geeignet, individuelle Förderung zu verwirklichen sowie Leistungsfähigkeit und Qualität des Bildungswesens zu steigern. Der deutsche Hang, Bildung mehr als Ausleseprozess, denn als Entwicklungsprozess zu betreiben, könnte angesichts der demografischen Entwicklung gesellschaftlichen Wohlstand und Wettbewerbsfähigkeit kosten. (...) Die hohe Leistungsfähigkeit der dualen Berufsausbildung für die Integration des Nachwuchses in das Beschäftigungssystem sowie die international nach wie vor anerkannte hohe Qualität und Praxisorientierung machen sie zu einer Trumpfkarte bei der

Bewältigung der Anforderungen des demografischen und wirtschaftsstrukturellen Wandels. Diese Trumpfkarte kann allerdings nur voll ausgespielt werden, wenn der Übergang von der Schule in die duale Berufsausbildung für alle ausbildungsinteressierten Jugendlichen – unabhängig von konjunkturbedingten Schwankungen des betrieblichen Ausbildungsangebotes – reibungslos vonstatten geht und der duale Berufsabschluss breite Möglichkeiten des Weiterlernens und der Weiterentwicklung durch hochwertige berufliche Weiterbildung und durchlässige Wege in die Hochschulen bietet." (Kremer, 2008)

Dem hohen Bedarf an Hochqualifizierten stehen Fachkräfte gegenüber, die in den nächsten Jahren noch nicht alle beschäftigt werden können. Von dem Absolventenjahrgang 2001 endete bis 2004 noch rund ein Drittel der Absolventen und Absolventinnen einer dualen beruflichen Ausbildung in langfristig prekären Beschäftigungsverhältnissen.

Das Bildungssystem muss daher die Bildungs- und Ausbildungschancen und -fähigkeiten der Jugendlichen erhöhen. Soziale Unterschiede bei den Zugangschancen müssen abgebaut, die Berufsorientierung intensiviert werden. Dies setzt natürlich voraus, dass sich auch zukünftig das sich derzeit positiv darstellende Ausbildungsplatzangebot nicht nachhaltig verschlechtert.

Dazu gehört auch, die Durchlässigkeit zu erhöhen und die soziale Öffnung der Hochschulen zu stärken, die Grenzen zwischen beruflicher Bildung und Hochschulbildung abzuschwächen und Berufstätigen die Möglichkeit zu einem Hochschulzugang zu erleichtern. Gerade mit Blick auf die demografische Entwicklung ist dabei auf familienfreundliche Rahmenbedingungen zu achten.

Gerade in innovativen Branchen ist die Erhöhung des Ausbildungs- und Studienplatzangebots eine Antwort auf drohenden Fachkräftemangel. Zudem ist es für eine alternde und schrumpfende Erwerbsbevölkerung unerlässlich, den Verlust an Innovationen durch konsequentes lebenslanges Lernen insbesondere in der beruflichen Weiterbildung zu kompensieren. Nur so kann langfristig die Erwerbsfähigkeit und damit die Standortsicherheit gewährleistet werden.

Literatur

Autorengruppe Bildungsberichterstattung (2008): Bildung in Deutschland. Bielefeld: W. Bertelsmann Verlag.

Biersack, W.; Kettner, A. & Schreyer, F. (2007): Engpässe, aber noch kein allgemeiner Ingenieurmangel. IAB-Kurzberichte 16.

Bonin, H.; Schneider, M.; Quinke, H. & Arens, T. (2007): Zukunft von Bildung und Arbeit – Perspektiven von Arbeitskräftebedarf und -angebot bis 2020. IZA Research Report. S. 9.

Bott, P. (2003): E-Commerce/E-Business – ein Tätigkeitsfeld im Aufwind. In: Bullinger, H.J.; Gidion, G. & Schnalzer, K. (Hrsg.): Transport in die Zukunft – Berufliche Entwicklungen in Logistik und E-Commerce. Bielefeld. S. 34ff.

Bott, P.; Helmrich, R. & Schade, H.J. (2008): Arbeitsmarktprognosen – Trends, Möglichkeiten und Grenzen. Berufsbildung in Wissenschaft und Praxis 03. Bielefeld.

Bundesministerium für Bildung und Forschung (BMBF) (2007): Berufsbildungsbericht.

Dostal, W.; Reinberg, A. & Schnur, P. (2002): Tätigkeits- und Qualifikationsprojektionen – der IAB/Prognos-Ansatz. In: Kleinhenz, G. (Hrsg.): IAB-Kompendium Arbeitsmarkt- und Berufsforschung. Beiträge zur Arbeitsmarkt- und Berufsforschung. BeitrAB 250, S. 547-556.

Ebcinoglu, F.; Frietsch, R.; Gehrke, B.; Heine, Ch.; Helmrich, R.; Kerst, Ch.; Leszczensky, M.; Schaeper, H. & Schoengen, K. (2008): Bildung und Qualifikation als Grundlage der technologischen Leistungsfähigkeit Deutschlands. Bericht des Konsortiums „Bildungsindikatoren und technologische Leistungsfähigkeit“. Berlin.

Kremer, M. (2008): Herausforderung für die Berufsbildung. didacta – Das Magazin für lebenslanges Lernen 3.

OECD (2008): Bildung auf einen Blick.

Schade, H.J. (2007): Früherkennung von Qualifikationsentwicklungen in der beruflichen Weiterbildung – Untersuchungsansätze im Bundesinstitut für Berufsbildung. In: Abicht, L.; Bott, P.; Dworschak, B. & Galiläer, L. (Hrsg.): Auf der Suche nach neuen Qualifikationen – Methoden der Früherkennung von Qualifikationsentwicklungen. Bielefeld. S. 101.

Schnur, P. & Zika, G. (2007): Arbeitskräftebedarf bis 2025: Die Grenzen der Expansion. IAB-Kurzbericht 26.

Tiemann, M.; Schade, H.J.; Helmrich, R.; Hall, A.; Braun, U. & Bott, P. (2008): Berufsfeld-Definitionen des BIBB. Wissenschaftliches Diskussionspapier des BIBB.

Kornelia Haugg

Im Dialog Durchlässigkeit der Bildungssysteme und Anrechnung von Kompetenzen fördern

In der bildungspolitischen Debatte haben Begrifflichkeiten wie Anschlussfähigkeit, Durchlässigkeit und Entgrenzung einen hohen Stellenwert bekommen. Zunehmend rückt in den Fokus, dass Abschlüsse im Bildungswesen nicht für Abgeschlossenheit stehen dürfen, sondern für Anschlussfähigkeit. Es soll Durchlässigkeit zwischen den Teilen des Bildungssystems, zwischen den Bildungsgängen und innerhalb der Bildungsgänge hergestellt beziehungsweise verbessert werden.

Die Akteure im Bildungswesen haben erkannt, dass sich hier viele Handlungsfelder auftun. Die Verbesserung der Durchlässigkeit ist auch ein zentrales Thema in den Leitlinien des Innovationskreises beruflicher Bildung, den Frau Ministerin Schavan zur Modernisierung und Strukturverbesserung der beruflichen Bildung ins Leben gerufen hat. Darin ist der Appell an die Hochschulen enthalten, Studiengänge zu entwickeln, die die Qualifikation im Bereich der beruflichen Bildung einbeziehen, gemeinsam mit der Wirtschaft Eingangs-, Anerkennungs- und Anrechnungsverfahren für die berufliche Qualifizierung zu erarbeiten und diesbezüglich förderliche Rahmenbedingungen zu schaffen. Hier sind die verschiedenen Akteure und Institutionen aufgerufen, sich zu öffnen, den Blick über den Tellerrand zu richten und auch andere Sichtweisen und Ansätze in der Bildung in den Blick zu nehmen und diese in ihre Institutionen einzubeziehen.

Die Tatsache, dass das Thema Durchlässigkeit hierzulande eine solche Bedeutung hat, ist vor dem Hintergrund der historischen Entwicklung des Bildungswesens zu sehen. Der Bildungsforscher Baethge hat hierfür den treffenden Begriff des „Bildungsschismas" geprägt. In Deutschland bestehen traditionell das System der beruflichen Bildung und das Hochschulsystem nahezu unverbunden nebeneinander. Bildlich gesprochen: Lehrwerkstatt und Hörsaal trennen Welten. Diese Trennung hat zur Folge, dass sich den Absolventen und Absolventinnen jeweils unterschiedliche Bildungs- und Partizipationschancen eröffnen, die kaum zu korrigieren sind. Bei so viel Unterschiedlichkeit verwundert es kaum, dass es schwierig ist, Brücken zwischen diesen beiden Bereichen zu bauen. Es fehlt an Informationen über das jeweils andere System, auch werden unterschiedliche Sprachen in den verschiedenen Kontexten gesprochen. Es verbergen sich hinter gleichen Begrifflichkeiten unterschiedliche Inhalte, es liegen unterschiedliche Verständnisse zugrunde. Vor diesen Schwierigkeiten standen und stehen die beteiligten Vorhaben der ANKOM-Förderinitiative. Hochschulen tun sich schwer, außerhochschulisch erworbene Kompetenzen als gleichwertig wahrzunehmen.

Aber: trotz der ungeheuren Komplexität der Probleme, den vielfältigen Schwierigkeiten im Detail und trotz der hochschulseitigen Vorbehalte gibt es durchaus Möglichkeiten, dass Kompetenzen, die in der beruflichen Bildung erworben wurden, von hochschulischer Seite die ihnen gebührende Anerkennung zuteil wird.

Wir sind es dem Einzelnen/der Einzelnen schuldig, ihm/ihr Bildungs- und Partizipationschancen zu eröffnen. Es ist das Ziel des Bundesministeriums für Bildung und Forschung, den Anteil der Studienabsolventen und -absolventinnen zu erhöhen. Deutschland braucht mehr akademisch ausgebildete Fachkräfte. Angesichts des sich verschärfenden wirtschaftlichen und forschungspolitischen Wettbewerbs, der Konkurrenzsituation mit Schwellenländer und Industriestaaten ist der Kampf um die klügsten und fähigsten Köpfe längst entbrannt. Wir müssen die Ressource Bildung, die einzige, die sich durch den Gebrauch nicht abnutzt, sondern vermehrt, noch besser nutzen.

Als Vertreterin der beruflichen Bildung sage ich aber auch ganz deutlich: Hochschulbildung ist nicht das Maß aller Dinge. Maßgeblich sind die Inhalte der Bildungswege, aber auch die damit verbundene Methodenkompetenz. Gerade die duale Berufsausbildung ist ein wichtiger Standortfaktor Deutschlands. Die daraus erwachsenden Fachkräfte, Meister und Meisterinnen, Techniker und Technikerinnen, Fachwirte und Fachwirtinnen setzen in den Betrieben Innovationen zu Produkten und Dienstleistungen um. Sie bilden das Rückgrat der Wirtschaft. Auch die Nachfrage nach Absolventen und Absolventinnen der beruflichen Bildung aus dem Ausland sollte uns bewusst machen, dass die berufliche Bildung sowohl für den Einzelnen und die Einzelne als auch für die gesamte Wirtschaft einen wesentlichen Wettbewerbsvorteil darstellt. Ich bedaure es sehr, dass in der öffentlichen und in der Medienwahrnehmung das System der deutschen Berufsbildung oft ein Schattendasein führt. Wir können stolz darauf sein, dass das System der beruflichen Bildung in der Lage ist, dem Fachkräftebedarf auf den unterschiedlichsten Ebenen angemessen Rechnung zu tragen.

In Zusammenarbeit mit Arbeitgeber- und Gewerkschaftsvertretern baut das Bundesministerium für Bildung und Forschung das System der geregelten Aus- und Fortbildung entsprechend den Anforderungen in der betrieblichen Praxis weiter aus. Es gilt, den Bildungsbedarf der Einzelnen und den Qualifikationsbedarf der Wirtschaft zu befriedigen. Dabei wird deutlich, dass es vielfältige Überschneidungen zwischen den Abschlüssen der beruflichen Fortbildung und denen der Hochschulbildung gibt. Mit den zahlreichen anspruchsvollen Abschlüssen der beruflichen Fortbildung können in den Betrieben, insbesondere auf der mittleren Ebene, gehobene Sach- und Führungsaufgaben wahrgenommen werden. Das ist die Ebene, in denen diese Absolventen und Absolventinnen der beruflichen Bildung in den Betrieben auf die Konkurrenz mit Hochschulabsolventen und -absolventinnen stoßen. Angesichts dieser Überschneidungen wird die Notwendigkeit deutlich, dass diesen Absolventen und Absolventinnen der beruflichen Bildung auf einer anderen Ebene als Abiturienten und Abiturientinnen ein Studium ermöglicht werden muss. Auch für sie muss der vielfach erwähnte Grundsatz gelten, dass die Menschen dort abzuholen sind, wo sie sich befinden. Fortbildungsabsolventen aus der beruflichen Bildung haben aufgrund ihrer erfolgreichen Bildungs- und Erwerbsbiografie andere und umfassendere Kenntnisse erlangt. Trotz des differenzierten Angebotes beruflicher Fortbildungsabschlüsse auf gehobenem Niveau ist zu konstatieren, dass Unternehmen vielfach ihr Personal ab einer bestimmten Fach- und Führungsebene ausschließlich aus dem wissenschaftlichen Nachwuchs rekrutieren. Das ist einer der Gründe, warum es notwendig ist, den Leistungsfähigen aus der beruflichen Bildung auch diesbezügliche Bildungsangebote zu eröffnen. Es sollte eine Selbstverständlichkeit sein, dass die Bildungswege ohne Umwege und unnötige Wiederholungen beschritten werden können. Mit der Verbesserung der Übergangsmöglichkeiten sollen aber die Identitäten der Hochschulen und die der beruflichen Bildung sowie ihre unterschiedlichen Ausrichtungen unberührt bleiben.

Auch wenn ich eingangs darauf hingewiesen habe, dass traditionell die Systeme der beruflichen Bildung und der Hochschulbildung nahezu unverrückbar nebeneinander stehen, so darf doch nicht verkannt werden, dass sich in den letzten Jahren auch vielfältige Kooperationen zwischen Hochschulen und Unternehmen entwickelt haben. Es gibt zum Beispiel duale Studiengänge, Weiterbildungsstudiengänge und auch Studiengänge, in denen gezielt Qualifikationen der beruflichen Bildung integriert sind und auf diesen aufgebaut wird. Unternehmen nutzen dies für die Weiterbildung, den Wissenstransfer und für ihre Personalentwicklung. Der Austausch ermöglicht auch einen schnelleren Transfer des „state of the art“ in die betriebliche Praxis und bietet damit den Betrieben Wettbewerbsvorteile. Diese Entwicklungen und Differenzierungen in der Hochschullandschaft sind zu begrüßen. Auch in den Leitlinien des Innovationskreises berufliche Bildung wird gefordert, Studiengänge zu entwickeln, die die Qualifikationen der beruflichen Bildung einbeziehen. Trotz der Ausdifferenzierung der Hochschullandschaft sind dazu bislang lediglich vereinzelte Möglichkeiten vorhanden, die auf besondere Studiengänge bezogen sind, oft von einzelnen Hochschullehrenden und anderen spezifischen Gegebenheiten abhängen und nicht transparent sind. Dies ist für den Einzelnen insgesamt unbefriedigend. Ziel ist es, dass studierwillige Absolventen und Absolventinnen aus der beruflichen Bildung stets die Möglichkeit haben sollten, vorhandene Qualifikationen unabhängig von der Institution, in der sie erworben wurden, anerkannt zu bekommen. Die Hochschulen sind aufgerufen, durch angepasste Studienstrukturen und organisatorische Vorkehrungen den Herausforderungen, Absolventen und Absolventinnen aus der beruflichen Bildung aufzunehmen, Rechnung zu tragen. Brückenkurse, insbesondere aber auch Beratungen, zeitliche, räumliche, auf beruflich Qualifizierte abgestellte Strukturen der Studienangebote sollten geschaffen werden. Das kann sich in besonderen Studiengängen niederschlagen oder zumindest in Zugangs- und Anrechnungsregelungen in grundständigen Studiengängen. Hochschul- und Fachbereiche haben hier Gelegenheit, durch Aufgeschlossenheit gegenüber „non traditional students“ ein eigenes Profil zu entwickeln. Sie sollten vermehrt diese Herausforderung annehmen und dieses Feld nicht einigen Hochschulen, wie etwa den privaten, überlassen. Den Hochschulen kommt in diesem Zusammenhang eine besondere Verantwortung zu, die durch die zunehmende Autonomie der Hochschulen und durch die Erfordernisse aufgrund der demografischen Entwicklung noch verstärkt wird.

Das Bundesbildungsministerium kann hierzu, insbesondere auf politischer Ebene, Anstöße geben und praktische Wege aufzeigen, wie dies hier konkret durch die Ergebnisse der Förderinitiative geschieht. Das Bundesbildungsministerium wird auch in Zukunft Impulse geben.

Dazu gehört, einzelnen Vorhaben der Förderinitiative in den nächsten Monaten noch eine weitere Hilfestellung bei der Etablierung von Anrechnungsverfahren zu gewähren. Das Bundesministerium für Bildung und Forschung sieht in diesem Zusammenhang in den nächsten Jahren seine Aufgabe darin, diese Themen im Dialog mit den Ländern und den Hochschulen voranzubringen und auf Lösungen hinzuarbeiten, die breite Anwendungsfelder finden. Die damit verbundenen Themen werden auch Gegenstand des Qualifizierungsgipfels im Oktober 2008 sein. Neben der Verbesserung von Anrechnungsmöglichkeiten soll mit den Ländern auch erörtert werden, wie die Zugangsmöglichkeiten für beruflich Qualifizierte zu den Hochschulen verbessert werden können.

Petra Hennecke und Heike Mammen

bkus-ing: Anrechnung beruflicher Kompetenzen auf universitäre ingenieurwissenschaftliche Studiengänge in Thüringen

1. Projektbeschreibung

Das Projekt bkus-ing basiert auf einer erfolgreichen Zusammenarbeit der Technischen Universität Ilmenau mit der Privaten Fachschule für Technik und Wirtschaft Erfurt und dem Bildungswerk für berufsbezogene Aus- und Weiterbildung Thüringen gGmbH und wird von einem Fachbeirat aus Vertretern der Wirtschaft, der Industrie- und Handelskammern, der Handwerkskammer und der Gewerkschaften DGB und GEW begleitet.

Gegenstand des Projekts ist die Entwicklung und die Erprobung von Verfahren zur Anrechnung beruflicher Kompetenzen von potenziellen Studierenden mit dem Abschluss der beruflichen Aufstiegsqualifizierung Staatlich geprüfter Techniker/ Staatlich geprüfte Technikerin auf Studien- und Prüfungsleistungen der universitären „Bachelor-of-Science"-Studiengänge Maschinenbau sowie Elektrotechnik und Informationstechnik.

Eine wesentliche Herausforderung für die Umsetzung des Projekts war dabei die damals bestehende Regelung des Hochschulzugangs von qualifizierten Berufstätigen ohne Abitur in Thüringen („Studium auf Probe").

2. Bildungspolitische Einflussnahme des Projekts

Das Thüringer Hochschulgesetz (ThürHG) legt die Möglichkeiten eines Hochschulzugangs für alle Universitäten und Fachhochschulen des Landes fest. Bis zur Novellierung im Jahre 2006 berechtigte das Gesetz in § 67a Personen, die mit der Note „gut" oder besser die Meisterprüfung oder eine gleichwertige berufliche Fortbildung erfolgreich abgeschlossen und seit mindestens drei Jahren ihren Hauptwohnsitz in Thüringen haben, für ein Studium auf Probe.

Sowohl der Begriff „Studium auf Probe" als auch die dafür notwendigen Voraussetzungen stellten bis dahin eine hohe (vermutlich psychologische) Hürde für studieninteressierte Berufstätige dar, sich für ein Studium an einer Universität zu entscheiden. Zudem war die Möglichkeit des Zugangs zur Universität kaum bekannt, so dass in der Regel der Zugang zur Fachhochschule gewählt wurde, zumal an der Technikerschule mit der Erlangung der Fachhochschulreife dieser Weg eröffnet wird.

In Thüringen wurde das Hochschulgesetz 2006 novelliert. Die aktuelle Fassung wurde am 14. Dezember 2006 vom Thüringer Landtag beschlossen und ist am 1. Januar 2007 in Kraft getreten (siehe: http://www.thueringen.de/imperia/md/content/tkm/hochschule/thuerhg.pdf). Das Projektteam nahm im Projektzusammenhang und durch die im Beirat vertretenen Institutionen und Gruppierungen maßgeblich

Einfluss auf die Öffnung der Hochschulzugangsmöglichkeiten für beruflich Qualifizierte. Es wurde eine Stellungnahme erarbeitet, die über die universitäre Gremienarbeit, über den Fachbeirat und weitere Institutionen sowie über Lobbyisten mit Erfolg in das Anhörungsverfahren im Parlament eingebracht wurde.

Letztendlich gewährleistet das aktuelle Gesetz den Zugang für Berufstätige mit qualifizierten Fortbildungsabschlüssen. Das Studium auf Probe findet im neuen Hochschulgesetz keine Berücksichtigung mehr. Meisterabschlüsse sowie Abschlüsse zum staatlich geprüften Techniker/zur staatlich geprüften Technikerin beziehungsweise Betriebswirt/Betriebswirtin gelten nun laut § 60 Abs. 1 als „Allgemeine Hochschulzugangsvoraussetzung", werden demnach dem Abitur gleichgesetzt.

3. Fazit

In der Startphase des Projekts zeigte sich, dass es kaum Anrechnungsaspiranten gibt. Bis dato hatte sich kein potenzieller Studierender aus der untersuchten Klientel für ein Studium der ingenieurwissenschaftlichen Studiengänge an der TU Ilmenau eingeschrieben. Über die Studierbereitschaft der Schülerinnen und Schüler an der Privaten Fachschule für Technik und Wirtschaft Erfurt wurde eine Befragung zu Beginn und vor Abschluss des Projekts durchgeführt. Das Interesse der Befragten an einem universitären Studium scheint in diesem Zeitraum gestiegen zu sein, was sich mit der Öffentlichkeitsarbeit und der Kommunikation über das Projekt an der Technikerschule begründen lässt.

Der Erfolg dieser Projektaktivitäten belegt, dass sich ein an die regionale Bildungspolitik gerichtetes Engagement lohnt. Der Erfolg ist dabei der intensiven Vernetzung der Interessenvertreter im Fachbeirat des Projekts und dem gemeinsamen Agieren für die Erhöhung der Durchlässigkeit der Bildungssysteme zu verdanken

Weitere Informationen zum Projekt stehen unter http://www.tu-ilmenau.de/bkus im Internet zur Verfügung.

Peter van der Hijden

Transparency and Recognition – New European Tools

1. Introduction

People may possess valuable competences acquired through prior learning, be it formal, informal or non-formal, involving different types of learning activities, work or life experience. The recognition of competences acquired through prior learning is therefore an important common objective of the Bologna and Copenhagen processes for higher and vocational training. Competences acquired are too often not taken into consideration by the competent authorities (universities, ministries, employers), due to misgivings about the perceived quality of the prior learning. Such misgivings may be justified or simply the result of lack of information.

The classical transparency tools, like the ECTS Course Catalogues and the Diploma Supplement, fill part of this information gap. Qualifications frameworks are a new source of information, providing reference in terms of learning outcomes: what people know, understand and can do. In future all qualifications, Diploma Supplements and Certificates will refer to the eight levels of the European Qualifications Framework for lifelong learning (EQF). Levels 6, 7 and 8 of the EQF correspond to the three cycles of the Bologna Framework for Qualifications.

The project "Tuning Educational Structures in Europe" has mapped learning outcomes and competences of over twenty subject areas in higher education and will feed into the emerging "sectoral" qualifications frameworks for specific field of work or study, like music, mathematics, business studies of history. The approach chosen by the ANKOM Project to map competences acquired through *different learning paths* is a very promising one, as it uses the new language of learning outcomes fitting the European, national and sectoral qualifications frameworks.

There are more than 4.000 higher education institutions in Europe, with a wide variety of roles, profiles and size. We know their overall number, but that is where most of our knowledge ends. We have information about higher education systems, notably thanks to Eurydice (Information network on education in Europe) surveys. But we have very little detailed data about individual institutions, their missions, tasks or quality of performance. Such information could be very useful for university management, for policy makers at all levels, for students, admission officers and employers.

Several new tools have been developed at European level to provide competent authorities with more sound information on which they can base their recognition and admission decisions. This article summarises some of the initiatives recently taken in this context by the Commission, or supported by the Commission through EU action programmes in education (Erasmus) and research (Framework Programmes) to try to measure the performance of Europe's universities.

2. The New Tools

2.1 The Qrossroads Database

The European Consortia for Accreditation (ECA), an active sub-group of the European Association of Quality assurance Agencies (ENQA), has launched a Commission supported database called Qrossroads (with a Q), which contains quality reviews by agencies, plus summaries called Accreditation Statements. Growing numbers of agencies are putting their reviews on this site, making the quality review exercises steadily more accessible to a much wider audience.

2.2 The European Quality Assurance Register

The European Quality Assurance Register in Higher Education (EQAR) was launched in March 2008. It lists quality assurance and accreditation agencies which comply with the European Standards and Guidelines for Quality Assurance adopted by the Bologna Ministers in Bergen in May 2005. The Register is backed by both "Bologna" Ministers and by the EU through its February 2006 Recommendation on further cooperation in quality assurance in higher education. The Register is expected to grow, and to become a valuable source of information for students, scholars and other stakeholders within Europe and beyond.

2.3 The Tuning Project

The Tuning Educational Structures in Europe Project translates the level descriptors from the European qualifications frameworks (the Bologna Framework for higher education and the EQF for lifelong learning of the EU) into reference points for a series of subject areas and professions such as history, nursing or mathematics, using the new language of learning outcomes and competences. These sector references will provide a common language for curriculum design, teaching, learning, assessment, recognition and quality assurance. Universities are encouraged to include the intended learning outcomes in their course catalogues. The best ones can be awarded the ECTS label.

With European Commission support, the Tuning project has expanded to the Western Balkans, Turkey, Ukraine, Russia and Latin-America.

2.4 AHELO, a "PISA" for Higher Education

OECD Ministers met in Tokyo in January 2008 and gave their green light for a feasibility study on the "Assessment of Higher Education Learning Outcomes" (AHELO). This could eventually lead to a kind of PISA for higher education. The

EU can contribute to this exercise by offering its experience with learning outcomes, gained through the qualifications frameworks and the Tuning project.

2.5 Classification of Higher Education Institutions

Higher education institutions have many different names (university, college, academy, institute, school) and their diverse profiles are not always clear. The classification project, led by the Center for Higher Education Policy Studies (CHEPS) of the University of Twente, aims to categorise institutions according to what they do e.g. whether they teach bachelors' degrees, masters' degrees or doctorates) and what they are e.g. business-oriented, research intensive. A well organised classification system would help to quickly identify the profile of an institution and allow for objective comparison between institutions with similar missions.

2.6 Ranking the Quality of Education, Research and Innovation

Rankings tend to focus on research in the hard sciences and to ignore other aspects of universities performance in the field of humanities, social sciences, teaching quality and community outreach. The most famous rankings are the ones from Shanghai Jiao Tong University and the Times Higher Education Supplement.

The European Commission encourages the debate around ranking and the development of tools to produce multidimensional rankings based on robust, relevant and widely accepted methodologies.

Through the Erasmus programme, the Commission is supporting a pilot project based on a more sophisticated approach developed by the German Centre for Higher Education Development (CHE). CHE does not mix education, research and innovation, but allows the reader to set individual priorities and to produce his or her own ranking ("my ranking") per field of study. The Commission believes that such a ranking approach better reflects the diversity of European higher education, and corresponds more closely to the needs of users.

The Commission is looking forward to the comments of the stakeholders and policy makers on the viability of setting up independent European classification and ranking systems in the foreseeable future.

2.7 European Database of Higher Education Institutions

Every country has a database of higher education institutions and programmes. The Commission believes that by enhancing these national databases with information on university performance in education, research and innovation and by linking them at the European level, a valuable and reliable source of information on the higher education sector will emerge.

At present, policy makers and researchers are forced to organise ad hoc surveys with varying response rates. In 2008, the Directorate-General for Research and Technological Development (in cooperation with Directorate-General for Education and Culture, EUROSTAT and stakeholders' representatives) will launch a call for tender to assess the feasibility of an integrated European statistical information system on activities undertaken by universities in education, research and innovation. Once up and running, this database is expected to provide a very useful and sustainable source of information.

3. Conclusions

The transparency instruments described above are expected to help citizens to take better informed decisions about where to study and policy makers on how to organise higher education systems at micro and macro level. They will also be useful to inform about recognition and admission decisions. Together with approaches, such as those developed by the ANKOM project, they will help the citizen to navigate through the lifelong learning landscape.

Michael Ehrke und Joachim Koch-Bantz

Der Nutzen von Anrechnungen – der Blick der Gewerkschaften

„Eine dynamische, auf die Anforderungen der Zukunft ausgerichtete Wirtschaft erfordert qualifizierte Fachkräfte auf allen Ebenen. Im Interesse der Wirtschaft, der Gesellschaft und der Einzelnen müssen verbesserte Möglichkeiten eingeräumt werden, um individuelle Qualifikationen und Leistungspotenziale weiterentwickeln und optimal zur Entfaltung und Nutzung bringen zu können. Es ist daher ein wichtiges bildungspolitisches Ziel, Bildungswege zu öffnen und durchlässiger zu gestalten. Dazu gehört, Übergänge zwischen Bildungsinstitutionen zu ebnen und dabei bereits vorhandene Qualifikationen und Kompetenzen zu berücksichtigen. So sollen jene Kompetenzen, die beruflich Gebildete in Aus- und Weiterbildung sowie im Beruf erworben haben, bei Hochschulstudiengängen in einer Höhe anerkannt werden, die den Leistungsanforderungen des jeweiligen Studiengangs entspricht.“ So steht es in der Richtlinie des Bundesministeriums für Bildung und Forschung für die Förderung von Initiativen „Anrechnung beruflicher Kompetenzen auf Hochschulstudiengänge“ (ANKOM) vom 14. Januar 2005.

ANKOM leistet wichtige Beiträge für die Gleichwertigkeit von beruflicher und hochschulischer Bildung sowie für die Durchlässigkeit zwischen den beiden Bereichen – dies wurde hier bereits mehrfach betont. Für den Deutschen Gewerkschaftsbund (DGB) sind Gleichwertigkeit und Durchlässigkeit von großer Bedeutung. Die früheren Vorstöße dazu – zum Teil gemeinsam mit dem Bundesverband Deutscher Arbeitgeberverbände (BDA) – stießen keineswegs auf Zustimmung: Ablehnung zunächst im Schulausschuss der Kultusministerkonferenz (KMK) und dann (wenn auch in moderaterem Ton) in der Staatssekretärs AG – anlässlich der Überarbeitung der Strukturvorgaben der KMK. Das ist eigentlich schade. Denn ohne Zweifel besteht ein zunehmender Bedarf an wissenschaftlich ausgebildeten Arbeitskräften allein schon wegen der hohen Zahl derjenigen, die aus Altersgründen aus dem Arbeitsleben ausscheiden. Der technologische Wandel bringt es mit sich, dass Arbeitnehmerinnen und Arbeitnehmer zusätzliche Kompetenzen und Qualifikationen erwerben müssen, über die sie durch ihre Berufsausbildung und trotz reichhaltigen Erfahrungswissens aus beruflicher Tätigkeit nicht verfügen. Die Unternehmen selbst müssten eigentlich ein Interesse daran haben, ihre qualifizierten Mitarbeiterinnen und Mitarbeiter im Unternehmen zu halten. Sie müssten ihnen deshalb über Personalentwicklungskonzepte attraktive Angebote der Weiterbildung unterbreiten. Die Anrechnung erworbener Kompetenzen aus der beruflichen Fortbildung ist für beide Seiten ein sinnvoller Weg, weil ein Studium dann zum einen die vorhandenen Kompetenzen einbezieht und zum anderen, vor allem wenn es berufsbegleitend erfolgt, die Verbindung mit dem Unternehmen aufrechterhalten wird. Kosten entstehen zwar für die Wirtschaft dadurch, dass sie sinnvolle Personalentwicklung betreiben müssen, was insbesondere bei kleinen und mittleren Unternehmen leider noch nicht durchgängig der Fall ist. Aber ohne Personalentwicklung wird künftig kein Unternehmen bestehen können, und letztendlich überwiegt der Nutzen die Kosten bei weitem.

Spätestens in zehn bis fünfzehn Jahren stehen die Hochschulen vor der Situation, dass sie um Studierende werben müssen, wenn sie weiter bestehen und ihre gesellschaftlichen Aufgaben erfüllen sollen. Derzeit haben sie die Zielgruppe derjenigen, die aus der beruflichen Bildung kommen, nicht im Blick. Die aus bekannten Gründen bis etwa zum Jahre 2015 steigenden Studienanfängerzahlen versperren diesen noch. Die Entwicklung neuer Studiengänge, die auf die Bedürfnisse dieser Zielgruppe zugeschnitten sind, ist erst in den Anfängen, berufsbegleitende und/oder Teilzeitstudiengänge gibt es in Deutschland anders als in anderen Ländern nur wenige. Deshalb ist ein Umdenken erforderlich. Denn die Studiengangsentwicklung kostet Geld und Personal. Dies gilt auch für die Entwicklung geeigneter Anrechnungssysteme, die auf die Bedarfe der einzelnen Hochschule zugeschnitten sind. Aber längerfristig zahlt sich beides aus. Aktuell wird es jetzt erst einmal darum gehen, die Hochschulen mit der Anrechnung vertraut zu machen und in diesem Prozess Vertrauen aufzubauen. Viele Hochschulen, deren Fachbereiche beziehungsweise Fakultäten scheuen sich offenbar, sich aktiv auf die für sie immer noch „unbekannte“ Zielgruppe einzulassen. Sie sollten sich aber darüber klar werden, dass der klassische Studierende zwar nicht „aussterben“ wird, dass seine Zahl jedoch abnehmen wird. Bereits heute kommen nicht wenige Studienanfängerinnen und -anfänger mit Mehrfachqualifikation an die Hochschulen.

Für die Zielgruppe, über die wir in diesen Tagen sprechen, kommt es darauf an, dass ihr durch die Anerkennung erworbener Kompetenzen die Wertschätzung entgegengebracht wird, die sie – damit auch die berufliche Bildung – verdient. Denn die Gleichwertigkeit beruflicher und allgemeiner Bildung darf sich nicht in Sonntagsreden erschöpfen, sondern muss in der Praxis umgesetzt werden. Schließlich muss die Weiterbildung durch ein Studium dann auch über entsprechende Regelungen honoriert werden. Dies kann einzelvertraglich im Zuge einer Personalentwicklungsmaßnahme erfolgen. Denkbar sind Betriebsvereinbarungen über Personalentwicklung, und schließlich gibt es auch tarifvertragliche Regelungen zur Weiterbildung, die entsprechend zu konkretisieren sind.

Grundsätzlich werden Anrechnungsverfahren in formale beziehungsweise pauschale und individuelle Verfahren unterschieden. Die Ergebnisse von ANKOM zeigen, dass beide Wege gangbar sind. Es geht dabei weniger um Präferenzen als um das Gestaltbare. Am Anfang muss vertrauensbildende Werbung für die Anrechnung stehen. Formale Anrechnungsverfahren gibt es ja schon in etlichen Studiengängen. Dies gilt vor allem für Studierende, die aus den Gesundheits-, den Heilhilfs- und den Erziehungsberufen kommen. In den anderen Studiengängen wird es wohl längerfristig bei der individuellen Anrechnung bleiben. Die Gewerkschaften ziehen individuelle Verfahren nicht vor. Möglicherweise bleibt es auf Dauer dabei, dass Hochschulen beide Verfahren nebeneinander durchführen. Wichtig ist in beiden

Fällen, dass die angewandten Verfahren transparent, einfach und nachvollziehbar gestaltet werden.

Inzwischen führen wir im DGB auch die Diskussion darüber, nicht nur die in den beruflichen Fort- und Weiterbildungen, sondern auch die in den beruflichen Erstausbildungen erworbenen Kompetenzen bei Fragen der Anrechnung auf höhere Bildungsgänge mit in den Blick zu nehmen. Darüber wird man in der Tat ernsthaft sprechen müssen. Denn in vielen Erstausbildungen werden inzwischen Kompetenzen erworben, die sehr wohl auf ein Studium angerechnet werden könnten, zumal dann, wenn diese über die berufliche Tätigkeit erweitert worden sind. Die Anerkennung von Kompetenzen, die in der beruflichen Weiterbildung erworben wurden, hat aber für uns Priorität.

Wir erwarten in der Umsetzung von ANKOM transparente und übersichtliche Anrechnungsmodelle, die nicht nur für die Hochschulen umsetzbar, sondern auch für die Antragstellenden nachvollziehbar und nicht mit Hürden versehen sind, derer es eigentlich nicht bedürfte. Die leidvollen Erfahrungen mit dem dritten Bildungsweg müssen sich nicht wiederholen.

Das Statement des Vizepräsidenten der Hochschulrektorenkonferenz Herrn Professor Müller lässt uns hoffen.

Angesichts der erreichten Qualität der geregelten beruflichen Fort- und Weiterbildung müsste den Hochschulen das Anrechnen leichter als bislang fallen.

Ungeachtet dessen werden der DGB und seine Einzelgewerkschaften dazu beitragen, die Qualität weiter zu steigern, und über Qualitätssicherungssysteme auch dafür Sorge zu tragen, dass es nicht beim Erreichten bleibt. Das bewährte Konsensprinzip gilt schließlich auch hier.

Auch für die Umsetzung gilt: Am Anfang muss Vertrauen geschaffen werden. Zwischen Hochschulen und Antragstellern, zwischen Betrieben und Hochschulen.

Zwischen den Arbeitgebern und ihren Beschäftigten müssen klare Absprachen getroffen werden, wie hochschulische Weiterbildung erfolgen soll. Das geht von einzelvertraglichen Regelungen über Betriebsvereinbarungen bis hin zu Weiterbildungs- und Entgelttarifverträgen. Leistung – und der Weiterbildungserfolg ist eine Leistung – muss sich bekanntlich lohnen. Eine schöne Urkunde oder ein schönes Zertifikat – mit welchem Titel auch immer – mag die Wohnzimmerwand schmücken, mehr aber auch nicht.

Was werden wir als Gewerkschaften tun?

Innerhalb der Gewerkschaften ist „Lobbyarbeit" für die ANKOM-Ergebnisse erforderlich.

Deshalb werden wir:

- die Ergebnisse mit den gewerkschaftlichen Mitgliedern in den regionalen Entwicklungsprojekten auswerten;
- Handlungsoptionen etwa für branchenspezifische Lösungen vor allem durch die Mitgliedsgewerkschaften entwickeln;
- Handlungsanleitungen und Beratungsangebote für Betriebsräte erarbeiten. Denn nach dem Betriebsverfassungsgesetz haben Betriebsräte bekanntlich in Fragen der Personalentwicklung ein Initiativrecht.

Der DGB selbst hat erfolgreich in den letzten Jahren Beratungsprojekte durchgeführt, die eine gute Basis bilden (LeA, BOHA). Wir sind mit Hochschulinformationsbüros, Campusoffice und anderen Initiativen in vielen Hochschulregionen vertreten, und wir haben die Kooperationsstellen Hochschulen – Arbeitswelt, mit Hilfe derer wir das Anliegen vorantreiben können.

Barbara Dorn und Susanne Müller

Durchlässigkeit und Flexibilität – Anforderungen an ein modernes Bildungssystem

Bildung ist der Schlüsselfaktor für die Wettbewerbsfähigkeit Deutschlands und Europas – darüber herrscht heute Konsens in Politik und Öffentlichkeit. Die Zukunft des Innovations- und Wirtschaftsstandorts Deutschland wie auch der gesamten Gesellschaft hängt maßgeblich von der Leistungsfähigkeit des Bildungs- und Wissenschaftssystems ab. Die zunehmende Globalisierung und der rasante technologische Wandel konfrontieren Wirtschaft und Gesellschaft mit einer Reihe neuer Herausforderungen, die nur mit Hilfe eines flexiblen und durchlässigen Bildungssystems gemeistert werden können. Zudem verschärft der demografische Wandel den Wettbewerb um die besten Köpfe. Die Wirtschaft braucht gut ausgebildete Fachkräfte, die die Motivation und die Fähigkeit zum lebenslangen Lernen mitbringen.

In seiner heutigen Verfassung wird das deutsche Bildungssystem den großen Herausforderungen an den Standort Deutschland nicht gerecht. Es ist noch zu sehr von Abgrenzung zwischen den verschiedenen Bildungsbereichen geprägt. Insbesondere die berufliche und die akademische Ausbildung sind in Deutschland nach wie vor zu streng voneinander getrennt. Übergänge sind die Ausnahme, nicht die Regel, und erfordern von den Betroffenen ein erhebliches Maß an Eigeninitiative und Engagement.

Die Abgrenzung der beiden Bildungsbereiche hat fatale Konsequenzen für den Bildungs- und Wirtschaftsstandort Deutschland: Sie führt zu überlangen Ausbildungszeiten und unnötigen Doppelqualifizierungen. Lebenslanges Lernen wird erschwert, Potenziale werden fahrlässig verschwendet und individuelle Bildungschancen blockiert. Gerade im Hinblick auf die demografische Entwicklung ist die deutsche Wirtschaft auf die Entfaltung und Förderung aller Potenziale angewiesen. Formale Hürden müssen daher abgebaut und fließende Übergänge zwischen den Systemen geschaffen werden.

Das deutsche Bildungssystem krankt daran, dass es zu sehr auf Abschlüsse fixiert ist und zu wenig die tatsächlich erworbenen Kompetenzen in den Mittelpunkt stellt. Abschlüsse dürfen aber nicht das Ende sein, sondern müssen neue Anschlüsse eröffnen. Im Mittelpunkt muss das Ziel stehen, dass jeder „die passende Tür" findet, die den Anschluss an das bisher Gelernte ermöglicht und gleichzeitig weiterführende Optionen eröffnet.

Durchlässigkeit erfordert zum einen den Zugang zu anderen Bildungsbereichen beziehungsweise -institutionen und zum anderen die Anrechnung von in anderen Bildungsbereichen bereits erworbenen Kompetenzen. Solange der Zugang verwehrt ist, erübrigt sich eine Diskussion um Anrechnung bereits erworbener Kompetenzen.

Der Hochschulzugang für beruflich Qualifizierte ist in Deutschland sehr unübersichtlich und von Bundesland zu Bundesland unterschiedlich geregelt. Und selbst da, wo er möglich ist, wird er nur sehr unzureichend genutzt. Offensichtlich dominiert die Trennung der Bildungsbereiche auch in den Köpfen der Betroffenen. Weniger als ein Prozent der Studierenden pro Jahr kommt bundesweit aus der beruflichen Bildung an die Hochschulen – ohne formale Hochschulzugangsberechtigung. Die Erfahrungen der letzten Jahre zeigen aber, dass in den Bundesländern, in denen der Zugang für beruflich Qualifizierte erleichtert wurde (zum Beispiel in Niedersachsen), auch der Anteil der beruflich Qualifizierten an den Studierenden steigt. Vor diesem Hintergrund müssen die Zugangswege zu den Bildungseinrichtungen offener und transparenter werden. Nicht formale Kriterien sollten, sondern das Profil der Bewerber muss entscheidend für den Zugang zu Bildungsangeboten sein.

Die Arbeitgeber streben daher eine zügige Umsetzung der Öffnung des Hochschulzugangs für beruflich Qualifizierte an, um die Durchlässigkeit zwischen beruflicher und hochschulischer Bildung grundsätzlich zu erhöhen. Es gibt keine generellen Zweifel daran, dass beruflich erworbene Kompetenzen sehr wohl zur Aufnahme eines Studiums befähigen können. Die Diskussion geht eher darum, ob die Zulassung zu einem Studium an bestimmte Abschlüsse und Konditionen gebunden sein soll. Die Wirtschaft fordert nicht einen generellen Rechtsanspruch auf einen Studienplatz für Ausbildungsabsolventen, sondern einen Anspruch auf gleichberechtigte Teilnahme an Auswahlverfahren. Letztere sind heute bereits möglich, werden von den Hochschulen aber noch nicht flächendeckend genutzt. Wer studierfähig ist, muss studieren können, auch wenn er nicht über die formale Hochschulzugangsberechtigung verfügt.

Ist die erste Hürde – der Zugang – genommen, folgt die zweite Hürde – die Anrechnung der bereits im Arbeitsleben erworbenen Kompetenzen auf ein Studium.

Die Diskussion um die gegenseitige Anrechenbarkeit von Leistungen und Kompetenzen steht erst am Anfang. Die Initiative „Anrechnung beruflicher Kompetenzen auf Hochschulstudiengänge“ (ANKOM) des Bundesministeriums für Bildung und Forschung trägt einen wesentlichen Teil dazu bei, dass diese Diskussion verstärkt geführt wird und Fortschritte möglich und sichtbar werden. Die im Rahmen der Initiative entstandenen Projekte zeigen aber neben den wertvollen und hilfreichen Ergebnissen auch die Schwierigkeiten eines solchen Unterfangens wie auch die Berührungsängste, die teilweise nach wie vor bestehen.

Beruflich Qualifizierte haben in der Regel bereits eine Vielzahl von Kompetenzen erworben, über die ein Studienanfänger ohne berufliche Erfahrung nicht verfügt. Gerade wenn ein Studium in demselben Fach aufgenommen wird, in dem die berufliche Qualifizierung erfolgte, sind bereits Basiskompetenzen vorhanden, die nicht erneut während des Studiums erworben werden müssen. Leider ist es immer noch nicht selbstverständlich, dass sich zum Beispiel ein Industriekaufmann seine in der Regel ausgezeichneten Kenntnisse im betrieblichen Rechnungswesen auf ein Modul „betriebliches Rechnungswesen“ in einem Bachelorstudiengang „Business Administration“ anrechnen lassen kann. Mit solchen einfachen Regelungen können Studienzeiten verkürzt und Anreize für beruflich Qualifizierte gesetzt werden, ein Studium aufzunehmen. Gegenseitige Anerkennung ist damit Grundvoraussetzung für die Förderung lebenslangen Lernens und die Entwicklung individueller Bildungswege.

Gerade beruflich Qualifizierte bringen häufig eine besonders hohe Motivation und eine besondere Leistungsfähigkeit mit. Sie haben den nötigen Ehrgeiz und oft den unbedingten Willen, ihr Studium mit gutem Erfolg und zügig zu bewältigen. Sie verfügen bereits über erhebliche berufliche Kenntnisse, die ihnen einen Wissens- und Erfahrungsvorsprung gegenüber den Abiturienten sichern. Gerade mit ihnen dürften damit die Hochschulen auch die Abbrecherquoten senken. Insbesondere im Bereich der MINT-Studiengänge (Mathematik, Informatik, Naturwissenschaften und Technik) stellen die Absolventen einer entsprechenden beruflichen Bildung ein enormes Potenzial dar, auf das die Wirtschaft bereits heute dringend angewiesen ist.

Ersten methodischen Ansätzen für die Anrechnung von bereits erworbenen Kompetenzen liegt eine Reihe vorbildlicher Beispiele für die Kooperation zwischen beruflicher und hochschulischer Bildung und damit für die Umsetzung von Durchlässigkeit in der Praxis vor. Diese Beispiele dürfen jedoch keine Insellösungen bleiben, sondern müssen vielmehr überall zur Selbstverständlichkeit werden.

Um einen wirklichen Fortschritt zu erreichen, müssen berufliche und akademische Bildungswege als gleichwertig anerkannt werden. Gleiche berufliche Ziele müssen über unterschiedliche Bildungswege erreichbar sein. Es gibt immer verschiedene Qualifikationswege zur Erreichung eines Bildungs- oder Karriereziels. Entscheidend ist einzig und allein die erlangte und nachgewiesene Kompetenz, nicht der formale Abschluss. Alle Bildungsanbieter, vom Unternehmen bis zur Universität, müssen die spätere Beschäftigungsfähigkeit der Lernenden ins Zentrum ihrer Ausbildung stellen.

Unterstützung für die Verbesserung der Durchlässigkeit kommt auch aus Europa: Die Entwicklung des Europäischen Qualifikationsrahmens (EQR) hat Reformen in den Bildungssystemen aller Mitgliedstaaten in Gang gesetzt. Der EQR beruht auf dem Prinzip der „learning outcomes" – der Lernergebnisse. „Input"-Faktoren wie Lernort oder Lernzeit sind für die Einordnung von Qualifikationen in den bildungsbereicheübergreifenden Rahmen unerheblich. Entscheidend ist ausschließlich das Ergebnis eines Bildungsprozesses – ob formal, informell oder non-formal. Erworbene Kompetenzen werden erstmals unabhängig davon, wo sie erworben wurden, in einen gemeinsamen Rahmen eingeordnet und damit vergleichbar und transparent. Damit bietet der EQR die Chance, die Gleichwertigkeit der unterschiedlichen Bildungswege abzubilden und damit auch bislang verwehrte beziehungsweise erschwerte Zugänge zu öffnen beziehungsweise die Anrechnung von erworbenen Kompetenzen zu erleichtern.

Diese Impulse gilt es jetzt aufzugreifen und die Entwicklung eines Deutschen Qualifikationsrahmens (DQR) voranzutreiben. Ein alle Bildungsbereiche umfassender Qualifikationsrahmen wird die Verzahnung beruflicher und akademischer Bildung entscheidend voranbringen – wenn er entsprechend „outcome"-orientiert ausgestaltet ist. Denn durch diesen Rahmen können die Wertigkeiten von

Qualifikationen auf Grundlage objektiver Kriterien sichtbar gemacht werden. Diese objektiven Kriterien müssen Vertreter aller Bildungsbereiche gemeinsam erarbeiten, damit sie in Zukunft auch von allen anerkannt werden.

Wir als Arbeitgeber plädieren dafür, dass die erworbenen Kompetenzen das entscheidende Kriterium für die Zuordnung zu den einzelnen Stufen des Deutschen Qualifikationsrahmens darstellen. In den Unternehmen sind von jeher die Kompetenzen eines Mitarbeiters entscheidend, nicht seine Abschlüsse. Das, was jemand tatsächlich kann, ist im Berufsleben relevant, nicht wo, wie und wie lange jemand etwas gelernt hat. Ganz anders im Bildungssystem: Hier stehen leider noch immer die Abschlüsse im Mittelpunkt. Hier muss das Bildungssystem von der Praxis lernen.

Im Hinblick auf das lebenslange Lernen müssen Studienangebote generell so konzipiert sein, dass die Lernleistungen der Studierenden außerhalb der Hochschule sinnvoll mit dem hochschulischen Lernprozess verknüpft werden können. Verschiedene Leistungspunktesysteme müssen kompatibel sein, Module aufeinander aufbauen und Qualifikationsrahmen ganzheitlich gedacht und entwickelt werden.

Weder die berufliche Bildung noch die hochschulische Bildung müssen sich für mehr Durchlässigkeit radikal verändern. Beide Teilsysteme müssen sich aber weiterentwickeln und einen Schritt aufeinander zu gehen. Nicht ein bestimmtes Zeugnis darf die rechtliche Voraussetzung für weiteres Lernen sein, sondern die jeweils aufnehmende Institution muss nach transparenten Kriterien die tatsächlichen Kompetenzen eines Bewerbers bewerten.

Der Schlüssel zum Erfolg, das heißt zu mehr Durchlässigkeit, liegt in der Qualitätssicherung. Nur wenn transparent und einfach nachvollziehbar ist, nach welchen Prinzipien zum Beispiel die Vergabe von Leistungspunkten oder die Zuordnung von Qualifikationen zu einzelnen Niveaustufen erfolgt, wird sich mehr Kompatibilität und eine bessere Anrechnung von in unterschiedlichen Systemen erbrachten Leistungen erzielen lassen.

Für ein umfassendes Qualitätssicherungssystem bedarf es zunächst einheitlicher Qualitätskriterien für hochschulische und berufliche Bildung, die insbesondere die Bereiche Beschäftigungsbefähigung und Praxisbezug, Qualitätsmanagement und interne Evaluation sowie Internationalität ausreichend berücksichtigen müssen. Hier gilt es auf bestehenden Ansätzen und erprobten Verfahren aufzubauen. Dazu zählen die vielfältige Expertise von Bildungseinrichtungen, Verbänden und Kammern sowie Unternehmen mit internem Qualitätsmanagement ebenso wie der Erfahrungsschatz, der aus Akkreditierungsverfahren von Hochschulstudiengängen gewonnen wurde.

Die deutschen Arbeitgeber werden diesen Prozess aktiv unterstützen und ihren Beitrag dazu leisten. Vor allem aber ist auch jeder Einzelne gefordert, die sich ihm bietenden Möglichkeiten und Chancen aktiv zu nutzen.

Wilfried Müller

Vier Thesen für Durchlässigkeit der Bildungssysteme und Anrechnung von Kompetenzen

Wir verwenden in Deutschland zu wenig Mühe darauf, diejenigen Menschen in unsere Bildungsprogramme zu holen, die aufgrund ihrer Eignung und Neigungen dort auch am erfolgreichsten sein können. Wir haben ein System – anders als in vielen Ländern Europas –, in dem die vorhergehende Bildungsstufe „Berechtigungen" verleiht und damit Wege öffnet und andere verschließt. Die Hochschulen sind entschlossen, die Entscheidung über eine Öffnung im Sinne der Studierenden mehr und mehr in die Hand zu nehmen, weil sie ihre Studienprogramme am besten kennen. Studienberatung, Studierendenauswahl und Anrechnungsverfahren müssen die Voraussetzungen des Einzelnen in den Blick nehmen und dem Einzelnen helfen, individuell angemessene Lernwege zu gestalten. Dazu benötigen die Hochschulen Hinweise zur Erfassung und Bewertung von Kompetenzen, wie sie die ANKOM-Projekte für die Anrechnung beruflich erworbener Kompetenzen auf ein Hochschulstudium entwickeln. Vier Thesen verdeutlichen, warum dieser Beitrag zu mehr Durchlässigkeit zwischen beruflicher und Hochschulbildung wichtig ist:

Mehr Durchlässigkeit zwischen der beruflichen und der Hochschulbildung ist erforderlich

Zwar ist das große Thema der kommenden Jahre nicht ein Studierendenmangel, der die Hochschulen insgesamt veranlasst, neue Zielgruppen zu suchen – im Gegenteil. Aber langfristig müssen auch sie sich darauf einrichten, den drohenden Fachkräftemangel durch das Eröffnen neuer Bildungswege zu mildern. Schon heute gibt es Fächer, in denen mehr Studierende ausgebildet werden sollten; es gibt Regionen mit Hochschulen, in denen die Auslastung relativ gering ist, und es gibt neue Studiengänge, wie etwa im Gesundheitsbereich oder in der frühkindlichen Bildung, die notwendigerweise Überschneidungsbereiche mit der beruflichen Bildung haben.

Anrechnungspotenzial von der beruflichen Bildung auf Hochschulstudiengänge ist gegeben

Schon heute zeigt sich in der Praxis der Hochschulen ein großes Potenzial von Lernergebnissen der beruflichen Bildung, die auf ein Hochschulstudium angerechnet werden können. Das Hochschulstudium vermittelt ein besonderes, wissenschaftliches Kompetenzprofil, das auf einem hohen Anteil an Theorien und Methoden in den Studienprogrammen basiert. Die Studierenden entwickeln eine besondere Problemlösungskompetenz für Situationen, in denen man nicht auf ein bekanntes Wissens- und Methodenrepertoire zurückgreifen kann. Aber Elemente dieser Kompetenzen erwirbt man natürlich auch in anderen Lernzusammenhängen. Trotz der

Unterschiede im Endergebnis der Bildungsgänge lohnt es sich, die Überschneidungsbereiche zu suchen und dadurch gezielt die Studienleistungen, die für den angestrebten Abschluss zu erbringen sind, zu vermindern. Doppeltes Lernen ist weder effektiv für den Lernenden, der Zeit verliert, noch für die Hochschule und ihre Lehrenden, die ihre Zeit sinnvoller für andere Lerner verwenden können.

Anrechnung muss sorgfältig und verantwortungsvoll geschehen

Ausgangspunkt der Thesen war, dass Hochschulen nur dann gute und effiziente Lehre anbieten können, wenn sie Mühe darauf verwenden zu klären, dass die Lerner sowohl die Neigung als auch die Voraussetzungen für den jeweils nächsten Lernschritt mitbringen. Diese Logik, die Zulassungsverfahren, aber auch studienbegleitende Prüfungen und Anerkennungsentscheidungen leiten muss, gilt nicht allein für beruflich Vorqualifizierte, ist aber auch hier anzuwenden. Anerkennungsentscheidungen müssen so gestaltet werden, dass der Studienerfolg im weiteren Verlauf möglichst wahrscheinlich ist, dass also die Studierenden die wissenschaftlichen Standards, die an ein Hochschulstudium anzulegen sind, erfüllen können. In einer differenzierten Studienlandschaft, in dem Studiengänge sehr unterschiedliche Anforderungen stellen, haben deshalb pauschale Zugangs- und Anerkennungsregeln nur bedingt einen Platz. Ein negatives Beispiel ist der sogenannte „Bachelor Professional", der irgendwie nicht, aber irgendwie dann doch einem Hochschul-Bachelor akademisch gleichwertig sein und Zugang zum Master verschaffen soll. Damit ist niemandem gedient. Unsere Erfahrungen mit der Zulassung beruflich erfahrener Menschen ohne eine Form von fachspezifischer Auswahl und Überleitung in das Studium sind leider nicht ermutigend. Im Laufe des Studiums treten dann gravierende Lücken zutage, etwa bei den technischen Studiengängen in den mathematisch-naturwissenschaftlichen Grundlagen oder auch in Fremdsprachenkenntnissen. Wir müssen erworbene Kompetenzen mit den Anforderungen vergleichen und dann entscheiden, was noch zu lernen ist und was nicht. Gegebenenfalls müssen Zusatzqualifikationen angeboten werden. Es ist ein großes Verdienst der ANKOM-Projekte, diesen Fragen ergebnisoffen nachzugehen und mit ihren Ergebnissen die Diskussion über Durchlässigkeit durch Anerkennung deutlich zu versachlichen.

Anrechnung für mehr Durchlässigkeit muss bewusst gestaltet werden

Die Entwicklungsprojekte der ANKOM-Initiative haben häufig berichtet, dass ihnen wichtige Voraussetzungen gefehlt haben, insbesondere lernergebnisorientierte Beschreibungen der Ausbildungsgänge. Diese fehlen nicht nur in der Anerkennung beruflich erworbener Kompetenzen, sondern allzu häufig auch in der nationalen und internationalen Mobilität innerhalb des Hochschulbereichs. Aber Besserung ist in Sicht: Der Akkreditierungsrat und die -agenturen achten in der Reakkreditierung und in ihrer neuen rechtlichen Struktur noch systematischer auf Lernergebnisorientierung der Studiengänge und ihrer Module. Die Hochschulrektorenkonferenz wird erneut Initiativen starten, den Studiengängen Qualifikationsrahmen als lernergebnisorientierte Referenzen nahe zu bringen. Der Qualifikationsrahmen für die deutschen Hochschulabschlüsse gibt fachunspezifische Orientierungen zum Niveau und zur Bandbreite der Lernergebnisse auf dem jeweiligen Abschlussniveau, die den Curricula zugrunde zu legen sind. Der künftige deutsche Qualifikationsrahmen ist in unserem Zusammenhang besonders wichtig, weil er bildungsbereicheübergreifend ist und damit die relative Einschätzung von Qualifikationen aus anderen Bildungsbereichen erleichtert. Und wir wollen noch mehr Fachdisziplinen dazu bewegen, diese fachunspezifischen Rahmen für ihre Bereiche zu spezifizieren. Damit werden künftig vereinbarte fachliche Lernergebnisbeschreibungen vorliegen, von denen die einzelnen Studiengänge in Einzelheiten abweichen, die aber ebenso wie die übrigen Qualifikationsrahmen den kompetenzorientierten Abgleich beruflicher und hochschulischer Qualifikationen erleichtern werden.

Der zweite Bereich, der der Organisation bedarf, sind die Anerkennungsverfahren selbst. Auch diese Aufgabe bezieht sich nicht nur auf die bildungsbereicheübergreifende Anrechnung. Die gleiche Herausforderung besteht zwischen den deutschen Studiengängen und im internationalen Austausch zwischen den Hochschulen. Erforderlich sind klar beschriebene Prozesse, die für die Studierenden transparent und leicht zugänglich sind, einschließlich einer Möglichkeit zur Beschwerde. Dieses ist Teil des Qualitätsmanagements der Hochschulen, das sich in den nächsten Jahren enorm weiterentwickeln wird. Besonders hilfreich sind Modelle, in denen nicht oder nicht nur individuelle Kompetenzen geprüft, sondern ganze Ausbildungsprogramme und die durch sie erworbenen Kompetenzen verglichen werden. Mit solchen Vorarbeiten ist der Einzelfall wesentlich leichter und schneller zu entscheiden; das Ergebnis ist für den Bewerber besser zu kalkulieren. Gleichzeitig sind diese Vorarbeiten sehr aufwändig, insbesondere wenn sie über einen schematischen Vergleich der Lehrinhalte hinausgehen sollen. Hochschulen können in diese Arbeit dann investieren, wenn die Nachfrage nach Anerkennung bestimmter beruflicher Vorqualifikationen hoch ist oder wenn sie eine wesentliche Rolle im Studiengangsprofil haben. Ein Beispiel sind regionale Vereinbarungen zwischen Fachschulen und Studiengängen, die von deren Absolventen immer wieder nachgefragt werden.

Die Entwicklung von Methoden und Verfahren zur Anerkennung beruflich erworbener Kompetenzen auf ein Hochschulstudium ist durch die ANKOM-Projekte deutlich vorangekommen. Aus Sicht der Hochschulen wird in der weiteren Entwicklung des Projekts – in der Implementierung und der Evaluation der Verfahren – insbesondere auf die Handhabbarkeit und die Qualitätssicherung, die im Rahmen der Akkreditierung im Hochschulbereich zu belegen ist, zu achten sein. Die Ergebnisse der Initiative werden es den Hochschulen erleichtern, beruflich erworbene Kompetenzen sachgerecht und transparent auf Hochschulstudiengänge anzurechnen.

Manfred Kremer

Berufsbildung in der Wissensgesellschaft. Trampelpfad oder Königsweg?

1. Ausgangslage

Moderne Volkswirtschaften entwickeln sich zu Dienstleistungs- und Wissensgesellschaften. In den Betrieben und Unternehmen geht dies mit flexibleren Formen der Arbeitsorganisation, mit dem breiten Einsatz von Informations- und Kommunikationstechnologien sowie einer zunehmenden Internationalisierung des Arbeitens und der Geschäftsbeziehungen einher. An den meisten Arbeitsplätzen und auf allen Qualifikationsebenen werden deshalb die Anforderungen an die beruflichen und allgemeinen Kompetenzen der Beschäftigten breiter und höher.

Gleichzeitig führt die demografische Entwicklung dazu, dass der Nachwuchs knapp und der Anteil älterer Beschäftigter deutlich wachsen wird. Steigender Bedarf an höheren Qualifikationen muss deshalb vor allem auch durch die Höherqualifizierung von Menschen befriedigt werden, die bereits im Erwerbsleben stehen.

„Obwohl künftig durchgängig mehr höher qualifizierte Menschen gebraucht werden, ist es äußerst bedenklich, dass die Bildungsexpansion der 70er und 80er Jahre seit Mitte der 90er Jahre zum Stillstand gekommen ist. So lässt zum Beispiel die Entwicklung der Beteiligung an hoch qualifizierender beruflicher und akademischer Bildung in Deutschland seit Mitte der 90er Jahre jede Dynamik vermissen. Inzwischen ist deshalb – gemessen an formalen Bildungsabschlüssen – die mittlere Generation besser qualifiziert als der Nachwuchs.“ (Reinberg & Hummel, 2001).

Auch im internationalen Vergleich erreichen in Deutschland zu wenig junge Menschen einen Hochschulabschluss, was die jüngsten Zahlen der OECD belegen (OECD, 2008). Allerdings hat ein bemerkenswerter Anteil der Erwerbstätigen in sehr anspruchsvollen beruflichen Aus- und Weiterbildungsgängen Kompetenzen erworben, die in anderen Ländern nur an Hochschulen vermittelt werden

Selbst wenn dies berücksichtigt wird, befindet sich Deutschland international hinsichtlich des Anteils an Hochqualifizierten allenfalls im unteren Mittelfeld. Ähnliches gilt für die Teilnahme Erwerbstätiger an beruflicher Weiterbildung (Behringer, Moraal & Schönfeld, 2008).

Fazit: Während in Deutschland das Bildungsniveau weitest gehend stagniert, wächst in nahezu allen anderen OECD-Ländern der Anteil der Hochschulabsolventen und steigt die Beteiligung an beruflicher Weiterbildung in den letzten Jahren mit hohen Raten, wenn auch vielfach von niedrigerem Ausgangsniveau aus.

2. Wertbestimmung der Berufsbildung

Der Stellenwert der beruflichen Bildung auf dem Weg in die Wissensgesellschaft wird in Deutschland widersprüchlich beurteilt. Einerseits wird den Hinweisen auf einen zu geringen Anteil der Hochschulabsolventen die hohe Qualität der Abschlüsse der beruflichen Aus- und Weiterbildung hierzulande entgegengehalten. Anderseits werden die Hürden für den Zugang beruflich Qualifizierter zum Hochschulstudium und für die Anrechnung beruflicher Kompetenzen auf Studien- und Prüfungsleistungen nach wie vor unangemessen hoch gesetzt, zuweilen auch unüberwindbar hoch. Auch stößt die Forderung nach vorbehaltloser Gleichwertigkeit und Gleichstellung selbst hochwertigster beruflicher Aus- und Weiterbildungsabschlüsse bei den für die Hochschulen Verantwortlichen häufig noch auf Ablehnung oder mindestens auf kühle Reserviertheit.

Auf der anderen Seite verstricken sich die Akteure der beruflichen Bildung in Diskussionen über die rechtliche Zulässigkeit des Begriffes „Bachelor Professional" als international verständliche Niveaueinordnung deutscher Fortbildungsabschlüsse.

Die Wertigkeit von Bildungsabschlüssen wird aber nicht durch Zusatzbezeichnungen bestimmt, und der Wettbewerb zwischen berufs- und praxisorientierten Bachelor- und Masterabschlüssen mit Abschlüssen der beruflichen Fortbildung nicht durch solche entschieden. Vielmehr geht es darum, transparent zu machen, welche Kompetenzen die Absolventen von Fortbildungsabschlüssen besitzen. Zur Feststellung der Gleichwertigkeit beruflicher Aus- und Weiterbildung sind deshalb qualitätsgesicherte Verfahren, wie sie beispielhaft in der Initiative „Anrechnung beruflicher Kompetenzen auf Hochschulstudiengänge" (ANKOM)[1] des Bundesministeriums für Bildung und Forschung entwickelt wurden, anzuwenden. Dass diese auch in den hochschulischen Akkreditierungsverfahren entsprechende Berücksichtigung finden müssen, ist eine notwendige Voraussetzung für die Umsetzung authentischer Anrechnungen von beruflichen Kompetenzen im hochschulischen Bereich. Damit wäre zudem ein Beitrag für die nationale und europäische Diskussion der Gleichwertigkeit von Kompetenzen unabhängig vom Ort, der Zeit und dem Weg des Erwerbs geleistet.

3. Kompetenzentwicklung in der Berufsbildung

Auch in der wissenschaftlichen Diskussion wird die Bedeutung praxis- und erfahrungsorientierter beruflicher Bildung für die Kompetenzentwicklung in der Wissensgesellschaft kontrovers beurteilt.

Einerseits wird argumentiert, dass angesichts des steigenden Anteils wissensgesteuerter Arbeit das theoretisch-systematische Wissen zum entscheidenden Entwicklungsfaktor für wirtschaftliche und gesellschaftliche Entwicklung wie auch

1 Informationen siehe unter: www.ankom.his.de

für die individuelle berufliche Entwicklung würde. Die dazu erforderlichen „neuen Schlüsselqualifikationen" (wie zum Beispiel Abstraktionsfähigkeit, systematisches und prozesshaftes Denken, individuelles Wissensmanagement, Offenheit und intellektuelle Flexibilität, Selbstorganisationskompentenzen) könnten in einer praxis- und erfahrungsorientierten Ausbildung nicht hinreichend vermittelt werden. Im Ergebnis verliere praxis- und erfahrungsorientierte berufliche Aus- und Weiterbildung als Rekrutierungsmuster für qualifizierte Fachkräfte gegenüber den wissensorientierten Ausbildungsformen – insbesondere der Hochschulen – zwangsläufig an Bedeutung (Baethge, 2004; Baethge, Solga & Wieck, 2007).

Dagegen steht die These, dass gerade in einer wissensbasierten Ökonomie und Gesellschaft Erfahrungswissen unabdingbar notwendig ist, um systematisch erworbenes Wissen in realen Situationen anwenden zu können und so berufliche Handlungskompetenz zu erwerben (Lundvall & Borras, 1999; Rauner, 2007).

Für beide Thesen fehlt es bislang an hinreichenden empirischen Überprüfungen. Ebenso lässt sich ein Bedeutungsverlust der praxisorientierten beruflichen Bildung empirisch bisher nicht feststellen. Offensichtlich stellt die duale Berufsausbildung weiterhin einen „Königsweg" in der Wissensgesellschaft dar. Ein Beleg dafür ist, dass dank der durchgreifenden Modernisierung in den letzen zehn Jahren in Deutschland mittlerweile deutlich mehr als die Hälfte der neuen Ausbildungsverträge in Dienstleistungsberufen abgeschlossen werden (vgl. Uhly, 2007). Dabei spielt die Berufsausbildung in ausgesprochen wissensbasierten Bereichen eine bedeutsame Rolle (zum Beispiel Berufe aus dem Bereich der Finanzdienstleistungen, Laborberufe, Berufe der Medien- und Informationswirtschaft, Hochtechnologieberufe, Fachkräfteausbildung in beratenden Berufen, Fachkräfte für Markt- und Sozialforschung).

Dies hat zu einer seit mehr als zehn Jahren stabilen – und mit der konjunkturellen Erholung auch wieder steigenden – betrieblichen Ausbildungsbeteiligung wesentlich beigetragen. Zudem werden immer noch rund sechzig Prozent aller jungen Menschen im System der dualen Berufsausbildung ausgebildet, darunter eine eher noch wachsende Zahl von Abiturienten. Und es ist damit zu rechnen, dass sich dieser Anteil im Zuge der weiteren Entspannung auf dem Ausbildungsmarkt noch erhöht. Dafür sprechen nicht zuletzt die hohen Altbewerberzahlen der letzten Jahre. Sie deuten darauf hin, dass in den vergangenen Jahren längst nicht alle Jugendlichen, die dies wollten, auch eine duale Berufsausbildung beginnen konnten (vgl. Ulrich & Krekel, 2007; Beicht, Friedrich & Ulrich, 2007) und dass die Quote der potenziellen Ausbildungsanfänger noch deutlich gesteigert werden kann. Da sich nun nach den bislang bekannten Zwischenergebnissen der Ausbildungsmarkt in 2008 weiter positiv entwickelt, könnte sich der Anteil bereits in diesem Jahr wieder einer Marke von siebzig Prozent annähern.

Dies ist auch dringend notwendig. Denn nach Schätzungen des zukünftigen Qualifikationsbedarfs werden in den nächsten Jahrzehnten weiterhin an rund zwei Dritteln aller Arbeitsplätze Beschäftigte gebraucht, die beruflich aus- und weitergebildet sind, und dies zunehmend auf sehr hohem Niveau.

Das Bundesinstitut für Berufsbildung (BIBB) hält es für notwendig, für die Berufsbildung der Zukunft ein Kompetenzverständnis zu entwickeln, dass Erfahrungswissen und theoretisch-systematisches Wissen als komplementär sieht. Berufliche Handlungskompetenz ist mehr als die Anwendung von systematisch erworbenem Wissen. Sie entwickelt sich am besten, wenn systematisch erworbenes Wissen durch Erfahrungen ergänzt wird, die in realen beruflichen Handlungssituationen erworben werden können. Schwimmen lernt man im Wasser! Berufliche Handlungskompetenz erwirbt man durch berufliches Handeln! Dass dem erfahrungsgestützten Lernen ein eher noch zunehmender Stellenwert eingeräumt wird, zeigen zudem die Entwicklungen im internationalen und insbesondere im europäischen Raum. Viele Länder bemühen sich, ihre schulbasierten Berufsbildungsgänge durch gleichwertige betrieblich-duale Angebote der Berufsbildung zu ergänzen.

Erwähnt sei an dieser Stelle, dass auch im hochschulischen Bereich mit Beginn des Bologna-Prozesses[2] die Einführung insbesondere der Bachelorstudiengänge die Praxisorientierung der hochschulischen Lehre befördern soll, was gleichzeitig eine Orientierung an Kompetenzen, Fertigkeiten und Wissen bedeutet. Zudem soll der Entwicklung dualer berufsbegleitender Studiengänge, in denen Unternehmen und Hochschulen kooperativ zusammenarbeiten, mehr Aufmerksamkeit geschenkt werden (BMBF, 2008, S. 34).

Insgesamt sprechen diese Entwicklungen für eine Ausweitung hochwertiger und flexibler Kombinationen von schulischen oder hochschulischen Bildungsgängen mit betrieblicher Ausbildung, also letztlich für die Ausweitung des dualen Prinzips auf andere Bildungsbereiche. Sie sprechen darüber hinaus aber auch dafür, in der Berufsbildung eigenständige „Königswege" bis zu höchsten Qualifikationen weiter und umfassender auszubauen. Dabei können wir uns in Deutschland auf ein im Kern bewährtes und funktionsfähiges System der beruflichen Aus- und Weiterbildung stützen.

4. Ausblick

Die unbestrittene Stärke der deutschen Berufsbildung sollte entschlossener genutzt werden, um mehr Menschen, vor allem auch bereits im Erwerbsleben stehende, auf hohem Niveau zu qualifizieren. Bund, Länder, Hochschulen und Sozialpartner müssen dies systematischer und umfassender voranbringen. „Königswege" zu Höchstqualifikationen im Berufsbildungssystem wären effizient, flexibel und bedarfsgenau. Sie würden die Potenziale für die notwendige Weiterqualifizierung noch stärker in der Breite erschließen als die alleinige Konzentration auf eine Steigerung der Studierquote, weil Weiterqualifizierung bereits im Arbeitsleben Stehende besser einbeziehen kann.

---

2 Der Europäische Hochschulraum. Gemeinsame Erklärung der Europäischen Bildungsminister. Bologna, 19. Juni 1999. URL: www.bmbf.de/pub/bologna_deu.pdf (Stand: 05.06.2008).

In der aktuellen Diskussion zur internationalen – vor allem europäischen – Anschlussfähigkeit des deutschen Berufsbildungssystems werden diese Themen – nämlich Flexibilität, Transparenz, Durchlässigkeit und Gleichwertigkeit der Bildungsgänge – wie in einem Brennglas gebündelt.

Mit Hilfe des Europäischen Qualifikationsrahmens (EQR) und des Nationalen Qualifikationsrahmens (NQR) sollen Kompetenzen – unabhängig davon, wo und wie sie erworben und nachgewiesen werden – in ihrem Niveau bestimmt werden. So wird es möglich, berufliche Aus- und Weiterbildung und Berufserfahrung mit schulischen oder akademischen Bildungsgängen zu vergleichen und festzustellen, inwieweit sie äquivalent sind. Die Philosophie und die Ziele von Qualifikationsrahmen verlangen dabei, dass jedes Niveau auch über berufliche Bildung erreicht werden kann und praktische Bewährung sowie berufliche Erfahrungen in die Bewertung von Kompetenzen maßgeblich einbezogen werden.

Mit einem Leistungspunktesystem für die berufliche Bildung (ECVET) sollen weitere Fortschritte für Transparenz, Durchlässigkeit und Anerkennung erreicht werden. Voraussetzung ist allerdings, dass dieses Leistungspunktesystem nicht nur europäisch kompatibel gestaltet wird, sondern auch von den Hochschulen für Anrechnungen beim Übergang in den Hochschulbereich akzeptiert wird. Das Bundesministerium für Bildung und Forschung startete in Zusammenarbeit mit dem Bundesinstitut für Berufsbildung dazu eine Programminitiative mit zehn Pilotprojekten, um bis zum Jahre 2011 ein Leistungspunktesystem für berufliche Bildung in Deutschland zu entwickeln und zu erproben.

Die Orientierung von EQR/NQR und ECVET an Kompetenzen beziehungsweise Lernergebnissen (Kompetenzen, Fertigkeiten und Wissen) ist für die berufliche Bildung nichts Neues. Die Ausrichtung auf berufliche Handlungskompetenzen ist vielmehr kennzeichnend für die berufliche Bildung. Ausbildungsordnungen und Lehrpläne beschreiben zunehmend vor allem zu erreichende Kenntnisse, Fertigkeiten, Fähigkeiten und Kompetenzen.

Für die weitere Ausgestaltung dieser Kompetenzorientierung werden die Erkenntnisse aus den ANKOM-Entwicklungsprojekten von Bedeutung sein. Sie geben Hinweise, wie berufliche Kompetenzen definiert und überprüfbar dokumentiert werden können, damit sie hochschulkompatibel werden. Systematische Vergleiche von Ausbildungs-, Fortbildungs- und Studienordnungen lassen erwarten, dass nicht nur einzelne Studien- und Leistungsnachweise, sondern größere Studienabschnitte durch den Nachweis entsprechender beruflich erworbener Kompetenzen eingespart werden können.

Derartige Ergebnisse sind ein weiterer Beleg dafür, dass beruflich erworbene Kompetenzen studienrelevant sein und somit auch zur Aufnahme eines Studiums befähigen können. Die Regierungsfraktionen im Deutschen Bundestag sprechen sich im Koalitionsvertrag deshalb dafür aus, den Zugang zum Hochschulstudium für beruflich Qualifizierte breiter zu öffnen. Es ist die Aufgabe der Länder, die Rahmenbedingungen entsprechend zu gestalten, und es ist Aufgabe der Hochschulen, in Zusammenarbeit mit Experten aus der beruflichen Praxis geeignete Instrumente und Verfahren zu entwickeln.

Mit der ANKOM-Initiative sind die Arbeiten zu mehr Transparenz, Flexibilität und Durchlässigkeit an der Schnittstelle zwischen beruflicher Bildung und Hochschulen erfolgversprechend in Gang gekommen.

Sicher hat niemand ernsthaft erwartet, mit diesem Programm auch schon am Ziel „angekommen" zu sein, aber der weitere Weg zum Ziel und die auf diesem Weg noch zu überwindenden Hindernisse sind deutlicher erkannt und analysiert.

Vor allem ist es mit der ANKOM-Initiative und den Entwicklungsprojekten gelungen, berufliche Bildung und die Hochschulen zu einem bisher beispiellosen Dialog zusammenzuführen. Dies allein ist ein Erfolg, der nicht hoch genug geschätzt werden kann.

Die ANKOM-Initiative hat somit vor allem gezeigt, dass berufliche Bildung ein „Königsweg" zur notwendigen Höherqualifizierung des Nachwuchses und der bereits Beschäftigten sein kann. Entscheidend ist, dass neue Instrumente wie Qualifikationsrahmen und Leistungspunktesysteme entschlossen genutzt werden, um Gleichwertiges auch als gleichwertig anzuerkennen.

Literatur

Baethge, M. (2004): Ordnung der Arbeit – Ordnung des Wissens: Wandel und Widersprüche im betrieblichen Umgang mit Humanressourcen. In: SOFI-Mitteilungen Nr. 32, 2004, S. 7-21.

Baethge, M.; Solga, H. & Wieck, M. (2007): Berufsbildung im Umbruch. Signale eines überfälligen Aufbruchs. Berlin.

Behringer, F.; Moraal, D. & Schönfeld, G. (2008): Betriebliche Weiterbildung in Europa: Deutschland weiterhin nur im Mittelfeld. Aktuelle Ergebnisse aus CVTS3. In: Berufsbildung in Wissenschaft und Praxis 1/2008, S. 9-14.

Beicht, U.; Friedrich, M. & Ulrich, J.G. (2007): Schulabsolventen auf Lehrstellensuche: Deutlich längere Dauer bis zum Ausbildungseinstieg. In: BIBB REPORT 1 (2007) 2.

Bundesministerium für Bildung und Forschung (2008): Aufstieg durch Bildung. Qualifizierungsinitiative der Bundesregierung. Bonn, Berlin. S. 34.

Lundvall, B. & Borras, S. (1999): The Globalising Learning Economy; Challenges for Innovation Policy (Report based on contributions from 7 projects under the TSER programme). Brussels, DG XII.

OECD (2008): Education at a Glance: OECD-Indicators-2008 Edition. Paris.

Rauner, F. (2007): Praktisches Wissen und berufliche Handlungskompetenz. In: Europäische Zeitschrift für Berufsbildung Nr. 40 – 2007/1.

Reinberg, A. & Hummel, M. (2001): Bildungsexpansion in Westdeutschland: Stillstand ist Rückschritt – wirtschaftlicher und demographischer Wandel erfordern einen neuen Anlauf in den Bildungsanstrengungen auf allen Ebenen. IAB-Kurzbericht, 08/2001, Nürnberg, S. 2ff. http://doku.iab.de/kurzber/2001/kb0801.pdf.

Reinberg, A. & Hummel, M. (2002): Zur langfristigen Entwicklung des qualifikationsspezifischen Arbeitskräfteangebots und -bedarfs in Deutschland. Empirische Befunde und aktuelle Projektionsergebnisse. In: Mitteilungen aus der Arbeitsmarkt- und Berufsforschung, 35. Jg./2002, S. 594f. http://doku.iab.de/mittab/2002/2002_4_mittab_reinberg_hummel.pdf.

Uhly, A. (2007): Der berufsstrukturelle Wandel in der dualen Berufsausbildung: empirische Befunde auf Basis der Berufsbildungsstatistik des Statistischen Bundesamtes.

Ulrich, J.G.; Krekel, E.M. (2007): Zur Situation der Altbewerber in Deutschland. Ergebnisse der BA/BIBB-Bewerberbefragung. In: BIBB REPORT 1 (2007) 1.

Walden, G. [Hrsg.] (1995): Qualifikationsentwicklung im Dienstleistungsbereich: Herausforderungen für das duale System der Berufsausbildung. Bielefeld: W. Bertelsmann. Verlag. S. 209-257.

Knut Diekmann

Wege der Beförderung der Anrechnung beruflicher Kompetenzen auf Hochschulstudiengänge

1. Das Dilemma

Die Bildungsstrukturen in Deutschland sind historisch bedingt. Ein systemischer Charakter und eine in sich geschlossene Logik sind der bestehenden Bildungsinfrastruktur daher nicht immanent. Denn ihre wesentlichen Bestandteile sind in spezifischen historischen Situationen entstanden und haben sich dann durch institutionelle Eigenentwicklungen weiter geformt. Heute nun stehen sich diese Bestandteile oft unverbunden gegenüber, zuweilen stehen sie auch gegeneinander. Solange keine Bildungsreform aus einem Guss möglich ist, müssen Übergänge geschaffen werden, die in der Praxis auch wirksam sind.

Eine besonders negative Folgewirkung hat die Undurchlässigkeit zwischen beruflicher Fortbildung und hochschulischer Bildung entfaltet. Verursacht wird diese Undurchlässigkeit durch die institutionelle Vorgabe, eine Studienaufnahme an eine vorliegende Hochschulzugangsberechtigung zu binden. Diese Bindung fußt auf der im engeren Sinne universitären Tradition, die sich an die Humboldt'schen Reformen anlehnt: die preußische Beamtenschaft mittels des Abiturs zu rekrutieren und die Hochschule von Nutzbarkeitserwägungen zu emanzipieren. Die Tradierung der Regel hat dazu geführt, dass sich ein gewisser Corpsgeist entwickelt hat, der eine Berührung mit den beruflich Qualifizierten ablehnt.

Eine Ausnahmeregelung wurde jedoch für die besonders Begabten unter den beruflich Qualifizierten geschaffen, indem Zugangswege eröffnet wurden. Damit wurde ein „dritter Bildungsweg“ erfunden. Mit dem Blick auf die Zahlen wird offenbar, dass es sich hierbei nicht um eine Erfolgsgeschichte handelt. Denn der Anteil der Studierenden über diese Begabtenklausel bewegt sich um und unter einem Prozent der gesamten Studentenschaft. Geschuldet ist dieser Umstand im Wesentlichen dem restriktiven Charakter des Aufnahmeprozederes, der Intransparenz und der Vielfalt der Regelungen sowie dem Übergewicht theoretischen Wissens. Zur Unattraktivität trägt außerdem die hochschulische Angebotspalette bei, die im Wesentlichen aus Vollzeitangeboten besteht. Für einen erfolgreichen Erwerbstätigen jedoch spricht eine Reihe von Gründen gegen die Aufnahme eines Vollzeitstudiums, darunter das Ausscheiden aus der Erwerbstätigkeit, die dann schwierige Finanzierung, der Knick im eingeschlagenen Karriereweg.

Der Status quo stellt sich wie folgt dar: Die Aufnahme eines Studiums starr an eine formale Hochschulzugangsberechtigung zu binden, schließt zunächst diejenigen aus, die auf Grundlage eines Haupt- oder Realschulabschlusses den Weg der beruflichen Bildung beschritten haben. Zweitens aber bieten die Hochschulen auch denjenigen, die eine Hochschulzugangsberechtigung und einen beruflichen

Bildungsabschluss vorweisen können, kaum solche Angebote an, die praxistauglich sind.

Volkswirtschaftlich ist das eine Verschwendung von Ressourcen in mehrerer Hinsicht. Denn zum einen verhindert die institutionelle Hürde die Steigerung des Qualifikationsstandes der Erwerbsbevölkerung – und das in einer Zeit, in der alle relevanten beteiligten Akteure davon überzeugt sind, dass sich der Faktor Wissen zum entscheidenden Produktivfaktor entwickelt. Dies schränkt die Wettbewerbsfähigkeit der Betriebe ein und gefährdet die Standortsicherung. Zum anderen versäumen es die Hochschulen, eine interessante neue Zielgruppe zu gewinnen, handelt es sich doch um motivierte Einzelpersonen, die im Lehrbetrieb durch aktive Teilhabe auffallen. Auch sind sie – im Gegensatz zu Studierenden – eine zahlungskräftige Klientel. Perspektivisch verpassen die Hochschulen zudem, sich über diese neue Zielgruppe den Unternehmen zu nähern. Damit vergeben sie gleichzeitig die Chance, über eine verstärkte Zusammenarbeit weitere praxisnahe Forschungsvorhaben zu generieren. Und blickt man noch weiter in die Zukunft, so lassen die Hochschulen derzeit die Gelegenheit ungenutzt, sich auf die Zeit vorzubereiten, in der der Studierendenberg geschmolzen ist und sich ein Studierendenloch ausgebreitet hat. An dieser Stelle zeigt sich, dass die Öffnung der Hochschulen für Arbeitsmarkt und Wirtschaftswelt, für die der Bologna-Prozess Pate steht, noch immer nicht vollzogen ist.

Die deutschen Unternehmen haben ein großes Interesse daran, dass beruflich Qualifizierte ihre Kompetenzentwicklung auch auf universitärem Niveau fortsetzen können. Es handelt sich also um ein perspektivisch wichtiges Thema. Da die Erwerbsbiografien heute anderen Mustern folgen, verlangt die neue Arbeitswelt eine erhöhte Durchlässigkeit der Bildungswege. Deutschland kann sich in Zukunft die Dualität zweier Bildungssäulen ohne Brückenschläge zwischen ihnen nicht mehr leisten. Aufgrund der Alterung der Belegschaften kommt auf die deutsche Erwerbsbevölkerung ein Engpass an Arbeitskräften zu, der die Wiederaufnahme der Qualifizierung in der zweiten Hälfte der Erwerbsbiografie erfordern wird.

Und auch auf Ebene der Einzelpersonen werden Chancen verspielt, da von einem signifikanten Interesse auszugehen ist, eine hochschulische Qualifizierungsmöglichkeit anzunehmen. Die Motive der Fortbildungsabsolventen, sich auf Hochschulebene weiterzuqualifizieren, liegen zunächst darin begründet, dass es nur wenige Angebote gibt, die ähnliches Spezialwissen und einen ähnlichen Status verleihen könnten. Gerade auf dem freien Weiterbildungsmarkt sind solche Höherqualifizierungen derzeit rar gesät. Ebenso ist die Attraktivität der hochschulischen Abschlüsse nicht zu unterschätzen, die Fortbildungsabsolventen anzieht. Schließlich gibt es in der internationalen Wirtschaftswelt noch immer Situationen, die Hochschulabsolventen bevorteilen, wie die Vorbedingungen für die Teilnahme an Ausschreibungen oder die Glaubwürdigkeit in Wirtschaftsverhandlungen via Titel. Das gilt vor allem für den deutschen Mittelstand.

Wie groß das Problem ist, zeigt sich am exemplarischen Fall der Industrie- und Handelskammern (IHK) – gleichzeitig handelt es sich dabei um den größten Bereich von Fortbildungsabsolventen: die IHKs bieten traditionell Fortbildungsprüfungen im gewerblich-technischen sowie kaufmännischen Bereich an. Den gesetzlichen Rahmen dazu bietet seit 1969 das Berufsbildungsgesetz (BBiG). Die bundesweit etwa 350 Angebote an Fortbildungsprüfungen schließen mit den Bezeichnungen Fachmeister/Fachmeisterin, Industriemeister/Industriemeisterin, Fachwirt/Fachwirtin oder Fachkaufmann/Fachkauffrau und Betriebswirt/Betriebswirtin ab.[1] Diese Personen übernehmen im deutschen Mittelstand eine Schlüsselrolle, da sie die Hauptrekrutierungsbasis für die mittlere und höhere Führungsebene in kleinen und mittleren Unternehmen ausmachen. Allein seit der Wiedervereinigung haben 1,25 Millionen Erwerbspersonen an den Prüfungen teilgenommen, rund siebzig Prozent davon haben sie mit Erfolg bestanden.

Unter den IHK-Prüfungsabsolventen finden sich mehrheitlich Personen ohne eine formale Hochschulzugangsberechtigung. Fast zwei Drittel geben als höchsten erlangten Bildungsabschluss Haupt- und Realschule an (Diekmann & Herrmann, 2004)[2].

Nicht alle IHK-Prüfungsabsolventen wollen und können eine weitere Qualifizierung auf hochschulischem Niveau durchführen. Doch immerhin 78 Prozent wollen sich zukünftig weiterbilden. Und rund ein Sechstel der Absolventen gibt an, auch an eine Qualifizierungsfortsetzung an einer Hochschule zu denken. Dabei handelt es sich vor allem um diejenigen, die einen höheren Schulabschluss vorweisen können. Es ist davon auszugehen, dass sich bei einer Erleichterung der Zugangsregeln ein weit größerer Prozentanteil dafür aufschließen lassen würde.

Jedoch wird meist eine zu große Grundmenge als Maßstab angelegt. So handelt es sich hochgerechnet nach derzeitigen Größen um jährlich fast 10.000 Personen, die eine weitere Qualifizierung auf Hochschulebene in Betracht ziehen. Das geht aus der Verbleibforschung des DIHK unter den eigenen IHK-Prüfungsabsolventen hervor.

2. Wege aus dem Dilemma

Dem Dilemma ist mit unterschiedlicher Radikalität beizukommen. Eine erste Möglichkeit bestünde in der merklichen Erleichterung der Regeln, um ein Hochschulstudienangebot ohne formale Berechtigung aufnehmen zu können. Daneben müsste aber gleichzeitig dafür gesorgt werden, dass angemessene berufsbegleitende Studienangebote geschaffen würden.

Weiter ließe sich an einen radikaleren Umbau der Hochschule denken. Grundlegend dafür wäre das Selbstverständnis, als *weiterführende Bildungseinrichtung für die Berufsbildung* zu fungieren. Dazu wäre ein Perspektivwechsel erforderlich, der zunächst darin bestünde, einen neuen Auftrag auf- und anzunehmen: den erwachsenen Beschäftigten und Selbstständigen mittels einer vorgeschalteten Beratung und

---

1 Vgl. auch Weiterbildungs-Informations-System WIS, unter www.wis.ihk.de; und www.handwerk.de, vgl. Verzeichnis der Aus- und Fortbildungsberufe, hrsg. vom BiBB.

2 Siehe auch erste Ergebnisse der sechsten Weiterbildungsumfrage unter www.dihk.de unter news.

Bedarfsanalyse ein individuell flexibleres Angebot zur Weiterqualifizierung zu machen. Das würde gleichsam bedeuten, sich von der einseitigen Fixierung auf die eigenen institutionellen Vorgaben zu emanzipieren und sich – über das klassische Verständnis von Forschung und Lehre hinaus – auch an konkreten und spezialisierten Qualifizierungsbedarfen von Arbeitsmarkt und Wirtschaft zu orientieren. Mit Blick auf das Ausland ist eine solche Perspektive erfolgreich umsetzbar.

Alternativ dazu könnte aber auch an eigenständigere Formen der weiteren Qualifizierung auf höherem Niveau im Rahmen der Berufsbildung gedacht werden. Unterschiedliche Modelle würden sich dafür anbieten. So könnten exklusive Kooperationen zwischen – vor allem – privaten Hochschulen und berufsbildenden Einrichtungen neue Mischformen entstehen lassen. Langfristig könnte man darüber spekulieren, ob nicht die Begründung einer eigenen Hochschule durch Berufsbildungsträger und zuständige Stellen eine Lösung darstellen könnte.

Die derzeitigen – noch experimentellen – Entwicklungen lassen hoffen, dass sich neue Formen ausbilden, die den starren Anrechnungsmodus nicht mehr als Regelfall notwendig machen. Anführen lassen sich hier die neuen Spezialisierungen der Hochschulen auf die beruflich qualifizierte Klientel. Beispiele sind die Planung der Leuphana zu einer „offenen Hochschule“ in Lüneburg, die private Fernfachhochschule Darmstadt, die AKAD-Fachhochschule in Pinneberg, der erleichterte Zugang für beruflich Qualifizierte an der Fachhochschule für Technik und Wirtschaft Berlin (FHTW) oder die Planungen der Klett-Gruppe und der FU Berlin für eine deutsche Universität für Weiterbildung in Berlin. Zudem könnten firmeneigene Hochschulen oder gesponserte Lehrstühle auch Angebote für die gesamte Branche entstehen lassen. Nach dem Muster der Steinbeis-Hochschule mit Verankerung im liberalen Berliner Landeshochschulgesetz können sich weitere Modelle entwickeln. Zudem stellt es mit Blick auf den funktionierenden internationalen akademischen Weiterbildungsmarkt wohl eine berechtigte Hoffnung dar, auch Angebote ausländischer Hochschulen auf deutschem Boden oder als E-Learning-Angebote zu haben. Spezialisierte Weiterbildungshochschulen wie im österreichischen Krems finden sich ansatzweise bereits in Deutschland, wie bei dem Zentrum für Fernstudien und universitäre Weiterbildung der TU Kaiserslautern oder dem Jacobs Center on Lifelong Learning and Institutional Development der Jacobs University in Bremen.

Im Folgenden soll nur die erste Option differenziert werden. Sie knüpft dabei an die Erfahrungen mit der vom Bundesministerium für Bildung und Forschung finanzierten Initiative ANKOM an. Um das oben beschriebene Dilemma aufzulösen, bieten sich unterschiedliche Optionen an.

2.1 Zugang ermöglichen und Zulassung optimieren

Für Absolventen der beruflichen Bildung sollte der Zugang zum Hochschulstudium ermöglicht werden. Dies hat auch die Koalitionsvereinbarung von 2005 als Ziel definiert: „Die Vereinbarung sieht eine Verzahnung der in Deutschland traditionell abgeschotteten Bildungsbereiche vor. Absolventen der beruflichen Ausbildung sollen einen generellen Zugang zum Hochschulstudium erhalten." Wiederholt wurde dieses politische Versprechen durch die vom BMBF ins Leben gerufenen Innovationskreise zur beruflichen Bildung und zur Weiterbildung 2006 bis 2008. Eine baldige Umsetzung ist wünschenswert. Nach der Föderalismusreform I sollten weder Bund noch Länder die Verantwortung scheuen und gemeinsam Verhandlungen aufnehmen.

Der Zugang sollte für Absolventen der beruflichen Erstausbildung genauso wie für Absolventen von – vor allem einschlägigen – beruflichen Fortbildungsprüfungen gelten. Ihr gemeinsames Problem ist, dass nur eine Minderheit unter ihnen eine Hochschulzugangsberechtigung aufweist. So verfügen unter den Absolventen einer beruflichen Erstausbildung etwa zwanzig Prozent über eine solche Berechtigung, unter den Absolventen einer beruflichen Fortbildungsprüfung (bei der IHK als zuständiger Stelle) vierzig Prozent.

Die Zulassung sollte zukünftig ein funktionierendes „Matching" zwischen Eignung des Bewerbers und Profil der Hochschule beinhalten. Statt der gerade typisch deutschen Fixierung auf den Schulabschluss und dessen Benotung sollte der Kandidat ins Zentrum gerückt werden.

Dabei stellen sich schnell weitere Fragen einer Operationalisierung, über die ein Konsens herbeigeführt werden sollte, wie:

- Wie müssen Auswahlverfahren aussehen? Welche Gewichtungen werden formalen Nachweisen, welche informell erworbenen Kompetenzen zugewiesen? Wie werden vorhandene theoretische und berufspraktische Kompetenzen bewertet?
- Wie kann eine angemessene Auswahl der Kandidaten erfolgen? Kann das Auswahlverfahren zwischen Erwartungen des Studierenden, ihren besonderen Stärken, den Anforderungen des Studiengangs, dem voraussichtlichen Studienerfolg usw. abwägen?
- Wie lässt sich garantieren, dass die erfolgreichen Kandidaten auch das Studium erfolgreich meistern? Müssten für beruflich Qualifizierte spezielle Unterstützungsleistungen eingeführt werden, wie beispielsweise Brückenkurse für wissenschaftliches Arbeiten?
- Wie verhindert man eine Zulassungsindustrie? Wer verfügt über die erforderliche Kompetenz für seriöse und zuverlässige Verfahren?

Weitere Forschungserfahrungen sind zur Beantwortung dieser Fragen erforderlich.

2.2 Anrechnungen schaffen und Verkürzungen ermöglichen

Die Anrechnung von berufspraktischen Erfahrungen wie von Qualifikationen sollte stärker vorangetrieben werden – und das aus mehreren Gründen:

- Es ist nicht zu rechtfertigen, dass die gleichen Bildungsinhalte mehrmals vermittelt werden. Dies ist weder aus volkswirtschaftlicher noch aus lernpsychologischer Sicht zu verantworten.
- Informell erworbene Kompetenzen, vor allem aus den Bereichen sozialer und methodischer Kompetenz wie allgemeine Kenntnisse aus der Wirtschafts- und

Arbeitswelt, müssen Anerkennung finden – das Erfordernis der Berufsqualifizierung in den grundständigen Studiengängen sollte so kompensiert werden können, um beruflich Qualifizierten nicht noch Praktika zumuten zu müssen.
- Einen besonderen Stellenwert erlangt die Anrechnung von vorhandenen Kompetenzen, je älter und somit erfahrener die Antragsteller sind. Aufgrund der größeren beruflichen Mobilität ist dies für Personen in der zweiten Hälfte der Erwerbsbiografie bedeutsam.

Die Anrechnung beziehungsweise die Anerkennung von informell erworbenen Lernleistungen wurde im Rahmen der ANKOM-Initiative vornehmlich auf der Basis qualitativer und individualisierter Verfahren erprobt. Erstrebenswerter ist jedoch die Alternative einer automatisierten und standardisierten Anrechnung. Darüber hinaus ist auch überlegenswert, ob langjährige Erfahrungen in der Berufs- und Arbeitswelt nicht zu einer generellen Verkürzung der Studienzeit an sich führen sollten.

Eine Anrechnung sollte – im Dienste der Transparenz, Verlässlichkeit und Wirtschaftlichkeit – automatisiert erfolgen, ohne eine individuelle Prüfung vornehmen zu müssen. Also sollten Qualifizierungsinhalte en bloc und standardisiert angerechnet werden. Das setzt allerdings den Konsens in einigen Bereichen voraus:
- die Einigung der Akteure auf themenübergreifende und fachspezifische Kriterien der Anrechnung, wie beispielsweise auf vergleichbare Kriterien für den Vergleich von Kompetenzen;
- den Willen, über eine bloße Deckungsgleichheit der Curricula hinauszugehen; denn das bedeutete, nur einseitig auf Fachkenntnisse zu blicken;
- eine Einigung auf Verfahren der Ausarbeitung von Anrechnung unter Teilnahme von Vertretern der Wirtschaft – grundsätzlich sollte dabei auch diskutiert werden, ob nicht das französische Modell der Validierung, das heißt der nachträglichen Vergabe von Hochschulabschlüssen unter Vorlage glaubwürdiger Dokumente ermöglicht werden kann;
- die Vermeidung bürokratischer Monster und die Schaffung handhabbarer und praktischer Modelle;
- und schließlich die Gefahr einer „Verwissenschaftlichung" bannen.

2.3 Berufsbegleitende und weiterführende Studiengänge ermöglichen

Für die Weiterbildung auf Hochschulniveau sollte man grundsätzlich überlegen, ob grundständige Studiengänge überhaupt für den sogenannten dritten Bildungsweg geeignet sind, also für Absolventen einer Fortbildungsprüfung. Denn der Prototyp ist Vollzeitbeschäftigter, meist vor einem Karrieresprung und somit auch bei der Arbeit gefordert, meist unter vierzig Jahren und hat eine junge Familie.

Alternativen bieten sich dem Absolventen von Fortbildungsprüfungen vor allem auf dem freien Weiterbildungsmarkt. Um aber einen Studiengang aufnehmen beziehungsweise in einen einsteigen zu können, müssen andere Angebotsformen entwickelt werden:

- weiterbildende berufsbegleitende grundständige Studiengänge, unter besonderer Berücksichtigung der beruflichen Vorerfahrung;
- Entwicklung von weiterführenden, auch Masterstudiengängen für diese Zielgruppe (nach dem MBA-Modell in Rheinland-Pfalz).

2.4 Doppelt qualifizierende Angebote nutzen

Gerade Betriebe schätzen jegliche Form doppelt qualifizierender Angebote aus beruflicher und hochschulischer Bildung, da sie die Bindung der Studierenden an das Unternehmen stärken und die Bildungsdauer verkürzen.

Die Zahl von rund 700 dualen Studiengängen belegt die Attraktivität dieser Ausbildungs- und Weiterbildungsform. Insgesamt sind darin 45.000 Studierende eingeschrieben, rund 22.000 Kooperationsbetriebe stützen die Modelle (Waldhausen & Werner, 2005).

Doppelt qualifizierende Angebote sollten weiter erprobt und pilotiert werden. Gleichzeitig ist darauf zu achten, betriebsspezifische Belange stärker zu repräsentieren.

2.5 Gegenseitiges Misstrauen abbauen

Es ist notwendig, Berührungsängste zwischen Akteuren der beruflichen Bildung und des Hochschulsektors abzubauen. Gerade die ANKOM-Projekte zeigen, dass gegenseitige Vorbehalte die Zusammenarbeit überlagern und hemmen. Das bezieht sich auf die verschiedenen Bildungsverständnisse, die Einschätzung der Wertigkeit der jeweiligen Bildungssäule, die jeweiligen Kenntnisse des Partners, usw. Helfen kann hier nur, den Dialog zu vertiefen und Informationen auszutauschen.

Die Europäische Kommission hat in ihren Verlautbarungen zum Europäischen Qualifikationsrahmen (EQF) die Begrifflichkeit des „mutual trust“ eingeführt, die ein gegenseitiges Vertrauensverhältnis bezeichnet: „A principal function of the EQF is to strengthen mutual trust and co-operation between the different stakeholders involved in lifelong learning“ (Europäische Kommission, 2005). Allerdings darf man sich bei der Verbindung zwischen unterschiedlichen Stufen in der EQF-Struktur nicht der Illusion hingeben, ein Verständnis würde sich zwangsläufig ergeben, quasi als ein „deus ex machina“ greifen.

Gegenseitiges Vertrauen bildet sich dann heraus, wenn gemeinsame Projekte durchgeführt werden. Gerade durch den Dialog über die Bedarfe der Wirtschaft und durch daraus entstehende konkrete Kooperationen zwischen Wirtschaft und Hochschule könnte ein solches Vertrauen entstehen.

Es muss darauf hingearbeitet werden, Vertrauen zu schaffen, ohne große Bürokratien wie gegenseitige Vereinbarungen erforderlich zu machen. Die Idee der

Europäischen Kommission, zwischen den EQF-Stufen schriftliche Vereinbarungen zur Schaffung eines Vertrauens zu fordern, scheint weder praktikabel noch erfolgreich.

2.6 Auf Bedürfnisse der Wirtschaft achten

Es ist nicht gerechtfertigt, nur die Logik von Bildungsinfrastrukturen in den Vordergrund zu stellen. Das Endziel darf nicht aus den Augen gelassen werden. Vor allem der Mittelstand ist darauf angewiesen, Fortbildungsabsolventen auf hohem Niveau weiterzubilden. Denn gerade in mittelständischen Unternehmen arbeiten Personen, die ihre Qualifizierung in der beruflichen Aus- und Weiterbildung durchlaufen haben.

Daraus ergibt sich erstens die Notwendigkeit von praktikablen und einfachen Anrechnungsverfahren. Zweitens ist Transparenz notwendig, um Übergänge zu ermöglichen. Es sollte nicht die Situation entstehen, dass ein Fortbildungsabsolvent mit x-unterschiedlichen Anrechnungsmodalitäten und -möglichkeiten konfrontiert wird – und dann auch noch für teure Tests bezahlen muss. Das wäre für eine weitere Qualifizierung und die Erhöhung der Durchlässigkeit kontraproduktiv.

Finden die Bedürfnisse der Wirtschaft keine Beachtung, steht zu befürchten, dass aus den beiden Bildungssäulen weitere Turmbildungen hervorgehen und die Bereiche weiterhin separiert bleiben – trotz intelligenter Anrechnungsverfahren.

2.7 Eigene Beiträge für Anrechnungen leisten

Die Organisation der Industrie- und Handelskammern unterstützt das Ziel der Anrechnung. Daher arbeitet sie auch selbst an weiteren Überlegungen, um dem Ziel der Durchlässigkeit näher zu kommen, wie:

- der noch eindeutigeren Kompetenzbasierung der eigenen Fortbildungsvorschriften;
- der Herstellung einer reziproken Durchlässigkeit von der Hochschule zu einer Fortbildungsprüfung – wobei hierunter nicht nur Studienabbrecher zu fassen sind;
- dem grundsätzlichen Angebot einer Mitarbeit bei einer stärkeren Ausrichtung von Studienangeboten auf mehr Berufsqualifizierung, berufliche Handlungskompetenz und Bedarfsdeckung der Wirtschaft;
- Vorüberlegungen zu Auswahlverfahren der Hochschulen;
- der Multiplikation von „best practices“ usw.

3. Ausblick: Anrechnung – oder?

Die Schaffung von Durchlässigkeit an der Nahtstelle zwischen beruflicher Aus- und Fortbildung und Hochschulstudium ist bedeutsam, um den Anforderungen des Arbeitsmarktes und der Wirtschaftswelt von morgen begegnen zu können. Im internationalen Kontext verblasst das Problem als ein typisch deutsches Anliegen. Die nationale Bildungstradition darf aber nicht zum Hemmschuh werden, wenn das allseits geforderte lebenslange Lernen Wirklichkeit werden soll. Die Wirtschaft benötigt auf dem Weg zur Wissens- und Kompetenzgesellschaft eine Perspektive, beruflich Gebildete auf hochschulischem Niveau weiterqualifizieren zu können. Vor allem von den Hochschulen erfordert dies, ihren Auftrag um diese Perspektive und diese Zielgruppe zu erweitern.

Es ist zu wünschen, dass sich die Akteure mit Pragmatismus und dem Ziel vor Augen dieser Aufgabe annehmen. Die Verhaftung in ideologischen und institutionellen Konstrukten lähmt den Prozess und bringt ihn zum Scheitern.

Gleichzeitig kann die Lösung des Dilemmas auch dazu beitragen, das Funktionieren des geplanten Europäischen Qualifikationsrahmens zu erleichtern. Denn in dem Zukunftsmodell steckt nicht nur das Ziel der Transparenz, sondern auch der Durchlässigkeit. Zwischen den anvisierten Stufen des EQF könnte es zu neuer Undurchlässigkeit kommen, soweit der EQF nur als Raster auf ein nationales Bildungssystem gelegt wird.

Ermutigende Zeichen setzen neben ANKOM weitere Projekte. So demonstriert das vom Ministerium für Arbeit, Gesundheit und Soziales des Landes Nordrhein-Westfalen geförderte Projekt Berufswertigkeit, dass die Leistungen und Profile von Personen auf Führungsebene im betrieblichen Alltag vergleichbar und gleichwertig sind, ohne dass Unterschiede zwischen Absolventen der Hochschule und der beruflichen Bildung sichtbar würden.[3] Und der im Rahmen der Nationalen Qualifizierungsinitiative geplante Wettbewerb zur wissenschaftlichen Weiterbildung wird voraussichtlich auch neue Angebotsformen der Hochschulen für die Zielgruppe der beruflich Qualifizierten unterstützen.[4]

Literatur

Diekmann, K. & Herrmann, M. (2004): Karriere mit Lehre. Ergebnisse der fünften DIHK-Weiterbildungserfolgsumfrage. Berlin.

EU-Kommission (2005): Towards a European Qualifications Framework for Lifelong Learning (27.05.2005), S. 8; http://ec.europa.eu/education/policies/2010/doc/consultation_eqf_en.pdf.

Waldhausen, V. & Werner, D. (2005): Innovative Ansätze in der Berufsausbildung. Höhere Durchlässigkeit und Flexibilität durch Zusatzqualifikationen und duale Studiengänge. Köln.

---

3 Siehe http://www.handwerk-nrw.de/www-whkt/content/aus-weiterbildung/aus-weiterbildung-initiativen_berufswertigkeit.htm.

4 Siehe auch http://www.bmbf.de/pub/qualifizierungsinitiative_breg.pdf.

Regina Beuthel und Mario Seger

Einsatz von Qualifikationsrahmen im Kontext der Äquivalenzfeststellung im Projekt ProIT Professionals

1. Das Projekt

ProIT Professionals ist eines der zwei regionalen Entwicklungsprojekte in der ANKOM-Initiative des Bundesministeriums für Bildung und Forschung und gehört zum Cluster Informationstechnologie. Getragen wird die Projektarbeit von einem Konsortium aus Technischer Universität Darmstadt, Hochschule Darmstadt, IHK Darmstadt und der Vereinigung hessischer Unternehmerverbände, begleitet wird sie von einem Beirat namhafter Vertreter aus Landesministerien, überregionalen Wirtschaftsverbänden, Forschungsinstitutionen und regional ansässigen Unternehmen. Ihr gemeinsames Engagement verankert das Projektanliegen gleichermaßen angemessen in Wissenschaft, Wirtschaft und Politik. Hauptfokus und somit auch primäres Projektziel ist die Entwicklung einer regional sowie auch fachlich flexibel übertragbaren formalen/inhaltlichen Vorgehensweise zur Ermittlung von anerkennungs- und anrechnungsfähigen Lernergebnissen/Kompetenzen zwischen beruflichen und hochschulischen Bildungsprofilen. Dies wird beispielhaft anhand der Operativen IT-Professionalabschlüsse der IHK bezogen auf die Bachelorstudiengänge der Wirtschaftsinformatik der TU Darmstadt sowie der Betriebswirtschaftslehre der Hochschule Darmstadt methodisch untermauert.

2. Qualifikationsrahmen im Dienste der Äquivalenzfeststellung

Qualitätsgesicherte Anrechnung von vorgängig erworbenem Gelernten benötigt zu seiner nachhaltigen, allseitigen Akzeptanz Äquivalenzfeststellungen, die auf einem Abgleich von fachbezogenen inhaltlichen/methodischen Bildungsspektren in Breite und Tiefe auf annähernd gleichen, also vergleichbaren Lehr- beziehungsweise Lernniveaus beruhen. Hierbei spielen auch Aspekte der vermittelten Methoden- und Handlungskompetenzen, ihrer Fertigkeiten und Aktualität eine Rolle.

Die derzeit in Europa entstehenden Qualifikationsrahmen, sei es der European Qualifications Framework (EQF), die National Qualifications Frameworks (NQF) wie der Deutsche Qualifikationsrahmen (DQR) oder aber auch die Sektorenrahmen wie der European eCompetence Framework für die Informations- und Kommunikationsbranche, sollen zukünftig helfen, die Bildungsniveaus der verschiedenen Qualifikationen unterschiedlicher Bildungssysteme national wie international nachvollziehbar bewerten und vergleichen zu können. Die Niveaus der Qualifikationsrahmen sind hierzu generalisiert formuliert und unterscheiden sich in den jeweiligen Stufungen der Beschreibungskategorien Kenntnisse, Fertigkeiten und Kompetenz; das heißt ihre lernergebnis- und somit „outcome"orientierten Beschreibungen beinhalten keine festen fachlichen Bezüge zu Qualifikationsinhalten. Andersartige Qualifikationen können daher summarisch formal niveaugleich erscheinen, obgleich die Bildungsprogramme selbst (sogar gleichnamige) in ihren inhaltlichen Spektren und Lernzielen stark streuen.

Für qualitätssichernde Anrechnungsprozesse bedeutet dies, dass der Einsatz von anerkannten Qualifikationsrahmen zwar sehr wohl bildungssystemübergreifend die notwendige Transparenz für Lernniveauermittlungen zur Unterstützung schaffen kann, jedoch ihre Ergebnisse allein nie Anrechnungsforderungen pauschal rechtfertigen können.

3. Fazit aus Projekteinsatz

Bildungspolitisch befinden sich Einsatz und Umgang mit Qualifikationsrahmen allerorts noch in den Anfängen – mit Euphorie bei denen, die für sich und ihre Anliegen dauerhaft Ansprüche höherer Wertschätzungen hierin sehen, Skepsis bei all denen, die um den Verlust eigener autonomer Zuständigkeiten und nachhaltige Abwertungen ihrer betroffenen Qualifikationen fürchten.

Die zur Lernniveaueinschätzung korrelierter hochschulischer und beruflicher Lernmodule beispielhafte Orientierung am EQF hat im Rahmen des Projekts ProIT Professionals ergeben, dass sie trotz der anfänglichen Skepsis der bewertenden Experten letztlich bei der Äquivalenzbetrachtung eine höhere Akzeptanz erzielte als die zuvor genutzte Kompetenzklassifizierung nach Dreyfus & Dreyfus (1986: Mind over Machine. New York: Free Press). Es zeigte sich, dass eine modulweise Niveaueinschätzung der Lernmodule nach Kenntnissen, Fertigkeiten und Kompetenz mittels eines Qualifikationsrahmens sehr gut machbar ist. Auch lassen sich Lernprofileinschätzungen verschiedener lernbiografischer Qualifikationen miteinander kombinieren und statistisch auswerten. Voraussetzungen sind jedoch aussagekräftige harmonisierte Lerninhalts- und Lernzielbeschreibungen, die derzeit leider sowohl hochschulseitig wie auch im Bereich der beruflichen Bildung oft noch Mängel aufweisen.

Resultierend belegen die Projektarbeiten, dass Bildungsprofilvergleiche, die sich an den Maßstäben von Qualifikationsrahmen orientieren, nach kurzer Einarbeitung in deren Methodik effektiv und zielführend sind. Ihre Verfahren leisten damit einen massiv förderlichen Beitrag zur Erhöhung der Transparenz zwischen Bildungssystemen – Grundvoraussetzung einer verbesserten Durchlässigkeit beziehungsweise wechselseitiger Anrechnungsprozesse für bereits erworbenes Wissen und Können.

Weitere Informationen zum Projekt gibt es unter www.proit-professionals.de.

Berufliche und akademische Bildung – Unterschiede und Gleichwertigkeiten

Ida Stamm-Riemer

Berufliche und akademische Bildung – Unterschiede und Gleichwertigkeiten

Die Notwendigkeit eines hohen Bildungsniveaus der erwerbsfähigen Bevölkerung ist die Achillesferse für die Leistungsfähigkeit der deutschen Wirtschaft und den allgemeinen Wohlstand der Gesellschaft. Mittlerweile nehmen jedoch die Reibungs- und Synergieverluste durch traditionell wenig aufeinander abgestimmte Qualifizierungswege im beruflichen und akademischen Bereich quantitative und qualitative Ausmaße an, so dass die globale Wettbewerbsfähigkeit des Standortes Deutschland und die damit zu sichernde Zukunft des rohstoffarmen Landes zunehmend gefährdet sind. Dies setzt das föderale Bildungssystem unter steigenden Reformzwang, da nicht mehr ausreichend die erforderlichen qualifizierten Fach- und Führungskräfte für eine wissensbasierte Wirtschaft des 21. Jahrhunderts daraus hervorgehen.

Die skizzierte Situation des deutschen Bildungswesens mit ihren vielen Facetten und Baustellen und ihren Auswirkungen auf den Arbeitsmarkt wird in den nachfolgenden Beiträgen dieses Kapitels thematisiert und ausgeleuchtet. Das Kapitel geht einer Reihe von Fragen zur Modernisierung des Bildungswesens nach, um es für die Wissensgesellschaft des 21. Jahrhundert fit zu machen. Des Weiteren werden anhand von innovativen Ansätzen für die berufliche und akademische Bildung Lösungswege aus dem Dilemma aufgezeigt.

Ziel des Aufsatzes von Andrä Wolter (Technische Universität Dresden, Fakultät für Erziehungswissenschaften) ist es, ein Bewusstsein für die bildungshistorische Dimension und die bildungspolitische Relevanz der Anrechnung beruflicher auf hochschulische Bildung zur Verbesserung der (Un-)Durchlässigkeit der Teilsegmente des deutschen Bildungssystems zu schaffen. Dabei führt er international vergleichend aus, wie sich die bekannte Forderung nach Öffnung der Hochschulen für Berufstätige von traditionell vorrangig als Frage des Hochschulzuganges aktuell zu einer Auseinandersetzung über die Vergleichbarkeit, Zuordnung und Anrechnung von beruflich erworbenen Fähigkeiten und Kenntnissen und Studienanforderungen und damit über die Gleichwertigkeit von beruflicher und hochschulischer Bildung entwickelt hat.

Rita Nikolai (Wissenschaftszentrum Berlin für Sozialforschung) zeigt in ihrem Beitrag zum deutschen Bildungsstand und den Erwerbschancen auf, wie im internationalen Vergleich die Wettbewerbsfähigkeit Deutschlands durch zunehmende Fachkräftemangelerscheinungen, drohende Bildungsarmut bei Jugendlichen und weiterhin geringe Weiterbildungsbeteiligung gefährdet wird.

Die Ausführungen von Werner Dostal (bis 2005 Leiter des Forschungsbereichs Berufs- und Qualifikationsforschung des Instituts für Arbeitsmarkt- und Berufsforschung der Bundesagentur für Arbeit) erörtern die Entwicklung im Verhältnis von Bildungsaktivitäten und Chancen auf dem Arbeitsmarkt. Das einstige

Zusammenspiel von Ausbildungs- und Berufswahl hat sich dahingehend verändert, dass in der heutigen Zeit der Qualifikationsstand die Verhandlungsposition auf dem Arbeitsmarkt beeinflusst und nicht mehr auf eine bestimmte Tätigkeit hinausläuft. Damit rückt die individuelle Bildungsökonomie in den Blickpunkt und verstärkt die Forderungen nach Durchlässigkeit und Anrechnung der Qualifizierungswege.

In seinem Beitrag macht Dieter Dohmen (Forschungsinstitut für Bildungs- und Sozialökonomie) deutlich, dass aufgrund der demografischen Entwicklung die Gesamtbevölkerung schrumpft, und es daher dringend erforderlich ist, alle Bildungspotenziale auszuschöpfen, um den (Ersatz-)Bedarf der Wirtschaft an qualifizierten Arbeitskräften zu decken. Welche Folgen sich aus der unzureichenden Mobilisierung und Qualifizierung der Humanressourcen für die Personalplanung und Rekrutierungsstrategien der Privatwirtschaft und des öffentlichen Dienstes ergeben, wird differenziert nach Ausbildungsabschluss und Unternehmensgröße dargelegt. Auch hier wird zur Entlastung unter anderem die Forderung erhoben, beruflich Qualifizierte für eine Weiterbildung an die Hochschule zu führen.

Einen möglichen Ausweg aus der anvisierten Fachkräftekrise, die sich als Innovations- und Wachstumsbremse für den Wirtschaftsstandort Deutschland auswirkt beziehungsweise auswirken könnte, weist Rita Meyer (Universität Trier, Fachbereich I Pädagogik, Abteilung Weiterbildung) mit ihrer Anregung, Lernen und Arbeiten an der Hochschule miteinander zu verbinden. Die Umsetzung dieses Konzepts zur Kompetenzentwicklung würde jedoch veränderte strukturelle Rahmenbedingungen und neue didaktische Lehr- und Lernformen am Lernort Hochschule erfordern. Die damit verbundenen Herausforderungen für die unterschiedlichen Akteure werden dabei ebenso in den Blick genommen wie die Chancen von Lernen in vernetzten Bildungsstrukturen.

Mit weiteren konkreten Innovationen im Bildungsbereich für einen verbesserten Anschluss von beruflicher Fortbildung an ein Hochschulstudium warten die Entwicklungsprojekte der Initiative „Anrechnung beruflicher Kompetenzen auf ein Hochschulstudium (ANKOM)“ des Bundesministeriums für Bildung und Forschung auf. Anhand von unterschiedlichen entwickelten Instrumenten und Vorgehensweisen ist der Versuch gelungen, gleichwertige Lernergebnisse von beruflichen Fortbildungsabschlüssen und einschlägigen Hochschulstudiengängen zu identifizieren. Dies wird in diesem Kapitel dargestellt anhand der Projekte der Universität Hannover, der Universität Oldenburg, der Fachhochschule Bielefeld und dem Projektkonsortium der Universität Duisburg-Essen und der Fachhochschule Koblenz am Standort RheinAhrCampus Remagen. Das Verfahrensmodell des Entwicklungsprojektes des Haus der Wirtschaft Stralsund in Kooperation mit der Fachhochschule Stralsund zielt auf die Erfassung von in der beruflichen Praxis erworbenen Kompetenzen zur Nutzbarmachung für Anrechnung auf einen Hochschulstudiengang.

Andrä Wolter

Aus Werkstatt und Büro in den Hörsaal? Anrechnung beruflicher Leistungen und Kompetenzen auf das Studium als bildungspolitisches Projekt

1. Einleitung

Der unter der Abkürzung ANKOM geförderte Verbund aus zwölf Projekten, die in den letzten Jahren für verschiedene Fachrichtungen und Berufsfelder Konzepte und Verfahren zur Anrechnung beruflicher Leistungen und Kompetenzen auf das Hochschulstudium entwickelt haben, steht unter der bildungspolitischen Zielsetzung, eine größere Durchlässigkeit zwischen beruflicher und akademischer Bildung in Deutschland herzustellen und die Hochschulen stärker für Berufstätige zu öffnen. Von allen Seiten – Staat, Verbänden, Gewerkschaften, intermediären Institutionen, wissenschaftlichen Experten – ist in den letzten Jahren der Ruf lauter geworden, eine höhere Durchlässigkeit zwischen diesen beiden Segmenten unseres Bildungssystems stelle eine der zentralen berufsbildungs- und hochschulpolitischen Herausforderungen in Deutschland dar. Im internationalen Vergleich zählt die ausgeprägte Abschottung des Hochschulzugangs und -studiums gegenüber beruflichen Bildungswegen zu den auffälligen Merkmalen des deutschen Hochschulsystems.

Das Anrechnungsprojekt ist in seiner bildungspolitischen Bedeutung und Tragweite aber nur zu verstehen, wenn man betrachtet, welche tief greifenden Einschnitte und Veränderungen damit innerhalb des deutschen Bildungssystems angesichts einer historisch schier unüberbrückbaren Kluft zwischen beruflicher Bildung und Hochschule verbunden sind. Der Journalist Hermann Horstkotte hatte dafür ein sicheres Gespür, als er noch vor dem Start des ANKOM-Projektverbundes von den „Anrechnungspionieren“ in der Wirtschaft und an den Hochschulen und dem „Dickicht“, das sie zu durchdringen haben, sprach (Süddeutsche Zeitung vom 11. April 2005). Vor diesem Hintergrund widmet sich der vorliegende Beitrag dem breiteren bildungspolitischen Kontext, in dem das an sich nicht neue Problem der (Un-)Durchlässigkeit zwischen beruflicher Bildung und Hochschule – und damit auch Konzepte und Initiativen, diese Undurchlässigkeit zu überwinden – zu sehen sind. Auf den gegenwärtigen Stand des Gesamtprojektes beziehungsweise der einzelnen Entwicklungsprojekte und die durchaus nicht geringen methodischen Probleme bei der Entwicklung von Kriterien und Verfahren der Anrechnung gehen die nachfolgenden Beiträge detaillierter ein.

Der vorliegende Beitrag verfolgt das Ziel, ein Bewusstsein für die bildungshistorische Dimension und die bildungspolitische Bedeutsamkeit des Anrechnungsproblems zu schaffen. Er beginnt mit einem kurzen, zugespitzten historischen Rückblick auf die Entwicklung des Hochschulzugangs in Deutschland vor dem Hintergrund des Verhältnisses von allgemeiner und beruflicher Bildung. Im zweiten Teil schließt sich eine geraffte Darstellung der gegenwärtigen Situation des Hochschulzugangs für Berufstätige in Deutschland an, um dann im dritten abschließenden Teil noch einmal auf die bildungspolitische Dimension des Anrechnungsprojektes im europäischen Kontext einzugehen. Die Öffnung der Hochschule für Berufstätige ist in Deutschland traditionell vorrangig als eine Frage des Hochschulzugangs – des Erwerbs der formalen Berechtigung ebenso wie der Gewährleistung der Studierfähigkeit – thematisiert worden. Mit dem Anrechnungsprojekt verschiebt sich der Brennpunkt von Zugang und Zulassung auf die Frage der Vergleichbarkeit, Zuordnung und Anrechnung von beruflichen Kompetenzen und Studienanforderungen.

2. Historischer Rückblick: Das deutsche „Bildungsschisma“

In Deutschland ist das Abitur als Voraussetzung für die Aufnahme eines Hochschulstudiums im Zeitraum zwischen 1788 und etwa 1840 eingeführt worden; Vorreiter war hier Preußen, die anderen deutschen Territorialstaaten folgten. Bis zum Beginn des 18. Jahrhunderts war die Studienzulassung durch ein hohes Maß an rechtlicher Freizügigkeit (natürlich keiner sozialen Freizügigkeit) gekennzeichnet; formalisierte Zulassungsvoraussetzungen waren noch unbekannt. Im 18. Jahrhundert wurde zunächst mit verschiedenen Formen eines Auswahlverfahrens der Hochschulen experimentiert. Mit der Reifeprüfung wurde die Hochschulzulassung aber schließlich an eine schulische Abschlussprüfung und Berechtigung gebunden, weil die für die Regelung der Studienzulassung zuständigen staatlichen Behörden den Hochschulen eher misstrauten. Es dauerte allerdings noch bis zum Ende des 19. Jahrhunderts, bis diese institutionelle Verknüpfung von Abschlusszertifikat und Zugangsberechtigung an den Hochschulen flächendeckend durchgesetzt war.

Die Vermittlung der Hochschulreife – in der doppelten Bedeutung dieses Begriffs: als formale Studienberechtigung und als tatsächliche Studierfähigkeit – wurde zum Monopol des Gymnasiums, da es außerhalb des Gymnasiums zunächst keine alternativen Wege zur Erlangung einer Studienberechtigung gab. Eine besondere historische Signatur hatte die neue Institution der Reifeprüfung beziehungsweise des Reifezeugnisses dadurch gewonnen, dass das Abitur gesellschaftlich immer mehr darstellte als einen bloßen Schulabschluss und eine formale Berechtigung. Da sich die Einführung des Abiturs und die damit verbundene Etablierung des modernen neuhumanistischen Gymnasiums in einer eigentümlichen Symbiose mit den Ideen und Bestrebungen des deutschen Bildungsidealismus vollzog, wurde das Abitur über seine bildungsrechtliche Funktion hinaus gleichsam zum Merkmal einer gebildeten Persönlichkeit überhöht. Dem damaligen Bildungsverständnis entsprechend bedeutete Bildung vor allem die „Formung“ einer sprachlich-literarisch, philosophisch-historisch, kulturell gebildeten Persönlichkeit. Das Abitur unterschied – zugespitzt ausgedrückt – den Gebildeten vom Ungebildeten und den „Studierfähigen" vom „Nicht-Studierfähigen" und war zugleich ein Kriterium individueller wie sozialer Differenzierung.

Die scharfe institutionelle und bildungstheoretische Trennungslinie, die der deutsche Bildungsidealismus zwischen allgemeiner und beruflicher Bildung zog, hatte zur Folge, dass damit der gymnasiale Weg zur Hochschulreife eine noch heute nachwirkende institutionelle und bildungstheoretische Exklusivität gewann und der beruflichen Bildung das Potenzial abgesprochen wurde, zur Studierfähigkeit zu führen. Martin Baethge (2007) hat die institutionelle Segmentierung zwischen allgemeiner und beruflicher Bildung, die natürlich weit über die Frage des Hochschulzugangs hinausging beziehungsweise -geht, in der sie sich aber in besonderer Weise manifestiert, treffend als das „deutsche Bildungsschisma" bezeichnet. Die bildungstheoretische und institutionelle Diskriminierung der beruflichen Bildung konnte sich im frühen 19. Jahrhundert allerdings noch auf einem klaren intellektuellen Entwicklungsvorsprung des Gymnasiums berufen. Organisation, Verbreitung und Zustand beruflicher Ausbildung unter noch weitgehend vorindustriell-ständischen Bedingungen ließen den Gedanken einer Anbindung des Hochschulzugangs an die berufliche Bildung gar nicht aufkommen.

Berufliches Lernen in der ersten Hälfte des 19. Jahrhunderts zeichnete sich ja noch durch einen sehr geringen Institutionalisierungs- und Inklusionsgrad aus. Es war primär handwerklich-korporativ organisiert; die Vermittlung praktischen Erfahrungswissens stand im Vordergrund. Die Berufsschule als obligatorischer Teil der Berufsausbildung existierte noch gar nicht. Theoretisch-wissensorientiertes berufliches Lernen gab es allenfalls in Ansätzen (etwa in den Vorformen der heutigen Fachschulen). Allgemeine gymnasiale Bildung und berufliches Lernen gründeten sich auf ganz unterschiedlichen kognitiven Strukturen und Wissenstypen, die sich – zugespitzt – als theoretisches Reflexionswissen und praktisches Erfahrungswissen charakterisieren lassen. Das führte dazu, dass sich für den Hochschulzugang über das Gymnasium eine eigene institutionelle und curriculare Ordnung ausbildete, die die berufliche Bildung nicht nur nicht einschloss, sondern geradezu ausgrenzte.

Diese Erbschaft des 19. Jahrhunderts wirkt noch heute nach und bringt es mit sich, dass direkte Übergänge von der beruflichen Bildung beziehungsweise aus beruflicher Arbeit in die Hochschule regelmäßig einem besonderen Legitimationsdruck ausgesetzt sind, für den die Frage der Studierfähigkeit zum Schlüsselthema geworden ist. Als „legitimer" Weg für Berufstätige zur Hochschulreife wurden am ehesten die Einrichtungen des zweiten Bildungswegs (Abendgymnasien und Kollegs) betrachtet, die Berufstätigen den nachträglichen Erwerb des Abiturs ermöglichen und damit das Stigma der „nur" beruflichen Qualifikation tilg(t)en. Das erste Abendgymnasium wurde 1927 in Berlin gegründet. Nach dem Zweiten Weltkrieg wurde mit den Kollegs – Institute zur Erlangung der Hochschulreife – nicht nur eine weitere Einrichtung geschaffen, sondern das gesamte Angebot erheblich erweitert. Obgleich ursprünglich offener konzipiert, unterlagen (beziehungsweise unterliegen) die Institutionen des zweiten Bildungswegs einem nahezu permanenten curricularen Gymnasialisierungsdruck, in dem sich der gleichsam monopolistische Anspruch des gymnasialen Allgemeinbildungskonzeptes spiegelt.

In der Zeit um den Ersten Weltkrieg herum kam in Deutschland erstmals eine bildungspolitische Debatte über eine direkte Öffnung des Hochschulzugangs für Berufspraktiker (also ohne Reifezeugnis) auf, die stark begabungstheoretisch gefärbt war (vgl. Wolter, 1990). So spielte diese Forderung auf der legendären Reichsschulkonferenz im Jahre 1920 eine prominente Rolle. Gleichwohl zeichnete sich von Anfang an jenes Spannungsfeld zwischen dem gymnasialen, allgemeinbildenden Anspruch und dem Postulat nach Anerkennung der Gleichwertigkeit oder – in bescheidenerer Form – nach Anerkennung der Qualifizierungsleistungen beruflicher Bildung ab, das bis heute die weitere Entwicklung des Hochschulzugangs für Berufserfahrene bestimmen sollte. Im damals sozialdemokratisch regierten Preußen kam es 1923/24 erstmals zu einer solchen Öffnung durch Einführung einer Zulassungsprüfung für Berufstätige, die aber ganz dem *Modell einer (Hoch-)Begabtenprüfung* verpflichtet war.

Die bildungstheoretische Konstruktion des Abiturs wurde auf den Zugang von beruflich Qualifizierten übertragen – mit der Folge, dass es bei den Zulassungsvoraussetzungen und bei der Zulassungsprüfung weniger um die beruflich erworbene Kompetenz oder Erfahrung als um den Nachweis einer besonderen persönlichen Eignung ging, für die im Wesentlichen das Persönlichkeits- und Bildungskonzept des Gymnasiums Pate stand. Die Forderung nach einer „besonderen" Eignung, Motivation und Persönlichkeit durchzieht alle zeitgenössischen Dokumente in einer solchen Häufung, dass man hier zu Recht von einem „Besonderheitenethos" (in Anlehnung an eine Formulierung von Blinkert, 1971, S. 33, die auf die Institutionen des zweiten Bildungsweges gemünzt war), wohl noch treffender von einem Besonderheitenmythos sprechen kann. Die neue Zulassungsregelung zeichnete sich durch eine extrem hohe Selektivität aus und blieb quantitativ ohne Bedeutung. Sie hielt an dem aus dem 19. Jahrhundert überlieferten Defizitbild beruflicher Bildung (im Blick auf die Vermittlung der Studierfähigkeit) fest und bildete eher eine „kleine Seitenpforte" als eine „offene Tür" zur Hochschule (vgl. Wolter, 1990).

Das Verständnis eines solchen Zugangsweges im Sinne eines charismatischen Eignungs- und Persönlichkeitskonzeptes prägte bis in die Gegenwart hinein die bildungspolitische Diskussion über berufsbezogene Zugangswege zur Hochschule und hinterließ seine Spuren in zahlreichen Zulassungsregelungen der Länder oder der Hochschulen. Nach dem Zweiten Weltkrieg kamen dann im Abstand jeweils etwa eines Jahrzehnts neue Leitideen und Konzepte zur Öffnung des Hochschulzugangs auf, die zum Teil nach- und nebeneinander standen, aber auch untereinander in verschiedenen Kombinationen auftraten. Neben dem bereits erwähnten Konzept einer Hochbegabungsprüfung als individueller Seiteneinstieg und Ausnahmeweg für wenige besonders talentierte Persönlichkeiten lassen sich fünf weitere Paradigmen unterscheiden, die meist nur in begrenztem Umfang Eingang in bildungspolitische Regelungen fanden.

In den 1950er Jahren kam, an ältere berufspädagogische Konzepte vom „bildenden Wert der Berufsarbeit" (Spranger & Fischer) anknüpfend, die *Idee eines berufsbezogenen Weges zur Hochschulreife beziehungsweise Hochschule* auf. Der Beruf galt hier nicht mehr als Umweg zu den „eigentlichen" Institutionen höherer

Bildung, sondern als ein eigenständiger Bildungs- und Qualifizierungsweg von allgemeinbildender Bedeutung. In gewisser Weise kann in solchen Vorstellungen von Allgemeinbildung im Medium der Berufsbildung ein historischer Vorläufer heutiger Gleichwertigkeits- und Anerkennungskonzepte gesehen werden, auch wenn dies damals praktisch weitgehend folgenlos blieb. Diese Idee hatte vor allem für die Einrichtungen des zweiten Bildungswegs eine legitimierende Funktion, konnte aber deren Gymnasialisierung nicht verhindern.

In den 1960er Jahren wurde einer Öffnung des Hochschulzugangs für Berufstätige dann im Kontext der zeitgenössischen Diskussion über den „Bildungsnotstand" eine Art kompensatorische Funktion zugeschrieben – in einem doppelten Sinne: zur Behebung des befürchteten Mangels an hoch qualifizierten Arbeitskräften (Lehrkräfte, Ingenieure) und zur Reduktion der ausgeprägten sozialen Selektivität des Gymnasiums und der Universität („Bürgerrecht auf Bildung"). Ein erweiterter Hochschulzugang sollte *neue Begabungsreserven* im Interesse eines steigenden akademischen Nachwuchsbedarfs erschließen und zugleich für mehr soziale Gerechtigkeit in der Teilhabe an Hochschulbildung sorgen. Insbesondere der hohe Lehrkräftebedarf führte im Bereich der Pädagogischen Hochschulen zeitweise auch zu liberaleren Zulassungsregelungen. Programmatisch hatte Ralf Dahrendorf (1959) die sozialkompensatorische Funktion alternativer Bildungswege schon Ende der 1950er Jahre umrissen – mit der sehr optimistischen Formulierung, solche Bildungswege würden oder müssten eine „umgekehrte soziale Privilegierung" aufweisen.

In den 1970er Jahren kam dafür der Begriff der *sozialen Öffnung des Hochschulzugangs* auf, der in den Studien- und Hochschulreformprojekten dieser Zeit eine prominente Rolle spielte. Das Motiv, die extrem schiefe soziale Verteilung der Studierchancen zu korrigieren, wurde dabei mit der Idee einer Studienreform verbunden, wonach das Studium nicht allein innerwissenschaftlichen fachlichen Anforderungen dienen, sondern mit gesellschaftlichen, beruflichen Anforderungen verzahnt werden sollte. Daraus ergab sich die Forderung, berufliche Qualifikation und Erfahrung schon beim Zugang zum Studium stärker zu gewichten. Von wenigen Länderregelungen (wie zum Beispiel in Niedersachsen, wo die Zulassung von Nicht-Abiturienten an einigen Hochschulen schon seit den 1950er Jahren praktiziert wurde) abgesehen, fand aber auch diese Idee insgesamt wenig Nachhalt.

Schließlich kam dann um 1990 herum mit dem *Postulat der Gleichwertigkeit von allgemeiner und beruflicher Bildung* ein weiteres Paradigma auf, das in der Berufspädagogik und in der Berufsbildungspolitik ebenfalls schon auf eine lange Tradition zurückblicken konnte. Hier verlagerte sich der Brennpunkt von der Hochschulpolitik zurück in die Berufsbildungspolitik. Der Hochschulzugang für Berufstätige wurde im Wesentlichen als Instrument zur Legitimation beziehungsweise Aufwertung der beruflichen Bildung gesehen. Der aktuelle Hintergrund bestand in der Befürchtung, das duale System der Berufsausbildung gerate in der Konkurrenz mit dem gymnasialen Bildungsweg angesichts des tief greifenden Wandels im quantitativen Schulbesuch – steigender Anteil an Studienberechtigten, „Ausbluten" der herkömmlichen Rekrutierungspotenziale der Berufsausbildung – in eine dramatische Nachfragekrise.

Die Warnung „In Deutschland drohe es mehr Studierende als Auszubildende zu geben" wurde zum Schlagwort in dieser Debatte, obgleich dieser Vergleich wegen der unterschiedlichen Ausbildungsdauer und Altersstruktur statistisch ganz unsinnig war beziehungsweise ist. Die Öffnung des Hochschulzugangs galt – etwas paradox – als eine Maßnahme (neben anderen), eine Gleichwertigkeit von allgemeiner und beruflicher Bildung zu sichern und die Attraktivität der beruflichen Bildung zu stärken – allerdings immer in der Hoffnung, dass nicht zu viele Berufsqualifizierte diese Option tatsächlich einlösen und den Arbeitskräftemangel dadurch noch verstärken würden. Als sich die Angebots-Nachfrage-Relation auf dem Ausbildungsstellenmarkt in der Mitte der 1990er Jahre aus einem Angebotsüberhang in einen anhaltenden Nachfrageüberhang verwandelte, erlahmte das Interesse an der Gleichwertigkeit schlagartig, vor allem seitens der Wirtschaft, die dieses Thema erst jetzt im Kontext eines neuen Mangels an hoch qualifizierten Arbeitskräften wieder entdeckt. Immerhin führten viele Länder in den 1990er Jahren neue, wenn auch oft sehr restriktive Zulassungsregelungen ein.

Nach dem Auslaufen der Zugangsdebatte im Kontext der Gleichwertigkeitsforderung zeichnen sich neue Impulse für die weitere Öffnung der Hochschulen vor allem aus dem internationalen, vorrangig dem europäischen Umfeld ab. Eine besondere Rolle spielte hier der Diskurs über lebenslanges Lernen (LLL). International richtet sich der Blick seit den späten 1980er Jahren immer wieder auf eine Personengruppe, die als „adult students", „mature students" oder – dieser Begriff hat sich inzwischen weitgehend durchgesetzt – als „non-traditional students" bezeichnet wird (Schuetze & Slowey, 2000; Schuetze & Wolter, 2003). Auch wenn der Begriff „non-traditional students" international unterschiedlich definiert wird und seine Bedeutung primär von den Eigenheiten nationaler Bildungssysteme abhängt (vgl. Wolter, 2002), so gilt doch als ein wesentliches Merkmal, dass nicht-traditionelle Studierende in der Regel über berufliche Arbeitserfahrungen verfügen und oft über spezielle Zugangswege und Zulassungsverfahren aus dem Berufsleben in ein Studium wechseln. Nicht-traditionelle Studierende verkörpern aufgrund ihrer lern- und weiterbildungsintensiven Biografien das Prinzip des lebenslangen Lernens in besonderer Weise.

Darüber hinaus liefert das LLL-Konzept mit der Aufwertung des non-formalen und informellen Lernens gegenüber dem formellen Lernen eine Perspektive, die in Richtung schulunabhängiger Kompetenzfeststellungen – in welcher Form auch immer – weist. Dies leitet unmittelbar zu Konzepten und Verfahren über, wie sie für die ANKOM-Initiative maßgeblich sind. Ein wesentlicher hochschulpolitischer Anstoß dazu ist im europäischen Rahmen vor allem der Rezeption der Idee des lebenslangen Lernens im Bologna-Prozess (siehe dazu Abschnitt 4) sowie dem parallelen Kopenhagen-Prozess in der Berufsbildungspolitik zu verdanken. Diese neuen Ansätze der Kompetenzfeststellung und Anerkennung beruflicher Kompetenzen tragen der Entwicklung Rechnung, dass sich die alte Konstellation von Allgemein- und Berufsbildung weitgehend aufgelöst hat – vor allem durch den tief greifenden

Wandel, der sich über das ganze 20. Jahrhundert, in besonderer Weise jedoch in den letzten zehn bis zwanzig Jahren, in der beruflichen Bildung und Erwerbsarbeit vollzogen hat (siehe dazu Abschnitt 4).

3. Hochschulzugang für Berufstätige in Deutschland – der Status quo

Seit einigen Jahren ist in Deutschland eine Renaissance des Themas „Öffnung der Hochschulen für Berufstätige" zu beobachten. Dabei spielt eine Rolle, dass die herkömmliche Differenzierung zwischen Erstausbildung (in Form eines Studiums) und Weiterbildung angesichts veränderter biografischer Verlaufsmuster für einen großen Teil der Studierenden mehr und mehr verloren geht. In Deutschland ist an den Hochschulen zwar nach wie vor ein Verständnis von Weiterbildung als postgraduale Weiterbildung weit verbreitet. Dabei wird jedoch leicht übersehen, dass sich heute schon bei einem nicht geringen Teil der Studierenden, die sich (noch) in der akademischen Erstausbildung befinden, ein veränderter Biografietyp findet: Das „Erststudium" ist für sie keine Erstausbildung mehr, sondern – lebensgeschichtlich gesehen – eine Phase der Weiterbildung, da sie bereits mit einer abgeschlossenen Berufsausbildung in die Hochschule eintreten und mit ihrer Studienfachwahl oft an ihren erlernten oder ausgeübten Beruf anknüpfen. Hier löst sich der traditionelle lineare Verlaufstyp – von der Schule (dem Gymnasium) in das Studium, von dort in die Berufstätigkeit und dann, als Teil des Berufslebens, in die Weiterbildung – auf und wird von neuen „bunten" Kombinationen zwischen diesen biografischen Sequenzen abgelöst.

Nach den Ergebnissen der 18. Sozialerhebung (Isserstedt et al., 2007, S. 54ff.) verfügt zurzeit etwa ein Viertel aller Studierenden über eine abgeschlossene Berufsausbildung. In der ersten Hälfte der 1990er Jahre war es sogar noch gut ein Drittel. Als Folge der Zulassungspolitik der Hochschulen ist in den nächsten Jahren möglicherweise wieder mit einem – leichten – Anstieg zu rechnen. An den Fachhochschulen studiert fast die Hälfte aller Studierenden mit einer abgeschlossenen Berufsausbildung, an den Universitäten sind es etwa sechzehn Prozent. Besonders hoch ist der Anteil Berufstätiger in den Wirtschafts- und Ingenieurwissenschaften, die oft auf eine entsprechende fachliche berufliche Vorbildung aufbauen. Bereits hier wird deutlich, dass die in Deutschland aufgebrochenen Bemühungen um die Etablierung von Anrechnungsverfahren für berufliche Kompetenzen auf Hochschulstudiengänge, wie sie in dem ANKOM-Projektverbund entwickelt und erprobt werden, eine Zielgruppe von nicht unbeträchtlicher Größenordnung betrifft – und die im Übrigen nicht nur nicht-traditionelle Studierende, sondern auch die über das Abitur (plus Berufsausbildung) in die Hochschule gekommenen Studierenden umfasst.

Vor diesem Hintergrund mag es sinnvoll sein, zwischen sieben verschiedenen „Kategorien" von Personen zu unterscheiden, die schon über eine berufliche

Qualifikation verfügen und an der Hochschule eine Weiterbildung nachfragen, zum Teil in Form eines Erststudiums, zum Teil als postgraduale Weiterbildung:

1. Personen mit abgeschlossener Berufsausbildung und berufspraktischer Erfahrung, die ein Studium mit einer regulären Studienberechtigung (zum Beispiel Abitur oder Fachoberschulabschluss) aufgenommen haben, zum Beispiel die große Gruppe der „doppelt qualifizierten" Abiturienten;
2. Personen, die ihr Studium nach einer abgeschlossenen Berufsausbildung und berufspraktischer Erfahrung über nicht-traditionelle Zugangswege aufgenommen haben;
3. Teilnehmer und Teilnehmerinnen an dualen Studiengängen, die ein Studium und eine berufliche Ausbildung miteinander verknüpfen (zum Beispiel kooperative Ingenieurausbildung);
4. Hochschulabsolventen und -absolventinnen, die nach einer Phase der nach-universitären Erwerbstätigkeit ein weiterbildendes Angebot an der Hochschule nachfragen;
5. Erwerbstätige ohne vorangegangenen Hochschulabschluss, die ein weiterbildendes Studium absolvieren, für das sie aufgrund ihrer herausgehobenen beruflichen Qualifikation zugelassen wurden;
6. Erwerbstätige mit oder ohne Hochschulabschluss, die sich auf wissenschaftlichem Niveau, aber außerhalb der Institution Hochschule weiterbilden, zum Beispiel in einer „corporate university" oder als Teil von „inhouse"-Fortbildungen, die aber auch ein Nachfragepotenzial der Hochschulen bilden könnten;
7. Personen, die in ihrer nach-beruflichen Phase Studienangebote nachfragen, in der Regel nicht mehr aus einem beruflichen Qualifizierungsmotiv (zum Beispiel Seniorenstudium).

Diese – möglicherweise nicht einmal vollständige – Differenzierung zeigt bereits die ganze Vielfalt der einzelnen Gruppen und Programme, die unter die Bezeichnung „Berufstätige im Hochschulstudium" fallen. Zukünftig werden in größerem Umfang Berufstätige hinzukommen, die nicht unmittelbar nach einem Bachelorabschluss, sondern nach einer dazwischen geschalteten Berufstätigkeit in ein Masterstudium übergehen (wollen). Der Überblick zeigt, dass sich die Frage der Anrechnung und Anerkennung von beruflichen Kompetenzen keineswegs nur für die akademische Erstausbildung, sondern ebenso für weiterbildende Angebote der Hochschulen stellt.

Unter den Berufstätigen, die sich in einem akademischen Erststudium befinden, sind wiederum zwei unterschiedliche biografische Verlaufstypen zu unterscheiden:

- Der erste Typus bezieht sich auf Studierende, die ihre Studienberechtigung mit ihrem Schulabschluss (zum Beispiel dem Abitur) erworben und danach eine Berufsausbildung und eine Erwerbstätigkeit absolviert haben (*Studienberechtigung vor Berufsausbildung*). Für eine solche Bildungs- und Berufssequenz können mehrere Motive ausschlaggebend sein: das Bestreben, die zukünftigen Beschäftigungschancen durch Doppelqualifizierung zu optimieren, eine Art

„Rückversicherungsstrategie“ gegen die Risiken des Arbeitsmarktes, Entscheidungsambiguitäten zum Zeitpunkt des Schulabschlusses, Überbrückung von Wartezeiten bei Zulassungsbeschränkungen, spätere berufliche Neuorientierungen (etwa nach beruflichen Diskrepanzerfahrungen) oder andere Motive.
- Der zweite Typus umfasst diejenigen Studierenden, die ihre Schulzeit ohne Studienberechtigung abschließen, danach eine Berufsausbildung und Erwerbstätigkeit (in der Regel mit hoher Weiterbildungsintensität) absolvieren und dann erst eine Studienberechtigung erwerben (*Studienberechtigung nach Berufsausbildung*). Empirisch lässt sich eine ganze Reihe von Gründen identifizieren, warum Personen nicht schon auf dem ersten Bildungsweg eine Studienberechtigung erlangen konnten – Gründe, die auf der Seite der Institutionen (zum Beispiel mangelnde schulische Förderung) liegen können, auf der Seite der betroffenen Individuen (zum Beispiel mangelnde schulische Motivation, erst späte Entdeckung des eigenen Fähigkeitspotenzials) oder in den sozialen Unterstützungssystemen (zum Beispiel mangelnde Förderung durch das Elternhaus).

Neben diesen beiden Haupttypen gibt es noch eine kleine Gruppe von Studierenden, die ihre Studienberechtigung *mit* einer Berufsausbildung im Rahmen doppeltqualifizierender Bildungsgänge (Berufsausbildung mit Fach-/Hochschulreife) erworben haben. Zukünftig werden hier als eine weitere Gruppe diejenigen Personen hinzukommen, die im Rahmen von Anrechnungsverfahren studieren. Bei dem oben genannten zweiten Typus (Studienberechtigung nach Berufsausbildung) sind wiederum zwei unterschiedliche Kategorien zu unterscheiden:
- diejenigen Studierenden, die ihre Studienberechtigung im Rahmen *schulrechtlich geregelter Bildungswege* erlangt haben; dazu gehören vor allem die Absolventen und Absolventinnen der herkömmlichen Einrichtungen des zweiten Bildungswegs (Abendgymnasien, Kollegs, auch einige Volkshochschulen) sowie vornehmlich im Fachhochschulbereich die relativ große Gruppe derjenigen, die nach einer abgeschlossenen Berufsausbildung oder einer beruflichen Fortbildung die Fachhochschulreife durch Abschluss der Fachoberschule oder einer Fachschule erlangt haben;
- diejenigen Studierenden, die aufgrund *hochschulrechtlich geregelter Wege* zum Hochschulstudium zugelassen worden sind – zum Beispiel über Zulassungs- oder Einstufungsprüfungen an den Hochschulen oder prüfungsfreie Wege wie das Probestudium, die sich an beruflich qualifizierte Bewerber und Bewerberinnen ohne schulische Zugangsberechtigung wenden (siehe hierzu die fortlaufende Dokumentation der KMK, zuletzt 2007).[1] Dieser hochschulrechtliche Zugangstypus wird heute oft als *dritter Bildungsweg* bezeichnet. Vor allem diese Gruppe steht im Mittelpunkt aktueller bildungspolitischer Debatten über eine größere Durchlässigkeit zwischen beruflicher Bildung und Hochschule.

1 Ein Grenzfall ist die Zuerkennung der Studienberechtigung für Meister, die zum Teil automatisch mit dem Abschluss erfolgt, zum Teil hochschulrechtlich geregelt ist.

Statistisch hält sich die Durchlässigkeit zwischen beruflicher Bildung und Hochschule in Deutschland bislang in sehr engen Grenzen. Das zeigen schon die nüchternen Zahlen. Der Anteil sogenannter nicht-traditioneller Studierender, die auf einem der hochschulrechtlich geregelten Wege in die Hochschule gekommen sind, ist deprimierend gering, und er zeigt über die letzten zehn Jahre auch nur einen äußerst geringen Anstieg. Im Jahr 2006 kam nach der deutschen Hochschul- beziehungsweise Studierendenstatistik gerade mal ein Prozent aller Studienanfänger und -anfängerinnen über den dritten Bildungsweg in die Hochschulen; an den Universitäten waren es 0,6 Prozent, an den Fachhochschulen 1,9 Prozent. Immer noch hat im Universitätsbereich das gymnasiale Abitur mit 94 Prozent (unter Einschluss des zweiten Bildungswegs) eine fast monopolartige Bedeutung als Studienberechtigung. Selbst im Fachhochschulbereich ist es beinahe jeder/jede Zweite, der/die das Studium mit dem Abitur aufnimmt. Im Universitätsbereich ist mithin die Dominanz traditioneller Zugangswege ungebrochen. Lediglich im Fachhochschulbereich ist noch der Weg über die Fachoberschule/Fachschule/Fachhochschulreife verbreitet (vgl. Klieme et al., 2008, S. 328).

Große Unterschiede in der Zugangsfrequenz gibt es zwischen den Bundesländern. Während in Niedersachsen und in Nordrhein-Westfalen regelmäßig weit mehr als 500 Personen im Jahr auf diesem Wege zugelassen werden, sind es in vielen Ländern weniger als fünfzig. Entsprechend schwanken auch die Anteilswerte zwischen 0,1 und etwa zwei Prozent. Auch im internationalen Vergleich streuen die Anteile nicht-traditioneller Studierender erheblich. Da es keine international verbindliche Definition von nicht-traditionellen Studierenden gibt, die Unterscheidung zwischen „traditionell" und „nicht-traditionell" vielmehr stark vom nationalen Kontext abhängt, variieren die Daten beträchtlich. In der neuesten EUROSTUDENT-Studie (HIS, 2008) ist der Anteil der nicht-traditionellen Studierenden in den an der Studie beteiligten 23 Staaten auf zwei Wegen erhoben worden: (1) auf der Grundlage einer in der Regel weiten nationalen Definition, die oft berufliche Schulen und Erwachsenenbildungseinrichtungen, in denen eine Studienberechtigung erworben werden kann, einschließt; und (2) entlang einer engen Definition, die sich an Verfahren der „validation of prior learning and work experience" orientiert.

Auf der Grundlage der weiten Definition weist Schweden mit 36 Prozent den höchsten Anteil nicht-traditioneller Studierender auf, gefolgt von Spanien (32 Prozent) und Schottland (28 Prozent); Deutschland kommt auf vier Prozent (für den zweiten und dritten Bildungsweg zusammen). Deutlich anders fällt das Bild bei der engen Definition aus. Hier liegt England mit fünfzehn Prozent vor Estland und Spanien (mit jeweils elf Prozent) auf Platz eins, Deutschland kommt auf ein Prozent. Andere komparative Studien bestätigen dieses Bild, jedenfalls hinsichtlich des im internationalen Vergleich sehr niedrigen Anteils nicht-traditioneller Studierender in Deutschland. So haben Schuetze und Slowey (2000; vgl. auch Schuetze & Wolter, 2003) bei ihrem Vergleich von fünf europäischen und fünf außereuropäischen Staaten angesichts der heterogenen nationalen Definitionen zwar auf eine präzise Quantifizierung verzichtet, aber auch hier gehört Deutschland mit Japan und Österreich zu der Ländergruppe mit einem sehr niedrigen Anteilswert.

Vor diesem Hintergrund wäre eine Steigerung des Anteils nicht-traditioneller Studierender in Deutschland auf eine Größenordnung zwischen vier bis sechs Prozent schon ein beachtlicher bildungspolitischer Erfolg, auch wenn dies im internationalen Vergleich immer noch ein schmaler Anteil wäre. Die Gründe und Ursachen für den in Deutschland eher schmalen Anteil sind vielfältig. Sie liegen zum Teil in den rechtlichen Zugangs- und Zulassungsregelungen, zum Teil in den Hochschulen, zum Teil aber auch an dem eher begrenzten Nachfragepotenzial in der Bevölkerung. In den sechzehn Bundesländern gibt es eine kaum übersehbare Vielzahl unterschiedlicher Regelungsmodelle mit divergierenden Bewerbungsvoraussetzungen sowie Prüfungs- und Aufnahmeprozeduren, so dass hier insgesamt ein hohes Maß an Uneinheitlichkeit und Intransparenz vorhanden ist. Auch unterscheidet sich das Ausmaß an Restriktivität, mit denen diese Regelungen gehandhabt werden, von Land zu Land.

Anerkennungsverfahren für Vorleistungen aus Berufsausbildung, Weiterbildung und Erwerbstätigkeit sind trotz ANKOM und einer an sich schon weitreichenden grundsätzlichen Regelung durch die Kultusministerkonferenz (KMK, 2002), wonach bis zu fünfzig Prozent der Anforderungen eines Hochschulstudiums durch Anerkennung außerhalb der Hochschule erbrachter Leistungen abgedeckt werden können, unterentwickelt. Die in den Ländern vorhandenen Regelungen sind in ihrer großen Mehrzahl „reine" Zulassungsregelungen, die nicht mit Anrechnungsverfahren verknüpft sind. Eine Ausnahme ist das in wenigen Ländern (darunter Nordrhein-Westfalen) praktizierte Modell der Einstufungsprüfung, das die Einstufung in ein höheres Semester vorsieht. Kompetenzbasierte Verfahren, die auch die Ergebnisse non-formalen und informellen Lernens einbeziehen, sind zwar in Einzelfällen (oft an Fachhochschulen) vorhanden, aber insgesamt bislang wenig verbreitet.

Angesichts der nicht unerheblichen Anspannungen der Hochschulen infolge einer hohen Studiennachfrage und hoher Kapazitätsauslastung war die Bereitschaft der Hochschulen, sich für neue Zielgruppen in der akademischen Erstausbildung und in der Weiterbildung zu öffnen, bislang eher begrenzt. Internationale Vergleichsstudien (Schuetze & Slowey, 2000) zeigen, dass berufsbegleitende Studienformen oder Teilzeitstudiengänge für die Partizipation von Berufstätigen von zentraler Bedeutung sind, weil sie eine gewisse Kompatibilität von Studium und Erwerbsarbeit ermöglichen, die es Berufstätigen gestattet, ihre berufliche Integration aufrechtzuerhalten. Gerade aber solche Organisationsformen des Studiums sind in Deutschland nur selten vorhanden.

Ähnliches gilt für innovative Modelle eines berufs- oder arbeitsintegrierten beziehungsweise eines tätigkeitsbasierten Studiums (Hartmann, 2008). Schließlich fehlt es auch an institutionalisierten Vorbereitungsprogrammen für eine Studienaufnahme, wie sie zum Beispiel in Niedersachsen durch Kooperation der Volkshochschulen und der Hochschulen angeboten werden, so dass sich der Wechsel aus dem Beruf in die Hochschule für viele wie ein Sprung ins kalte Wasser darstellt und sie im Wesentlichen auf eine autodidaktische Studienvorbereitung angewiesen sind. Nicht zuletzt fehlt es an finanziellen Förderprogrammen, die auf diese Zielgruppe zugeschnitten sind, und an studienbegleitenden Unterstützungsangeboten der

Hochschulen (zum Beispiel Mentorenprogramme oder Brückenkurse). Hier ist zu hoffen, dass das neue Förderprogramm des Bundes „Aufstiegsstipendium – Studienstipendien für beruflich Begabte" erfolgreich ist.

4. Öffnung der Hochschule für lebenslanges Lernen: Der europäische Kontext

Nicht unerheblichen Rückenwind haben die Bemühungen um eine stärkere Öffnung der Hochschulen für Berufsqualifizierte durch den Bologna-Prozess bekommen. Oft wird übersehen, dass der Bologna-Prozess inzwischen weit mehr umfasst als die Einführung gestufter Studiengänge und Studienabschlüsse, von Modularisierung und Leistungspunkten, auch wenn sich ein Großteil der hochschulpolitischen Emotionen genau an dieser Frage entzündet. Die Ziele und Aktionsfelder des Bologna-Prozesses wurden seit 1999 – dem Zeitpunkt der Bologna-Deklaration – ständig erweitert, und eines der zentralen zusätzlich eingefügten neuen Handlungsfelder betrifft die Reform des Studiums und der Hochschulen im Zeichen des lebenslangen Lernens.

Kennzeichnend für die Rezeption der Idee des lebenslangen Lernens im Bologna-Prozess ist die Fokussierung auf „recognition of prior learning", während bei dem vor allem in Deutschland verbreiteten Verständnis von lebenslangem Lernen eher die postgraduale Weiterbildung im Zentrum steht, die bislang überhaupt noch kein zentrales Thema des Bologna-Prozesses geworden ist. In der Bologna-Erklärung der Europäischen Bildungsminister vom Juni 1999 spielte das Thema lebenslanges Lernen zunächst noch keine Rolle.[2]

Die Nachfolgekonferenz vom Mai 2001 in Prag hat in ihrer Abschlusserklärung „Towards the European Higher Education Area" den in der Bologna-Deklaration aufgeführten Zielen und Maßnahmen unter anderem den neuen Punkt „Lifelong Learning" hinzugefügt. Die Ausführungen dazu bleiben allerdings recht vage. Sie greifen im Wesentlichen einige Stichworte und Ideen aus dem „Memorandum on Lifelong Learning" der Europäischen Kommission aus dem Jahre 2000 (EU, 2000) auf und reklamieren diese nunmehr auch als hochschulpolitische Ziele, während die Hochschulen im EU-Memorandum zum lebenslangen Lernen nur ganz am Rande vorkommen. Die entsprechende Kernaussage der Prager Erklärung lautet:

„Lifelong learning is an essential element of the European Higher Education Area. In the future Europe, built upon a knowledge-based society and economy, lifelong learning strategies are necessary to face the challenges of competitiveness and the use of new technologies and to improve social cohesion, equal opportunities and the quality of life."

Dieses Zitat umfasst nahezu alle Slogans, die in der europäischen Bildungsdebatte angesagt sind. Ansonsten bleibt die Rolle der Hochschule im Prozess

2 Die in den folgenden Ausführungen zitierten Dokumente des Bologna-Prozesses, einschließlich der Nachfolgekonferenzen finden sich unter www.hrk-bologna.de und werden hier ohne weitere Nachweise zitiert.

lebenslangen Lernens in dieser Erklärung eher unscharf. Immerhin wird dieses Thema jetzt mit der Schaffung eines Europäischen Hochschulraums verknüpft. Die Abschlusserklärung der europäischen Hochschulminister zur Berliner Nachfolgekonferenz vom September 2003 unter dem Titel „Realising the European Higher Education Area" hat das Thema des lebenslangen Lernens wieder aufgegriffen und in einem längeren Abschnitt weiter präzisiert. Hier erfährt der Begriff des lebenslangen Lernens in der Zuspitzung auf „prior learning" eine spezifische Auslegung, die sich in den folgenden Jahren noch verstärkt.

„Ministers underline the important contribution of higher education in making lifelong learning a reality. They are taking steps to align their national policies to realise this goal and urge Higher Education Institutions to enhance the possibilities for lifelong learning at higher education level including *the recognition of prior learning*. They emphasise that such action must be an integral part of higher education activity.

Ministers furthermore call those working on qualifications frameworks for the European Higher Education Area to encompass the wide range of flexible learning paths, opportunities and techniques and to make appropriate use of the ECTS credits.

They stress the need to improve opportunities for all citizens, in accordance with their aspirations and abilities, to follow the lifelong learning paths into and within higher education."

Man wird nicht ernsthaft behaupten können, die Realisierung lebenslangen Lernens oder die Öffnung der Hochschulen für lebenslange Lernprozesse seien in der öffentlichen Wahrnehmung bislang Kernpunkte des Bologna-Prozesses gewesen, weder für die nationalen Regierungen noch für die Mehrzahl der Hochschulen. Aber das Thema ist inzwischen fest etabliert, wenn auch nicht mit höchster Priorität und nicht im vollen Bedeutungshorizont des Konzepts „Lebenslanges Lernen". So hat auch das Communiqué der Nachfolgekonferenz in Bergen (2005) unter dem Titel „The European Higher Education Area – Achieving the Goals" den Zusammenhang zwischen Qualifikationsrahmen, der Vorstellung lebenslangen Lernens und der Frage der Anerkennung von „prior learning" wieder aufgegriffen. Der Text formuliert als Aufgabe des „Stocktaking"-Prozesses zur Vorbereitung der nächsten Nachfolgekonferenz in London (2007) unter dem Untertitel „Recognition of degrees and study periods":

„We see the development of national and European frameworks for qualifications as an opportunity to further embed lifelong learning in higher education. We will work with higher education institutions and others to improve *recognition of prior learning* including, where possible, non-formal and informal learning for access to, and as elements in, higher education programmes. ...

In particular, we shall look for progress in: ...

- creating opportunities for flexible learning paths in higher education, including procedures for the *recognition of prior learning*."

Das Abschlusscommuniqué der Londoner Konferenz (2007) enthält ebenfalls einen – wenn auch knappen – Absatz über „Lifelong Learning“, mit einer sehr kritischen Bilanzierung der bisherigen Entwicklung:

„The stocktaking report shows that some elements of flexible learning exist in most countries, but a more systematic development of flexible learning paths to support lifelong learning is at an early stage. We therefore ask BFUG to increase the sharing of good practice and to work towards a common understanding of the role of higher education in lifelong learning. Only in a small number of EHEA countries could the recognition of prior learning for access and credits be said to be well developed.“

Wie unterschiedlich die Entwicklung und Implementation solcher Verfahren in den europäischen Staaten tatsächlich ist, zeigt anschaulich die Bestandsaufnahme von Corradi, Evans und Valk (2006), wobei Länder mit erheblichem Entwicklungsrückstand erst gar nicht berücksichtigt werden. Die im London-Communiqué angekündigten Bestandsaufnahmen werden zurzeit durchgeführt und den sehr unterschiedlichen Entwicklungsstand voraussichtlich ebenfalls belegen. Deutschland ist bisher eher selten als „Pionier“ dieser Entwicklung aufgefallen, obwohl auch hier einiges in Bewegung gekommen ist (BMBF, 2008). Wie schon erwähnt, hat die Kultusministerkonferenz zwar schon im Jahr 2002 einen Beschluss gefasst (KMK, 2002), wonach unter bestimmten Voraussetzungen außerhalb des Hochschulwesens erworbene Kenntnisse und Fähigkeiten bis zu fünfzig Prozent auf ein Hochschulstudium angerechnet werden können – die hochschulpolitische Tragweite dieses Beschlusses ist vermutlich aber von vielen Akteuren noch gar nicht begriffen worden.

Ohne Zweifel ist die Verankerung des Konzeptes „recognition of prior learning“ mit dem Ziel, den Zugang zu einem Studium für neue Gruppen zu öffnen, insbesondere für Berufstätige ohne herkömmliche Studienberechtigung, im Bologna-Prozess ein ganz wichtiger Schritt, wenn auch nur eine Teilmaßnahme im Rahmen eines weiten Verständnisses von lebenslangem Lernen. Hiervon gehen wichtige Impulse gerade auf das deutsche Hochschulsystem aus. Denn der „recognition“-Ansatz in der europäischen Hochschulpolitik erkennt an, dass das akademische Studium für jene Teilnehmer und Teilnehmerinnen, die bereits über berufliche Vorerfahrungen verfügen, eine biografische Weiterbildungssequenz und keine Erstausbildung darstellt. Darin liegt eine wesentliche Voraussetzung für die Entwicklung und Einführung von Anrechnungsverfahren. (In Abschnitt 3 des vorliegenden Beitrags ist ausgeführt worden, dass dies gegenwärtig für etwa ein Viertel aller Studierenden in Deutschland bedeutsam ist.)

Parallel zum Bologna-Prozess sind wesentliche Initiativen und politischer Druck auch von dem sogenannten Kopenhagen-Prozess (2002) in der beruflichen Bildung ausgegangen. Zwischen Bologna und Kopenhagen gibt es eine Reihe von thematischen Verbindungslinien, die insbesondere in dem Maastricht-Communiqué (2004) und der Abschlusserklärung der „Follow-up“-Konferenz in Helsinki (2006) deutlich werden: Nicht nur die Hochschulbildung, auch die berufliche Bildung soll stärker europäisiert, Mobilität und Austausch sollen gefördert werden.

Wie im Hochschulstudium soll (beziehungsweise wird) auch in der beruflichen Bildung unter Einschluss der beruflichen Weiterbildung ein Kredit- beziehungsweise Leistungspunktesystem unter der Chiffre ECVET eingeführt werden, mit dessen Hilfe mehr Transparenz und Durchlässigkeit hergestellt werden soll. Auch für die berufliche Erstausbildung und Weiterbildung soll ein Referenzrahmen für die Zuordnung unterschiedlicher Wege und Qualifikations- beziehungsweise Kompetenzniveaus entwickelt werden. Dabei sollen neben dem abschlussorientierten formellen Lernen in Bildungsinstitutionen auch das nicht-formelle und das informelle Lernen eingebunden werden.

Die Themen Anrechnung, Anerkennung und Durchlässigkeit finden im Kopenhagen-Prozess sogar einen prominenteren Platz als im Bologna-Prozess, was mit der institutionellen Interessenlage der beruflichen Bildung und Weiterbildung als „abgebenden" gegenüber den Hochschulen als „aufnehmenden" Institutionen und mit den Gleichwertigkeitsbestrebungen der beruflichen Bildung gegenüber der Allgemeinbildung zusammenhängt. Insbesondere die Maastricht-Deklaration fordert einen kohärenten Ansatz und eine stärkere Verknüpfung zwischen beruflicher Bildung und Hochschulbildung, zwischen dem Bologna- und dem Kopenhagen-Prozess. Im Zentrum steht dabei die Frage der Durchlässigkeit zwischen beiden Bereichen. Die Anerkennung von „prior learning" und die Entwicklung eines aufeinander bezogenen, transferierbaren Kreditpunktesystems sind die wichtigsten Instrumente, um lebenslanges Lernen als übergreifende gemeinsame Perspektive von beruflicher Bildung und Hochschule zu fördern.

Im Kontext der Förderung lebenslangen Lernens, insbesondere einer größeren Verzahnung von Ausbildung und Weiterbildung, und der Bemühungen um eine europäische Harmonisierung sind auch in Deutschland verschiedene Konzepte oder – vorsichtiger formuliert – Initiativen entstanden, mittels Leistungspunktesystemen berufliche Bildung und Hochschulbildung stärker aufeinander zu beziehen und damit die Durchlässigkeit zwischen beiden Feldern zu vergrößern. Vorangegangen sind hier die IT-Berufe mit ihrem neu geschaffenen Weiterbildungssystem (Mucke & Grunwald, 2005), das gegenüber der Hochschule „anschlussfähig" ist. Auch an einzelnen Hochschulen wurden solche Verfahren schon vor der ANKOM-Initiative praktiziert. Fortbildungsberufe und berufliche Weiterbildungen bilden besonders geeignete Ausgangspunkte für entsprechende Entwicklungsprojekte, wie sie unter dem Dach von ANKOM durchgeführt worden sind.

Eine nicht geringe Rolle spielt dabei schließlich auch der Umstand, dass inzwischen die Segmentierung zwischen allgemeiner und beruflicher Bildung ihre historische und bildungstheoretische Legitimation eingebüßt hat. Die Reziprozität zwischen Gymnasium und Universität mit der exklusiven Bindung des Hochschulzugangs an das Abitur ist durch den massiven Wandel, der sich in der beruflichen Bildung insbesondere in der zweiten Hälfte des 20. Jahrhunderts vollzogen hat, brüchig geworden. Der Qualifikationsstrukturwandel, der sich in der Berufsausbildung und der Weiterbildung ebenso wie in der Erwerbsarbeit vollzieht, führt zu einer neuen Konstellation im Verhältnis von Arbeit und Wissen, die die intellektuelle Distanz zwischen Gymnasium und Berufsausbildung verringert. Verschiedene Entwicklungen kommen hier zusammen:

- die Etablierung des dualen Systems mit der Teilzeitberufsschule als zweitem Pfeiler;
- der Bedeutungsgewinn des Schulberufssystems (mit vollzeitschulischen Ausbildungsgängen);
- die Modernisierung der Ausbildungsordnungen in den letzten zwei Jahrzehnten;
- die tief greifenden Veränderungen in den Berufsprofilen und beruflichen Anforderungen;
- wodurch neben Erfahrungswissen theoriebasiertes berufliches und allgemeines Wissen immer wichtiger geworden ist;
- der damit verbundene Höherqualifizierungstrend in der beruflichen Bildung;
- schließlich die Verankerung von Qualitätsstandards in der beruflichen Bildung.

Unter diesen Voraussetzungen lässt sich das „alte Bildungsschisma“ (Baethge), die herkömmliche Segmentierung zwischen allgemeiner und beruflicher Bildung, nicht mehr aufrechterhalten. Der ursprüngliche kognitive Vorsprung des Gymnasiums schmilzt. Die Trennungslinien verlaufen nicht mehr zwischen Gymnasium und beruflicher Bildung, sondern quer durch die Bildungsbereiche. Die Frage der Studieneignung wird immer stärker zu einer Frage der individuellen Kompetenzdiagnose, unabhängig von den institutionalisierten Bildungswegen.

5. Abschließende Bemerkungen

Gründe für eine größere Durchlässigkeit zwischen beruflicher Bildung und Hochschule sowie für eine stärkere Öffnung der Hochschulen für Berufsqualifizierte – gleich ob als nicht-traditionelle oder traditionelle Studierende – durch Entwicklung und Einführung von Anrechnungsverfahren sind leicht zu identifizieren, auch wenn sie den Hochschulen oft schwer zu vermitteln sind. Ein vordergründiges, deshalb aber nicht falsches Argument besteht in der Erwartung, dadurch Ausbildungszeiten bei konsekutiven Ausbildungswegen zu verkürzen. Wichtiger sind drei andere Gründe:

1. *Die Nachfrageentwicklung:* Die Studiennachfrage auf den regulären Zugangswegen, insbesondere die Übergangsquote vom Gymnasium zur Hochschule, stagniert und bleibt weit hinter den Erwartungen und Prognosen zurück. Es bedarf daher einer zusätzlichen Mobilisierung von Studiennachfrage. Anrechnungsverfahren fördern die Mobilität zwischen Arbeit und Studium.
2. *Die quantitative Bedarfsentwicklung:* Das Nachfragedefizit gewinnt eine besondere Virulenz angesichts der voraussichtlichen Bedarfsentwicklung. Der Bedarf an hoch qualifizierten Arbeitskräften wird unter den Bedingungen einer wissensgesellschaftlichen Modernisierung weiter expandieren, der Qualifikationsstrukturwandel durch Höherqualifizierung wird anhalten. Hinzu kommt, dass sich das

Arbeitskräfteangebot zukünftig aus demografischen Gründen weiter verknappen wird.

3. *Das qualitative Angebot*: Berufstätige im Studium bilden eine Gruppe mit einem besonderen Kompetenzprofil, die nicht länger ignoriert werden sollte. Empirischen Untersuchungen zufolge handelt es sich bei nicht-traditionellen Studierenden um überdurchschnittlich motivierte „Leistungsträger" mit einer Doppelqualifikation durch erfahrungs- und wissensbasierte Kompetenzen und einer hohen Weiterbildungsintensität, die nicht nur für die Hochschule, sondern auch für das Beschäftigungssystem eine Bereicherung darstellten.

Die bildungshistorische und bildungspolitische Bedeutung des Anrechnungsprojektes ist deutlich, aber die damit verbundenen Herausforderungen sind ebenfalls beträchtlich. Nicht nur setzt das Projekt an einer der „heiligen Kühe" des deutschen Bildungssystems an, sondern es sind auch sachlich nicht unerhebliche methodische Fragen zu beantworten und Verfahrensprobleme zu lösen: Wie können Zulassung zum Studium und Anrechnung von Kompetenzen auf Studienanforderungen in einem gemeinsamen Verfahren erfolgen? Wie können Lernergebnisse („outcomes") als Kompetenzen auf beiden institutionellen Ebenen – der beruflichen Bildung ebenso wie der Hochschule – beschrieben und erfasst werden? Wie können Zuordnungen und Äquivalenzen zwischen Ergebnissen und Anforderungen hergestellt werden? Wie können konkrete Verfahren der Evaluation und Anrechnung von Kompetenzen an den Hochschulen realisiert werden? Die Beiträge in diesem Band geben Auskunft über den erreichten Arbeitsstand. Die ANKOM-Initiative kann hier aber nur ein erster Anstoß für die Hochschulen und die anderen beteiligten Akteure sein, in diese Richtung innovativ zu werden und exemplarisch zu zeigen, dass es funktionieren kann.

Literatur

Baethge, M. (2007): Das deutsche Bildungsschisma: Welche Probleme ein vorindustrielles Bildungssystem in einer nachindustriellen Gesellschaft hat. In: Lemmermöhle, D. & Hasselhorn, M. (Hrsg.): Bildung – Lernen. Göttingen. S. 93-116.

Blinkert, B. (1974): Die Situation von Abendgymnasien und Kollegs in der Bundesrepublik Deutschland. Stuttgart.

BMBF, Bundesministerium für Bildung und Forschung (2008): Stand der Anerkennung non-formalen und informellen Lernens in Deutschland. Bonn/Berlin.

Corradi, C.; Evans, N. & Valk, A. (eds.) (2006): Recognising Experiential Learning. Practices in European Universities. Tartu.

Dahrendorf, R. (1959): Die vier Bildungswege der modernen Gesellschaft unter besonderer Berücksichtigung des zweiten Bildungswegs in den hochindustrialisierten Gesellschaften des Westens. In: Dahrendorf, R. & Ortlieb, H.-D. (Hrsg.): Der zweite Bildungsweg im sozialen und kulturellen Leben der Gegenwart. Heidelberg. S. 37-68.

EU, Europäische Kommission (2000): Memorandum über lebenslanges Lernen. Brüssel.

Hartmann, E.A. (2008): Durchlässigkeit zwischen beruflicher und akademischer Bildung – Herausforderungen und Chancen für die Hochschulen. Berlin. Unveröffentlichtes Manuskript.

HIS, Hochschul-Informations-System (2008): Social and Economic Conditions of Student Life in Europe. Final Report. Eurostudent III.

Isserstedt, W.; Middendorff, E.; Fabian, G. & Wolter, A. (2007): Die wirtschaftliche und soziale Lage der Studierenden in der Bundesrepublik Deutschland. 18. Sozialerhebung des Deutschen Studentenwerks, durchgeführt durch HIS Hochschul-Informations-System. Berlin.

Klieme, E.; Baethge, M.; Döbert, H.; Füssel, H.-P.; Hetmeier, H.-W.; Rauschenbach, T.; Rockmann, U. & Wolter, A. (2008): Bildung in Deutschland 2008. Bielefeld.

KMK, Sekretariat der Ständigen Konferenz der Kultusminister der Länder in der Bundesrepublik Deutschland (2002): Anrechnung von außerhalb des Hochschulwesens erworbenen Kenntnissen und Fähigkeiten auf ein Hochschulstudium. Bonn.

KMK, Sekretariat der Ständigen Konferenz der Kultusminister der Länder in der Bundesrepublik Deutschland (2007): Synoptische Darstellung der in den Ländern bestehenden Möglichkeiten des Hochschulzugangs für beruflich qualifizierte Bewerber ohne schulische Hochschulzugangsberechtigung auf der Grundlage hochschulrechtlicher Regelungen. Bonn.

Mucke, K. & Grunwald, S. (2005): Hochschulkompatible Leistungspunkte in der beruflichen Bildung – Grundsteinlegung in der IT-Weiterbildung. Bielefeld.

Schuetze, H.G. & Slowey, M. (eds.) (2000): Higher Education and Lifelong Learners. London.

Schuetze, H.G. & Wolter, A. (2003): Higher Education, Non-traditional Students and Lifelong Learners in Industrialized Countries. In: Das Hochschulwesen. S. 183-189.

Wolter, A. (1990): Die symbolische Macht des Abiturs. In: Kluge, N.; Scholz, W.-D. & Wolter, A. (Hrsg.): Vom Lehrling zum Akademiker – Neue Wege des Hochschulzugangs für berufserfahrene Erwachsene. Oldenburg. S. 49-116.

Wolter, A. (2002): Lebenslanges Lernen und „non-traditional students“. Die Bundesrepublik Deutschland im Lichte internationaler Entwicklungen und Perspektiven. In: Strate, U. & Sosna, M. (Hrsg.): Lernen ein Leben lang – Beiträge der wissenschaftlichen Weiterbildung. Regensburg. S. 138-152.

Hans-Heinrich Gatzen, Florian Pape und Christine Ruffert

ProfIS (Professional Improvement by Study): Anerkennung beruflicher Kompetenzen als Studienleistung in der Fakultät für Maschinenbau

1. Kurze Darstellung des Projekts ProfIS

Das ANKOM-Teilprojekt ProfIS (Professional Improvement by Study) wird vom Institut für Mikrotechnologie der Leibniz Universität Hannover koordiniert. Kooperationspartner ist die LZH Laser Akademie GmbH. Die Perspektive der Wirtschaft bringt ein Fachbeirat in das Projekt ein. Das Ziel des Projektes ProfIS besteht darin, durch eine Verbesserung der Durchlässigkeit zwischen akademischem und beruflichem Bildungssystem dem zu erwartenden Fachkräftemangel mittel- bis langfristig durch mehr fachliches Personal für die Ingenieurwissenschaften entgegenzuwirken. Betrachtet wird das Berufsbild des Mechatronikers/der Mechatronikerin mit der Fortbildung zum Industriemeister/zur Industriemeisterin Mechatronik sowie des Mikrotechnologen/der Mikrotechnologin mit der Fortbildung zum staatlich geprüften Techniker/zur staatlich geprüften Technikerin Mikrotechnologie. Die in der praktischen Berufserfahrung vertieften Kenntnisse der in diesen Bereichen gewerblich Ausgebildeten werden mit den Lernergebnissen der Studienrichtung Mechatronik im Diplomstudiengang und den Studiengängen Bachelor und Master of Science an der Fakultät für Maschinenbau verglichen und auf äquivalente Inhalte hin untersucht.

2. Projektergebnisse

Zur Anrechnung von in der beruflichen Praxis erworbenen Kompetenzen auf ein Hochschulstudium wurde ein Konzept zur Anrechnungssystematik entworfen, das auf den universitären Modulen basiert. Um Rückschlüsse auf die nach dem Bestehen eines Moduls vorhandenen Kompetenzen abzuleiten, werden die Lernergebnisse („Learning Outcomes") der Module betrachtet. Im ersten Schritt erfolgt die Erfassung der inhaltlichen Schwerpunkte sowie der „Learning Outcomes" anhand der jeweiligen Modulbeschreibungen, im zweiten Schritt folgt die Suche nach Entsprechungen auf der beruflichen Seite. Anschließend werden bei Modulen, die in der groben Erfassung Überschneidungen aufzeigen, die Lernergebnisse detailliert auf der Grundlage von Vorlesungsunterlagen erfasst. In einem Abgleich, der die Taxonomie von Moon (Moon, J., 2006: „Linking Levels, Learning Outcomes and Assessment Criteria – EHEA version", University of Bournemouth, UK, http://www.bologna-bergen2005.no/EN/Bol_sem/Seminars/040701-02Edinburgh/040701-02Linking_Levels_plus_ass_crit-Moon.pdf) zugrunde legt, erfolgt die Beurteilung, ob das entsprechende Modul angerechnet werden kann. Diese Taxonomie weist den erfassten Lernergebnissen Leveldeskriptoren zu, die eine Einstufung in ein sechsstufiges

Modell zulassen. Basierend auf dieser Einstufung kann ein Überdeckungsfaktor der beruflichen Kompetenzen bezogen auf ein Studienmodul abgeschätzt werden.

3. Fazit

Im Projekt ProfIS wurde ein Verfahren entwickelt, das eine Anrechnung von in einer gewerblichen Aus- und Weiterbildung erlangten und durch berufliche Praxis vertieften „Learning Outcomes" auf Hochschulstudiengänge ermöglicht. Die Niveaueinstufung der Lernergebnisse folgt der Taxonomie von Moon. Die Möglichkeit der Anrechnung beruflich erworbener Kompetenzen auf universitäre Module gestaltet die Aufnahme eines Hochschulstudiums für die Zielgruppe attraktiver und unterstützt damit die Gewinnung qualifizierter Fachkräfte für den ingenieurwissenschaftlichen Bereich.

Rita Nikolai

Ein Blick über den Tellerrand – Bildungsstand und Erwerbschancen im internationalen Vergleich und die Herausforderungen für das Bildungssystem

1. Einleitung

Ein hohes Bildungsniveau ist eine wichtige Voraussetzung für die technologische Leistungsfähigkeit einer Gesellschaft. Der Strukturwandel auf dem Arbeitsmarkt, insbesondere der anspruchsvoller und wissensintensiver Dienstleistungen (Belitz, Clemens, Gehrke, Gornig, Legler & Leidmann, 2008) fordert von den Mitgliedern einer Gesellschaft eine gute Bildung und Ausbildung. Niedriggebildete sind angesichts dieses Strukturwandels am stärksten von Arbeitslosigkeit betroffen, während die Lage bei Akademikern vergleichsweise gut ist (OECD, 2007a). Bildung ist aber auch jenseits des Arbeitsmarktes von enormer Bedeutung. Ein hoher Bildungsstand wirkt sich positiv auf den individuellen Gesundheitszustand aus, verringert die Wahrscheinlichkeit kriminellen Verhaltens und erhöht die politische ebenso wie die soziale Partizipation (Konsortium Bildungsberichterstattung, 2006; Hadjar & Becker, 2006; BMAS, 2008).

Bei einem Blick über den Tellerrand auf andere Industrieländer zeigt sich, dass der Innovationsstandort Deutschland durch ein im internationalen Vergleich stagnierendes Bildungsniveau und geringe Weiterbildung gefährdet ist (EFI, 2008). Dabei wird deutlich, dass zur langfristigen Sicherung hoch qualifizierter Fachkräfte und zum Abbau von Schranken der Bildungsbeteiligung mehr Durchlässigkeit im allgemeinbildenden Bildungssystem und zwischen beruflicher Bildung und Hochschulbildung erforderlich ist.

Der Beitrag stellt zunächst den Bildungsstand der deutschen Bevölkerung und deren Arbeitsmarktchancen im internationalen Vergleich dar. Anschließend werden einige bildungspolitische Ziele der Europäischen Union näher vorgestellt. Mit einer kurzen Diskussion zu den Herausforderungen des Bildungssystems schließt der Beitrag.

2. Bildungsstand und Arbeitsmarktchancen im internationalen Vergleich

Angesichts des technologischen Fortschritts nehmen Beschäftigungsmöglichkeiten für geringer qualifizierte Erwerbspersonen zunehmend ab. Seit Anfang der 1990er Jahre verzeichnet der industrielle Sektor, insbesondere der Bereich der nicht forschungsintensiven Industrien, die stärksten Beschäftigungseinbußen, während der

Dienstleistungssektor expandiert. Innerhalb des Dienstleistungssektors prosperieren vor allem die wissens- und forschungsintensiven Wirtschaftszweige (Abbildung 1). Die Nachfrage nach gut qualifiziertem Personal seitens der Wirtschaft, insbesondere im Bereich der wissensintensiven Dienstleistungen, ist hoch und wird angesichts des demografischen Wandels und der damit einhergehenden Verknappung von höher qualifiziertem Personal weiter zunehmen.

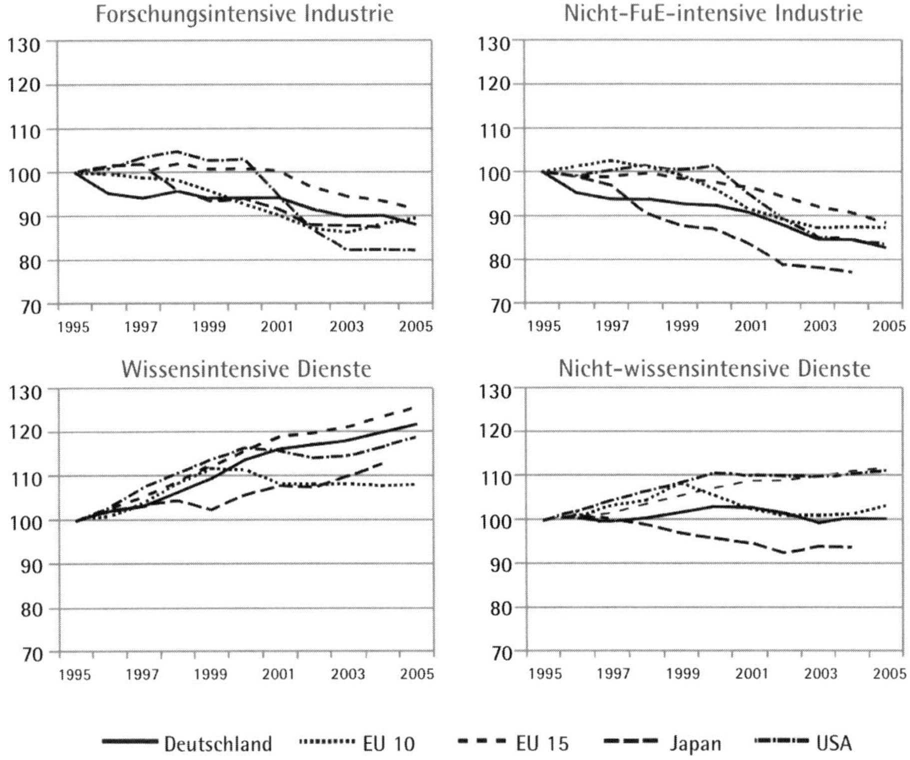

Abbildung 1: Arbeitseinsatz (geleistete Arbeitsstunden) nach Wirtschaftsbereichen in ausgewählten Ländern und Regionen 1995 bis 2005 (Index 1995=100). Quelle: Belitz et al., 2008, S. 9

Abbildung 2 verdeutlicht, dass in Deutschland im Zeitraum der Jahre 1975 bis 2005 die Schere der Arbeitsmarktrisiken in den unteren und oberen Qualifikationsebenen immer stärker auseinandergegangen ist. Während sich die Arbeitsmarktchancen von Geringqualifizierten in den letzten Jahrzehnten massiv verschlechtert haben und die Arbeitslosenquoten von Personen mit Lehr- und Fachschulabschluss nur unwesentlich unter dem Durchschnitt der Arbeitslosenquote insgesamt lagen, hat sich der Akademikerarbeitsmarkt in den Jahren 1975 bis 2005 relativ günstig entwickelt. Mit Abstand trugen im gleichen Zeitraum Akademiker und Akademikerinnen das niedrigste Arbeitslosenrisiko (Reinberg & Hummel, 2007).

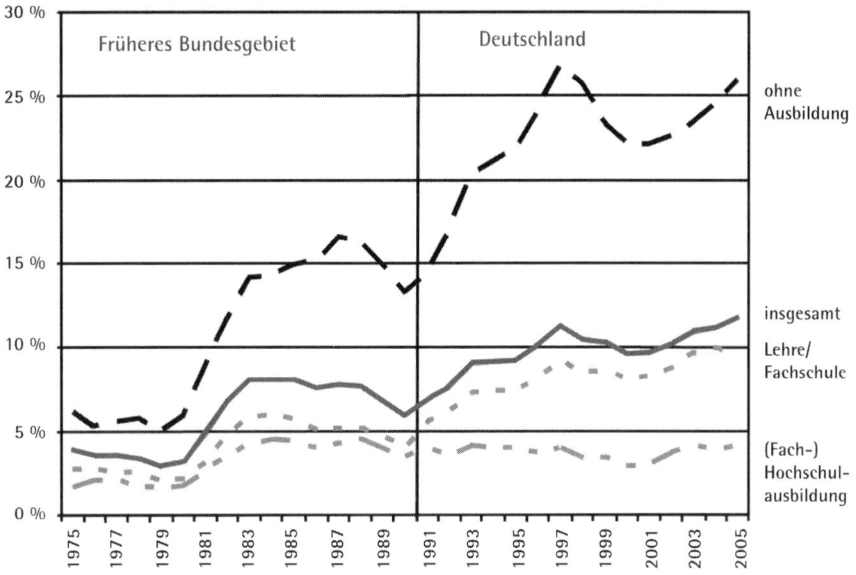

Abbildung 2: Qualifikationsspezifische Arbeitslosenquote nach Bildungsstand in Deutschland 1975 bis 2005 (in Prozent). Quelle: Eigene Darstellung nach Reinberg & Hummel, 2007

Um einschätzen zu können, welche Kenntnisse und Fähigkeiten dem deutschen Arbeitsmarkt heute und zukünftig zur Verfügung stehen werden, ist es notwendig, den Bildungsstand unterschiedlicher Altersgruppen zu beleuchten. Abbildung 3 betrachtet zunächst den Bildungsstand der erwerbsfähigen Bevölkerung im Alter von 25 bis 64 Jahren für die Jahre 1991 und 2005 in ausgewählten OECD-Ländern. Als Referenzwerte werden zusätzlich der OECD-21-Durchschnitt und der EU-15-Durchschnitt angegeben. Abbildung 4 stellt dagegen den Bildungsstand derjenigen Altersgruppe dar, die in jüngster Zeit auf den Arbeitsmarkt gelangt ist (25- bis 34-Jährige) und die diejenigen ersetzen wird, die den Arbeitsmarkt in den nächsten Jahren verlassen werden.

Im OECD- und im EU-Vergleich verfügt die deutsche Erwachsenenbevölkerung im Alter von 25 bis 64 Jahren über einen hohen Bildungsstand. Der Anteil von Personen mit mindestens einem Abschluss der Sekundarstufe II ist 2005 mit mehr als achtzig Prozent überdurchschnittlich hoch. Während Deutschland 1991 mit 22 Prozent einen überdurchschnittlich hohen Anteil von Personen mit einem Abschluss der Tertiärstufe aufwies, liegt die Quote 2005 jedoch lediglich im Durchschnitt der Industrieländer. Schweden und die USA haben im Gegensatz zu Deutschland ihren Tertiärbereich ausgeweitet und weisen 2005 dort höhere Quoten auf als Deutschland. International geht der Trend Richtung Höherqualifizierung, was sich in der Ausweitung des Sekundarbereichs II und des Tertiärbereichs spiegelt. Der Anteil von Personen mit einem Abschluss unterhalb der Sekundarstufe II und damit des Anteils von gering qualifizierten Personen nimmt dagegen ab. In Deutschland ist der Anteil von gering qualifizierten Personen im internationalen Vergleich 2005

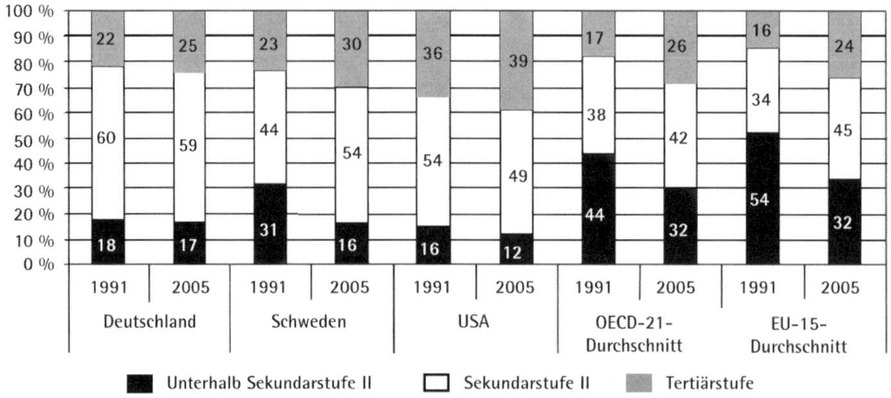

Abbildung 3: Bildungsstand der 25- bis 64-jährigen Bevölkerung in ausgewählten Ländern 1991 und 2005 (in Prozent)

zwar nach wie vor unterdurchschnittlich, zu einer weiteren Abnahme ist es jedoch zwischen 1991 und 2005 kaum gekommen. Abbildung 4 zeigt zudem, dass die Höherqualifizierung für die jüngere Alterskohorte der 25- bis 34-Jährigen stagniert.

Entgegen dem internationalen Trend nahm in Deutschland der Anteil der 24- bis 34-jährigen Personen mit einem Abschluss unterhalb der Sekundarstufe II von elf Prozent 1991 auf sechzehn Prozent 2005 zu. In nahezu allen anderen OECD-Ländern ist es dagegen zu einem Abbau von Niedrigqualifizierung gekommen. Die Bildungsexpansion der 1960er und 1970er Jahre führte in Deutschland dazu, dass Anfang der 1990er Jahre der Anteil der 25- bis 34-Jährigen mit einem Abschluss der Sekundarstufe II überdurchschnittlich und der mit einem Abschluss des

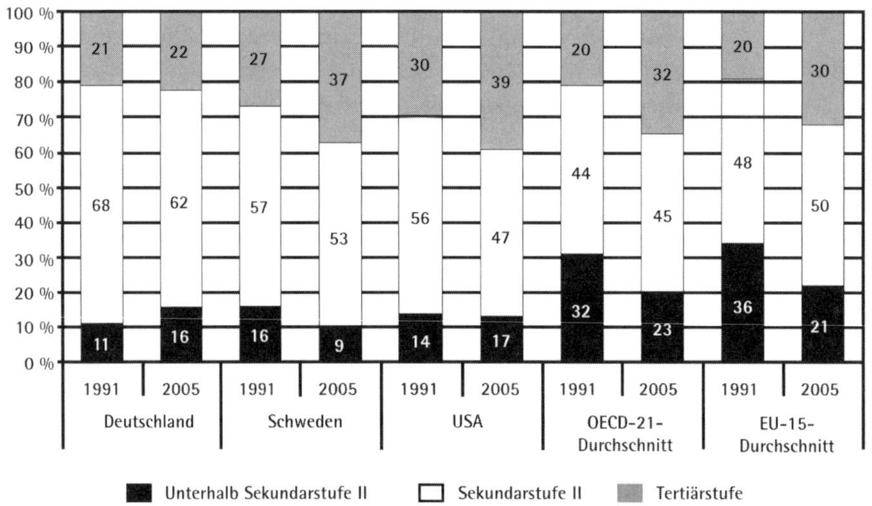

Abbildung 4: Bildungsstand der 25- bis 34-jährigen Bevölkerung in ausgewählten Ländern 1991 und 2005 (in Prozent). Quelle: OECD, 2007a. Anmerkung: Sekundarstufe II schließt auch die Abschlüsse im postsekundären, nichttertiären Bereich mit ein.

Tertiärbereichs durchschnittlich hoch war. Seit den 1990er Jahren scheint die Bildungsexpansion jedoch zum Erliegen gekommen zu sein, was sich an dem stagnierenden Anteil von Personen mit einem Tertiärabschluss beziehungsweise mit einem Abschluss des Sekundarbereichs II ablesen lässt. Prognosen des Instituts für Arbeitsmarkt- und Berufsforschung weisen daraufhin, dass in Deutschland der Bedarf an qualifizierten Fachkräften nicht nur quantitativ, sondern auch qualifikatorisch nicht gedeckt werden könne, wenn zusätzliche Anstrengungen in Bildung und Weiterbildung ausbleiben (Schnur & Zika, 2007). Dem steigenden Bedarf an gut ausgebildeten Fachkräften steht ein deutlicher Rückgang der jüngeren Bevölkerung gegenüber, die zudem schlechter ausgebildet sein wird (Reinberg & Hummel, 2003; Reinberg & Hummel, 2004).

3. Die EU-Benchmarks

In ihrer Lissabon-Resolution hat sich die Europäische Union dem Bereich Bildung in besonderer Weise angenommen. Die Europäische Union soll bis 2010 nicht nur zum wettbewerbsfähigsten und dynamischsten wissensbasierten Wirtschaftsraum der Welt werden, sondern auch mit Blick auf die Qualität der Bildungssysteme weltweit führend sein. Um dieses Ziel zu erreichen, sollen allgemeine und berufliche Bildung in Europa grundsätzlich umgestaltet werden (COM, 2004). Dafür einigten sich die EU-Bildungsminister 2001 auf folgende fünf Benchmarks, die bis zum Jahr 2010 erreicht werden sollen: 1. Anteil frühzeitiger Schulabgänger auf höchstens zehn Prozent reduzieren; 2. Anteil der 22-Jährigen, die über einen Schulabschluss der Sekundarstufe II verfügen, auf 85 Prozent erhöhen; 3. Anteil der 15-Jährigen, die im Bereich der Lesekompetenzen schlechte Leistungen erzielen, auf 15,5 Prozent reduzieren; 4. Abschlüsse in Mathematik, Naturwissenschaften und Technik um fünfzehn Prozent steigern, bei gleichzeitiger Abnahme der Geschlechterungleichheit; 5. Beteiligung an Weiterbildungen auf 12,5 Prozent erhöhen. Diese gemeinsam formulierten Benchmarks der Europäischen Union können dabei als Referenzgrößen dienen, um die Effekte der nationalen Qualifizierungsstrategien zu bewerten.

Mit der internationalen Vergleichsstudie PISA (Programme for International Student Assessment) stehen der empirischen Bildungsforschung nicht nur Maße zum höchsten erreichten Abschluss in Schule und Ausbildung, sondern auch Maße zu kognitiven Kompetenzen zur Verfügung. Inwieweit es den europäischen Mitgliedstaaten gelungen ist, den Anteil von Schülerinnen und Schülern unterhalb der Kompetenzstufe II in Lesen zu reduzieren, verdeutlicht Abbildung 5. Jugendliche, deren kognitive Kompetenzen unterhalb der Kompetenzstufe II zu verorten sind, gelten als kompetenzarm. Mit der dritten PISA-Erhebung 2006 erreichten lediglich Finnland, Irland und Estland die Lissabon-Benchmark von 15,5 Prozent. Deutschland konnte die Kompetenzarmut im Bereich Lesen zwar gegenüber der ersten PISA-Erhebung aus dem Jahr 2000 reduzieren, jedoch fehlen nach wie vor rund einem Fünftel aller deutschen Schüler und Schülerinnen elementare Lesefähigkeiten,

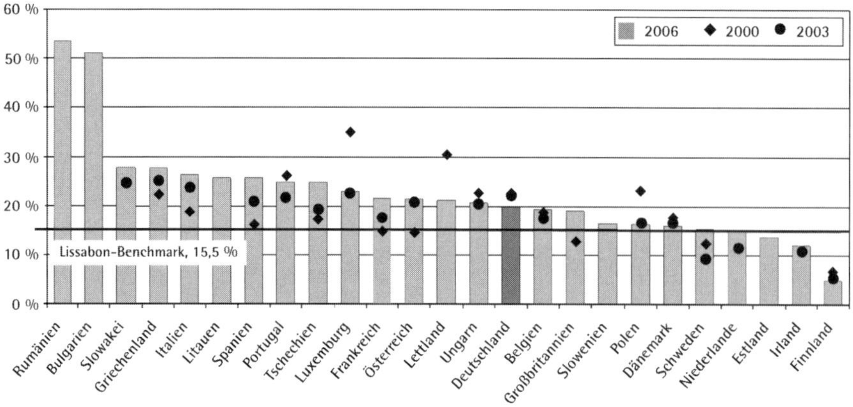

Abbildung 5: Anteil von Schülerinnen und Schülern unterhalb der Kompetenzstufe II in Lesen (PISA 2000, 2003 und 2006). Quelle: OECD, 2007b

die sie als Schlüsselkompetenzen für das Lernen in Schule, Ausbildung und Beruf benötigen. Deutschland ist zudem nicht nur durch eine hohe Zahl kompetenzarmer Schüler und Schülerinnen gekennzeichnet, sondern auch durch die ungleiche Verteilung von Bildungschancen (Allmendinger, Ebner & Nikolai, 2008). In Deutschland ist der Zusammenhang zwischen Bildung und sozialer Herkunft besonders hoch.

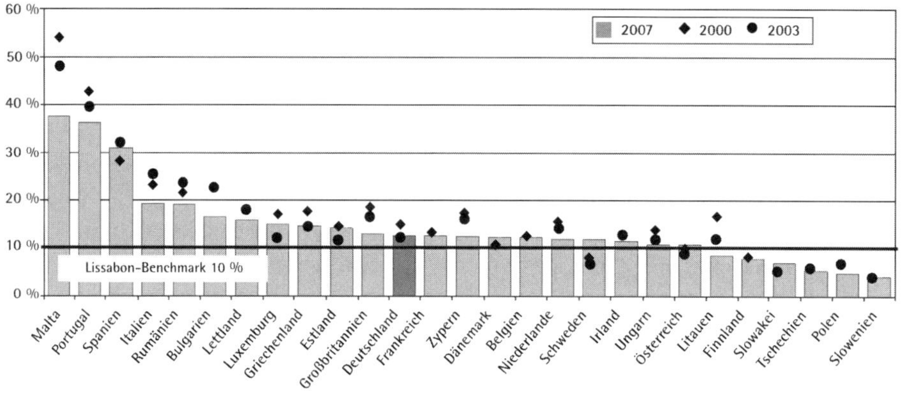

Abbildung 6: Anteil der 18- bis 24-Jährigen, die an keiner Aus- oder Weiterbildung teilnehmen und die höchstens einen Bildungsabschluss des Sekundarbereichs I haben (2000, 2003, 2007). Quelle: EUROSTAT online

Auch hinsichtlich der Reduzierung des Anteils früher Schulabgänger erreichen von den europäischen Mitgliedstaaten lediglich Litauen, Finnland, die Slowakei, die Tschechische Republik, Polen und Slowenien 2007 das Ziel der Europäischen Union (Abbildung 6). Deutschland verfehlt auch 2007 das von der EU vorgegebene Ziel, die Quote der frühen Schulabgänger auf unter zehn Prozent zu reduzieren. Seit 2000 konnte Deutschland den Anteil früher Schulabgänger nur um zwei

Prozentpunkte auf 12,7 Prozent im Jahr 2007 reduzieren. Diese Stagnation zeigt sich auch in nationalen Statistiken. Nach Daten des Statistischen Bundesamtes liegt die Quote von Schülern und Schülerinnen, die die Schule ohne einen Hauptschulabschluss verlassen, seit Jahren bei rund acht Prozent. Die vermeintliche Stärke des dualen Berufsbildungssystems, das heißt sein formal offener Zugang ohne Zulassungsbeschränkung für erreichte Schulabschlüsse, gilt jedoch längst nicht mehr für Jugendliche mit geringen schulischen Qualifikationen. Der Anteil derer, die sich in Maßnahmen des sogenannten Übergangssystems befinden und die in diesen Maßnahmen keine voll qualifizierenden beruflichen Abschlüsse erlangen, ist kontinuierlich hoch. Jugendliche ohne Hauptschulabschluss und mit Migrationshintergrund sind dabei im Übergangssystem überproportional vertreten (Baethge, Solga & Wieck, 2007).

Der mangelnde Schulerfolg Jugendlicher, die die Schule ohne Abschluss der Sekundarstufe II und/oder mit mangelnden Lesekompetenzen verlassen, erschwert jeden Berufseinstieg und ist den jungen Menschen auch auf jedem weiteren Berufsweg hinderlich. Der erreichte Abschluss und mangelnde Kompetenzen können als Maß zur Erklärung von Unterschieden bei der Einmündung in den Arbeitsmarkt, im beruflichen Status, im Einkommen oder auch in Mobilitätsmustern dienen (Allmendinger, 1989). Abbildung 7 zeigt jedoch, dass die Maße zu Zertifikaten und Kompetenzen nicht notwendigerweise das gleiche messen. Im EU-Ländervergleich werden hierfür die jeweiligen Kompetenzwerte in Lesen unterhalb der Kompetenzstufe II mit dem Anteil der 20- bis 24-Jährigen ohne Abschluss der Sekundarstufe

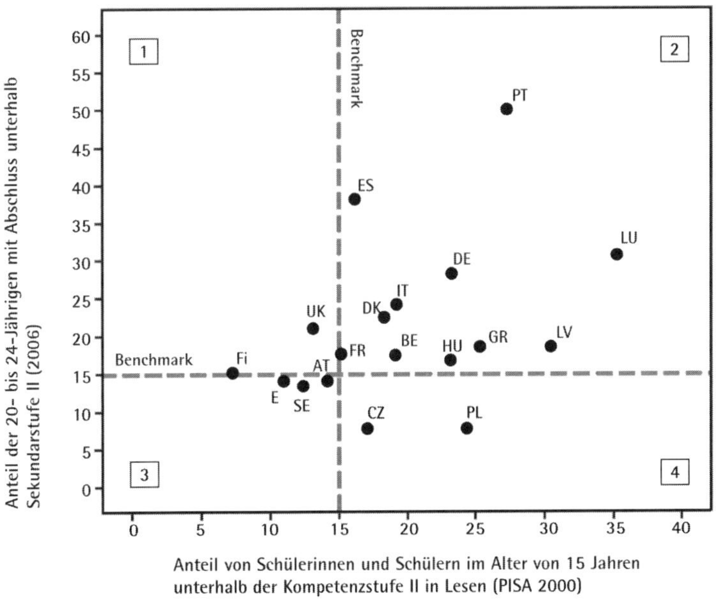

Abbildung 7: Verteilung von Kompetenzen und Zertifikaten im internationalen Vergleich. Quelle: EUROSTAT online; OECD, 2001

II dargestellt. Eingezeichnet (als Linien) sind zudem die von der EU im Jahr 2001 gesetzten Benchmarks. Schweden weist im internationalen Vergleich sowohl einen geringen Prozentsatz früher Schulabgänger als auch kompetenzarmer Schüler auf. Ein umgekehrtes Muster finden wir dagegen in Portugal. Interessant sind jedoch die Fälle, bei denen ein hoher Anteil kompetenzarmer Schüler nicht notwendigerweise mit einem hohen Anteil früher Schulabgänger einhergeht. Diese Muster finden sich beispielsweise in Polen oder Spanien. Deutschland nimmt, ganz gleich ob man Zertifikate oder Kompetenzen misst, einen mittleren Platz im internationalen Vergleich ein. Insgesamt legt Abbildung 7 die Vermutung nahe, dass Zertifikate wenig über die erreichten Kompetenzen aussagen und dass Berufsfindungsprozesse in den einzelnen europäischen Ländern von unterschiedlichen Kriterien determiniert sind.

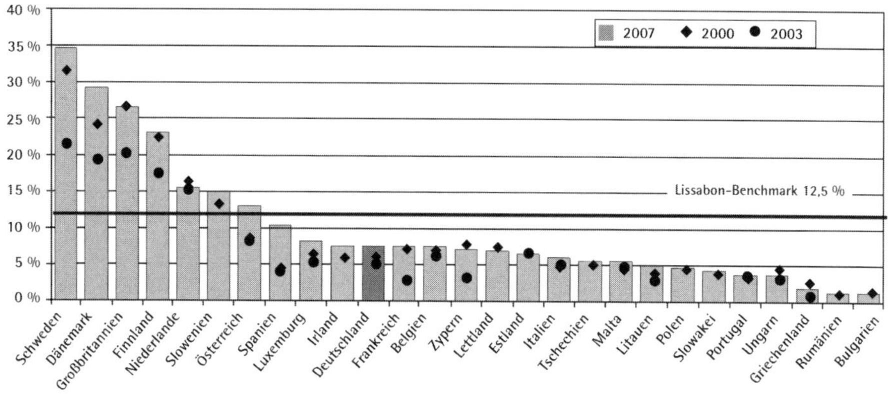

Abbildung 8: Lebenslanges Lernen – Prozentsatz der an Aus- und Weiterbildungsmaßnahmen teilnehmenden erwachsenen Bevölkerung im Alter von 25 bis 64 Jahren (2000, 2003, 2006). Quelle: EUROSTAT online. Anmerkung: für Schweden bezieht sich das Jahr 2006 auf das Jahr 2005.

Mit ihren Benchmarks zur Reduzierung des Anteils früher Schulabgänger und des Anteils kompetenzarmer Schüler konzentriert sich die EU besonders auf die Bekämpfung der Bildungsarmut, doch auch die Höherbildung und Weiterbildung hat die EU im Blick. Angesichts der veränderten Anforderungen auf den Arbeitsmärkten von morgen und der Alterung der Bevölkerung misst die EU dem lebenslangen Lernen eine hohe Bedeutung zu. Abbildung 8 zeigt, dass die Beteiligungsquoten an nicht-formaler, berufsbezogener Fort- und Weiterbildung im europäischen Vergleich sehr unterschiedlich sind. Führend in der EU sind Dänemark und Großbritannien. Beide Länder verzeichnen Beteiligungsquoten von mehr als 25 Prozent. Unter fünf Prozent liegen dagegen die Quoten in Bulgarien und Rumänien. In Deutschland liegt die Quote, trotz Steigerungen gegenüber dem Jahr 2000, bei unter zehn Prozent. Von der Lissabon-Benchmark ist Deutschland nach wie vor noch sehr weit entfernt. Ein genauerer Blick auf die Beteiligungsquoten zeigt zudem, dass die Teilnahme an Fort- und Weiterbildungsmaßnahmen mit dem Niveau der Erstausbildung zunimmt. Absolventen des Tertiärbereichs nehmen häufiger an

Weiterbildungsmaßnahmen teil als Absolventen des Sekundarbereichs II oder postsekundärer, nichttertiärer Bildungsgänge. Erwachsene, die über keinen Abschluss des Sekundarbereichs II verfügen, nehmen im Vergleich seltener an Weiterbildungsmaßnahmen teil (OECD, 2007a). Strategien zur Förderung des lebenslangen Lernens müssen somit auch stärker geringer Qualifizierte in den Blick nehmen.

4. Herausforderungen an das Bildungssystem

Der Blick über den Tellerrand zeigt, dass die internationale Wettbewerbsfähigkeit Deutschlands durch zunehmenden Fachkräftemangel, Bildungsarmut bei den Jugendlichen und geringe Teilnahme am lebenslangen Lernen bedroht ist. Rund dreizehn Prozent der 18- bis 24-Jährigen verfügen im europäischen Vergleich über keinen Abschluss der Sekundarstufe II, gut jeder fünfte 15-jährige Schüler wird als „Risikoschüler" eingestuft, weil er oder sie einfachste Aufgaben im Lesen oder Rechnen kaum bis gar nicht lösen kann. In Deutschland werden Bildungspotenziale nicht ausreichend ausgeschöpft. Die hohe Abhängigkeit des Bildungserfolgs von der sozialen Herkunft der Kinder lässt viele Bildungsinvestitionen in Deutschland ins Leere laufen und erfordert umfangreiche Nachqualifizierungen im Übergangssystem, die mit erheblichen Kosten verbunden sind und zudem nicht zu einem voll qualifzierenden Berufsabschluss führen. Die demografische Entwicklung in Europa und veränderte Anforderungen auf den Arbeitsmärkten von morgen setzen die Systeme von Bildung und Ausbildung unter Reformdruck. Mehr Durchlässigkeit im Bildungssystem sowohl in den unteren Bildungsstufen als auch in der Berufsausbildung ist erforderlich, um Bildungspotenziale von Kindern aus bildungsfernen Schichten und mit Migrationshintergrund zu erschließen und Bildungsarmut abzubauen. Auch Spätentwickler sollten mehr Chancen zum (nachträglichen) Bildungserwerb haben. Durchlässigkeit ist jedoch nicht nur bezogen auf Niedrigqualifizierte geboten, sondern auch im Bereich der Weiterbildung und zwischen Berufs- und Hochschulbildung. Die Durchlässigkeit und der Erwerb von Schlüsselqualifikationen dürfen sich nicht nur auf das allgemeine und berufliche Bildungswesen beschränken, sondern müssen auch auf die persönliche Fort- und Weiterbildung bis hinein ins Hochschulsystem ausgeweitet werden. Die Alterung der Erwerbsbevölkerung und die große Innovationsdynamik in allen Wirtschaftsbereichen machen eine kontinuierliche Weiter-, Um- und auch Neuqualifizierung von Arbeitskräften notwendig. Der Know-how-Transfer zwischen Wissenschaft und Wirtschaft wird sich langfristig nicht mehr allein auf den Übertritt junger Hochschulabsolventen und -absolventinnen ins Erwerbsleben stützen können, sondern es muss zunehmend auch an Weiterbildung und Umqualifizierung gedacht werden.

Literatur

Allmendinger, J. (1989): Educational systems and labour market outcomes. European Sociological Review, 5, S. 231-250.

Allmendinger, J.; Ebner, C. & Nikolai, R. (2008): Bildung und Chancengleichheit in Deutschland. In: Kocka, J.H. (Hrsg.): Zukunftsfähigkeit Deutschlands. Sozialwissenschaftliche Essays. Bonn: Bundeszentrale für politische Bildung. S. 205-227.

Baethge, M.; Solga, H. & Wieck, M. (2007): Berufsbildung im Umbruch. Signale eines überfälligen Aufbruchs. Berlin: Friedrich-Ebert Stiftung.

Belitz, H.; Clemens, M.; Gehrke, B.; Gornig, M.; Legler, H. & Leidmann M. (2008): Wirtschaftsstrukturen und Produktivität im internationalen Vergleich. Studien zum deutschen Innovationssystem No. 6-2008. Berlin & Hannover: NIW & DIW.

Bundesministerium für Arbeit und Soziales (BMAS) (2008): Lebenslagen in Deutschland. Der 3. Armuts- und Reichtumsbericht der Bundesregierung. Berlin: BMAS.

Commission of the European Communities (COM) (2004): Progress towards the common objectives in education and training. SEC (2004) 73. Brussels.

Expertenkommission Forschung und Innovation (EFI) (Hrsg.) (2008): Gutachten zu Forschung, Innovation und technologischer Leistungsfähigkeit 2008. Berlin: EFI.

Hadjar, A. & Becker, R. (2006): Politisches Interesse und politische Partizipation. In dies. (Hrsg.): Die Bildungsexpansion. Erwartete und unerwartete Folgen. Wiesbaden: VS Verlag für Sozialwissenschaften. S. 179-204.

Konsortium Bildungsberichterstattung (Hrsg.) (2006): Bildung in Deutschland. Ein indikatorengestützter Bericht mit einer Analyse zu Bildung und Migration. Bielefeld: W. Bertelsmann Verlag.

OECD (2001): Knowledge and skills for life. Paris: OECD.

OECD (2007a): Education at a Glance. Paris: OECD.

OECD (2007b): PISA 2006. Science Competencies for Tomorrow's World. Paris: OECD.

Reinberg, A. & Hummel, M. (2003): Bildungspolitik: Steuert Deutschland langfristig auf einen Fachkräftemangel hin? IAB-Kurzbericht 09. Nürnberg.

Reinberg, A. & Hummel, M. (2004): Fachkräftemangel bedroht Wettbewerbsfähigkeit der deutschen Wirtschaft. Aus Politik und Zeitgeschichte B 28, S. 3-10.

Reinberg, A. & Hummel, M. (2007): Schwierige Fortschreibung: Der Trend bleibt – Geringqualifizierte sind häufiger arbeitslos. IAB-Kurzbericht, 18. Nürnberg.

Schnur, P. & Zika, G. (2007): Arbeitskräftebedarf bis 2025: Die Grenzen der Expansion. IAB-Kurzbericht, 26. Nürnberg.

Sandra Bick und Uwe Hansen

KArLos RheinRuhr – Berufliche Kompetenzen zur Anrechnung auf Logistikstudiengänge

1. Das Projekt

Das Projekt KArLos RheinRuhr beschäftigte sich mit Anrechnungsmöglichkeiten beruflicher Kompetenzen auf Logistikstudiengänge. Konkret handelte es sich dabei um die IHK-Fortbildungen zum Fachkaufmann/zur Fachkauffrau für Einkauf und Logistik, zum Meister/zur Meisterin für Lagerwirtschaft und zum Verkehrsfachwirt/ zur Verkehrsfachwirtin zur Anrechnung auf die Studiengänge mit Logistikbezug der beteiligten Hochschulen.

2. Qualifikationsrahmen (QR) KArLos

Eine wesentliche Herausforderung im Rahmen des Projektes stellte die Schaffung vergleichbarer Lernergebnisse zwischen den betrachteten Fortbildungen und Studiengängen dar. Um diese vergleichbar zu machen, musste ein Instrument entwickelt werden, das eine einheitliche Lernergebnisbeschreibung ermöglichte.[1] *Der erste Schritt zu einer einheitlichen Lernergebnisbeschreibung erfolgte durch die Definition eines Lernergebnisses.*

Inhaltliche Komponente** (Lerninhalt) + **Qualitative Komponente** (Niveaubestimmung über die Taxonomie nach Bloom)*[2] *+ **Quantitative Komponente** (Workload)*[3] *= **Lernergebnis

Im nächsten Schritt wurde ein Qualifikationsrahmen KArLos RheinRuhr entwickelt, der nach einer Ableitung von studiengangspezifischen Lernergebnisprofilen (durch Erfassen der ermittelten Lernergebnisse)[4] *eine Identifikation von Äquivalenzen zwischen beruflicher und hochschulischer Fortbildung in qualitativer und quantitativer Hinsicht ermöglicht.*

Um die studiengangspezifischen Lernergebnisprofile abzubilden, wurde zunächst eine Clusterung erstellt, die zwecks Übertragbarkeit sowohl für die betrachteten betriebswirtschaftlichen Studiengänge mit Logistikschwerpunkt als auch für die Logistikfortbildungen Gültigkeit besitzt. Anschließend wurden alle Veranstaltungen

---

1 Ein inhaltlicher Abgleich beziehungsweise eine Analyse der vorhandenen Dokumente, wie die Modulhandbücher der Studiengänge und die Rahmenstoffpläne der Fortbildungen, stellte sich aufgrund von Semantik- und Niveauunterschieden als nicht evaluierbar heraus.

2 Bloom (1956) nennt folgende Taxonomiebereiche: Faktenwissen/Kenntnis, Verstehen, Anwenden, Analyse, Synthese, Bewertung/Evaluation. Bloom, B.S. (1956): Taxonomy of Educational Objectives, Handbook I: The Cognitive Domain. New York: David McKay.

3 Der Workload einer Veranstaltung entspricht dem in Zeitstunden gemessenen studentischen Arbeitsaufwand und setzt sich zusammen aus Präsenzzeiten, Selbststudium, Vor- und Nachbereitung einer Veranstaltung, Prüfungsvorbereitung und Prüfung.

4 Die Erfassung der Lernergebnisse erfolgte über eine EDV-gestützte Befragung bei den jeweiligen Hochschuldozenten (Phase 1) und Vertretern der jeweiligen Anspruchsgruppen aus der Berufsbildung wie Dozenten, Prüfer, Unternehmen und Absolventen (Phase 2).

der betrachteten Studiengänge den jeweiligen Clustern zugeordnet. Es ergaben sich die Cluster Allgemeine Betriebswirtschaftslehre, Informationsmanagement, Internationalisierung, Mathematik/Statistik/Empirie, Recht, Überfachliche Qualifikationen und Volkswirtschaftslehre, Beschaffung und Produktion, Entsorgung, Information, sonstige Logistik, Supply Chain Management, Verkehr und Transport sowie Verpackung und Lager/Distribution.

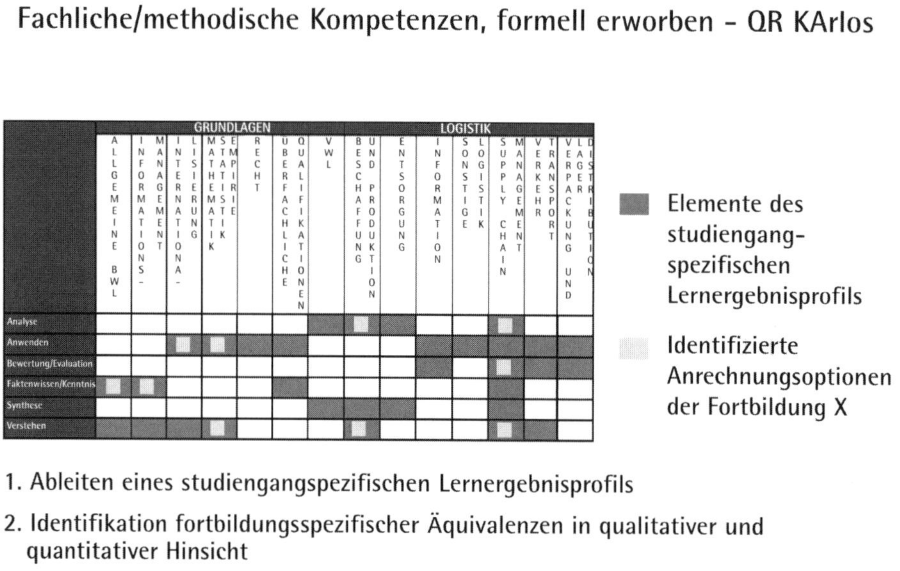

Abbildung 1: QR KArLos

3. Fazit

Die auf diese Weise eruierten Äquivalenzen formell erworbener, fachlich-methodischer Kompetenzen[5] *dienten als Grundlage für die Entwicklung eines pauschalen Anrechnungsverfahrens*[6] *für den RheinAhrCampus Remagen und die Universität Duisburg-Essen.*

5 Es wurden drei Facetten von Kompetenzen unterstellt: die formell erworbenen fachlich-methodischen Kompetenzen, die informell erworbenen fachlich-methodischen Kompetenzen und die personenbezogenen Kompetenzen („Soft Skills")

6 Es wurden sowohl pauschale als auch individuelle Anrechnungsverfahren entwickelt.

Werner Dostal

Durchlässigkeit und Anrechnung aus der Sicht der Arbeitsmarktforschung

1. Arbeitsmarkt als Prüfstein von Strukturen beruflicher Bildung

Berufliche Bildung soll vor allem Beschäftigungsfähigkeit („Employability") erzeugen. Sie ist ausgerichtet an dem Ziel, den Auszubildenden beziehungsweise Studierenden jene Kompetenzen zu vermitteln, die am späteren Arbeitsplatz erforderlich sind. Zugleich soll sie die Persönlichkeit entwickeln helfen, denn sie findet üblicherweise in einer Zeit statt, in der der junge Mensch zum Erwachsenen heranreift und seine Position in der Gesellschaft suchen und finden sollte.

Berufliche Bildung wird vor allem von Bildungsexperten diskutiert. Solange die berufliche Bildung in Kooperation mit den Betrieben stattfindet, wie das bei der in Deutschland dominanten dualen Ausbildung der Fall ist, sind die Akteure beider Welten, der Bildung und der Beschäftigung, in enger Kooperation integriert, in Kleinbetrieben sind es oft dieselben Personen. Doch bereits in Mittelbetrieben herrscht eine deutliche Arbeitsteilung: Bildungsverantwortliche haben oft nur wenig Kenntnis über den Einsatz der von ihnen ausgebildeten Mitarbeiter und auch nicht immer Verständnis dafür, wie auch die Personalverantwortlichen an den Details der Ausbildung im eigenen Hause nicht immer interessiert sind.

Dies gilt in verstärktem Maße für die berufliche Bildung außerhalb des dualen Systems. Berufsfachschulen, Fachschulen und Hochschulen kennen die späteren Beschäftiger ihrer Absolventen meist nicht, sie machen sich zwar ein Bild von den potenziellen Einsatzbereichen und versuchen, ihr Lehrangebot darauf zuzuschneiden, doch haben sie nur wenig Rückmeldungen darüber, wo und für welche Aufgaben und Tätigkeiten ihre Absolventen schließlich eingesetzt werden.

Arbeitgeber wiederum kennen die feine Ziselierung in der vielfältigen Berufsbildungslandschaft kaum, sie sind höchstens vertraut mit ihrem speziellen Fachgebiet, meist aber schon nicht mehr mit den Gegebenheiten an seinen Rändern. Sie bemühen sich zwar um eine rationale Bewertung der vorhandenen Bildungsstrukturen, doch haben sie meist weder einen Überblick über das gesamte System mit seinen Details und seinen Vernetzungen, noch können sie die Bildungsnachweise der Bewerber richtig einordnen.

Für Fragen der Durchlässigkeit und Anrechnung haben sie wenig Interesse und Verständnis. Sie wünschen sich einheitliche, klare und aussagefähige Zertifikate, die sie zur Grundlage einer zielführenden Personalentscheidung machen können. Da stören zusätzliche Aspekte, Alternativwege oder Substitute eher als dass sie nützen. Zwar sind sie durchaus an Bewerbern und Bewerberinnen interessiert, die auch ungewöhnliche Bildungswege gegangen sind, aber bei der Bewertung sind sie oft ratlos und meist konservativ. Sie hängen oft an überkommenen Vorstellungen und können die Veränderungen im beruflichen Bildungsbereich nicht in allen Aspekten verstehen und rational mit ihnen umgehen.

2. Grundlegende Veränderung von Arbeitsmarktstrukturen

Aus der Sicht der meisten Akteure besteht weiterhin eine recht traditionelle Sichtweise: Für einen definierten und eindeutig beschriebenen Arbeitsplatz ist ein Bewerber/eine Bewerberin mit einer darauf abgestimmten speziellen Berufsausbildung zu suchen, der/die nach dem gewachsenen Verständnis über die für den Arbeitsplatz relevanten Kompetenzen verfügt. Es wird also ein berufliches Ausbildungsmonopol für diese Aufgabe vermutet, das bereits bei der Berufswahl bekannt war. Für diese Person steht ein klar umrissener Arbeitsplatz zur Verfügung, der in vielen Fällen auf Dauer angelegt ist (Abbildung 1).

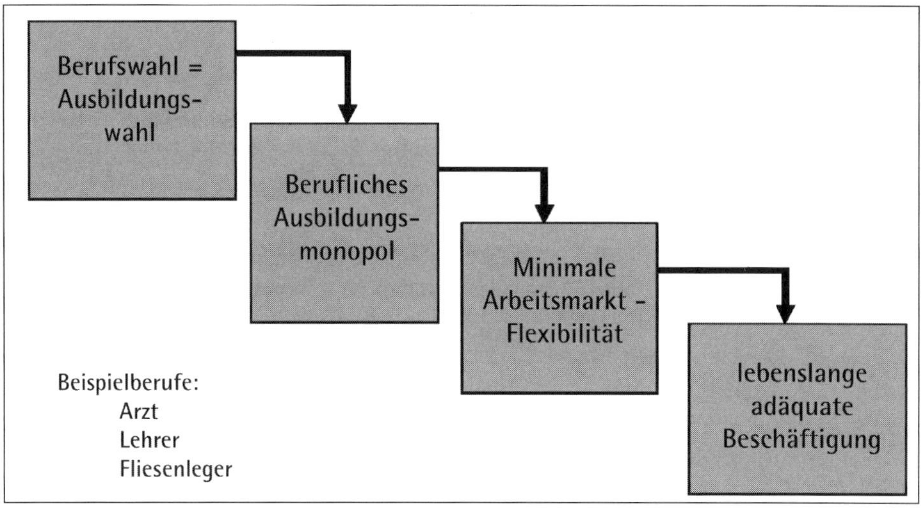

Abbildung 1: Fiktion klarer Berufswahl-, Bildungs- und Beschäftigungsstrukturen

In diesem Fall entspricht die Berufswahl der Ausbildungswahl, es gibt berufliche Ausbildungsmonopole, eine minimale Arbeitsmarktflexibilität und eine lebenslange adäquate Beschäftigung. Obwohl dieses (idealtypische) Modell heute nur noch in wenigen Ausnahmefällen existiert, ist es immer noch dominantes Denkmodell aller Partner. Zwar wissen sie inzwischen genau, dass dieses Ideal in der Praxis kaum noch eine Rolle spielt, doch es ist als Denk- und Handlungsmodell ungebrochen. Die veränderten Strukturen werden oft nicht zur Kenntnis genommen.

Ausbildungs- und Berufswahl haben sich voneinander getrennt, meist erfolgt zunächst lediglich eine Ausbildungswahl, die Ansteuerung eines speziellen Berufs wird auf später verschoben. Aus diesem Grunde sind auch sogenannte Bindestrich-Ausbildungsgänge so beliebt, weil sie eine größere Zahl zukünftiger Optionen versprechen. Die Ausbildung selbst kann individuell gestaltet werden, mit unterschiedlichsten Elementen unter Nutzung vielfältiger Angebote. Dies gilt sowohl für die Fächer (Spezialisierungen) als auch für die Ebenen. Auf dem Arbeitsmarkt zeigt sich dann eine hohe Flexibilität, und die Beschäftigung danach ist oft befristet und (zeitweise) inadäquat (Abbildung 2).

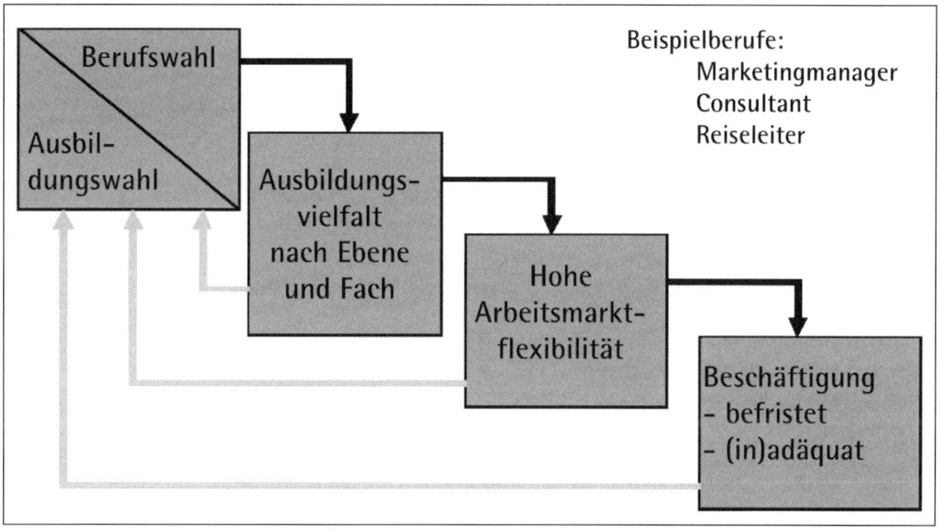

Abbildung 2: Komplexität heutiger Berufswahl-, Arbeitsmarkt- und Beschäftigungsstrukturen

Diese Veränderungen im Prozess von der Berufswahl bis zur Erwerbstätigkeit haben erhebliche Auswirkungen auf die Arbeitsmarktvorgänge. Die Komplexität nimmt zu, die Unsicherheit wird größer, und die Risiken steigen. In derartigen Fällen gibt es grundsätzlich die folgenden Lösungsmöglichkeiten:

- Die Akteure nutzen Beratungshilfe von Spezialisten, die einen besseren Überblick haben und durch ihre Erfahrungen den Verunsicherten zu Hilfe kommen.
- Die differenzierten Strukturen werden vereinheitlicht und standardisiert. So wird ein Zurechtfinden erleichtert. Dies kann aber zu suboptimalen Entscheidungen führen.
- Die Bildungswege und ihre Ergebnisse werden individuell zertifiziert nach Maßstäben, die allen Akteuren bekannt gemacht werden. Die Zertifikate werden zugleich im Rahmen einer Akkreditierung bewertet.

3. Relevante Aspekte im Zusammenspiel von beruflicher Bildung und Beschäftigung im Arbeitsmarkt

In der Folge werden lediglich einige Aspekte im Zusammenspiel von beruflicher Bildung und Beschäftigung auf dem Arbeitsmarkt angeführt, die mit Blick auf Durchlässigkeit und Anrechnung relevant sind. Möglicherweise können diese Anmerkungen die Diskussion über Durchlässigkeit und Anrechnung über den umgrenzten Bereich berufliche Bildung hinaus auf das Gesamtgebiet von Erwerbstätigkeit übertragen.

Dabei ist es wichtig, den Arbeitsmarkt als dasjenige Forum zu akzeptieren, auf dem sich Angebot und Bedarf treffen und auf dem Disparitäten deutlich werden, Kompromisse geschlossen werden und schließlich Einstellungen erfolgen. Die im Arbeitsmarkt eingegangen Kompromisse sind, das sei hier ganz deutlich gemacht, nicht a priori zu erkennen und zu prognostizieren. Sie sind in ihren Details nur im Nachhinein zu beobachten, kaum zu beeinflussen und nicht immer logisch zu erklären.

3.1 Vielfalt der Lernorte und Lernarten

Lernorte und Lernarten zeigen heute eine nicht mehr überschaubare Vielfalt. In diesem Sinne sind sie Spiegelbild eines Beschäftigungssystems, in dem eine immer weiter differenzierte Arbeitsteiligkeit erkennbar ist. Andererseits zeigen sich auch neue integrative Tendenzen, früher getrennt geleistete Aufgaben an einem Arbeitsplatz zusammenzufassen.

Die wachsende Marktorientierung aller Bildungsinstitutionen hat diese Vielfalt verstärkt, wie auch die zunehmende Konkurrenz vor allem privater, aber auch staatlicher Bildungsträger zu einer Individualisierung der Bildungsangebote insbesondere im Bereich der beruflichen Bildung geführt hat. Die Marketingbemühungen und der Kampf um eine zahlungskräftige Kundschaft, inzwischen auch in internationalem Maßstab, haben – wohl beabsichtigt – die Transparenz reduziert.

Die Anrechnung fremd erworbener Qualifikationen ist in diesem Geflecht konkurrierender Bildungsträger durchaus unbeliebt und erschwert den Individuen die Orientierung, behindert die Flexibilität und verunsichert alle Akteure, denn unter dem Vorwand der Qualitätssicherung werden auch plausible und passende Versatzstücke rundweg abgelehnt.

Und schließlich wünscht man auf dem Arbeitsmarkt keine schwer zu interpretierenden und zu bewertenden Mengen von unterschiedlichsten Leistungsnachweisen und Zertifikaten, sondern eine klare, nach Fach und Ebene eindeutig zuzuordnende Bestätigung über Eignung und Beschäftigungsfähigkeit. Bildungspatchwork wird auf dem Arbeitsmarkt nicht geschätzt. Es enthält zu viele Unwägbarkeiten und erschwert die Prozesse der Auswahl und der Zuordnung.

3.2 Spezialisierung und Halbwertszeit

Arbeitgeber erwarten auf dem Arbeitsmarkt Bewerber, die für die anstehende Aufgabe vollumfänglich spezialisiert sind und die möglichst dieselben Aufgaben bereits geleistet haben. Wenn sie Absolventen einstellen, sind sie möglicherweise bereit, Einarbeitungsaktivitäten zu leisten, doch meist erfolgt eine Einstellung so spät, dass für eine derartige Einarbeitung kaum Zeit zur Verfügung steht.

Analysen haben gezeigt, dass die Halbwertszeit beruflicher Qualifikationen abhängig ist von der Ebene der Ausbildung und von der jeweils erreichten Spezialisierung (vgl. Dostal et al., 2001). Exemplarische praxisnahe Ausbildungselemente sind zwar unmittelbar in der Erwerbstätigkeit nutzbar, verlieren aber bald an Relevanz, insbesondere wenn sie nicht ständig genutzt und weiterentwickelt werden. Theoretische wissenschaftsbezogene Ausbildungen dagegen sind zu Beginn einer spezialisierten Erwerbstätigkeit nur schwer nutzbar, sie entfalten erst später ihre Bedeutung, wenn die Aufgaben komplexer werden und die Einordnung der Einzeltätigkeiten in ein umfassendes Konzept nötig wird.

Daraus ergibt sich die Bedeutung einer Mischung von Bildungselementen unterschiedlicher Ebenen und fachlicher Ausrichtung. Die Ergebnisse werden auf dem Arbeitsmarkt nie in ihrem vollen Spektrum bewertet und berücksichtigt, da die Arbeitsaufgaben, insbesondere am Beginn einer Erwerbstätigkeit, selten das volle Spektrum abrufen, das die Individuen mitbringen. Doch in längerer Frist werden auch die zunächst nicht abgefragten Kompetenzen durchaus wichtig. Dies erfordert die Fähigkeit, diese Kompetenzen „überwintern" lassen zu können.

3.3 Zerklüftete Bildungs- und Erwerbsbiografien

Die Dynamik im Erwerbssystem und die abnehmenden Beschäftigungsgarantien der Arbeitgeber zwingen die Menschen heute und in Zukunft, immer öfter auf dem Arbeitsmarkt aufzutreten und ihre Kompetenzen offenzulegen und nachzuweisen. Neben der Erstausbildung kommen dann noch Berufserfahrungen („Learning on the Job") und Weiterbildungen hinzu, die dann zu diesem „Patchwork" im Kompetenzlebenslauf führen.

Damit wird die Arbeitsmarktausrichtung dominant: Bildungsaktivitäten werden nicht mehr zentral auf eine anvisierte Tätigkeit oder auf einen angestrebten Arbeitsplatz hin geplant, sondern zunächst auf die Verhandlungsfähigkeit auf dem Arbeitsmarkt. Es geht also weniger darum, Kompetenzen für die Berufsausübung zu erwerben, sondern Kompetenzen, sich auf dem Arbeitsmarkt optimal präsentieren zu können. Konsequenterweise haben sich deshalb auch Maßnahmen zur Beschäftigungsförderung von der Weiterbildung auf das Bewerbungsgeschäft verschoben. Der große Erfolg von Bewerbungsseminaren in den Arbeitsagenturen unterstreicht diesen Trend.

Möglicherweise führt diese Mentalität aber zu einer weiteren Aufweichung der Dauerbeschäftigung. Wenn die Kompetenzen sich vor allem auf die Verhandlungen auf dem Arbeitsmarkt konzentrieren, kann es sein, dass die Fähigkeiten, die für die Ausübung der Berufstätigkeit relevant sind, an Priorität verlieren. So kann es sein, dass Arbeitgeber von der persönlichen Darstellung im Bewerbungsgespräch beeindruckt sind, bei der anschließenden Tätigkeit aber Defizite erkennen und die Eingestellten nach kurzer Zeit wieder freisetzen. Somit nimmt auch aus diesem Grunde die Häufigkeit von Arbeitsmarktvorgängen weiter zu.

Schließlich muss die Frage nach dem Wert langjähriger Arbeitsverhältnisse für Arbeitgeber und Arbeitnehmer hinterfragt werden. Häufige Wechsel erzwingen eine gesteigerte Flexibilität auf beiden Seiten, Neuanfänge sind immer auch neue Chancen. In diesem Sinne sollten derartige zerklüftete Bildungs- und Erwerbsbiografien nicht nur negativ bewertet werden. Sie können Verzerrungen reduzieren und für alle Akteure zu einer Neubewertung führen. Wichtig allerdings wären ausgeglichene Strukturen bei Bedarf und Angebot im jeweiligen Berufs- und Aufgabenfeld, um die Chancen und Risiken nicht einseitig zu verteilen.

3.4 Absicherungsmentalität der Individuen

Die unsicheren Aussichten auf dem Arbeitsmarkt führen bei den betroffenen Individuen zu gewissen Haltungen und Einstellungen, die insgesamt durchaus als problematisch bewertet werden können. Sie wollen sich absichern, wollen ihre Chancen auf dem Arbeitsmarkt und in der Beschäftigung so unterfüttern, dass sie in jedem Falle für die Arbeitgeber attraktiv sind. Dies versuchen sie vor allem durch Mehrfachausbildungen und formale Höherqualifizierung zu erreichen.

Damit werden die Bildungseinrichtungen übermäßig beansprucht. Oft werden – aufgrund mangelnder Durchlässigkeit und Anrechnung – Bildungselemente mehrfach durchlaufen und damit Kapazitäten blockiert, die dann für andere verschlossen sind.

Dass diese Mentalität eine so hohe Bedeutung bekommen hat, liegt an den Signalen der Arbeitgeber und des Arbeitsmarktes. Arbeitgeber verlangen immer mehr Qualifikation, sie propagieren sowohl die Verbreiterung als auch die Vertiefung von Qualifikation, geben aber selten Hinweise auf verzichtbare Elemente. Dies hat bereits zu einer Überfüllung der Curricula in der dualen Ausbildung geführt und hat auch in anderen Ausbildungsbereichen zunehmende Stofffülle zur Folge. Es ist klar, dass auch die Auszubildenden diese Wünsche kennen und sich darauf einstimmen.

In verschiedenen Untersuchungen (Büchel & Weißhuhn, 1995; Bellmann, Parmentier, Plicht & Schreyer, 1996) hat sich gezeigt, dass diese Absicherungsmentalität vor allem bei Bildungsaufsteigern auftritt. Sie haben weder auf dem Arbeitsmarkt noch in der Beschäftigung das Vertrauen in ihre eigenen Durchsetzungsfähigkeiten und meinen, Schwierigkeiten erwüchsen hauptsächlich aufgrund fehlender Qualifikationen beziehungsweise fehlender Zertifikate. Aus diesem Grunde versuchen sie ihren Bildungsweg so aufzubauen, dass auch bei einem zwischenzeitlichen Scheitern gewisse Möglichkeiten der Qualifikationsverwertung bestehen. So schalten sie vor ein Studium eine duale Ausbildung, weil sie ihren individuellen Studienerfolg durchaus in Frage stellen, sie durchlaufen konsekutive oder integrative Doppelausbildungen, um ihre individuellen Arbeitsmarktchancen zu verbreitern. Im Gegensatz dazu gehen Kinder von hoch qualifizierten Eltern direkt in ihre Zielausbildung im Vertrauen auf den eigenen Erfolg.

Ein Nachweis, dass das „Sammeln“ von Abschlüssen, also der Erwerb mehrfacher Zertifikate, auf dem Arbeitsmarkt und in der Beschäftigung positiv belohnt wird, ist bislang nicht gelungen.

3.5 Akkreditierung und Rating

Die Vielfalt der Ausbildungsinstitutionen und der Ausbildungsgänge ist mittlerweile so groß – inzwischen ergänzt durch internationale Angebote –, dass ein Überblick über die Inhalte und die jeweilige Qualität der Bildungsangebote kaum noch gewonnen werden kann. Aus diesem Grunde haben in den letzten Jahren Akkreditierung und Rating einen steigenden Stellenwert gefunden.

Akkreditierung meint, dass die Ausbildungsinstitution und der jeweilige Ausbildungsgang gewissen Mindestkriterien entsprechen. Rating meint, dass in der Konkurrenz der Bildungsinstitutionen eine relative Bewertung erfolgt, in der Institution A als leistungsfähiger als Institution B aufgrund vorab vereinbarter Kriterien dargestellt wird.

Akkreditierung und Rating bedürfen allerdings eines „langen Atems“, denn Qualität, die sich in der Beschäftigungsfähigkeit der Absolventen auswirken soll, kann nicht kurzfristig aufgebaut und nachgewiesen werden. Es handelt sich um einen Regelkreis, der auf die Bewertung auf dem Arbeitsmarkt und in der Erwerbstätigkeit warten muss, um klare empirische Aussagen machen zu können. So sind derartige Bewertungen für Ausbildungsbewerber erst dann relevant und aussagefähig, wenn sie über mindestens diejenige Zeit beobachtet werden, die für die Berufswahl, die Ausbildung und die Einarbeitung am anvisierten Arbeitsplatz notwendig ist. Eine Extrapolation früher Ergebnisse ist prinzipiell nicht möglich.

Aus diesem Grunde liefern Akkreditierung und Rating wenig Hilfen, wenn es sich um eine Ausbildungs- und Beschäftigungslandschaft handelt, die in starker Bewegung ist wie die derzeitige.

3.6 Zertifizierung von Erfahrungswissen

Zertifikate haben insbesondere auf dem Arbeitsmarkt eine große Bedeutung. Vor allem im Vorfeld der Auswahl aufgrund der eingereichten Unterlagen haben sie ein besonderes Gewicht. Je stärker die Selektion in dieser Phase ist – dies trifft vor allem dann zu, wenn für eine oder wenige Stellen eine große Zahl von Bewerbern auftritt –, umso höher ist die Bedeutung dieser Zertifikate.

Zertifikate leiten ihre Bedeutung ab von der Institution, die diese Zertifikate erteilt. Zertifikate von Bildungseinrichtungen haben eine lange Tradition, doch werden sie auch immer wieder hinterfragt. Private Bildungsträger haben es schwer, Zertifikate zu entwickeln, die bei den Entscheidungsträgern im Detail bekannt sind und eine relevante Bewertung finden. Staatliche/öffentliche Träger haben es da leichter, denn man unterstellt ihnen eher Neutralität und Eindeutigkeit.

Die Zertifizierung von in der Beschäftigung erworbenem Erfahrungswissen ist in diesem Zusammenhang besonders problematisch. Arbeitszeugnisse sind aus juristischen Gründen oft wenig aussagefähig, und dies überträgt sich auch auf Zertifikate über Erfahrungswissen. Werden aus diesem Grunde externe Institutionen mit der Zertifizierung beauftragt, dann können die spezifischen Aspekte von Erfahrungswissen oft nur begrenzt belegt werden, da diese Zertifizierung nur aufgrund externer Nachprüfungen erfolgen kann.

Auch die Übertragbarkeit von Erfahrungswissen ist begrenzt. Es wurde nahezu immer in spezialisierten Arbeitsumgebungen erworben und muss in anderen Umfeldern nicht immer hilfreich sein. Es ist sogar möglich, dass Erfahrungswissen, das an einem Arbeitsplatz außerordentlich nützlich ist, an anderen Arbeitsplätzen eher störend wirkt.

Und dann ist noch zu bedenken, dass die Bewertung von Zertifikaten über Erfahrungswissen auf dem Arbeitsmarkt erfolgt und nicht im Bildungswesen und noch weniger in der Bildungspolitik.

3.7 „Joker"-Mentalität der Arbeitgeber

In einer dynamischen Wirtschaft legen Arbeitgeber Wert auf den universellen Einsatz ihrer Stammbelegschaften. Aus diesem Grunde haben Flexibilität und die vielfältigen Schlüsselqualifikationen einen hohen Marktwert. Dies führt zu steigenden Anforderungen an die Kompetenz der Mitarbeiter.

Da in den Unternehmen eine längerfristige Personalplanung nicht mehr stattfindet, suchen sie Mitarbeiter, die möglichst für unterschiedliche Aufgaben eingesetzt werden können. Im Grunde suchen sie „Joker", also Personen, die sie überall erfolgreich beschäftigen können. Begründet werden derartige Wünsche mit dem Schlagwort der „Beschäftigungsfähigkeit" – früher gab es dafür das Wort „anstellig" –, und es ist den Arbeitgebern auch nicht zu verdenken, da sie selbst unter dem Druck stehen, sich schnell und konsequent den Veränderungen der Märkte anzupassen.

3.8 Absicherungsmentalität der Personalfachleute

Schließlich entscheiden heute kaum noch unabhängige Unternehmer über die Einstellung von Fach- und Führungskräften, sondern spezialisierte Personalfachleute innerhalb und außerhalb der Unternehmen. Diese Akteure sind rechenschaftspflichtig: Falsche Personalentscheidungen werden ihnen angekreidet. Sie wehren sich dagegen, in dem sie die formalen, damit belegbaren Aspekte in den Vordergrund stellen und Akkreditierung und Rating unterstützen, unabhängig von der Aussagekraft der jeweiligen Zuweisungen.

So entwickeln Akkreditierung und Rating in diesem Zusammenhang ein Eigenleben: Sie werden wichtig, ohne dass ihre Qualität und Vertrauenswürdigkeit weiter geprüft wird.

Der Arbeitsmarkt engt sich dadurch erheblich ein, weil in der Vorphase auch geeignete Bewerber wegen formaler Defizite ausgesiebt werden, die am Arbeitsplatz durchaus Chancen gehabt hätten. Auch hier kommt es nun auf die Situation auf dem jeweiligen Teilarbeitsmarkt an: Bei großem Stellenangebot und wenig Bewerbern ist dies unproblematisch, im umgekehrten Fall zerstört es Beschäftigungschancen.

4. Zusammenfassung

Durchlässigkeit und Anrechnung sind Elemente der individuellen Bildungsökonomie. Deutschland hat in diesem Forschungszweig im Unterschied zu anderen Ländern (siehe dazu Becker, 1964; Widmaier & Bahr, 1966; Alex & Weißhuhn, 1980) immer im Schatten der institutionellen Bildungsökonomie gestanden. Hier ist eine neue Schwerpunktsetzung erforderlich, die zudem mit den folgenden Aufgaben verknüpft werden muss:

- Im Bildungssystem praktizierte Durchlässigkeit und Anrechnung müssen den Arbeitsmarktakteuren überzeugend vermittelt werden, sonst behalten sie das Odium eines Etikettenschwindels.
- Ein allgemein und breit anwendbarer Kompetenzbegriff kann nicht festgelegt werden. Seine arbeitsmarktrelevante Bedeutung ist bislang gröblich vernachlässigt worden.
- Die Forschung sollte deshalb eine leistungsfähige Berufsforschung zur Klärung der aktuellen Relevanz des Berufsbegriffs als Klammer für in sich ausgewogene Kompetenzelemente wieder aufnehmen (Dostal, 2005).
- Es ist ganz wichtig, den optimalen Lernort für die im Arbeitsmarkt nachgefragten Kompetenzen aus berufspädagogischer Sicht zu ermitteln.
- Die Nahtstellen zwischen den verschiedenen Bildungsebenen und -bereichen müssen adäquat gestaltet werden. Dazu ist eine umfangreiche methodische berufspädagogische Forschung erforderlich.
- Schließlich müssen die Interessen der verschiedenen Akteure und ihre Konflikte im gesamten Bildungssystem analysiert und bewertet werden.

Literatur

Alex, L. & Weißhuhn, G. (1980): Ökonomie der Bildung und des Arbeitsmarktes. Hannover.

Becker, G.S. (1964): Human Capital. An Empirical Analysis, with Special Reference to Education. New York/London.

Bellmann, L.; Parmentier, K.; Plicht, H. & Schreyer, F. (1996): Auswirkungen einer zusätzlichen Lehre auf die Beschäftigungschancen von Universitätsabsolventen. Eine

Forschungsnotiz aus Sicht des IAB. Mitteilungen aus der Arbeitsmarkt- und Berufsforschung, Jg. 29, H. 3, S. 428-430.

Büchel, F. & Weißhuhn, G. (1995): Bildungsnachfrage als Versicherungsstrategie. Der Effekt eines zusätzlich erworbenen Lehrabschlusses auf die beruflichen Startchancen von Hochschulabsolventen. Mitteilungen aus der Arbeitsmarkt- und Berufsforschung Jg. 28, H. 1, S. 32-42.

Dostal, W. (2005): Berufsforschung. Beruf als Forschungsgebiet des IAB von 1967 bis 2003. Beiträge zur Arbeitsmarkt- und Berufsforschung 296. Nürnberg.

Dostal, W.; Parmentier, K.; Plicht, H.; Rauch, A. & Schreyer, F. (2001): Wandel der Erwerbsarbeit: Qualifikationsverwertung in sich verändernden Arbeitsstrukturen. Beiträge zur Arbeitsmarkt- und Berufsforschung 246. Nürnberg.

Widmaier, H.P. & Bahr, K. (1966): Bildungsplanung. Ansätze zu einer rationalen Bildungspolitik. Stuttgart.

Axel Benning und Christof Müller

ANKOM-Projekt Wirtschaft: Anrechnung kaufmännischer Fortbildungen auf den Bachelorstudiengang „Betriebswirtschaftslehre" in Bielefeld

1. Ausgewählte Elemente eines Äquivalenzverfahrens

Das ANKOM-Projekt Wirtschaft am Fachbereich Wirtschaft der Fachhochschule Bielefeld fokussiert sich auf die Anrechnung kaufmännischer Fortbildungen auf den Bachelorstudiengang „Betriebswirtschaftslehre (B.A.)" am eigenen Fachbereich. Inhabern beruflicher Fortbildungsqualifikationen mit den Abschlüssen „Technischer Betriebswirt/Technische Betriebswirtin", „Geprüfter Industriefachwirt/Geprüfte Industriefachwirtin", „Geprüfter Bilanzbuchhalter/Geprüfte Bilanzbuchhalterin" und „Controller/Controllerin" werden künftig bei der Aufnahme des oben genannten Referenzstudiengangs Kompetenzen aus den vorgenannten Fortbildungen angerechnet, wenn diese den Qualitäts- und Qualifikationsanforderungen der Hochschule entsprechen. Dem Projektteam an der Hochschule steht ein Fachbeirat mit Vertretern namhafter Unternehmen der Region, des Deutschen Gewerkschaftsbundes sowie der beiden Industrie- und Handelskammern Ostwestfalen zu Bielefeld und Lippe zu Detmold beratend zur Seite.

Die vornehmlich betriebs- und volkswirtschaftlichen Lernziele der Fortbildungen sowie des Studiums lassen sich je nach Ausrichtung von Fortbildung beziehungsweise Studium und Ziel der Wissensvermittlung in verschiedenen Kontexten darstellen und zu mehreren Oberpunkten zusammenfassen. Das verkompliziert den angestrebten Vergleich. Die als Zwischenschritt zu gestaltenden virtuellen Module bündeln die in unterschiedlichen Gliederungspunkten einer bestimmten Fortbildung verstreuten Lernziele, die aus Sicht der Hochschule in den Zuschnitt eines bestimmten Moduls des Studiengangs passen.

Die den einzelnen Modulen zugeordneten Lernziele wurden gemeinsam mit den Niveauvorstellungen der Fortbildungen in Form von Excel-Dateien an die jeweiligen Lehrenden der einzelnen Module mit der Bitte um Analyse verteilt. Um der Analyse eine größere Objektivität zu verleihen, erfolgten die Bearbeitung der Tabellen und die Beantwortung der weiter gehenden Fragen jeweils von der Gesamtheit der Lehrenden eines Moduls oder stellvertretend durch den Modulkoordinator als Sprecher der Gruppe. Bei der Bearbeitung der Listen kommt es dem Projekt zugute, dass einige Professoren des Fachbereiches in ihren Schwerpunktthemen als Dozenten in den Fortbildungen der Industrie- und Handelskammer tätig sind und somit einen unmittelbaren Vergleich zwischen ihren Veranstaltungen an der Hochschule und in der Fortbildung ziehen können. Dazu wurde eine Checkliste mit folgenden Fragen bearbeitet:

- *Welche Lernziele werden in der Fortbildung, nicht jedoch im Studium vermittelt (und umgekehrt)?*[1]
- *Wie groß ist der prozentuale Anteil möglicher Lernziele aus der Fortbildung am Umfang des Moduls der Hochschule?*
- *In Bezug auf welche weiteren Studiengangsmodule könnten die beschriebenen Lernziele zu Überschneidungen führen?*[2]
- *Wie schätzen Sie das grundsätzliche Niveau der im virtuellen Modul der Fortbildung vermittelten Lernziele im Vergleich zum Studiengangsmodul ein?*[3]

Wie viele ECTS würde ein Absolvent einer Fortbildung bei Aufnahme des Studiengangs für dieses Modul bekommen?[4]

2. Bisherige Anrechnungspraxis

Die bislang praktizierte Anrechnung war im Regelfall auf hochschulische Vorleistungen begrenzt. Es handelte sich dabei um individuelle Verfahren an den Hochschulen, in denen der jeweilige Fachprofessor der annehmenden Hochschule auf der Grundlage von Dokumenten der abgebenden Hochschule (Informationen über Lehrinhalte und Umfang in bestimmten Lehrgebieten) jeden Einzelfall beurteilte.

3. Ergebnis

Die Anrechnung von bis zu sechs Modulen erfolgt künftig in einem pauschalisierten Verfahren ohne zusätzliche Prüfung für alle erfolgreichen Absolventen und Absolventinnen der oben genannten Fortbildungen. Die Hochschule vertraut hierbei in hohem Maße dem Abschlusszeugnis sowie den Lernerfolgskontrollen der Fortbildungseinrichtungen und übernimmt diese sogar als Teil ihres eigenen Zertifikats (im Diploma Supplement). Der Absolvent/die Absolventin der Fortbildung erhält somit eine verbindliche Aussage der Hochschule, welche Module er/sie bei einer Aufnahme eines Studiums nicht mehr belegen muss und somit indirekt darüber, über welche Kompetenzen und Qualifikationen er bereits verfügt. Das Verfahren wird ausgelöst durch einen Antrag des Studierenden. Diesen kann er bereits direkt nach Einschreibung beim Studierendensekretariat oder zu einem beliebigen Zeitpunkt vor der entsprechenden Klausur stellen.

Die Relevanz des Projekts zeigen auch die Ergebnisse aus einer Befragung der Fortbildungsteilnehmer und -teilnehmerinnen, aus der hervorgeht, dass 41 Prozent der Technischen Betriebswirte/Betriebswirtinnen und siebzehn Prozent der Controller/Controllerinnen sich die Aufnahme eines Wirtschaftsstudiums nach absolvierter Fortbildung vorstellen können (Industriefachwirte/Industriefachwirtinnen und Bilanzbuchhalter/Bilanzbuchhalterinnen je rund dreißig Prozent). Die Aussicht auf eine Verkürzung des Studiums durch die Anrechnung von Vorleistungen wird

---

1 Mit dieser Frage werden äquivalente und nicht identische Lernfelder identifiziert.

2 Auf diese Weise können mögliche Fehler aus der Zuweisung der Fortbildungslernziele auf die virtuellen Module aufgedeckt und beseitigt werden.

3 Hier konnte zwischen annähernder Niveaugleichheit, leichten und groben Niveauunterschieden differenziert werden.

4 Diese Frage verbindet die Aspekte des Umfangs der äquivalenten Lernziele und des Niveauunterschieds.

tendenziell dazu führen, dass die Zahl der aus Fortbildungen hervorgegangenen Studierwilligen steigt oder dies zumindest einen positiven Einfluss auf die Zahl derer hat, die ihre Überlegung zur Aufnahme eines Studiums auch wirklich in die Tat umsetzen.

Weitere Informationen unter http://ankom.fh-bielefeld.de

Dieter Dohmen

Demografischer Wandel, Fachkräftemangel und Personalentwicklung

1. Die Ausgangslage

Der demografische Wandel, der Deutschland bereits erfasst hat und in den kommenden Jahren weiter erfassen wird, bedeutet nicht nur, dass die Bevölkerung immer älter wird, sondern auch, dass vergleichsweise wenig junge Menschen nachwachsen. Eine simple Gegenüberstellung der 60- bis 65-Jährigen mit den 20- bis 25-Jährigen zeigt, dass die jetzt aufwachsenden Altersgruppen deutlich kleiner sind als die Vorgängergruppen. Die Gruppe der heute Mitte 40-Jährigen, die Anfang der 1960er Jahre geboren wurden und Mitte der 2020er Jahre in Rente gehen könnten, ist mit über 1,3 Millionen Menschen fast doppelt so groß wie die Altersgruppe, die jetzt die Grundschule besucht; letztere umfasst aber diejenigen, die in fünfzehn bis zwanzig Jahren in den Arbeitsmarkt eintreten, wenn die Baby-Boomer-Generation ausscheiden wird. Dies bedeutet aber, dass Unternehmen Schwierigkeiten haben werden, ausscheidende ältere Beschäftigte durch neue, frisch ausgebildete Fachkräfte, die auf dem neuesten Stand sind, zu ersetzen.

Nun kommt es aber nicht nur auf die reine Quantität, sondern auch auf die Qualifikation („Qualität") der neu Ausgebildeten an. Diese Qualifikation wird vor allem durch das Bildungssystem und damit nicht zuletzt auch durch bildungspolitische Entscheidungen beeinflusst.

Betrachtet man die aktuelle Bilanz, dann ist diese als durchwachsen zu bezeichnen. Zwar schließen auf der einen Seite gut zwanzig Prozent der jungen Menschen ihre Bildungslaufbahn mit einem Hochschulabschluss ab, und knapp zwei Drittel haben eine abgeschlossene Berufsausbildung; gleichzeitig haben aber auch rund fünfzehn Prozent eines Altersjahrgangs entweder keinen Schulabschluss und/oder keine abgeschlossene Berufsausbildung. Diese jungen Menschen haben kaum eine Chance, auf dem Arbeitsmarkt dauerhaft Tritt zu fassen und müssen damit rechnen, von zukünftigen Entwicklungen ausgeschlossen zu werden. Wenn aber die Unternehmen allein schon aus demografischen Gründen vor einem Fachkräftemangel stehen werden, dann ist es geradezu fahrlässig, nicht alles Mögliche zu unternehmen, damit junge Menschen qualifiziert werden können.

Die nachfolgende Abbildung 1 verdeutlicht die bevorstehende Entwicklung und stellt das Angebot an jungen Arbeitskräften nach Qualifikationen und den voraussichtlichen Ersatzbedarf der Unternehmen dar. Dabei wird recht deutlich, dass in den nächsten rund zehn Jahren noch von einem ausreichenden Angebot an Fachkräften ausgegangen werden kann. Dies gilt sowohl für die Hochschulabsolventen als auch für diejenigen mit einer abgeschlossenen Berufsausbildung. Ab dem Jahr 2017 oder 2018 verändert sich das Bild drastisch und zwar zunächst vor allem für die Hoch- und Höchstqualifizierten mit Hochschulabschluss. Dann reicht einerseits das Gesamtpotenzial nicht mehr aus, um die Nachfrage der Unternehmen überhaupt zu decken; ferner fehlen Masterabsolventen ebenso wie Personen mit einer abgeschlossenen Berufsausbildung. Lediglich Bachelorabsolventen könnten ausreichend vorhanden sein, wenn es ihnen gelingt, sich in Teilen dort zu positionieren, wo bisher Diplomer oder Magister platziert sind. Ob dies gelingt, hängt davon ab, wie die Hochschulen die neue Studienstruktur mit Inhalten füllen, bisher sind eher Zweifel angebracht. In der Spitze dürften rund 75.000 Masterabsolventen sowie insgesamt 200.000 Fachkräfte fehlen.

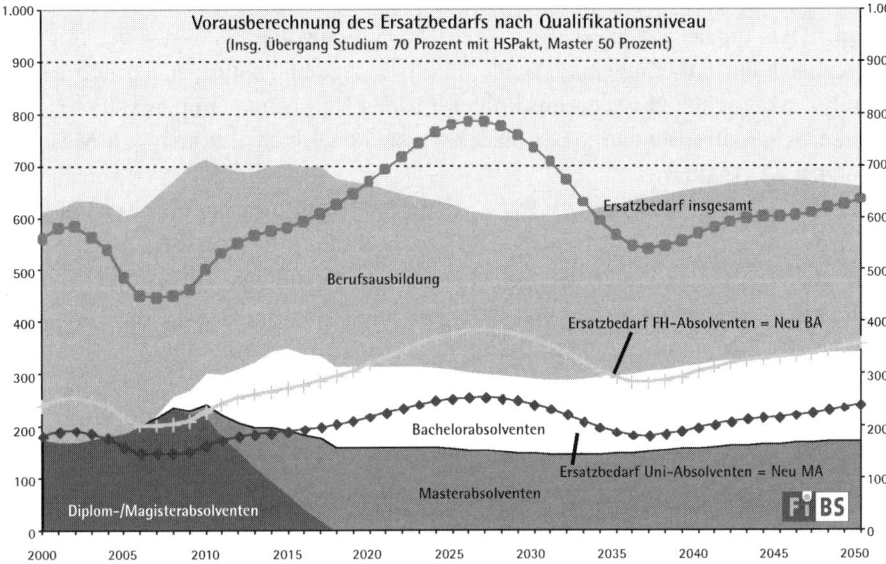

Abbildung 1: Fachkräfteangebot und -nachfrage nach Qualifikationsgruppen (Master-Übergangsquote fünfzig Prozent)

Die beschriebene Entwicklung ist jedoch nur in einem Punkt mehr oder weniger vorgegeben, nämlich hinsichtlich der demografischen Entwicklung, die sich nur in begrenztem Umfang verändern wird. Wichtig ist daher, dass die vorhandenen Bildungspotenziale genutzt werden. Es ist nicht Aufgabe des vorstehenden Beitrags, der Frage nachzugehen, wie diese Bildungspotenziale ausgeschöpft werden können, stattdessen soll skizziert werden, welche Folgen sich ergeben, wenn dies nicht passiert.

2. Die Folgen eines Fachkräftemangels

Die vorstehende Betrachtung verdeutlicht, dass in den kommenden Jahren jährlich bis zu 350.000 Hochschulabsolventen gleichzeitig auf einen Arbeitsmarkt drängen werden, dessen Nachfrage nach Akademikern nach Schätzungen eher (deutlich) unter 250.000 Personen liegen dürfte (Bonin et al., 2007). Bezogen auf das gesamte Bundesgebiet könnte dies bedeuten, dass fast ein Drittel, wenn nicht gar die Hälfte aller Hochschulabsolventen Schwierigkeiten bei der Einmündung in den Arbeitsmarkt haben dürfte. Das „Überangebot“ an Hochschulabsolventen im Vergleich zur Nachfrage der Unternehmen wird wahrscheinlich dazu führen, dass die meisten – wohlgemerkt nicht alle! – Bachelorabsolventen größere Schwierigkeiten bei der Einmündung in den Arbeitsmarkt haben werden als diejenigen mit Diplom-, Magister- oder Masterabschluss. Einerseits haben viele Unternehmen bisher noch keine Erfahrungen mit der „breiten Masse“ an Bachelorabsolventen und müssen auch ihre Einstellungspraxis überprüfen und anpassen, andererseits werden viele für „klassische Akademikerpositionen“ Master- und Diplomabsolventen einstellen.[1] Dies dürfte bedeuten, dass viele Bachelorabsolventen entweder mit anderen, bisher nicht unbedingt mit Akademikern besetzten Positionen vorlieb nehmen müssen – wodurch sich wiederum Folgen für das Berufsausbildungssystem ergeben könnten. Alternativ können sie natürlich versuchen, einen der knappen Masterstudienplätze zu ergattern.

Betrachtet man Abbildung 1 etwas genauer, dann fällt ferner einerseits auf, dass es ein mengenmäßiges Überangebot an Hochschulabsolventen geben dürfte, vorausgesetzt, die Hochschulen werden deutlich ausgebaut, um die Abiturienten der kommenden Jahre auch aufnehmen zu können.[2] Dies ist derzeit trotz Hochschulpakt I noch lange nicht gesichert; vielmehr ist für den Hochschulpakt II eine deutliche Aufstockung der Finanzmittel erforderlich, um der insgesamt steigenden Nachfrage nach Studienplätzen gerecht zu werden. So dürften etwa 40.000 Studienplätze zusätzlich erforderlich sein, allein um den mengenmäßigen Anschluss an den Hochschulpakt I zu gewährleisten. Bei steigenden Studienberechtigtenzahlen erscheint zudem ein darüber hinausgehender Ausbau erforderlich.

Gleichzeitig ist davon auszugehen, dass ein erheblicher Teil der Hochschulabsolventen nicht dem Anforderungsprofil der Unternehmen entsprechen wird, wenn sich dieses an den Kompetenzen bisheriger Absolventen orientiert. Es spricht meines Erachtens viel dafür, dass dieses Kompetenzprofil auch in Zukunft erst durch den Masterabschluss erreicht sein wird.[3] Ist diese Annahme richtig, dann folgt aus unseren Prognosen unmittelbar, dass jährlich eine beträchtliche Anzahl an höchst qualifizierten Akademikern in Deutschland fehlen dürfte. Je nach Szenario sind dies mindestens 50.000, unter Umständen auch fast 150.000 Höchstqualifizierte, das entspricht zwischen einem Drittel und der Hälfte des entsprechenden Fachkräftebedarfs!

Es ist auch darauf hinzuweisen, dass sich die Situation in den neuen Bundesländern deutlich anders darstellen wird. Hier wird der Fachkräftemangel aufgrund

---

1 Zudem hört man aus den Unternehmen zunehmend auch Enttäuschung über das Profil vieler Bachelorabsolventen.

2 Ist dies nicht der Fall, das heißt würde die Kapazität nicht entsprechend ausgeweitet, dann würde sich der Fachkräftemangel deutlich früher einstellen und zudem verschärfen.

3 Dies schließt nicht aus, dass einzelne Studiengänge oder Individuen auch mit Bachelorabschluss hervorragend qualifiziert sind – die vorstehende Aussage bezieht sich insofern auf den „durchschnittlichen“ Bachelorabsolventen.

des drastischen Geburtenknicks ab 1990 deutlich früher und stärker einsetzen (siehe Abbildung 2), sofern es nicht gelingt, die Zuwanderung aus den westdeutschen Bundesländern erheblich zu erhöhen und die Studierenden auch nach dem Studium in den neuen Ländern zu halten.[4] Diese Entwicklung führt dazu, dass sich die Gruppenstärke der in die Berufsausbildung oder die Hochschulen drängenden Altersjahrgänge von rund 190.000 auf rund 90.000 verringern wird. Letzteres ist weniger, als derzeit in den neuen Ländern an Ausbildungsverträgen jährlich neu abgeschlossen wird. Das heißt, ausbildungswillige Betriebe werden ab dem laufenden Jahr 2008 um Auszubildende werben müssen, dennoch werden viele Lehrstellen unbesetzt bleiben, sofern nicht auf Altbewerber zurückgegriffen wird oder eine erhebliche Zuwanderung aus den westdeutschen Ländern stattfindet. Die Gymnasien spüren dies bereits. In wenigen Jahren werden auch die Hochschulen die kleiner werdenden Jahrgänge deutlich spüren – auch wenn sie derzeit noch Rekorde bei den Bewerberzahlen vermelden, zu einem großen Teil bedingt durch die Notwendigkeit zur Mehrfachbewerbung nach (vorübergehender) Abschaffung der Zentralen Vergabestelle für Studienplätze (ZVS). Für die ostdeutschen Unternehmen – wie für die Hochschulen – bedeutet dies, dass sie ohne eine beträchtliche Zahl an Zuwanderern aus den westlichen Bundesländern oder dem Ausland massive Probleme bei der Besetzung frei werdender Stellen, insbesondere für Hoch- und Höchstqualifizierte haben werden. Abbildung 2 verdeutlicht, dass in den neuen Ländern die Anzahl der Hochschulabsolventen, egal ob mit Bachelor- oder Masterabschluss, nicht ausreichen wird, um den Ersatzbedarf zu befriedigen.

Für die Personalentwicklung in den Unternehmen ist zudem zu berücksichtigen, dass sich die Einstiegsqualifikationen vieler Berufsanfänger verändern werden. Viele Hochschulabsolventen – und darunter vermutlich auch ein beträchtlicher Anteil an „High Potentials" – werden ihre berufliche Laufbahn mit dem Bachelorabschluss beginnen. Manche von ihnen werden vielleicht nie, andere erst nach einigen Jahren ihr Masterstudium anschließen. Für die Unternehmen bedeutet dies aber auch, die Bachelorabsolventen – eine Qualifikation, die es bisher nicht gegeben – hat in ihre Unternehmensstruktur einzugliedern.[5] Sieht man einmal von den Aus-

---

4 Abbildung 2 geht davon aus, dass sich die Anteile nicht wesentlich verändern und etwa fünfzehn bis zwanzig Prozent der Studienanfänger aus den alten Ländern kommen. Wollte man die derzeitigen Studienanfänger- und Studierendenzahlen halten, dann müssten rund sechzig Prozent der Studierenden in den neuen Ländern aus dem Westen oder dem Ausland kommen. Vermutlich wird die tatsächliche Entwicklung zwischen diesen beiden Polen verlaufen.

5 Es wird als Gegenargument zu dieser kritischen Einschätzung der möglichen Karrierewege und Einstiegsoptionen für Bachelorabsolventen gerne auf die Erfahrungen anderer, insbesondere anglo-amerikanischer Länder verwiesen, wo sich dies anders darstelle. Dieser Hinweis übersieht aber, dass es in diesen Ländern keine, dem deutschen System vergleichbare duale Berufsausbildung gibt und die Bachelorabsolventen dort häufig Positionen einnehmen, die in Deutschland mit beruflich ausgebildeten Personen besetzt werden. Es ist auch unter Berücksichtigung des beschriebenen, temporären deutlichen Überangebots an Hochschulabsolventen davon auszugehen, dass es zu einem Verdrängungswettbewerb zwischen Bachelorabsolventen und Personen mit einer (dualen) Berufsausbildung kommen wird. Ist diese Erwartung zutreffend, dann ist in einem weiteren Schritt nicht auszuschließen, dass dies zumindest in einigen Bereichen die Bereitschaft der Betriebe, dual auszubilden, weiter reduzieren wird, woraus eine grundsätzliche Neuordnung des Verhältnisses zwischen dualer Berufsausbildung und Hochschulbildung resultieren könnte.

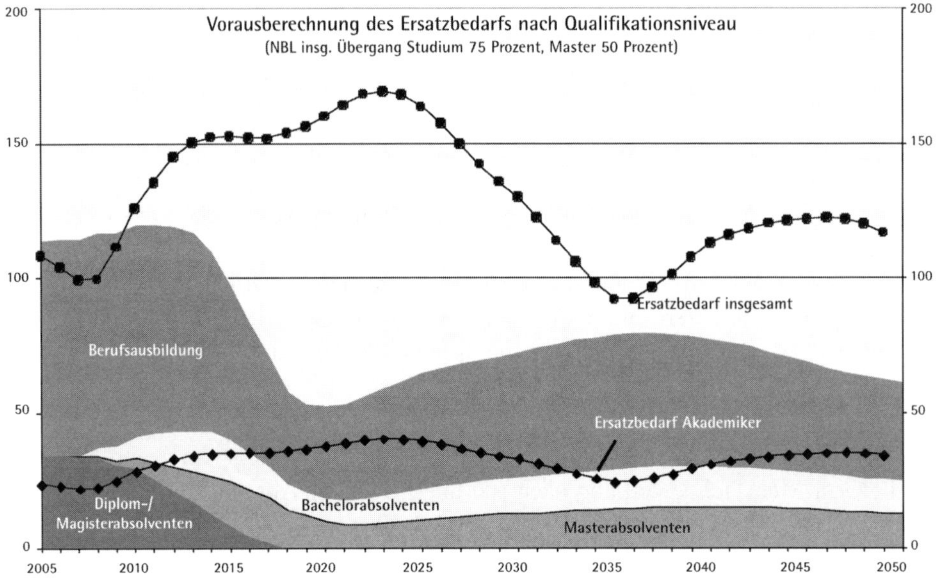

Abbildung 2: Angebot und Ersatznachfrage nach Akademikern in den neuen Ländern

nahmen ab, das heißt von „High Potentials" oder denjenigen mit einer besonders interessanten Fächerkombination, werden die meisten Bachelorabsolventen wohl eher nicht auf Stellen eingesetzt werden, die dem „üblichen" Akademikerspektrum zugerechnet werden. Die bisherigen Erfahrungen verweisen darauf, dass viele Bachelorabsolventen eher auf Sachbearbeiterstellen eingestellt werden. Damit geraten sie aber in Konkurrenz zu denjenigen mit dualen oder vollzeitschulischen Ausbildungen. Betrachtet man die nebenstehende Abbildung, dann erscheint es durchaus plausibel, davon auszugehen, dass dies mittelfristig auch Auswirkungen auf die duale Berufsausbildung, insbesondere in den kaufmännischen Bereichen, haben kann.

Darüber hinaus werden sich Unternehmen aber auch im Wettbewerb um die zukünftigen Fach- und Führungskräfte, die „High Potentials", positionieren müssen. Eine Strategie dürfte darin bestehen, diese „High Potentials" frühzeitig an das Unternehmen zu binden, wobei zum Beispiel das Versprechen, dass man ihnen später das Masterstudium finanzieren wird, eine Rolle spielen dürfte und zwar unabhängig davon, ob dieses dann in Vollzeit oder – berufsbegleitend – in Teilzeit absolviert wird. In jedem Fall erfordern solche Personalrekrutierungsstrategien neben einer anderen Personalplanung auch höhere Investitionskosten in die zukünftigen Mitarbeiter beziehungsweise Führungskräfte, denen allerdings zunächst geringere Gehälter gegenüberstehen. Im Rahmen der Personalplanung besteht die Aufgabe unter anderem darin, den Qualifizierungsbedarf, die Qualifizierungsstrategie und die damit verbundenen Personalressourcen längerfristiger zu planen als dies heutzutage der Fall ist. Wenn ein Mitarbeiter absehbar über einen längeren Zeitraum zumindest teilweise ausfällt, dann muss jemand anderes diesen Teil der Aufgaben übernehmen. Es wird dementsprechend stärker in Teams oder Gruppen geplant und gedacht werden müssen. Auch dem Wissensmanagement kommt in diesem Kontext eine besondere Bedeutung zu.

Damit ist evident, dass der skizzierte Fachkräftemangel zu einem verstärkten Wettbewerb der Unternehmen um eben diese Fachkräfte beziehungsweise Höchstqualifizierten führen wird. Die Rekrutierungsstrategie wird sich daher nicht nur für die „High Potentials" umdrehen müssen: Nicht mehr die Hochschulabsolventen werden sich um Stellen bewerben, sondern die Unternehmen werden um die Hochschulabsolventen konkurrieren; und dieser Wettbewerb dürfte – zunächst in den neuen Ländern und später in ganz Deutschland – gnadenlos werden. Es braucht nicht viel Fantasie, um zu erkennen, dass dieser Wettbewerb für die kleinen und mittleren Unternehmen noch bedrohlicher werden wird als für die großen, international operierenden Firmen. Da der demografische Wandel fast alle europäischen sowie alle hoch entwickelten Industrieländer und selbst China betrifft, sollten die Erwartungen an die Zuwanderung nicht zu hoch sein – hier kann es auch zu Remigration und Abwanderung kommen, wie sie sich derzeit im Übrigen schon abzeichnet. Gleichwohl wird die Verbesserung der Zuwanderungsbedingungen ein wichtiger Baustein im Rahmen einer nationalen Fachkräftestrategie sein.

Aber zurück zum Wettbewerb um Hochqualifizierte. Sie werden sich das Unternehmen mit dem attraktivsten Paket aussuchen. Hierzu gehört sicherlich – aber nicht nur – das Gehalt. Die Vereinbarkeit von Familie, Beruf und Weiterqualifizierung werden dabei ebenso eine Rolle spielen wie die viel zitierte Work-Life-Balance. Hier dürften vielfältige und individualisierte Modelle zur Anwendung kommen, die unter anderem folgende Elemente kombinieren: (begrenzte) Phasen mit Belastungsspitzen und Entlastungsphasen, abwechselnde Zeiträume mit Voll- und Teilzeiterwerbstätigkeit oder „Sabbaticals", die mit Qualifizierungs- oder Familienphasen verbunden werden (können).

Mit Blick auf Weiterbildung und Personalentwicklung ist auch zu berücksichtigen, dass sich die Lebenserwerbsdauer deutlich verlängern wird. So wird der Eintritt in den Arbeitsmarkt gerade für Hochschulabsolventen früher erfolgen, einerseits wegen der Umstellung der Studienstruktur, andererseits aufgrund der verkürzten Schulzeit bis zum Abitur, während der Renteneintritt deutlich später stattfindet. Die Rente mit 67 Jahren ist lediglich ein erster Schritt, dem entweder die Erhöhung auf 75 Jahre (wenn auch sicherlich nicht direkt im nächsten Schritt) oder die Flexibilisierung des Renteneintritts und damit die Individualisierung von Lebenserwerbsbiografien folgen wird.

Aus einem solchen Szenario ergeben sich aber wiederum verschiedene Konsequenzen für Personalmanagement und -entwicklung. Es wird kaum möglich sein, über fünfzig Jahre erwerbstätig zu sein, wenn die Arbeitsverdichtung weiter zunimmt und der Leistungsdruck auf die Mitarbeiter kontinuierlich auf einem derart hohen Niveau verbleibt, wie es derzeit – vor allem für Führungskräfte und Management, aber nicht nur für diese – der Fall ist. Auch aus diesen – und nicht nur den weiter oben genannten – Entwicklungen leiten sich zwangsläufig Überlegungen nach einem besseren Gleichgewicht von Arbeit und Freizeit, von Belastungsspitzen und Entlastungsphasen, von Familie und Beruf und Work-Life-Balance ab.

Wer über einen solch langen Zeitraum im Erwerbsleben aktiv sein will oder muss, braucht zudem grundsätzlich ein kontinuierliches Weiterbildungs- und Personalentwicklungsprogramm, über das neue Entwicklungen nachvollzogen und gestaltet sowie Kompetenzen erworben werden können. Dies ist ein aktiver Gestaltungs- und Planungsprozess, an dem Unternehmen und Mitarbeiter gleichermaßen beteiligt sind. Die derzeit viel diskutierte Weiterbildung für ältere Arbeitnehmer wird erst in Zukunft richtig zur Geltung kommen, wenn nicht mehr nur vor allem die oberen Führungsetagen aus älteren Mitarbeitern bestehen, die tendenziell ohnehin weiterbildungsaffiner sein dürften.

Betrachtet man die vorstehenden Ausführungen, dann dürften sowohl kleine und mittlere Unternehmen als auch der öffentliche Dienst, einschließlich Hochschulen und Forschungseinrichtungen, zu denjenigen gehören, die erhebliche Wettbewerbsnachteile haben. Einerseits fehlen meist die Personalentwicklungskonzepte und andererseits die Finanzkraft, um mit den international agierenden Großunternehmen mithalten zu können. Im öffentlichen Dienst hat man die Gehaltsniveaus in den vergangenen Jahren reformiert und abgesenkt. Egal ob die Reform der Professorenbesoldung oder der Tarifvertrag des öffentlichen Dienstes für die anderen Beschäftigten, beide waren zwar – positiv vermerkt – mit einer neuen Leistungsorientierung verbunden, insbesondere aber auch mit Absenkungen der Gehaltsniveaus. Darüber hinaus werden bei der Einstufung vielfach nur noch die Jahre im öffentlichen Dienst berücksichtigt – die Folge ist, dass alle diejenigen, die bisher nicht im öffentlichen Dienst tätig sind, als Berufsanfänger behandelt werden und mit deutlichen Gehaltsabschlägen rechnen müssen. Der vielfach geforderte Personalaustausch wird dadurch nicht nur zusätzlich erschwert, sondern es werden – von intrinsisch motivierten Ausnahmen abgesehen – wohl kaum die Leistungsträger wechseln, sondern eher diejenigen, deren Alternativen begrenzt sind. Dies würde langfristig die Leistungsfähigkeit des öffentlichen Dienstes, einschließlich der so wichtigen Bildungs- und Hochschuleinrichtungen, schwächen.

Aus der oben dargestellten Prognose zur Entwicklung des Angebots und der Nachfrage nach Hochschulabsolventen folgt somit indirekt auch, dass Hochschulen und Forschungseinrichtungen wie der gesamte öffentliche Dienst ein erhebliches Nachwuchsrekrutierungsproblem bekommen werden, wenn keine finanzpolitische „Rolle rückwärts“ vollzogen wird. Schließlich setzen Referentenstellen ebenso wie wissenschaftliche Mitarbeiterpositionen einen Masterabschluss voraus[6] – und wenn Absolventen mit Masterabschluss knapp werden, dann wird sich der zu erwartende Wettbewerb um eben diese Höchstqualifizierten unter Umständen dort am stärksten negativ auswirken, wo man im Moment noch am wenigsten damit rechnet – im öffentlichen Dienst.

Dies gilt verstärkt – hier schließt sich ein weiterer Kreis – in den neuen Ländern, wo das Gehaltsniveau (nicht nur) im öffentlichen Dienst deutlich unter dem in den alten Ländern liegt. Das heißt, der öffentliche Dienst in den neuen Ländern

---

6 Bei der Einordnung in die Tarifstruktur des öffentlichen Dienstes wurde bereits deutlich, dass der Bachelorabschluss nicht als dem Universitätsabschluss gleichwertiger Abschluss gesehen wird und faktisch kaum dem Fachhochschulabschluss entspricht.

wird noch weniger wettbewerbsfähig sein als der in den alten Ländern. Die absehbaren Einnahmerückgänge aufgrund des demografisch bedingten Einwohnerrückgangs, des Auslaufens des Solidarpakts und sinkender EU-Förderung lassen eine finanzpolitische Kehrtwende kaum möglich erscheinen. Hier potenzieren sich demnach die negativen Effekte des demografischen Wandels.

Geht man davon aus, dass die Unternehmen tatsächlich – wie oben beschrieben – mit Teilzeit- und anderen Zeitmodellen wesentlich flexibler werden und dadurch die Vereinbarkeit von Familie und Beruf zumindest für die Höchstqualifizierten verbessert wird, könnte der öffentliche Dienst den großen Vorteil, den er bisher an dieser Stelle noch hat, verlieren. Mit anderen Worten: Gefordert sind neue und innovative Konzepte seitens des öffentlichen Dienstes, will er den Anschluss nicht verlieren.

Eine bildungspolitische Forderung soll aus den vorstehenden Ausführungen allerdings abgeleitet werden. Will man das Qualifizierungspotenzial junger Menschen ausschöpfen, auch um dem internationalen Höherqualifizierungstrend gerecht zu werden, der eine deutlich höhere Dynamik als in Deutschland hat, und zugleich das wichtige Fundament der dualen beruflichen Ausbildung nicht unterminieren, dann müssen auch viele Menschen mit einer beruflichen Ausbildung für Weiterbildungen und Studiengänge auf Hochschulniveau gewonnen werden. Dies bedeutet einerseits, dass sich die Hochschulen stärker für Personen mit beruflichem Ausbildungshintergrund öffnen und zielgruppengerechte Angebote entwickeln müssen. Andererseits sind auch deren berufliche Kompetenzen anzuerkennen, da niemand mit einer Meisterausbildung ein Studium aufnehmen wird, das für 19-jährige (Fach-)Abiturienten gedacht ist. Hierbei soll nicht übersehen werden, dass diese Personengruppe einige Voraussetzungen nicht mitbringt, die für ein Studium erforderlich sind. Dafür bringen diese Menschen aber andere Kompetenzen mit, die Abiturienten abgehen: Lebens- und berufliche Erfahrungen, die für den Wissenstransfer auch in Hochschulen unabdingbar sind.

Literatur

Bonin, H.; Schneider, M.; Quinke, H. & T. Arens (2007): Zukunft von Bildung und Arbeit. Perspektiven von Arbeitskräftebedarf und -angebot. IZA-Research Report No. 9. Bonn (zugleich hrsg. vom Bundesministerium für Bildung und Forschung. Bonn).

Willi B. Gierke und Wolfgang Müskens

Der „Module Level Indicator“ – ein Instrument für qualitätsgesicherte Äquivalenzprüfung oder – ein Instrument zur Beschreibung und Bewertung von Lerneinheiten

1. Kurzbeschreibung des Projekts

An dem von der Carl von Ossietzky Universität Oldenburg und dem Wolfgang Schulenberg-Institut für Bildungsforschung und Erwachsenenbildung koordinierten „Qualifikationsverbund Nord-West – Anrechnung beruflicher Kompetenzen auf Hochschulstudiengänge“ sind die Industrie- und Handelskammern Oldenburg und Ostfriesland/Papenburg, das Institut Technik und Bildung der Universität Bremen, die Handelskammer Bremen sowie die Wirtschafts- und Sozialakademie der Arbeitnehmerkammer Bremen beteiligt. Das Oldenburger Teilprojekt erarbeitete und implementierte Verfahren zur Anrechnung beruflicher Fortbildungsqualifikationen auf den berufsbegleitenden wirtschaftswissenschaftlichen Bachelorstudiengang „Business Administration in mittelständischen Unternehmen“ an der Universität Oldenburg. Das Bremer Teilprojekt untersuchte Anrechnungsmöglichkeiten auf die Bachelor- und Masterprogramme „Systems Engineering“ an der Universität Bremen.

Nach bereits vorliegenden Erfahrungen in berufsbegleitenden Studiengängen der Universität Oldenburg mit der Anrechnung von Fortbildungsqualifikationen auf dem Wege der Einzelfallprüfung zielte das Projekt darauf ab, Instrumente zu entwickeln, die eine vereinfachte „pauschale“ und trotzdem qualitätsgesicherte Anrechnung ermöglichen sollten. Außerdem wurde ein geregeltes „individuelles“ Verfahren implementiert, das auf einem Portfolio und einer komplexen Aufgabe basiert.

2. Der „Module Level Indicator“ – ein Instrument zur Beschreibung und Bewertung von Lerneinheiten

Das zu erarbeitende pauschale Verfahren musste sowohl auf berufliche Fortbildungen wie auch auf Hochschulstudiengänge anwendbar sein. Da diese Bereiche sich in Didaktik und Methodik wesentlich unterscheiden, war der Bezug auf ein übergreifendes Referenzsystem erforderlich, aus dem ein Vergleichsmaßstab abgeleitet werden konnte. Hierfür schien uns der Europäische Qualifikationsrahmen für lebenslanges Lernen (EQR), der alle Bildungsstufen, einschließlich der Hochschulbildung umfasst, grundsätzlich geeignet. Durch Experteninterviews gewannen wir, jeweils am Beispiel des Vergleichs von Modulen des Studiengangs „Business Administration“ mit thematisch gleichen oder verwandten Fächern ausgewählter Fortbildungsabschlüsse, Einblick in die Sicht von Dozenten und Dozentinnen aus beiden Systemen mit Blick auf Unterschiede und Gemeinsamkeiten von akademischer und beruflicher Bildung sowie die Verwendbarkeit der Deskriptoren des EQF. Folgend wurde ein Fragebogen zur Beschreibung und Einschätzung des Niveaus von Lerneinheiten, basierend auf der Beschreibung von Lernergebnissen, erarbeitet. Dieses „Module Level Indicator" (MLI) genannte Instrument umfasst in der jetzigen Entwicklungsversion neun Dimensionen (Skalen) mit insgesamt 51 Items, die im Wesentlichen auf den EQF-Deskriptoren beruhen, wobei zusätzlich Kriterien anderer relevanter Qualifikationsrahmenwerke und der Experteninterviews berücksichtigt wurden. Die Skalen des MLI erfassen „Breite und Aktualität des Wissens", „Kritisches Verstehen", „Problemlösen und Fertigkeiten", „Praxisbezug", „Selbstständigkeit", „Berücksichtigung sozialer und ethischer Fragen", „Interdisziplinarität", „Kommunikation" und „Innovation".

Die von verschiedenen Fachgutachtern und Fachgutachterinnen unter Verwendung dieses Instrumentes durchgeführten Äquivalenzvergleiche haben inzwischen an der Universität Oldenburg im Studiengang „Business Administration in mittelständischen Unternehmen" zur pauschalen Anrechnung einer Reihe beruflicher Fortbildungsabschlüsse geführt (Geprüfter Industriemeister/Geprüfte Industriemeisterin, Betriebswirt/Betriebswirtin IHK, Geprüfter Industriefachwirt/Geprüfte Industriefachwirtin, Geprüfter Bilanzbuchhalter/Geprüfte Bilanzbuchhalterin, Geprüfter Versicherungsfachwirt/Geprüfte Versicherungsfachwirtin). Diese Anrechnung führt unter bestimmten Voraussetzungen zur Verkürzung der regulären Studienzeit um bis zu vierzig Prozent.

3. Ausblick

Die entwickelten Instrumente können zur Qualitätssicherung der Anrechnung beruflicher Kompetenzen beitragen. Die Übertragbarkeit auf andere Studiengänge und Fortbildungsabschlüsse ist grundsätzlich möglich, was sich bei Erprobungen im Rahmen von Kooperationen bereits zeigen lässt. Im Oldenburger Teilprojekt, das dank der Förderung des Landes Niedersachsen noch bis Ende 2008 fortgeführt werden kann, ist der Transfer auf grundständige Studiengänge und die Durchführung von Äquivalenzvergleichen für weitere berufliche Fortbildungen vorgesehen. Das Präsidium der Universität Oldenburg hat die Ausweitung des Anteils der Studienangebote, bei denen die Anrechnung beruflicher Kompetenzen auf Grundlage des entwickelten Verfahrens geprüft wird, ausdrücklich begrüßt. Für eine längerfristige Verankerung der Anrechnung werden regionale Kooperationen unter Einbeziehung des Bundeslandes Bremen angestrebt.

Für ausführlichere Informationen sowie Angaben zu Publikationen sei auf die Webseite des Projekts verwiesen: http://www.web.uni-oldenburg.de/anrechnung/.

Rita Meyer

Arbeiten und Lernen verbinden. Erfahrungen aus der beruflichen Bildung – Herausforderungen für die Hochschulen

Erziehungswissenschaftliche Analysen erfolgen üblicherweise aus der Perspektive der Disziplin und gerade nicht aus der Sicht der Praxis. In diesem Beitrag werden demgegenüber die Veränderungen in der *Praxis* der Berufsbildung als Anlass genommen, danach zu fragen, welche Konsequenzen im Zuge bildungspolitischer Entwicklungen auf die *Hochschulen* zukommen.

Aus den Zielen der europäischen Berufsbildungspolitik ergibt sich als *bildungspolitisches* Postulat, das allerdings empirisch und theoretisch bisher kaum aufgearbeitet ist, die Forderung nach einer verstärkten Kompetenz- und Berufsorientierung und mehr Durchlässigkeit des deutschen Bildungssystems. Diese Forderung ist im Rahmen des Bologna-Prozesses festgeschrieben und soll bis zum Jahr 2010 für Deutschland realisiert werden. Während die Ziele von Bologna seitens der Wissenschaft kritisch betrachtet werden, erfahren sie durch die Experten der deutschen Berufsbildungspolitik eine Bestätigung (vgl. BMBF, 2007).

Es sind aber nicht nur programmatische Gründe, die für die Notwendigkeit der Erhöhung der Durchlässigkeit des deutschen Bildungssystems sprechen, sondern auch ganz praktische: Es gibt immer mehr Arbeitnehmerinnen und Arbeitnehmer, die im Rahmen ihrer beruflichen Entwicklungsbiografie eine Weiterbildung an einer Hochschule anstreben und sich in diesem Zusammenhang um eine Anerkennung ihrer beruflich erworbenen Kompetenzen bemühen. Vor diesem Hintergrund arbeiten diverse regionale Projekte daran, Instrumente zu entwickeln, mit deren Hilfe eine Anrechnung beruflicher Kompetenzen auf Hochschulstudiengänge realisiert werden kann.[1]

Damit wird eine zentrale bildungspolitische Forderung aus dem Bologna-Prozess – die verstärkte Berufs- und Kompetenzorientierung der beruflichen und hochschulischen Ausbildungsgänge – zum Teil eingelöst. Um diese verstärkte Berufsorientierung zu realisieren, müssten Hochschulen als Lernorte auch einen inhaltlichen Beitrag zur *beruflichen* Kompetenzentwicklung von Arbeitnehmerinnen und Arbeitnehmern leisten. Dies könnte zum Beispiel in berufsbegleitenden Bachelor- oder Masterstudiengängen umgesetzt werden, in denen eine wissenschaftlich fundierte und theoriegeleitete Reflexion von betrieblichen Erfahrungen aus der Praxis der Arbeitswelt erfolgt. Arbeiten und Lernen könnten so auf der individuellen und auf der institutionellen Ebene eine sinnvolle Verknüpfung erfahren.

---

1 Zu nennen sind hier zum einen die ANKOM-Projekte (www.ankom.de), aber darüber hinaus auch weitere regionale Initiativen und Projekte wie zum Beispiel im IT-Sektor (www.itaqu.de) oder im Zuge der Professionalisierung des Personals in der Berufsbildung (www.berufspaeda gogen.net).

Diese Art von „echter" Berufsorientierung ergibt sich gegenüber der lediglich programmatischen Berufsorientierung in den Bachelorstudiengängen nicht zuletzt auch aus den Anforderungen und Erwartungen der neuen „berufserfahrenen Kunden". Sie kommen mit unterschiedlichen Erfahrungshintergründen und sind deutlich anspruchsvoller als die traditionellen Studierenden (vgl. Wittpoth, 2000, S. 23). Damit werden erhebliche inhaltliche, methodische und organisatorische Anforderungen an die Hochschulen gestellt. Die Parallelität von Lernen an Hochschulen und Berufstätigkeit erfordert veränderte strukturelle Rahmenbedingungen und neue didaktische Handlungsformen. Vor diesem Hintergrund wird hier der Frage nachgegangen, welche Konzepte der Berufsorientierung in der Berufsbildung verfolgt werden und welche Konsequenzen ihre Adaption für die Hochschulen hätten.

1. Ausgangssituation: die Trennung beruflicher und allgemeiner Bildung in Deutschland

Die Trennung von beruflicher Bildung und allgemeiner Bildung, wie sie in Deutschland vorgenommen wird, wird zunehmend obsolet. Angesichts faktischer Veränderungen in der Arbeitswelt und auch vor dem Hintergrund bildungspolitischer Herausforderungen sind Berufsbildung und Allgemeinbildung kaum noch getrennt zu denken.

Berufliches Lernen findet in Deutschland traditionell im Rahmen einer beruflichen Erstausbildung statt. Hier kooperieren die Lernorte Schule, Betrieb und überbetriebliche Ausbildungsstätte in einer Form, die eine einmalige Verknüpfung von Arbeiten und Lernen und damit auch von Theorie und Praxis ermöglicht. Erfahrungswissen, das durch praktisches Handeln im Betrieb erworben wird, wird in der Berufsbildung verknüpft mit fachwissenschaftlichem Theoriewissen. Das Ergebnis ist die spezifisch deutsche Sozialfigur des Facharbeiters (Lutz & Voß, 1992), um die uns andere Länder beneiden, weil dieser selbstständig, reflektiert und selbstverantwortlich komplexe Aufgaben im Betrieb bewältigen kann. Er besitzt eine umfassende berufliche Handlungskompetenz.

Hochschulen – also Universitäten und auch Fachhochschulen – sind Institutionen jenseits der Berufsbildung: Obwohl sie faktisch auch auf eine spätere Berufstätigkeit vorbereiten, werden sie nach der Systematik des deutschen Bildungssystems explizit nicht dem berufsbildenden Bereich zugerechnet. Sie sind traditionell Orte, an denen vorrangig Wissen generiert und vermittelt wird, wobei dieses Wissen als Bildung gerade *nicht* unmittelbar ökonomischen Verwertungszusammenhängen unterworfen sein soll.

In den letzten Jahren haben sich unter dem Druck veränderter gesellschaftlicher und betrieblicher Arbeitsorganisation und den daraus resultierenden neuen Qualifikationsanforderungen an Arbeitnehmerinnen und Arbeitnehmer neue Qualifizierungsmuster herausgebildet. Die Trennung zwischen Berufsbildung und Allgemeinbildung sowie zwischen praktischer Arbeit und theoretischem Wissen verwischt damit zunehmend.

Nicht zuletzt unter dem Druck der europäischen Bildungspolitik, die eine stärkere Arbeitsmarkt- und Beschäftigungsorientierung und eine höhere Durchlässigkeit von Bildungssystemen einfordert, bilden sich neue Qualifizierungswege und auch neue Lernortkooperationen heraus, die zu einer Verschränkung von Arbeiten und Lernen führen. Die ehemals getrennten Systeme nähern sich mit dieser Entwicklung einander immer weiter an: Mit der Einführung der Bachelorstudiengänge sollen nun auf der einen Seite auch Hochschulen *berufs*orientiert ausbilden.[2] Auf der anderen Seite sind einige hoch qualifizierte Ausbildungsberufe – wie zum Beispiel Mechatronik oder auch die IT-Berufe – mit dem Bachelorniveau durchaus vergleichbar, ohne dass die Absolventen je eine Hochschule besucht hätten.

Trotz der faktischen Annäherung von Qualifikationsniveaus, die sich – sicher nicht für das gesamte Bildungssystem, aber in einigen Bereichen – verzeichnen lässt, besteht das Problem der Vergleichbarkeit von Kompetenzen und Wissensbeständen, die im beruflichen beziehungsweise im allgemeinbildenden System erworben wurden. Absolventen verlassen die Hochschule in der Regel mit einem fundierten theoretischen Wissen, haben aber kaum praktische Erfahrung in der *Anwendung* dieses Wissens. Sie verfügen damit nur in einem geringen Maße über *berufliche* Handlungskompetenzen. Diese Situation stellt sich für Fachhochschulen aufgrund ihrer expliziten Berufsorientierung und dem hohen Anteil an Praktika etwas anders dar. Im Folgenden werden Entwicklungen und Erfahrungen aus dem Bereich der Berufsbildung thematisiert, die im Zuge einer Verschränkung von Arbeiten und Lernen auch für die Hochschulen an Relevanz gewinnen könnten.

2. Prozessorientierung als Leitbild der beruflichen Bildung

Während Hochschulen traditionell fachwissenschaftlich orientiert und streng disziplinär ausgerichtet sind, hat sich in der beruflichen Bildung in den letzten Jahren das Leitbild der Prozessorientierung etabliert. Es gibt zahlreiche Indikatoren, die für den Bereich der Berufsbildung eine Erosion von disziplinär orientierter Fachlichkeit zugunsten einer zunehmenden Prozessorientierung kennzeichnen (vgl. Meyer, 1998).

Zunächst einmal lassen Veränderungen in der betrieblichen Arbeitswelt eine zunehmende Dysfunktionalität berufsfachlicher Zuschnitte erkennen, die aus der Orientierung betrieblicher Organisationsstrukturen am Produktionsprozess und an Geschäftsprozessen resultieren. Baethge und Schiersmann (1998) beschreiben die Konsequenzen der Umstellung von einer funktionalen betrieblichen Arbeitsorganisation auf eine prozessorientierte Arbeitsorganisation auch mit Blick auf die veränderten Formen der Aus- und Weiterbildung. Durch die Integration fertigungsnaher

2 Diese Entwicklung wird allerdings von den Universitäten – zum Teil durchaus berechtigt – kritisch gesehen.

Bereiche in den Produktionsprozess deutet sich das „Verschwimmen" fachspezifischer Abgrenzungen an, es kommt im Sinne querfunktionaler, das heißt bereiche- und hierarchieübergreifender Kooperationen einzelner Berufsfelder zu einer Entgrenzung von disziplinärer Fachlichkeit (zum Beispiel im Beruf des Mechatronikers).

Diese Prozessorientierung stellt aufgrund von Flexibilisierungs- und Dezentralisierungsmaßnahmen neue Anforderungen an die Arbeitnehmer und Arbeitnehmerinnen. Dabei geht es vor allem um eine Zunahme der (Selbst-)Steuerung, erhöhte Verantwortungsübernahme und neue Kooperations- und Kommunikationsformen. Voß und Pongratz (1998) haben in diesem Zusammenhang den neuen Arbeitnehmertypus als „Arbeitskraftunternehmer" gekennzeichnet und auf die Belastungen und Zumutungen, die damit verbunden sind, hingewiesen.

Aber nicht nur auf betrieblicher Ebene, sondern auch bezogen auf die Arbeitsmarktentwicklung sprechen Tendenzen für ein Zurücktreten der disziplinären Fachlichkeit. Im Rahmen der zunehmenden Sektorenverschiebung, das heißt durch die Abnahme des industriellen Sektors zugunsten des Dienstleistungssektors, entstehen moderne Dienstleistungsberufe, bei denen es schwerfällt, sie eindeutig einer Fachwissenschaft zuzuordnen. Hier können als ein Beispiel die neuen Fortbildungsberufe im IT-Bereich gelten. An diesen lässt sich deutlich zeigen, dass neben den fachlichen Anteilen, die zunächst in der fachwissenschaftlichen Zuordnung in der Informatik anzusiedeln wären, mit zunehmender Qualifikation die *nicht*-fachlichen Anteile steigen. Auf den höheren Qualifikationsebenen der strategischen und operativen „Professionals" sinken die fachlichen Anteile deutlich zugunsten allgemeiner Steuerungs- und Managementkompetenzen (vgl. Meyer, 2006). Hier stellt sich für Hochschulen im Kontext der Anerkennung beruflich erworbener Kompetenzen auf Hochschulstudiengänge die Frage der Anrechnung in besonderer Weise, weil mindestens zwei wissenschaftliche Disziplinen betroffen sind (zum Beispiel Informatik, Ingenieurwissenschaften und Betriebswirtschaftslehre).

Selbst das fachspezifische Wissen der beruflichen Facharbeit erfährt in der Struktur des Wissens eine inhaltliche Veränderung zugunsten einer wachsenden Prozessorientierung. Durch die fortschreitende technische Entwicklung und zunehmend abstraktere Arbeitsprozesse tritt neues Wissen hinzu: Es wird unterschieden in explizites Wissen und implizites Wissen oder auch deklaratives und prozedurales Wissen. Wissen allein reicht nicht mehr aus, es muss im betrieblichen Arbeitsvollzug auch zur wirksamen Anwendung kommen. Damit ergibt sich das Paradox, dass das Wissen selbst in der Tendenz zum einen universeller und abstrakter wird, zugleich aber durch den Handlungsbezug auch spezifischer und konkreter. In berufspädagogischer Perspektive gewinnt damit das Arbeitsprozesswissen (vgl. Fischer, 2000) an Bedeutung: Hier verbindet sich über die Arbeitserfahrung implizites Wissen mit fachtheoretischen Anteilen und mit generalisierbaren Arbeitsregeln.

Diese Tendenzen des Zurücktretens von Fachlichkeit zugunsten einer zunehmenden Prozessorientierung, die sich in der Realität von Arbeit und Qualifizierung andeuten, finden auch eine Entsprechung in den pädagogischen Bezugsdisziplinen und in den didaktischen Konzepten in Schule und Betrieb.

3. Berufliche Handlungskompetenz als Zielkategorie der Berufsbildung

Es lässt sich in den modernen Erziehungswissenschaften eine „kompetenzorientierte Wende" (Arnold, 1998) nachvollziehen, wobei der Begriff der Kompetenz als eine subjektgebundene Kategorie dem eher an Tätigkeiten orientierten Begriff der Qualifikation gegenübergestellt wird. Auch hier findet die Prozessorientierung ihren Ausdruck, denn es geht um eine Verschiebung von fachbezogenen Kenntnissen und Fertigkeiten (das heißt Wissen) zugunsten handlungsbezogener Fähigkeiten.

Im berufspädagogischen Diskurs wird der Begriff der Kompetenz von dem der Qualifikation wie folgt abgegrenzt (Arnold, 1998): *Qualifikationen* werden von den Anforderungen des Arbeitsmarktes und des betrieblichen Arbeitsplatzes her definiert, dabei geht es um die Erfüllung konkreter Nachfragen und Anforderungen, die sich aus dem Arbeitsprozess ergeben. Diese sind tätigkeits- und fachbezogen, und der Qualifizierungsprozess unterliegt dem Prinzip der Fremdorganisation. Es geht um die Vermittlung von Sachverhalten und Wissen zum Beispiel in Lehrgängen oder Kursen, und im Ergebnis führt die Qualifizierung zu zertifizierbaren Kenntnissen und Fertigkeiten. Kompetenzen werden demgegenüber vom Subjekt her definiert, sie sind direkt an die Person gekoppelt. Damit unterliegt der Kompetenzbegriff einem ganzheitlichen Anspruch, er bezieht sich auch auf die Tätigkeit, aber eben nicht nur. Hier kommen die Prinzipien der Selbstorganisation und das Lernen in der Arbeit zum Tragen. Es geht neben der Vermittlung von Wissen dabei auch um den Erwerb von Einstellungen und Verhaltensweisen. Im Ergebnis führt dies aber nicht ohne weiteres zu zertifizierbarem Wissen.

Eine umfassende berufliche Handlungskompetenz ist laut Definition der Kultusministerkonferenz ein komplexes Gefüge aus Fach-, Sozial-, Personal- und Methodenkompetenz:

- *Fachkompetenz:* Bereitschaft und Fähigkeit, auf Grundlage fachlichen Wissens und Könnens Aufgaben und Probleme zielorientiert, sachgerecht, methodengeleitet und selbstständig zu lösen und das Ergebnis zu beurteilen.
- *Sozialkompetenz:* Bereitschaft und Fähigkeit, soziale Beziehungen und Interessen zu erfassen und zu verstehen sowie sich mit anderen verantwortungsbewusst auseinanderzusetzen und zu verständigen.
- *Personalkompetenz:* Bereitschaft und Fähigkeit, die eigene Entwicklung zu reflektieren und in Bindung an individuelle und gesellschaftliche Wertvorstellungen weiter zu entfalten.
- *Methodenkompetenz:* Anwendung von Verfahren und Techniken, die der Gestaltung der eigenen Arbeit und der Arbeit in der Gruppe sowie der Persönlichkeitsentwicklung und der Entwicklung sozialer Beziehungen dienen.

Problematisch ist, dass diese Definitionen weder empirisch entfaltet noch theoretisch fundiert sind. Bildung im Sinne von Persönlichkeitsentwicklung wird in diesem Verständnis von Kompetenz eingeschlossen. Kompetenz beschreibt damit mehr als die Verfügung über Wissen, sie schließt die Dimension der Handlung mit ein.

Dies gilt nicht zuletzt deshalb, weil letztlich nur die Performanz in einer spezifischen Handlungssituation Schlüsse auf die tatsächlich vorhandenen Kompetenzen[3] zulässt.

Bei der Erfassung und Bewertung von Kompetenzen muss eine Vielfalt von Handlungsdimensionen berücksichtigt werden. Daraus ergeben sich erhebliche methodische Probleme der Kompetenzmessung (vgl. Gillen, 2006). Es geht nämlich nicht darum zu prüfen, ob jemand etwas weiß, sondern um die Frage, ob er oder sie das Wissen tatsächlich in unterschiedlichen Handlungskontexten anwenden kann. Der dem Kompetenzbegriff immanente Handlungs- und Anwendungsbezug stellt die Hochschulen mit ihrer primären Ausrichtung an theoretischem Wissen insofern vor Probleme, als dass die An- und Verwendung des Wissens hier zum Teil explizit nicht intendiert ist (vgl. Dräger & Eirmbter-Stolbrink, 1995) und die hochschuldidaktische Umsetzung einer handlungsorientierten Ausbildung andere Rahmenbedingungen erfordern würde.

Nach der Definition des deutschen Bildungsrates bezeichnet Kompetenz die Befähigung des Einzelnen zu eigenverantwortlichem Handeln in privaten, beruflichen und gesellschaftlichen Situationen. Als Kompetenzen sind damit Fähigkeiten, Methoden, Wissen, Einstellungen und Werte zu verstehen, deren Erwerb, Entwicklung und Verwendung sich auf die gesamte Lebenszeit eines Menschen bezieht (Dehnbostel, 2001). Formale Abschlüsse in Institutionen spielen dabei eine untergeordnete Rolle. Berufliche Kompetenzentwicklung beschränkt sich in diesem Verständnis also nicht auf bestimmte Institutionen, auf biografische Phasen oder auf das Berufsleben. Sie ist damit auch nicht auf formale Bildungsgänge, wie zum Beispiel eine Ausbildung oder ein Studium, zu reduzieren, und sie kann auch per se kein kurzfristig angelegter Qualifizierungsprozess im Sinne einer Anpassung an technische oder ökonomische Erfordernisse sein. Bei aller – in Teilen durchaus berechtigten – Kritik am Kompetenzkonzept (vgl. Höhne, 2007) liegt der Schluss nahe, dass Kompetenzentwicklung im Kontext des lebenslangen Lernens auch an Hochschulen stattfinden muss und diese damit zu Lernorten der beruflichen Weiterbildung werden (vgl. Wolter, 2007). Wenn man die oben präsentierten Merkmale der Kompetenzorientierung ernst nimmt, dann liegen darin allerdings für die Hochschulen zahlreiche Herausforderungen, denen sie in organisatorischer und didaktischer Hinsicht begegnen müssen.

Arbeitsprozessorientiert Lernen in vernetzen Bildungsstrukturen

Für den Bereich der *betrieblichen* Berufsausbildung werden Konzepte zum prozessorientierten Lehren und Lernen bereits seit den 1990er Jahren im Rahmen von Modellprojekten entwickelt. In der Modellversuchsreihe zum dezentralen Lernen des Bundesinstituts für Berufsbildung (vgl. Dehnbostel et al., 1996) wurden didaktische Konzepte und Methoden des arbeitsprozessorientierten Lernens erprobt. Am konsequentesten ist die arbeitsprozessorientierte Kompetenzentwicklung im Konzept des

---

3 Wobei dies in erster Linie für fachliche Kompetenzen gilt, Einstellungen und Werte bleiben auch hier unsichtbar und entziehen sich der Bewertung.

arbeitsprozessorientierten Lernens (APO-IT), das im Zuge der Entwicklung des IT-Weiterbildungssystems eingeführt wurde, umgesetzt worden (vgl. Meyer, 2006).

Durch neue Lernkonzepte des arbeitsprozessorientierten Lernens, wie sie zum Beispiel in der IT-Weiterbildung praktiziert werden, wird eingelöst, was in den Hochschulen aufgrund der institutionellen Voraussetzungen nur schwer realisiert werden kann: Die Lernenden arbeiten über einen längeren Zeitraum an einem Problem und werden dabei pädagogisch begleitet. Dem didaktischen Prinzip der vollständigen Handlung folgend greifen hier Planung, Organisation, Durchführung, Kontrolle und Reflexion ineinander. Es herrscht eine intensive Kommunikation, es bilden sich Gruppen, Rollen werden ausdifferenziert, es entstehen Konflikte, die gemeinsam gelöst werden, und am Ende gibt es ein Ergebnis. Aber nicht das Produkt steht als Ergebnis im Vordergrund, sondern für die Kompetenzentwicklung ist die Reflexion des Prozesses entscheidend. Dies wird gemeinsam mit den Lernprozessbegleitern geleistet.

Das didaktische Prinzip der Prozessorientierung kann in der betrieblichen Aus- und Weiterbildung relativ problemlos umgesetzt werden, weil das Lernen (einschließlich der Lernprozessbegleitung und der Reflexion) *direkt* am Arbeitsplatz und zum Teil an echten Arbeitsaufträgen erfolgt. Diese „echten" Arbeitsprozesse können an Hochschulen allenfalls in Laborsituationen abgebildet werden. Demgegenüber garantiert jedoch ein *externer* Lernort wie die Hochschule, dass der Lernprozess nicht unter den Bedingungen und Konsequenzen betrieblicher Bewertungsmaßstäbe erfolgt, die entsprechende Sanktionen zur Folge haben können. Vor diesem Hintergrund wird eine sinnvolle Verknüpfung von Arbeits- und Lernprozessen dann geleistet, wenn Betriebe, Hochschulen und regionale Bildungseinrichtungen in *trialen* Bildungsstrukturen kooperieren.

Um umfassende berufliche Handlungskompetenz auszubilden, ist die Kooperation unterschiedlicher Lernorte unerlässlich. Das ist einer der Gründe, warum an Fachhochschulen der Anteil an Praktika vergleichsweise hoch ist. Die gestiegene Zahl von dualen Studiengängen, in denen in Kooperation von Betrieben, Fachhochschulen und Berufsakademien eine doppelte Qualifizierung – zum Facharbeiter und zum Bachelor – erfolgt, ist ein Ausdruck dieser Entwicklung (vgl. BLK, 2000).

Von derartigen Kooperationen können die unterschiedlichen Akteure in gleichem Maße profitieren:

In der *individuellen Perspektive* der Lernenden zielt die Herausbildung einer umfassenden beruflichen Handlungskompetenz darauf, die Voraussetzungen für eine befriedigende Lebensorientierung der Menschen zu schaffen. Sie sind höher qualifiziert, sie können ihre Kompetenzen in unterschiedlichen betrieblichen Kontexten flexibel einbringen und sind damit mobil. Sie sind befähigt zur Mitgestaltung von Arbeitsprozessen, damit erhöhen sich ihre Autonomie, ihre Selbstbestimmung, ihre Arbeitszufriedenheit und im besten Fall auch ihr Gehalt. Darüber hinaus werden sie in die Lage versetzt, die Ambivalenzen und Ambiguitäten, die im Zuge moderner Arbeitsformen und Lebensweisen privatisiert und individualisiert werden (vgl. Baumann, 1995), angemessen zu bearbeiten und die Herausforderungen, die ihnen gestellt werden, zu bewältigen.

In der *betrieblichen Perspektive* geht es mit Blick auf die Interessen der Unternehmen zunächst eher um Qualifizierung im oben genannten Sinn, das heißt um die Anpassung der Kenntnisse, Fähigkeiten und Fertigkeiten der Beschäftigten an die technischen und ökonomischen Anforderungen des Arbeitsprozesses. Im Vordergrund steht dabei vor allem die Sicherstellung störungsfreier betrieblicher Abläufe. Unternehmen sind keine Bildungsanstalten, sie stehen eindeutig unter dem Primat der Ökonomie und agieren unter den Prämissen des globalen Wettbewerbs.

Aber die Unternehmen sind auf handlungskompetente Mitarbeiter in hohem Maße angewiesen: Moderne Arbeitsformen sind prozessorientiert und dynamisiert – die Verantwortung und auch ein Teil der Managementprozesse sind auf die Facharbeiterebene „durchgereicht" worden, und die Arbeit ist per se durch Selbststeuerung, Kooperation und Kommunikation – und zwar hierarchieübergreifend und bereicheübergreifend – geprägt. In modernen Unternehmen sind damit die Prozesse der *betrieblichen Organisationsentwicklung* explizit an *individuelle Lernprozesse* gekoppelt (vgl. Harney, 1998). Ein Unternehmen kann keine lernende Organisation sein oder Wissensmanagement betreiben, ohne auf das Wissen und das Können sowie die Kooperationsbereitschaft der Mitarbeiter zuzugreifen. Deshalb können die Betriebe dem Zusammenhang von individueller Kompetenzentwicklung und betrieblicher Organisationsentwicklung nicht ausweichen, sie sind im Gegenteil sogar darauf angewiesen, dass die Mitarbeiter ihre Kompetenzen permanent ausbauen.

Nicht zuletzt leisten derartige Lernortkooperationen auch auf *gesellschaftlicher Ebene* einen Beitrag: zum Abbau des Fachkräftemangels und zum Erhalt der Flexibilität des Arbeitsmarkt- und Beschäftigungssystems, zur Standortsicherung Deutschlands – denn auch Humanressourcen sind ein Wettbewerbsfaktor. Staat und Politik profitieren insofern, als dass sich hier Innovationen in der Struktur des Bildungssystems vollziehen, die inhaltlich einen Beitrag zur Umsetzung der Bologna-Ziele leisten: Die Durchlässigkeit des Bildungssystems wird erhöht und die Mobilität der Lernenden in diesem System gefördert.

4. Fazit und Ausblick

Das deutsche Bildungssystem – einschließlich des Berufsbildungssystems – befindet sich derzeit in einem Umstrukturierungsprozess. Dieser Prozess birgt auf der einen Seite unbestritten Paradoxien, Herausforderungen und Risiken, aber er bietet auf der anderen Seite auch Chancen für die Berufsbildung und die Hochschulbildung, sich als Systeme neu zu positionieren und voneinander zu profitieren.

Hochschulen haben seit einigen Jahren mit der Umstrukturierung im Zuge der Bachelor- und Masterstudiengänge zu kämpfen. Dieser Prozess wird vermutlich noch einige Jahre andauern. Handlungskompetenzen im oben beschriebenen Sinn auszubilden, erfordert von den Hochschulen eine elementar veränderte didaktische Ausrichtung gegenüber den traditionellen, dozentenorientierten Lehrformen. Es ist allerdings nicht realistisch, eine hochschuldidaktische Neuorientierung der Hochschulen einzufordern, wenn dazu weder die Ressourcen noch die Infrastruktur zur

Verfügung stehen. Ein problematischer Faktor ist in diesem Zusammenhang die zunehmende „Verschulung" der Studiengänge, die dem Prinzip der Prozessorientierung und auch der Selbstorganisation entgegensteht.[4] Nicht zuletzt ist das Personal an den Universitäten in der Regel hochschuldidaktisch nicht hinreichend qualifiziert und auch in vielen Fällen aufgrund der theoretischen Ausrichtung nicht dazu bereit, kompetenzorientiert auszubilden.

Auch ordnungspolitisch stellen sich der Schnittstelle von Arbeits- und Berufswelt und Hochschule einige Probleme. Zum einen gibt es noch keine verbindlichen Anrechungsverfahren für die Anerkennung beruflicher Kompetenzen auf Hochschulstudiengänge. Zum anderen ist der formale Status weiterbildender und berufsbegleitender Bachelorstudiengänge in Deutschland diffus: wenn Arbeitnehmerinnen und Arbeitnehmer ein berufsbegleitendes (Erst-)Studium an einer Universität anstreben, handelt es sich streng formal nicht um wissenschaftliche Weiterbildung, weil diese einen ersten universitären Abschluss (mindestens Bachelor) voraussetzt.

Inhaltlich stellt sich für die Hochschulen die Frage, wie angesichts der Verschränkung von Theorie und Praxis die Eigenständigkeit wissenschaftlicher Bildung an Hochschulen gesichert werden kann (vgl. Dräger & Eirmbter-Stolbrink, 1995) und inwieweit wissenschaftliches Wissen mit der Verschränkung von Arbeiten und Lernen beruflichen und betrieblichen Verwertungszusammenhängen unterliegt (vgl. Heid & Harteis, 2005). Neben den organisatorischen und strukturellen Herausforderungen, die sich auf der Ebene der Realität aus der zunehmenden Verknüpfung von Arbeits- und Lernprozessen für Hochschulen ergeben, steht darüber hinaus eine empirische und wissenschaftliche Analyse dieser Veränderungsprozesse seitens der Bildungsforschung aus.[5] Hier ist die Berufsbildungsforschung gefordert, in engem Austausch und in Kooperation mit anderen Disziplinen die Voraussetzungen und die Begrenzungen beruflicher und hochschulischer Qualifizierungsprozesse zu thematisieren. Zentral wäre auch das Verhältnis von Berufsbildung und Allgemeinbildung neu zu bestimmen. Dies erfordert eine reflexive Perspektive, das heißt die Selbstthematisierung der Berufsbildungsforschung und die Klärung ihrer Rolle als Wissenschaft im Spannungsfeld von Theorie und Praxis.

---

4 Dazu gehören zum Beispiel die Gruppengrößen (in der Regel mehrere Hundert Teilnehmer in den Bachelorstudiengängen), die Raumgröße (zum Beispiel auch das Fehlen von Gruppenarbeitsräumen), die mangelhafte Ausstattung (unter anderem Lern- und Methodenlabore, Metaplanwände, Moderationskoffer). In der zeitlichen Dimension steht der 1,5-Stundenrhythmus einer prozessorientierten Aus- und Weiterbildung entgegen.

5 Im Ansatz erfolgt dies im Rahmen der Diskussion um die Bedeutungszunahme wissenschaftlicher Weiterbildung an Hochschulen (vgl. Faulstich et al., 2008; Wolter, 2007; Grieb, 2007).

Literatur

Arnold, R. (1998a): Kompetenzentwicklung und Organisationslernen. In: Vogel, N. (Hrsg.): Organisation und Entwicklung in der Weiterbildung. Bad Heilbrunn. S. 86-110.

Baethge, M. & Schiersmann, C. (1998): Prozessorientierte Weiterbildung. Perspektiven und Probleme eines neuen Paradigmas der Kompetenzentwicklung für die Arbeitswelt der Zukunft. In: Arbeitsgemeinschaft Qualifikations-Entwicklungs-Management (Hrsg.): Kompetenzentwicklung 98. Münster/New York. S. 15-87.

Baumann, Z. (1995): Moderne und Ambivalenz. Das Ende der Eindeutigkeit. Frankfurt.

BLK, Bund-Länder-Kommission (2000): Duales Studium – Fachtagung der BLK „Duales Studium – Erfahrungen, Erfolge, Perspektiven". Bonn.

BMBF Bundesministerium für Bildung und Forschung (2007): 10 Leitlinien zur Modernisierung der beruflichen Bildung. Ergebnisse des Innovationskreises berufliche Bildung. Berlin. http://www.bmbf.de/pub/ IKBB-Broschuere-10_Leitlinien.pdf.

Dehnbostel, P. (2001): Perspektiven für das Lernen in der Arbeit. In: Arbeitsgemeinschaft Betriebliche Weiterbildungsforschung e.V. (Hrsg.): Kompetenzentwicklung 2001. Tätigsein – Lernen – Innovation. Münster u.a. S. 53-91.

Dehnbostel, P.; Holz, H. & Novak, H. (1996): Neue Lernorte und Lernortkombinationen – Erfahrungen und Erkenntnisse aus dezentralen Berufsbildungskonzepten. Bielefeld.

Dräger, H. & Eirmbter-Stolbrink, E. (1995): Eine Herausforderung an die Universität: Die Eigenständigkeit wissenschaftlicher Weiterbildung. In: Homfeldt, H.G. et al. (Hrsg.): Lehre und Studium im Diplomstudiengang Erziehungswissenschaft. Weinheim. S. 199-208.

Faulstich, P. et al. (2008): Weiterbildung an Hochschulen – Daten zu Entwicklungen im Kontext des Bologna-Prozesses. In: Report 01/08. 31. Jg., S. 9-18.

Fischer, M. (2000): Arbeitsprozesswissen von Facharbeitern. Umrisse einer forschungsleitenden Fragestellung. In: Pahl, J.P. et al. (Hrsg.): Berufliches Arbeitsprozesswissen – Ein Forschungsgegenstand der Berufsfeldwissenschaft. Baden-Baden. S. 31-47.

Gillen, J. (2006): Kompetenzanalysen als berufliche Entwicklungschance. Münster/ New York.

Grieb, I. (2007): Wissenschaftliche Weiterbildung gestern, heute und morgen am Beispiel des Zentrums für Wissenschaftliche Weiterbildung (ZWW) der Carl von Ossietzky Universität Oldenburg. In: Heuer, U. & Siebers, R. (Hrsg.): Weiterbildung am Beginn des 21. Jahrhunderts. Münster/New York. S. 399-412.

Harney, K. (1998): Handlungslogik betrieblicher Weiterbildung. Stuttgart.

Heid, H. & Harteis, C. (2005): Verwertbarkeit. Ein Qualitätskriterium (erziehungs-)wissenschaftlichen Wissens? Wiesbaden.

Höhne, T. (2007): Der Leitbegriff „Kompetenz" als Mantra neoliberaler Bildungsreformer. Zur Kritik seiner semantischen Weitläufigkeit und inhaltlichen Kurzatmigkeit. In: Pongratz, L.A. et al. (Hrsg.): Bildung – Wissen – Kompetenz. Bielefeld. S. 30-43.

Kurtz, T. (1998): Professionen und professionelles Handeln. Soziologische Überlegungen zur Klärung einer Differenz. In: Peters, S. (Hrsg.): Professionalität und betriebliche Handlungslogik. Bielefeld. S. 105-121.

Lutz, B. & Voß, G. (1992): Subjekt und Strukturwandel – Versuch einer Neubestimmung einer soziologischen Schlüsselbeziehung am Beispiel des Facharbeiters. In: Heinz, W.R. & Lutz, B. (Hrsg.): Modernisierungsprozesse von Arbeit und Leben. München. S. 77-89.

Meyer, R. (2003): Bedeutet die Erosion des Fachprinzips das Ende der Berufe? In: Reinisch, H. et al. (Hrsg.): Didaktik beruflichen Lehrens und Lernens – Reflexionen, Diskurse und Entwicklungen. Opladen. S. 83-94.

Meyer, R. (2006): Theorieentwicklung und Praxisgestaltung in der beruflichen Bildung – Berufsbildungsforschung am Beispiel des IT-Weiterbildungssystems. Bielefeld.

Voß, G. & Pongratz, H.J. (1998): Der Arbeitskraftunternehmer – Eine neue Grundform der Ware Arbeitskraft? In: Kölner Zeitschrift für Soziologie und Sozialpsychologie, Jg. 50, Heft 1/1998. S. 131-158.

Wittpoth, J. (2000): Wissenschaft und Weiterbildung. In: Jütte, W. & Weber, K. (Hrsg.): Kontexte wissenschaftlicher Weiterbildung. Entstehung und Dynamik von Weiterbildung im universitären Raum. Münster/New York. S. 17-24.

Wolter, A. (2007): Von der Universitätsausdehnung zum lebenslangen Lernen – Die Universität als Akteur in der Weiterbildung. In: Heuer, U. & Siebers, R. (Hrsg.): Weiterbildung am Beginn des 21. Jahrhunderts. Münster/New York. S. 385-398.

Martin Bütow

Erfassung und Bewertung berufspraktisch erworbener Kompetenzen

1. Das Projekt „REAL“

Im Regionalen Entwicklungsprojekt „Anrechnung der beruflichen Kompetenzen des Meisters/Technischen Betriebswirtes auf den Studiengang Wirtschaftsingenieurwesen der FH Stralsund“ (REAL) kooperieren das Haus der Wirtschaft Bildungszentrum Stralsund und die Fachhochschule Stralsund. Zusätzlich wurden externe Experten der beruflichen Bildung sowie des Personal- und Qualitätsmanagements einbezogen. Ein Beirat begleitete das Projekt fachlich und bildungspolitisch.

2. Das Projekt „REAL“

Kompetenzen werden nicht nur durch formelle Abschlüsse, sondern auch unmittelbar in der beruflichen Praxis erworben. Daher wurden auch diese Kompetenzen in die Untersuchung einbezogen. In der beruflichen Praxis erworbene Kompetenzen sind einerseits zwar Voraussetzung für den Erwerb der formellen beruflichen Abschlüsse, haben andererseits jedoch auch einen eigenständigen Anrechnungswert.

Das Verfahren zur Anrechnung informell beruflich erworbener Kompetenzen wurde als dreistufiges Verfahren konzipiert:

- *Kompetenzanalyse: Für den Tätigkeitsbereich des Studienbewerbers/der Studienbewerberin werden die Fertigkeiten/Kompetenzen ermittelt und beschrieben.*
- *Kompetenzbewertung: Die ermittelten Kompetenzen werden in einer Matrix Modulen des Studiengangs zugeordnet und bewertet (siehe Kompetenzmatrix, Abbildung 1).*
- *Feststellung der Äquivalenz und Anrechnung: Die Fachhochschule stellt anhand der Kompetenzmatrix Gleichwertigkeiten in den Kompetenzen fest und rechnet diese auf Studienleistungen an.*

Kern des Verfahrens ist eine Kompetenzmatrix, in der die Tätigkeitsbereiche im Geschäftsprozess den Modulen im Studiengang gegenübergestellt werden. Dabei müssen sie durch die Beschreibung der nachweisbaren beziehungsweise angestrebten „Learning Outcomes“ untersetzt werden. Diese finden sich einerseits in betrieblichen Tätigkeits-/Stellenbeschreibungen, andererseits im Modulhandbuch des Studienganges.

In dieser Matrix werden an den Schnittstellen die realen Niveaus der Ausprägung entsprechend des Europäischen Qualifikationsrahmens (EQR) eingetragen und anschließend mit den Anforderungs-/Abschlussniveaus des Bachelorstudiengangs abgeglichen.

Matrix zur Selbsteinschätzung beruflich erworbener (informeller) Kompetenzen (individuelles Portfolio)

Name: Dauer der Berufstätigkeit:		Abschlüsse aus der beruflichen Aus- und Fortbildung:								
		Module des Bachelor-Studienganges FH Stralsund *3								
Generalisierte Betriebsprozesse (Fertigungsbetrieb) *1	**Kompetenzen** *2	**Kosten-rechnung**	**Wirt-schafts-recht**	**Con-trolling**	**Personal-manage-ment**	**Material-wirtschaft**	**Kon-struktion**	**Produkt-ions-planung/ …**	**Produkt-ions-technik**	…
Marketing / kundenbezogene Prozesse	Kenntnisse									
	Fertigkeiten									
	Selbständigkeit/Verantwortung									
	Kommunikations-/soziale Kompetenz									
	Ø Anrechnungspotential *4	0	0	0	0	0	0	0	0	0
Planung der Produktrealisierung	Kenntnisse									
	Fertigkeiten									
	Selbständigkeit/Verantwortung									
	Kommunikations-/soziale Kompetenz									
	Ø Anrechnungspotential	0	0	0	0	0	0	0	0	0
Entwicklung/ Konstruktion	Kenntnisse									
	Fertigkeiten									
	Selbständigkeit/Verantwortung									
	Kommunikations-/soziale Kompetenz									
	Ø Anrechnungspotential	0	0	0	0	0	0	0	0	0
Fertigungsvorbereitung	Kenntnisse									
	Fertigkeiten									
	Selbständigkeit/Verantwortung									
	Kommunikations-/soziale Kompetenz									
	Ø Anrechnungspotential	0	0	0	0	0	0	0	0	0
Materialwirtschaft	Kenntnisse									
	Fertigkeiten									
	Selbständigkeit/Verantwortung									
	Kommunikations-/soziale Kompetenz									
	Ø Anrechnungspotential	0	0	0	0	0	0	0	0	0
Fertigung/Fertigungssteuerung	Kenntnisse									
	Fertigkeiten									
	Selbständigkeit/Verantwortung									
	Kommunikations-/soziale Kompetenz									
	Ø Anrechnungspotential	0	0	0	0	0	0	0	0	0
Vertrieb / kundenbezogene Prozesse	Kenntnisse									
	Fertigkeiten									
	Selbständigkeit/Verantwortung									
	Kommunikations-/soziale Kompetenz									
	Ø Anrechnungspotential	0	0	0	0	0	0	0	0	0
Management von Ressourcen	Kenntnisse									
	Fertigkeiten									
	Selbständigkeit/Verantwortung									
	Kommunikations-/soziale Kompetenz									
	Ø Anrechnungspotential	0	0	0	0	0	0	0	0	0
Controlling/QM	Kenntnisse									
	Fertigkeiten									
	Selbständigkeit/Verantwortung									
	Kommunikations-/soziale Kompetenz									
	Ø Anrechnungspotential	0	0	0	0	0	0	0	0	0

Abbildung 1: Kompetenzmatrix

3. Fazit

Aufgrund der zeitlichen Begrenzung des Projekts und der Komplexität betrieblicher Prozesse erfolgten Analyse und Bewertung exemplarisch (Schiffbau, Konstruktion). Dennoch reichte die Zeit nicht, um die Komplexität der Materie bis zu einer vollziehbaren Anrechnung zu führen. Der entwickelte und beschriebene Ansatz einer Kompetenzmatrix wird jedoch von allen Beteiligten als gangbarer Weg angesehen, berufspraktisch erworbene Kompetenzen anrechenbar zu beschreiben.

Anrechnung und neue Formen des akademischen Lernens

Sandra Rohner

Anrechnung und neue Formen des akademischen Lernens

Die Hochschullandschaft ist in vielfältiger Weise in die Prozesse zur Schaffung eines europäischen Hochschulraumes eingebunden. Die Entwicklung mobilitätsfördernder Angebote entsprechend der Bologna-Empfehlungen, verbunden mit dem Erfordernis nach eigener Profilbildung, stellen Herausforderungen dar, die in vielen Fällen bis an die Grenzen der Belastbarkeit einzelner Hochschulen gehen dürften. Den damit verbundenen Chancen und Problemen unter Einbeziehung der Erfahrungen anderer Länder widmen sich die Beiträge des dritten Buchabschnitts.

Ernst A. Hartmann (VDI/VDE-IT) erläutert in seinem Beitrag, wie und dass Anrechnung funktionieren kann. Einleitend führt er Argumente an, die belegen, dass die Verbesserung der Durchlässigkeit zwischen beruflicher und akademischer Bildung sowohl aus bildungs- und wirtschaftspolitischen als auch aus innovationspolitischen Gesichtspunkten notwendig ist. Vor dieser Ausgangslage beschreibt er drei Gestaltungsfelder, die Konzepte zur Verbesserung der Durchlässigkeit beinhalten: *Hochschulzugang* auch ohne direkte Hochschulzugangsberechtigung, *Anrechnung* beruflicher Kompetenzen auf Hochschulstudiengänge und neue *Studienmodelle*, ausgerichtet auf die Bedürfnisse beruflich engagierter Studieninteressierter.

In seinen Ausführungen erläutert Ernst A. Hartmann die zusammen mit den anderen Mitgliedern der wissenschaftlichen Begleitung der ANKOM-Initiative entwickelte Beschreibungsmatrix zur Identifikation der drei inhaltlichen Kernbereiche der Anrechnungsmodelle: Lernergebnisbeschreibung, Äquivalenzfeststellung und Anrechnungsverfahren. Als Kernstück eines Anrechnungsmodells stellt er die Äquivalenzprüfung von Lernergebnissen heraus. Die in diesem Zusammenhang unverzichtbare Auseinandersetzung mit der Qualitätsfrage beantwortet der Autor mit Hinweis auf die von der ANKOM-Begleitforschung entwickelten Gütekriterien für Anrechnungsverfahren und deren Weiterentwicklung zu einer „Leitlinie für die Qualitätssicherung von Verfahren zur Anrechnung beruflicher und außerhochschulisch erworbener Kompetenzen auf Hochschulstudiengänge“. Diese Anrechnungsleitlinie beschreibt Qualitätsstandards, die sich auf die Gegenstandsbereiche Lernergebnisbeschreibung, Äquivalenzprüfung, formale Verankerung der Anrechnungsregelung, Information und Beratung sowie Evaluation beziehen. Die Orientierung an diesen Qualitätsstandards unterstützt nach Meinung des Autors eine für alle Seiten transparente und akzeptable Anrechnungspraxis.

In seinen abschließenden Überlegungen thematisiert er den Aspekt der Finanzierung von Anrechnungsstudiengängen für die Zielgruppe der beruflich Qualifizierten. Akademische Weiterbildungsangebote für berufserfahrene und berufstätige Menschen, die statt Vollzeitpräsenzangeboten auf Fernelemente, Präsenzphasen oder gar auf die Nutzung des Arbeitsumfeldes als Lernorte setzen, sollten durch die Erhebung von Studiengebühren auf kostendeckendem Niveau finanziert werden.

Fazit des Autors: Durchlässige Bildungsangebote an der Schnittstelle zwischen beruflicher und akademischer Bildung bieten einzigartige Potenziale für Innovationen nicht nur innerhalb der Bildungseinrichtungen, sondern auch für im Wirtschafts- und Sozialbereich agierende Organisationen und natürlich für den einzelnen Bildungsinteressierten.

Anke Hanft und Sabine Doering (Carl von Ossietzky Universität Oldenburg) beleuchten in ihrem Beitrag die Frage nach den Herausforderungen, vor denen deutsche Hochschulen stehen, die sich den Anforderungen erwachsener und berufstätiger Lerner stellen müssen. Sie kritisieren die deutsche Studienstruktur, die am Modell des „traditionellen Studierenden“ ausgerichtet ist und berufliche Erfahrungen weder einbezieht noch anerkennt, und fragen, welche Chancen das deutsche Hochschulsystem den „nicht-traditionellen“ Lernenden bieten kann. Dass diese Frage relevant ist, belegen aus Sicht der Autorinnen die sinkenden Studienanfängerzahlen trotz der steigenden Zahl von Studienberechtigten. Sie deuten dies als Hinweis darauf, dass heutige Abiturienten und Abiturientinnen in der schnellen Aufnahme eines Studiums nicht die einzige Zukunftsoption sehen, sondern eine berufliche Erstausbildung vor der Aufnahme eines Studiums durchaus attraktiv finden. Mit Blick auf die zahlenmäßigen Anteile berufserfahrener und berufstätiger Studierender machen sie auf die zunehmende Normalität des Wechsels zwischen beruflicher Tätigkeit und Studium sowie zwischen Aus- und Weiterbildung aufmerksam.

An Beispielen aus anderen Ländern belegen sie, dass die Verzahnung von beruflicher Ausbildung und wissenschaftlicher Weiterbildung an Hochschulen erfolgreich funktioniert. Inwieweit dies auch für Deutschland realistisch ist, hängt nach Ansicht von Susanne Doering und Anke Hanft davon ab, ob es den Hochschulen gelingt, sich als Einrichtungen des lebenslangen Lernens mit großzügigen Anrechnungsregelungen für nicht-traditionelle Studierende und auf diese Zielgruppe zugeschnittenen Studienprogrammen zu positionieren. Gegenwärtig sehen sie ein sowohl quantitativ als auch qualitativ äußerst begrenztes Angebot.

Am Beispiel des vorwiegend im anglo-amerikanischen Raum diskutierten Konzepts „Instructional Design“ wird erläutert, wie Studienangebote für berufserfahrene und berufstätige Studierende gestaltet werden können. Die Autorinnen leiten daraus auch für Deutschland praktikable Gestaltungsprinzipien für die Organisation berufsbegleitender Studiengänge ab.

Nach einem kurzen Überblick über Anrechnungsmöglichkeiten von beruflich erworbenen Kompetenzen sowohl in Deutschland als auch in England und Frankreich schließen Anke Hanft und Sabine Doering ihren Beitrag mit dem Resümee, dass die Durchlässigkeit zwischen beruflicher Bildung und Hochschulbildung eine der herausragenden bildungspolitischen Aufgaben der kommenden Jahre ist, die die Hochschulen aber aus eigener Kraft nicht werden bewältigen können. Sie machen darauf aufmerksam, dass die Hochschulpolitik finanziell wie auch in der Schaffung der entsprechenden Rahmenbedingungen gefordert ist.

Margret Schermutzki und Ulrich Hoffmann (Fachhochschule Aachen) stellen in ihrem Beitrag das „Work Based Learning“ (WBL) am Beispiel des berufsbegleitenden Bachelorstudiengangs „Prozesstechnik der Fachhochschule Aachen und der Rhein-Erft-Akademie“ vor. Das Autorenteam erläutert das aus Großbritannien stammende und dort erprobte Konzept und stellt die für die Entwicklung eines WBL-Curriculums notwendigen Voraussetzungen wie eingehende Auseinandersetzung mit der Arbeitswelt, den potenziellen Studierenden und den Gegebenheiten an den Hochschulen dar.

Margret Schermutzki und Ulrich Hoffmann beschreiben in ihrem Beitrag die verschiedenen Instrumente für lebenslanges Lernen und die wichtigen Bausteine des formellen Lernens „APL“ und des informellen Lernens „APEL“. Sie illustrieren dies am Beispiel des im Frühjahr 2007 akkreditierten Bachelorstudiengangs und belegen die Realisierbarkeit dieses Ansatzes an einer deutschen Hochschule. Die Erfahrungen aus den ersten Semestern schildert das Autorenteam durchaus positiv, allerdings bleibe abzuwarten, wie sich die Studienverläufe weiterentwickeln.

In ihren abschließenden Überlegungen kommen Schermutzki und Hoffmann zu dem Ergebnis, dass WBL für die Arbeitswelt eine Herausforderung darstellt und den Hochschulen die Chance zu mehr Praxisbezug eröffnet. Herausforderung deshalb, weil die Arbeitswelt mit akademischen Anforderungen verknüpft wird und Arbeitgeber Verantwortung für den Lernprozess des individuellen Arbeitnehmers übernehmen und das individuelle Fortbildungskonzept zum Lernprozess der gesamten Organisation wird. Eine Chance, weil Hochschulen die Möglichkeit einer engeren Verbindung zur Arbeitswelt gewinnen.

Der Beitrag von Barbara Light (Institute for Work Based Learning, Middlesex University) beschäftigt sich mit unterschiedlichen Formen des Wissens. Er zeigt auf, wie sich akademisches Wissen von der Wissenschaft hin zur Wissensproduktion verändert. Nach Ansicht der Autorin entsteht Innovation nicht durch reinen Wissenstransfer, sondern durch die Transformation des Wissens. Wissenstransfer zwischen Hochschulen und Arbeitsplatz und umgekehrt ist aber für ein Konzept der Durchlässigkeit und Transparenz notwendig. Der Artikel beleuchtet zunächst die Frage, ob es ein Argument für die gegenseitige Anerkennung des jeweiligen Wissens gibt, um dann anschließend auf die Beziehung zwischen Hochschule und Arbeitsplatz als Stätten des Lernens und des Wissens zu fokussieren.

Zunächst erläutert Barbara Light, dass sich akademisches Wissen immer mehr den Bedürfnissen des Marktes anpasst, es verändere sich von „Mode 1“ Wissenschaft zu „Mode 2“ Wissensproduktion; dieses „Mode 2“ Wissen ist heterogen und hält sich nicht an Wissensdisziplingrenzen. Das in Großbritannien als Ansatz für lebenslanges Lernen und akademische Weiterbildung erprobte und verwendete Konzept des „Work Based Learning“ (WBL) wird der zweiten Kategorie zugeordnet, da sich diese Form des Lernens nicht an wissenschaftlichen Fachdisziplingrenzen orientiert. Die Autorin schlägt vor, akademisches und berufliches Lernen zu einer Art „competent knowledege“ zusammenzufassen und dadurch intrinsische und egalitäre Werte auf beiden Seiten und Quellen des Wissens zu reflektieren.

Erich Barthel und Thomas Mattes (Frankfurt School of Finance & Management) beginnen ihren Beitrag mit einem personalpolitischen Einstieg und stellen die integrierte Personalentwicklung in den Vordergrund. Dabei beleuchten die Autoren zunächst den Ansatz des „Human Ressource Management“, der in den Kompetenzen der Mitarbeiterinnen und Mitarbeiter die Grundlage für eine Weiterentwicklung des Unternehmens sieht. Sie gehen davon aus, dass Organisationsentwicklung und Personalentwicklung einander bedingen und ergänzen. Nach einem kurzen Überblick über den Stand der Forschung zum Thema Personalentwicklung gehen sie näher auf einen Ansatz ein, der Personalentwicklung idealerweise abhängig vom Reifegrad der Unternehmensentwicklung sieht.

Für Barthels und Mattes bieten die neuen Ziele in der Hochschulbildung, verstärkt Kompetenzen statt Qualifikation zu vermitteln, den Hochschulen die Möglichkeit, stärker auf die Bedarfe der Wirtschaft einzugehen. Wegen des Wechsels von der „Input"- zur „Output"orientierung müssen sich Hochschulen zukünftig verstärkt der Frage stellen, wie mit Studienbewerbern und -bewerberinnen umgegangen wird, die bereits über Lernfortschritte im Sinne des jeweiligen Studiengangs verfügen. Der gesetzliche Rahmen bietet hier einige Möglichkeiten, auf die die Autoren näher eingehen. So kann beispielsweise die Anrechnung zertifizierter Qualifikationen (APCL) möglicherweise pauschal erfolgen, was für die drei Interessengruppen Bildungseinrichtung, Hochschule und Studiengangsinteressierte gleichermaßen von Interesse sein dürfte. Erstere können ihren Teilnehmenden eine Reduktion der Studienzeit bei einem möglichen Hochschulstudium in Aussicht stellen, die Hochschulen können durch Anrechnungsverfahren Studieninteressierte mit spezifischer Vorbildung ansprechen und somit ihr eigenes Profil schärfen, und für die Studieninteressierten verkürzt sich der Arbeitsaufwand für ein Studium. Die Autoren plädieren für verstärkte Kooperationen von Hochschulen mit berufsbildenden Institutionen. Eine wichtige Unterstützung auf dem Weg zu mehr Durchlässigkeit sehen sie im Nationalen (NQF) und im Europäischen (EQF) Qualifikationsrahmen. Ihrer Ansicht nach bieten die Niveaustufen des EQF die Möglichkeit, die bis heute getrennten Systeme der hochschulischen und betrieblichen Bildung zu integrieren. Abschließend illustrieren Erich Barthel und Thomas Mattes ihre Überlegungen am Beispiel eines an der Fachhochschule für Wirtschaft Berlin, der Berufsakademie Weserbergland und der Frankfurt School of Finance & Management durchgeführten Verbundprojekts, das das Ziel hatte, Qualifikationsziele von Studiengängen für die Anrechnung von beruflich erworbenen Kompetenzen zu definieren.

Möglichkeiten und Grenzen der Durchlässigkeit von beruflich Qualifizierten in das Hochschulsystem im Kontext der Qualitätssicherung durch die Akkreditierung von Studienprogrammen ist das Thema von Christoph Affeld (Akkreditierungs-, Certifizierungs- und Qualitätssicherungs-Institut). Zunächst erläutert er, was unter Akkreditierung zu verstehen ist und in welchem Zusammenhang sie mit der Berufpraxis und der beruflichen Bildung steht. Er beleuchtet anhand dreier Themenbereiche, wie sich berufliche und hochschulische Bildung annähern können: Das erste Themenfeld behandelt die Formen des institutionalisierten Dialogs zwischen beruflicher und hochschulischer Expertise, das zweite widmet sich dem konkreten Instrument der Anrechnung beruflicher Leistungen auf das Studium und das dritte behandelt die Frage der Gestaltung weiterbildender beziehungsweise berufsbegleitender Studiengänge.

Christoph Affeld betont, dass eine Voraussetzung für die Durchlässigkeit des hochschulischen und beruflichen Bildungssystems darin besteht, dass sich die Verantwortlichen aus Hochschule und Beruf gemeinsam über das Verständnis, die Gemeinsamkeiten und Unterschiede sowie die Qualität von hochschulischer und beruflicher Ausbildung verständigen, um so eine Qualitätssicherung und -verbesserung von Studienprogrammen zu erreichen. Der Autor berichtet von guten Erfahrungen mit der Annäherung von hochschulischer und beruflicher Expertise im Zusammenhang mit seiner Tätigkeit bei ACQUIN.

Zusammenfassend kommt Christoph Affeld zum Schluss, dass mit der Akkreditierung von Studienprogrammen eine Annäherung von beruflicher und hochschulischer Expertise verbunden ist und dies eine erfolgreiche Praxis der Qualitätssicherung darstellt. Für ihn sind geeignete Instrumente und Leitlinien für diese Qualitätssicherung vorhanden. Der Trend zur Öffnung des Hochschulsystems für beruflich Qualifizierte ist aus seiner Sicht deutlich erkennbar, wobei Akkreditierungsagenturen jedoch keine Wegbereiter für die Öffnung des Hochschulsystems für die berufliche Bildung sein können. Sie können jedoch aus ihren praktischen Erfahrungen Chancen und Probleme aufzeigen und helfen, Lösungen zu erarbeiten.

Walburga Freitag (Hochschul-Informations-System HIS) betrachtet in ihrem Beitrag ebenfalls den Aspekt der Qualität. Vor der Beschreibung der qualitativen Entwicklung und Evaluation von Qualitätskriterien bettet sie das Thema in den Zielkatalog der wissenschaftlichen Begleitung der ANKOM-Initiative ein.

Die Autorin lotet das Thema Qualität von Anrechnung in einem explorativen Verfahren sehr weit aus. Sie berührt die bildungspolitischen Wurzeln des Bologna-Prozesses, beleuchtet die damit verbundene Einführung des „European Credit Transfer und Accumulation Systems“ (ECTS) und gibt einen Überblick über die Möglichkeiten von Anrechnung im deutschen Hochschulsystem.

Ausgehend von den für Studiengänge ganz allgemein entwickelten Qualitätskriterien stellt sich Walburga Freitag der Frage, welche davon für die Anrechnung interessant sind und welche Rolle Akkreditierungsverfahren im Kontext von Qualitätssicherung spielen. Die Autorin kommt zu dem Schluss, dass bereits wichtige Qualitätskriterien existieren, die für die Qualitätssicherung von Anrechnungsverfahren hilfreich sind. Dazu zählt sie die Sicherstellung der Studierfähigkeit der verbleibenden Module des Studiengangs, die Gewährleistung ausreichender Beratung und Betreuung der Studierenden, die Berücksichtigung der Zielgruppe und die Reflexion der Berufschancen und der Arbeitsmarktsituation.

In ihren weiteren Überlegungen beleuchtet Walburga Freitag die Herausforderungen im Zusammenhang mit pauschalisierten und individuellen Anrechnungsverfahren, bezieht sich auf hochschulpolitisch relevante Fragen wie die der sozialen Herkunft, von Migrationshintergrund, Geschlecht und Behinderung und beschreibt die Schwierigkeit, non-formal und informell erworbenes Wissen auf Hochschulstudiengänge anzurechnen.

Sie schließt mit der Feststellung, dass die Umsetzung von Anrechnung außerhochschulisch erworbener Kompetenzen auf Hochschulstudiengänge in Deutschland noch immer in den Kinderschuhen steckt. Abhilfe kann die Entwicklung von

Kriterien der Qualitätssicherung und ihrer Evaluation als Grundlage zur Bewertung der Anrechnungspraxis bieten. In die Entwicklung dieser Kriterien sind nach Ansicht der Autorin alle Akteure mit einzubeziehen, das heißt sowohl die Anrechnungsstudierenden und deren Kommilitonen als auch die Verantwortlichen der Prüfungsämter und der Studienberatung.

Ernst A. Hartmann

Von der Lernergebnisbeschreibung zur Etablierung von Anrechnungsverfahren – Lösungswege für eine bessere Durchlässigkeit zwischen beruflicher und akademischer Bildung

1. Durchlässigkeit zwischen beruflicher und akademischer Bildung: Das Gestaltungsfeld

Die Verbesserung der Durchlässigkeit zwischen beruflicher und akademischer Bildung ist aus vielen Begründungszusammenhängen heraus ein vorrangiges Ziel unterschiedlicher Politik- und Gestaltungsbereiche. Viele Beiträge des vorliegenden Bandes thematisieren diese Begründungszusammenhänge aus unterschiedlichen Perspektiven. Hier sollen als Ausgangspunkt der Darstellung einige zentrale Aspekte kurz angesprochen werden:

- *Bildungspolitische Begründung*: Es ist ein bildungspolitisches Desiderat, möglichst vielen Menschen möglichst viele Optionen ihrer (Weiter-)Bildung zu eröffnen, auch im Hinblick auf persönliche Weiterentwicklung und soziale Mobilität. Dies ist momentan für Absolventen des beruflichen (Weiter-)Bildungssystems im Hinblick auf eine akademische Weiterbildung nur sehr eingeschränkt gegeben.
- *Wirtschaftspolitische Begründung:* In einzelnen Wirtschaftssektoren ist hinsichtlich spezifischer Qualifikationsbedarfe ein Mangel an akademisch gebildeten Fach- und Führungskräften erkennbar oder absehbar. Neben verstärkten Bemühungen zur Erhöhung der Attraktivität entsprechender Studiengänge – etwa in den Natur- und den Ingenieurwissenschaften – für traditionelle Studierende (Abiturienten) wird die akademische Weiterbildung des vorhandenen beruflich qualifizierten Personals zunehmend wichtig für die Unternehmen und die wirtschaftlich-technologische Leistungsfähigkeit insgesamt.
- *Innovationspolitische Begründung:* Lebenslanges Lernen ist nicht nur eine Voraussetzung für Humanressourcenentwicklung im Sinne der oben angesprochenen wirtschaftspolitischen Begründung. Weiterbildungsangebote sind auch – insbesondere wenn sie berufsbegleitend oder berufsintegriert ausgelegt sind – Kristallisationspunkte für den Wissens- und Technologietransfer zwischen Wirtschaft und Wissenschaft und tragen so zur Stärkung des regionalen und nationalen Innovationssystems bei. Eine verbesserte Durchlässigkeit zwischen beruflicher und akademischer Bildung weitet die Zielgruppen für diesen Transferkanal aus, und zwar hinsichtlich des für diese innovationsfördernde Wirkung besonders wichtigen Bereichs der wissenschaftlichen Weiterbildung.

Konzepte zur Verbesserung der Durchlässigkeit in diesem Sinne und als Beitrag zu diesen Zielen lassen sich im Hinblick auf drei Gestaltungsfelder strukturieren:

- *Hochschulzugang*: Eine allgemein bekannte Maßnahme zur Verbesserung der hier angesprochenen Durchlässigkeit besteht in der Gewährung des Hochschulzugangs auch ohne direkte Hochschulzugangsberechtigung im Sinne eines (Fach-) Abiturs. Es finden sich unterschiedliche Regelungen auf Ebene der Bundesländer, die „nicht-traditionellen Studierenden" auf der Basis ihrer Berufserfahrung und/oder weiterbildender beruflicher Abschlüsse den Zugang zum Hochschulstudium ermöglichen („Studieren ohne Abitur"). *Diese* Möglichkeit wird in der Praxis jedoch nur von sehr wenigen Studieninteressierten wahrgenommen[1]. Gründe dafür liegen unter anderem darin, dass ein traditionell organisiertes Vollzeitstudium kaum mit einer professionellen Erwerbstätigkeit vereinbar ist. Davon unabhängig sind für viele beruflich qualifizierte und erfahrene Personen diese Sonderregelungen des Hochschulzugangs ohne Relevanz, weil sie ohnehin über ein (Fach-)Abitur verfügen. Dies gilt insbesondere für Absolventen anspruchvoller, technologieorientierter Berufsausbildungsgänge (zum Beispiel IT-Berufe, Mikrotechnologie).
- *Anrechnung:* Die Anrechnung beruflicher Kompetenzen auf Hochschulstudiengänge soll – logisch zunächst unabhängig vom Hochschulzugang – die Hürden für die Aufnahme eines Studiums durch Anrechnung bereits vorhandener Lernergebnisse, womit eine Reduzierung des noch zu bewältigenden Lernvolumens verbunden ist, absenken. Der Zusammenhang zum Hochschulzugang sollte sich in Zukunft so darstellen, dass die Zulassung zu einem bestimmten Studiengang (unter Wahrung möglichst liberaler Zugangsregelungen) und die Anrechnung der entsprechenden Kompetenzen in einem einheitlichen methodischen Rahmen – gegebenenfalls auch innerhalb eines generellen Auswahlverfahrens – erfolgt, unter dem Leitmotto „Zulassung qua Anrechnung".
- *Studienmodelle:* Anrechnung im oben dargestellten Sinne reduziert die Durchlässigkeitshürden, in vielen Fällen allerdings nur in einem unterkritischen Maße. Für beruflich engagierte Studieninteressierte ist auch ein um beispielsweise fünfzig Prozent im Umfang reduziertes Studium noch nicht praktisch studierbar, wenn die Studienorganisation nicht explizit auf die Belange dieses Typs von Studierenden zugeschnitten ist. Neben „traditionellen" Formen des Fernstudiums und des berufsbegleitenden Studiums entstehen neue Modelle des berufs*integrierten*, projektbasierten Studierens[2].

Eine praktisch wirksame Durchlässigkeit erfordert die Gestaltung aller drei Bereiche. Die aktuellen Entwicklungsstände und -perspektiven in diesen drei Bereichen lassen sich skizzenhaft wie folgt zusammenfassen:

---

1 Nach der 2005 von HIS herausgegebenen Studie „EUROSTUDENT Report – Social and Economic Conditions of Student Life in Europe" (http://www.his.de/Eurostudent/report2005.pdf) lag der Anteil nicht-traditioneller Studierender in Deutschland bei 3,3 Prozent (a.a.O., S. 36).

2 Vgl. hierzu insbesondere auch die Beiträge von Barbara Light sowie Margret Schermutzki und Ulrich Hoffmann in diesem Band. Eine Überblicksdarstellung zum Konzept des „Work Based Learning" in Großbritannien findet sich auch in: Costley & Portwood (2000).

- *Hochschulzugang*: Der Hochschulzugang ohne schulische Hochschulzugangsberechtigung (Abitur, Fachabitur) wird in den einzelnen Bundesländern sehr unterschiedlich gehandhabt. Tendenziell finden sich im Norden liberalere Regelungen (zum Beispiel Niedersachsen) als im Süden (zum Beispiel Bayern). Aktuell zeigen sich Tendenzen einer Angleichung „nach oben“, in Richtung liberalerer Regelungen. So wurde etwa in Thüringen der Hochschulzugang für Absolventen beruflicher Weiterbildungen (Meister, Techniker etc.) im Jahre 2007 durch das neue Hochschulgesetz erleichtert. In Bayern ist aktuell (Sommer 2008) eine Öffnung des *Fachhochschulzugangs* für Meister und vergleichbar Qualifizierte geplant.
- *Anrechnung:* Ein bisher übliches Verfahren der Anrechnung ist die Einstufungsprüfung. Sie ist ein individuelles – im Gegensatz zum pauschalisierten – Verfahren der Anrechnung. Der „Auflösungsgrad“ dieses Verfahrens beträgt ein Semester. Aktuelle Entwicklungen – im ANKOM-Kontext und darüber hinaus – weisen gegenüber diesem a-priori-Zustand zwei Entwicklungstendenzen auf: Die individuellen Verfahren werden zum einen durch pauschalisierte Verfahren ergänzt oder perspektivisch sogar durch solche ersetzt. Zum anderen steigt der „Auflösungsgrad“ der Anrechnungsverfahren: Statt Semestern werden nun in der Regel Module (oder sogar Teilmodule) angerechnet.
- *Studienmodelle:* Etablierte Modelle zur Verbesserung der Durchlässigkeit oder auch der Verknüpfung zwischen beruflicher und akademischer Bildung sind die Öffnung traditioneller grundständiger Vollzeitstudiengänge für Berufstätige und duale Studiengänge. Beide Konzepte haben spezifische Limitierungen. Vollzeitstudiengänge sind für Berufstätige kaum studierbar. Duale Studiengänge erlauben zwar einen „synchronisierten Start“ in beiden Bildungssektoren durch Parallelisierung und Verzahnung von Berufsausbildung und Studium; sie bieten aber keine Option der Durchlässigkeit im engeren Sinne, verstanden als Weiterbildungsangebote für beruflich Qualifizierte.[3]

In diesem Beitrag soll – vor dem Hintergrund der Erfahrungen aus der Begleitforschung der ANKOM-Initiative – der „mittlere“ Gestaltungsbereich, die Anrechnung beruflicher Kompetenzen auf Hochschulstudiengänge, eingehender betrachtet werden. Dies ist der Gegenstand der folgenden Abschnitte.

2. Lernergebnisse, Äquivalenzprüfung, Anrechnungsverfahren

2.1 Einführung: Die Beschreibungsmatrix für Anrechnungsmodelle

Im Rahmen der Begleitforschung zur ANKOM-Initiative wurde eine „Beschreibungsmatrix“ entwickelt (Abbildung 1).

3 Ausnahmen sind die seltenen weiterbildenden dualen Studiengänge, wie etwa an der Fachhochschule Stralsund im Bereich des Wirtschaftsingenieurwesens.

	A: Lernergebnisse	B: Äquivalenz-bestimmung	C: Anrechnungs-verfahren
Konzept/ Modell	Beschreibung von Lernergebnissen aus Fortbildung und Hochschulstudium (und informellen Lernfeldern)	Verfahren zur Bestimmung von Äquivalenzen der Lernergebnisse aus beiden Bereichen	Anrechnungs-verfahren der Hochschule
Umsetzung	Einführung von Verfahren zu Lernergebnis-beschreibung	Einführung von Äquivalenz-bestimmungs-verfahren	Einführung eines Anrechnungs-verfahren an der Hochschule

Abbildung 1: Beschreibungsmatrix für Anrechnungsmodelle

Die drei inhaltlichen Kernbereiche der Anrechnungsmodelle sind Konzepte der Lernergebnisbeschreibung, der Äquivalenzfeststellung und des Anrechnungsverfahrens als prozedurale Festschreibung hinsichtlich der Überführung von festgestellten Äquivalenzen hinsichtlich definierter Lernergebnisse in konkrete Anrechnungen von Studienleistungen. Diese Bereiche stellen die horizontale Dimension der Matrix dar. Die vertikale Dimension stellt diesen Konzepten Umsetzungsstrategien gegenüber, die beschreiben, wie die jeweiligen Konzepte in Hochschulen eingeführt und etabliert werden können. Die Darstellung in diesem Beitrag beschränkt sich auf die Konzepte in den drei genannten Bereichen selbst, wie sie in den ANKOM-Entwicklungsprojekten erarbeitet wurden. Die Umsetzungsstrategien werden im Rahmen der wissenschaftlichen Begleitung nach der Förderphase der Entwicklungsprojekte ausgewertet; die Ergebnisse werden dann an anderer Stelle publiziert werden.

2.2 Lernergebnisbeschreibung

Die Erfahrungen aus den ANKOM-Projekten zeigten zunächst, dass vorliegende Dokumente des beruflichen wie akademischen Sektors (Modulbeschreibungen, Prüfungsordnungen etc.) oftmals keine Lernergebnisse ausweisen, sondern in eher traditioneller Form Lernziele und Lerninhalte darstellen. Weiterhin sind Struktur und Terminologie der Dokumente sowohl zwischen wie innerhalb der beiden Bildungssektoren sehr heterogen. Abbildung 2 veranschaulicht anhand realer Beispiele diese Heterogenität zwischen den, aber auch innerhalb der Bildungssektoren.

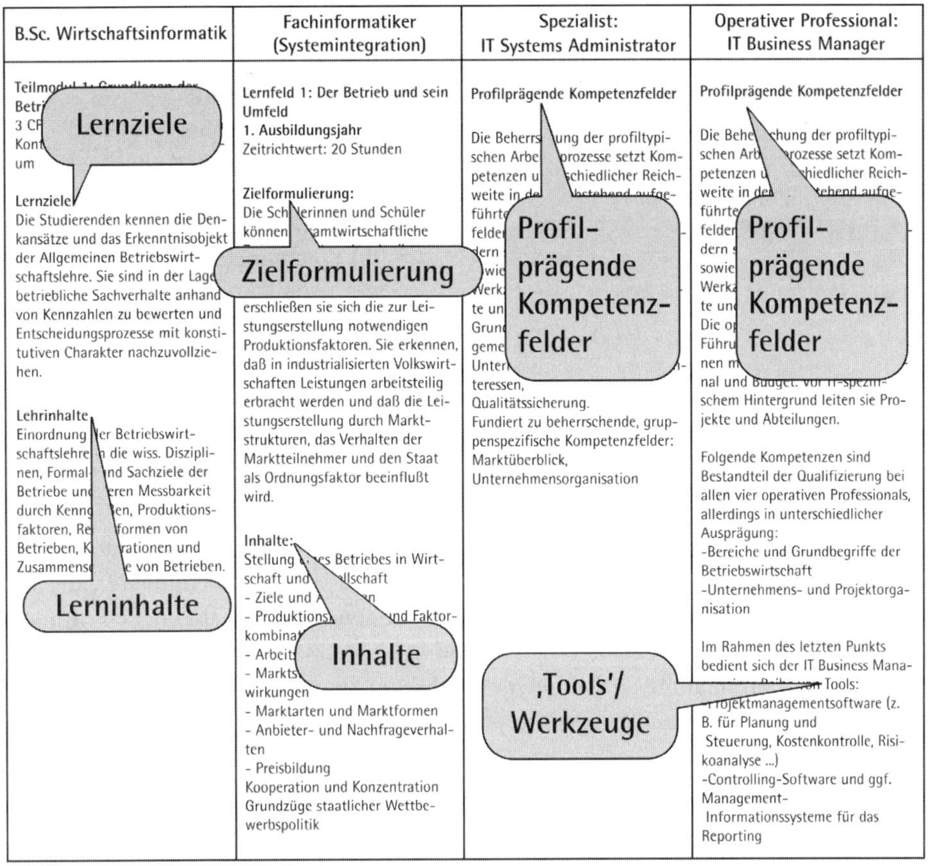

B.Sc. Wirtschaftsinformatik	Fachinformatiker (Systemintegration)	Spezialist: IT Systems Administrator	Operativer Professional: IT Business Manager
Teilm… Betr… 3 C… Kon… um Lernziele Die Studierenden kennen die Denkansätze und das Erkenntnisobjekt der Allgemeinen Betriebswirtschaftslehre. Sie sind in der Lage betriebliche Sachverhalte anhand von Kennzahlen zu bewerten und Entscheidungsprozesse mit konstitutiven Charakter nachzuvollziehen. Lehrinhalte Einordnung …er Betriebswirtschaftslehre … die wiss. Disziplinen, Formal… nd Sachziele der Betriebe un… ren Messbarkeit durch Kenn… en, Produktionsfaktoren, Re… formen von Betrieben, K… rationen und Zusammens… e von Betrieben.	Lernfeld 1: Der Betrieb und sein Umfeld 1. Ausbildungsjahr Zeitrichtwert: 20 Stunden Zielformulierung: Die Sch… erinnen und Schüler können … amtwirtschaftliche … erschließen sie sich die zur Leistungserstellung notwendigen Produktionsfaktoren. Sie erkennen, daß in industrialisierten Volkswirtschaften Leistungen arbeitsteilig erbracht werden und daß die Leistungserstellung durch Marktstrukturen, das Verhalten der Marktteilnehmer und den Staat als Ordnungsfaktor beeinflußt wird. Inhalte: Stellung … s Betriebes in Wirtschaft un… llschaft - Ziele und … - Produktion… nd Faktorkombina… - Arbeit… - Markts… wirkungen - Marktarten und Marktformen - Anbieter- und Nachfrageverhalten - Preisbildung Kooperation und Konzentration Grundzüge staatlicher Wettbewerbspolitik	Profilprägende Kompetenzfelder Die Beherr… ung der profiltypischen Arbe… prozesse setzt Kompetenzen u… schiedlicher Reichweite i… führt… felde… dern … wie… Werk… te un… Grun… geme… Unter… teressen, Qualitätssicherung. Fundiert zu beherrschende, gruppenspezifische Kompetenzfelder: Marktüberblick, Unternehmensorganisation	Profilprägende Kompetenzfelder Die Behe… chung der profiltypischen Ar… rozesse setzt Kompetenzen u… hiedlicher Reichweite in … führte… felder … dern … sowie … Werk… te un… Die o… Führu… nen … nal und … schem Hintergrund leiten sie Projekte und Abteilungen. Folgende Kompetenzen sind Bestandteil der Qualifizierung bei allen vier operativen Professionals, allerdings in unterschiedlicher Ausprägung: -Bereiche und Grundbegriffe der Betriebswirtschaft -Unternehmens- und Projektorganisation Im Rahmen des letzten Punkts bedient sich der IT Business Mana… Tools: -…jektmanagementsoftware (z. B. für Planung und Steuerung, Kostenkontrolle, Risikoanalyse ...) -Controlling-Software und ggf. Management-Informationssysteme für das Reporting

Abbildung 2: Synoptische Darstellung von Lernziel-/Lerninhaltergebnisbeschreibungen (Beispiel aus den Projekten ANKOM-IT, TU Braunschweig, und ProIT Professionals, TU Darmstadt)

Um eine Vergleichbarkeit herzustellen, ist also erheblicher „Übersetzungsaufwand" notwendig. Für eine in diesem Sinne auf Vergleichbarkeit abzielende Beschreibung von Lernergebnissen können Deskriptoren verwendet werden, die auf Europäischer Ebene zum Zwecke der Harmonisierung entwickelt wurden (zum Beispiel „Dublin Descriptors"[4] des Europäischen Hochschulraums oder die Deskriptoren des Europäischen Qualifikationsrahmens[5], vgl. Abbildung 3).

Alternativ können auch generische Deskriptoren herangezogen werden, wie sie etwa die kognitiven Taxonomien nach Bloom (1956) oder darauf basierende Weiterentwicklungen wie etwa nach Anderson und Krathwohl (2001) kennzeichnen (Abbildung 4). Diese unterschiedlichen Ansätze wurden in ANKOM-Projekten praktisch demonstriert.

4 Zu finden auf der Homepage der Joint Quality Initiative (http://www.jointquality.nl).
5 Empfehlung des Europäischen Parlaments und des Rates zur Einrichtung des Europäischen Qualifikationsrahmens für lebenslanges Lernen, Brüssel, 29. Januar 2008 (http://ec.europa.eu/education/policies/educ/eqf/rec08_de.pdf).

Dublin-Deskriptoren (EHR)
- Wissen und Verstehen
- Anwendung von Wissen und Verstehen
- Urteilen
- Kommunikative Fähigkeiten
- Lernstrategien

EQR-Deskriptoren
- Kenntnisse
- Fertigkeiten/Fähigkeiten
- Kompetenzen im weiteren Sinne:
  - (i) Selbstständigkeit und Verantwortung
  - (ii) Lernkompetenz
  - (iii) Kommunikationskompetenz und soziale Kompetenz
  - (iv) Fachliche und berufliche Kompetenz

Abbildung 3: Dublin-Deskriptoren und EQR-Deskriptoren (die mit kleinen römischen Ziffern gekennzeichneten Untersetzungen zum Kompetenzbegriff sind in aktuellen Versionen nicht mehr enthalten)

Neben diesen begrifflichen Hilfsmitteln als „Übersetzungswerkzeuge“ erwiesen sich in unterschiedlichen ANKOM-Projekten insbesondere auch kompetente „Übersetzter“ als wichtige Erfolgsfaktoren, wie beispielsweise Hochschullehrer, die zugleich als Dozenten in der beruflichen Weiterbildung tätig sind und/oder Prüfungsausschüssen im Bereich der beruflichen Bildung angehören. Weiterhin wurde durch wechselseitige Teilnahme an Prüfungen beider Bildungssektoren in einigen Projekten ein gemeinsamer Erfahrungskontext hergestellt.

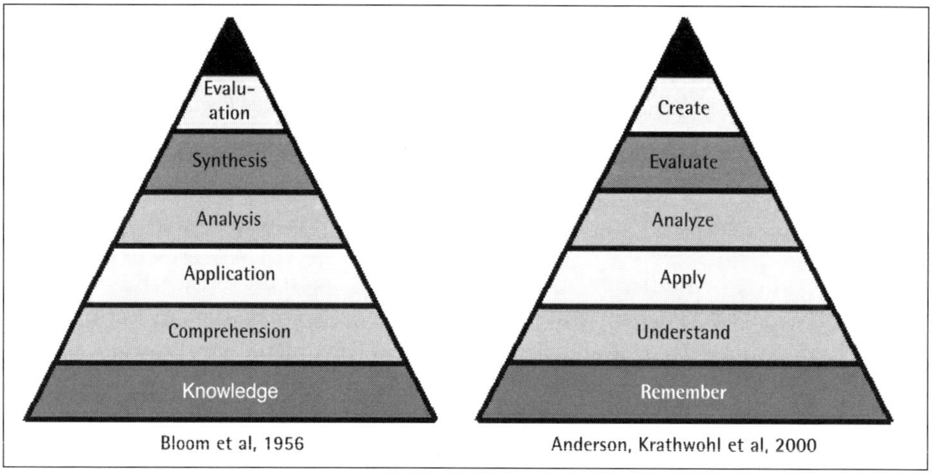

Abbildung 4: Generische Taxonomien

Zusammenfassend kann festgestellt werden, dass eine valide und praktikable Lernergebnisbeschreibung für akademische wie berufliche Lernsettings auf unterschiedlichen Wegen realisierbar ist. Rahmenwerke wie etwa EQR/DQR können dazu hilfreich sein, wie in einigen ANKOM-Projekten demonstriert wurde. Zwingend erforderlich sind sie für die Zwecke der Anrechnung nicht, wie alternative Entwicklungen in anderen Projekten zeigen.

2.3 Äquivalenzprüfung

Die Prüfung der Äquivalenz von Lernergebnissen stellt das „Kernstück" eines Anrechnungsmodells dar. Grundsätzlich besteht das Ziel einer solchen Äquivalenzprüfung darin, die Gleichwertigkeit (Äquivalenz) – nicht die Gleichartigkeit (Identität) – zwischen bestimmten Clustern von Lernergebnissen aus der beruflichen Bildung einerseits und der hochschulischen Bildung andererseits festzustellen, und zwar unter den beiden Aspekten der inhaltlichen Äquivalenz und der niveaubezogenen Äquivalenz.

Als vorbereitender Schritt einer Äquivalenzprüfung sind zunächst die „Cluster von Lernergebnissen" in einer für Anrechnungsfragestellungen geeigneten Form zusammenzustellen. Auf hochschulischer Seite sind diese Cluster in aller Regel identisch mit den Modulen des Zielstudiengangs. Auf diese Module bezieht sich die Äquivalenzprüfung, und im Fall einer nachgewiesenen Äquivalenz werden die diesem Modul zugewiesenen ECTS-Punkte (komplett oder gegebenenfalls auch teilweise) den an Anrechnung interessierten Personen „gutgeschrieben". Wenn also die Anrechnung beruflicher Kompetenzen auf Hochschulstudiengänge in Rede steht – und nicht umgekehrt die Anrechnung hochschulisch erworbener Kompetenzen auf berufliche Bildungsabschlüsse – wird immer das hochschulische Modul als „Maßstab" der Äquivalenzbeurteilung dienen müssen.

Diesen hochschulischen Modulen stehen nun – wegen der Eigengesetzlichkeiten der jeweiligen Bildungssektoren – auf beruflicher Seite in der Regel keine inhaltlich vergleichbaren Lernergebnis-Cluster gegenüber. Deshalb ist es notwendig, berufliche Lernergebnisse als „virtuelle Module" zu konstruieren, die dann mit dem Studiengangmodul verglichen werden können. Zur Konstruktion eines solchen virtuellen Moduls werden im Hinblick auf das jeweils interessierende Studiengangmodul alle inhaltlich dazu affinen beruflichen Lernergebnisse – wie sie etwa in Lehrplänen, Prüfungsordnungen, Curricula, Lehrmaterialen etc. zu finden sind – zusammengestellt.

Studiengangmodul und virtuelles Modul sind die beiden Entitäten, die mit Hilfe der in den ANKOM-Projekten entwickelten Methoden auf ihre Äquivalenz untersucht werden.

Ein generelle Gemeinsamkeit aller dieser Äquivalenzbeurteilungsmethoden besteht darin, dass sie auf Expertenurteilen basieren. In den allermeisten Fällen handelt es sich dabei um hochschulinterne Experten, es gibt aber auch Beispiele für Verfahren, die mit externen Experten arbeiten (Qualifikationsverbund Nord-West, Universität Oldenburg).

Eine erste Unterscheidung hinsichtlich der jeweils für die Äquivalenzbeurteilung verwendeten Methoden und Instrumente orientiert sich daran, ob die Urteile im Rahmen einer individuellen oder pauschalen Beurteilung erfolgen (Abbildung 5).

Da – wie bereits eingangs dargestellt – zwischen inhaltlicher und niveaubezogener Äquivalenz zu unterscheiden ist, liegt es nahe, Inhaltsprüfung und Niveauprüfung als eine weitere methodische Unterscheidung einzuführen.

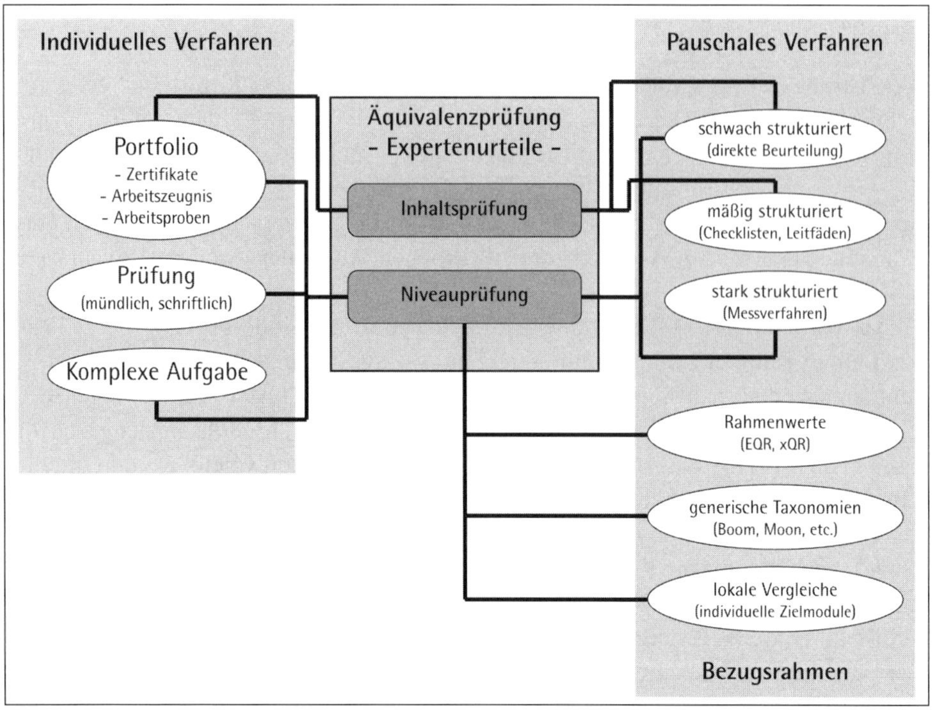

Abbildung 5: Methoden und Instrumente der Äquivalenzprüfung

Im individuellen Verfahren hat sich das Portfolio als „Standardinstrument" insbesondere für die Inhaltsprüfung etabliert. Alle ANKOM-Projekte, die überhaupt individuelle Verfahren vorsehen, verwenden auch Portfolios. Im Portfolio werden in jedem Fall Dokumente zusammengestellt, die einschlägige Erfahrungen als Lernergebnisse der an Anrechnung interessierten Person belegen sollen. Dabei kann es sich um betriebliche Dokumente, Arbeitsproben, Arbeitszeugnisse oder Ähnliches handeln. In dieser Hinsicht dient das Portfolio der Dokumentation informell erworbener Lernergebnisse. Es herrschen unterschiedliche Auffassungen, inwieweit auch Dokumente zum Nachweis formell erworbener Lernergebnisse Bestandteil des Portfolios sind. Im Folgenden wird der breitere, formelle Bildungszeugnisse einschließende Portfoliobegriff verwendet. Anhand des Portfolios können Experten eine inhaltliche Äquivalenz zwischen den dort dokumentierten (formell oder informell erworbenen) und den im Studienmodul geforderten Lernergebnissen beurteilen. Man könnte auch erwägen, die Experten eine niveaubezogene Beurteilung der Äquivalenz anhand des Portfolios vornehmen zu lassen. Um die Niveaubeurteilung besser abzusichern, wird in manchen Fällen eine mündliche oder schriftliche Prüfung im Anschluss an die Portfoliobeurteilung durchgeführt. Diese Prüfung dient, wie gesagt, im Wesentlichen der Niveaubeurteilung, kann aber auch noch bestimmte Aspekte der Inhaltsbeurteilung mit abdecken.

Hinsichtlich der pauschalen Äquivalenzbeurteilung können die verwendeten Methoden grob in drei Klassen eingeteilt werden. Allen Methoden ist gemein, dass sie sich auf Expertenurteile stützen (Abbildung 5):

- Schwach strukturierte Methoden: Die Experten geben mehr oder weniger unmittelbar und ohne beziehungsweise mit nur geringer methodischer Unterstützung Inhalts- oder Niveauäquivalenzurteile ab.
- Mäßig strukturierte Methoden: Die Expertenurteile werden durch methodische Hilfsmittel wie etwa Checklisten, Leitfäden oder Fragebögen methodisch unterstützt und strukturiert.
- Stark strukturierte Methoden: Die Expertenurteile werden durch methodische Hilfsmittel, die als (psychometrische) Messverfahren – mit bekannten Güteindikatoren hinsichtlich Reliabilität und Validität – interpretiert werden können, methodisch unterstützt und strukturiert.

Alle diese Methodentypen können prinzipiell sowohl zur Inhalts- wie auch zur Niveaubeurteilung herangezogen werden. Tatsächlich kommen allerdings stark strukturierte Messverfahren nur für die – methodisch anspruchsvollere – Niveaubeurteilung praktisch zum Einsatz.

Schwach strukturierte Methoden kommen im ANKOM-Kontext – wenn überhaupt – nur für die Inhaltsprüfung in Betracht. Aber auch hier ist zu bedenken, dass in jedem Fall durch die Konstruktion virtueller Module bereits eine gewisse Strukturierungsleistung erbracht wurde. Demgegenüber sind schwach strukturierte Methoden kennzeichnend für die herrschende Praxis der Anrechnung an Hochschulen, zumindest was die Anrechnung externer *hochschulischer* Leistungen betrifft. Hier wird eine Anrechenbarkeit in der Regel vom fachlich zuständigen Hochschullehrer ohne weitere methodische Vorgaben beurteilt.

Die weitaus meisten der im ANKOM-Kontext entwickelten Methoden können als mäßig strukturiert bezeichnet werden. Dies erklärt sich auch aus der Notwendigkeit, einen Kompromiss zwischen der Belastbarkeit der Ergebnisse und der praktischen Handhabbarkeit des Verfahrens zu finden. Typische Elemente solcher mäßig strukturierten Methoden sind:

- Fragebögen, Checklisten;
- Ablaufpläne, Entscheidungsbäume mit zugeordneten Datenquellen wie etwa Dokumenten oder Expertenurteilen zur Strukturierung des Gesamtprozesses der Äquivalenzbeurteilung;
- Kompetenzmatrizen, die Lernergebnisse aus beruflicher Bildung und Studiengang systematisch gegenüberstellen;
- Formulare, etwa zur Erstellung von Portfolios im Rahmen der Inhaltsbeurteilung (und aspekthaft auch der Niveaubeurteilung) im individuellen Verfahren;
- Bewertungsbögen zur Niveaueinstufung von Lernergebnissen, etwa nach EQF-Niveaus oder nach generischen Taxonomien;
- Kriterienlisten für die Kompetenzäquivalenzfeststellung in inhaltlicher und niveaubezogener Hinsicht.

In den ANKOM-Projekten werden manchmal bestimmte Methoden speziell nur für die Inhalts- (zum Beispiel Portfolioformulare) oder die Niveaubeurteilung (zum Beispiel Bewertungsbögen zur Niveaueinstufung) eingesetzt, in anderen Fällen hingegen werden Methoden für beide Zwecke gleichermaßen genutzt werden (zum Beispiel Ablaufpläne mit definierten, separaten Phasen für die Inhalts- und Niveaubeurteilung).

Die einzige im ANKOM-Kontext entwickelte eindeutig stark strukturierte Methode – im Sinne eines Messinstruments – ist der Module Level Indicator (MLI[6]). Der MLI dient speziell zur Niveaubeurteilung. Das Instrument umfasst neun Dimensionen (Skalen) mit insgesamt 51 Items (Fragen, Beurteilungsaspekten), die im Wesentlichen auf den EQR-Deskriptoren beruhen. Zusätzlich wurden Kriterien anderer Qualifikationsrahmenwerke berücksichtigt. Die Skalen des MLI erfassen „Breite und Aktualität des Wissens", „Kritisches Verstehen", „Problemlösen und Fertigkeiten", „Praxisbezug". „Selbstständigkeit", „Berücksichtigung sozialer und ethischer Fragen", „Interdisziplinarität", „Kommunikation" und „Innovation". In Abhängigkeit von der Beurteilung eines Lernergebnisses hinsichtlich dieser Beurteilungsdimensionen liefert der MLI eine Einstufung dieses Lernergebnisses in eine der EQR-Niveaustufen.

Diese Skalen wurden mit Hilfe der in den empirischen Sozialwissenschaften, insbesondere der Psychologie, üblichen Methoden der Konstruktion von Messinstrumenten entwickelt. Es liegen empirische Daten zur Reliabilität (Verlässlichkeit, Messgenauigkeit) und Validität (Gültigkeit) des Verfahrens vor. Diese Daten bekräftigen die Qualität des MLI als Messinstrument. Besonders wichtig war dabei die Verbesserung der Reliabilität gegenüber anderen vorhandenen Verfahren. Die Frage der Validität stellt sich hier nicht in der Schärfe, weil mit Expertenurteilen gearbeitet wird, die im hier interessierenden Kontext als valide gelten müssen. Problematisch war die erhebliche Streuung zwischen den einzelnen Expertenurteilen hinsichtlich eines bestimmten Beurteilungsgegenstandes (Lernergebnis), was sich in entsprechend niedrigen und im Hinblick auf belastbare Äquivalenzurteile unbefriedigenden Reliabilitätskoeffizienten ausdrückte. Hier wurden durch den MLI wesentliche Fortschritte erzielt, und es konnte demonstriert werden, dass – durch die das Expertenurteil strukturierende Wirkung des MLI – solche Äquivalenzaussagen mit sehr guter Reliabilität möglich sind.

Ein grundsätzliches Problem, dem sich alle Äquivalenzbeurteilungsverfahren zu stellen haben, besteht darin, dass Gleichwertigkeit (Äquivalenz) und nicht Gleichheit (Identität) beurteilt werden soll. Es besteht somit die Notwendigkeit, in einem gewissen Maße Unterschiede zwischen den zu beurteilenden Lernergebnissen zulassen zu müssen. Dafür müssen Grenzwerte beziehungsweise „Kompensationsmechanismen" für die zulässige Nichtübereinstimmung definiert werden.

Hinsichtlich der Inhaltsbeurteilung liegt die geforderte minimale Abdeckung des Inhalts des akademischen Zielmoduls durch das auf Äquivalenz zu prüfende virtu-

6 Vgl. den Beitrag von Willi Gierke und Wolfgang Müskens in diesem Band; der MLI wurde im Projekt Qualifikationsverbund Nord-West der Universität Oldenburg entwickelt.

elle Modul der beruflichen Bildung bei in der Regel – über die ANKOM-Projekte hinweg betrachtet – etwa 75 Prozent.

Auch für die Niveaubeurteilung sind bestimmte Grenzwerte beziehungsweise „Kompensationsmechanismen" für die geforderten Äquivalenzbeziehungen notwendig. Bei dem bereits dargestellten Verfahren MLI verhält es sich etwa so, dass sich Bewertungen von Lernergebnissen zwischen den einzelnen Beurteilungsdimensionen wechselseitig kompensieren können; niedrigere Werte auf der einen Dimension können also durch höhere Werte auf einer anderen ausgeglichen werden. Ähnlich verhält es sich bei dem Analyseinstrument, das innerhalb des mehrstufigen, im ANKOM-Projekt „Gesundheitsberufe nach BBiG" (FH Bielefeld) entwickelten Äquivalenzbeurteilungsverfahren zum Einsatz kommt.

Ein letztes Merkmal von Äquivalenzbeurteilungsverfahren betrifft den Bezugsrahmen des Äquivalenzurteils hinsichtlich der Lernergebnisbeschreibung. Dies sind – wie oben dargestellt – im Wesentlichen einerseits Qualifikationsrahmenwerke, insbesondere der Europäische Qualifikationsrahmen (EQR), und sektorale Rahmenwerke, andererseits generische Taxonomien.

Diese Bezugssysteme können – neben der Lernergebnisbeschreibung – auch in der Äquivalenzbeurteilung eine unmittelbare Rolle spielen. Dies gilt insbesondere im Bereich der pauschalen Beurteilung. Im bereits ausführlich dargestellten Beispiel des MLI wird dies besonders deutlich: Die zu vergleichenden Lernergebnisse werden mit Hilfe des MLI – zunächst unabhängig voneinander – auf die EQR-Niveauskala abgebildet. Anhand der Niveauwerte – etwa: EQR Stufe 5 – kann dann ein Äquivalenzurteil gefällt werden. Viele andere der in der ANKOM-Initiative entwickelten Verfahren arbeiten ähnlich.

Ein wenig komplizierter stellt sich der Sachverhalt bei den generischen Taxonomien dar. Dies hängt prinzipiell damit zusammen, dass im Unterschied zu den EQR-Stufen die Metrik der Taxa – etwa „Verstehen" gegenüber „Synthetisieren" – umstritten ist: Es ist keinesfalls eindeutig, ob einer dieser kognitiven Prozesse „höherwertiger" ist als ein anderer. Weiterhin werden Cluster von Lernergebnissen – (virtuelle) Module – immer mehrere dieser Taxa ansprechen: „Verstehen" ebenso wie „Analysieren" oder „Gestalten". Während also beispielsweise eine Einstufung eines Lernergebnisses auf eine bestimmte EQR-Stufe ein unmittelbares Vergleichsurteil mit einer zweiten Einstufung eines zweiten Lernergebnisses nahelegen kann, ist ein solcher „metrischer" Vergleich beim Einsatz generischer Taxonomien ungleich angreifbarer.

Dies führt im Ergebnis dazu, dass eine Beschreibung von Lernergebnissen nach solchen Taxonomien oftmals auf dieser Ebene verharrt, also eine reine qualitative Beschreibung liefert, und dass das „eigentliche" Äquivalenzurteil auf anderem Wege erfolgen muss. In der Regel geschieht das durch direkten „lokalen" Vergleich der beiden Lernergebnisse, ohne (engen) Bezug zu einem „neutralen" Maßstab. Es wird also letztlich die Frage beantwortet, ob das anzurechnende virtuelle Modul das durch das Zielmodul repräsentierte Niveau annähernd erreicht oder nicht.

In Bezug auf die drei in Abbildung 5 dargestellten Bezugssysteme heißt dies: Einerseits impliziert eine Lernergebnisbeschreibung nach EQR oder anderen gestuften Rahmenwerken in der Regel eine „metrische" Niveauäquivalenzbeurteilung im Hinblick auf diese Niveaustufen, im Sinne eines neutralen Maßstabs. Andererseits führt eine nach generischen Taxonomien ausgeführte Lernergebnisbeschreibung nicht unbedingt dazu, dass die Lernergebnisse direkt und ausschließlich am Maßstab dieser Taxonomien gemessen werden. Vielmehr finden sich fließende Übergänge zu einem direkten lokalen Vergleich beider Lernergebnis-Cluster.

Die bisherigen Ausführungen bezogen sich auf Äquivalenzbeurteilungen im Rahmen pauschaler Verfahren. Bei individuellen Anrechnungen wird ein direkter lokaler Vergleich häufiger vorkommen. Die im Portfolio dokumentierten Lernergebnisse werden in der Regel in „ad-hoc-Beschreibungsformaten" vorliegen und nicht unbedingt in einem separaten Rekodierungsschritt in EQR-bezogene oder taxonomieorientierte Beschreibungen überführt werden. Die Daten aus Portfolio und komplexer Aufgabe beziehungsweise mündlicher oder schriftlicher Prüfung dienen dann im Wesentlichen dazu, im direkten Vergleich abzuschätzen, ob mit dem akademischen Zielmodul in inhaltlicher und niveaubezogener Hinsicht vergleichbare Lernergebnisse vorliegen. Dies ist auch vertretbar, weil immer eine im akademischen System autorisierte Person diese Entscheidungen fallweise trifft.

2.4 Anrechnungsverfahren

Hinsichtlich der Anrechnungsverfahren zeigen sich zwei Tendenzen: Einerseits rein pauschale Verfahren, andererseits kombiniert pauschal/individuelle Verfahren (Abbildung 6):

- *Pauschale Anrechnung*: Antragsteller bekommen für bestimmte Weiterbildungszertifikate – hinsichtlich derer Äquivalenzbeziehungen zu bestimmten Studienmodulen bereits nachgewiesen sind – pauschal die entsprechenden Leistungspunkte zuerkannt. Die pauschale Anrechnung bezieht sich in der Regel auf formell dokumentierte Lernergebnisse (Zertifikate). In Grenzfällen können auch informell erworbene Lernergebnisse (Erfahrung) pauschal angerechnet werden, etwa als Äquivalente von Industriepraktika.
- *Individuelle Anrechnung*: Zusätzlich besteht die Möglichkeit, in einem individuellen Verfahren weitere Lernergebnisse beurteilen und gegebenenfalls anrechnen zu lassen. Dies kann sich auf bisher noch nicht pauschal erfasste Zertifikate oder auch auf informell erworbene Lernergebnisse beziehen, wobei der letztere Fall der „typischere" ist. Ein bewährtes Instrument der individuellen Anrechnung ist das Portfolio. Im Portfolio stellen die Anrechnungsinteressierten Dokumente zusammen, die den Erwerb bestimmter Lernergebnisse belegen können (zum Beispiel betriebliche Dokumente über Projekt- oder Führungsverantwortung, Arbeitsproben etc.).

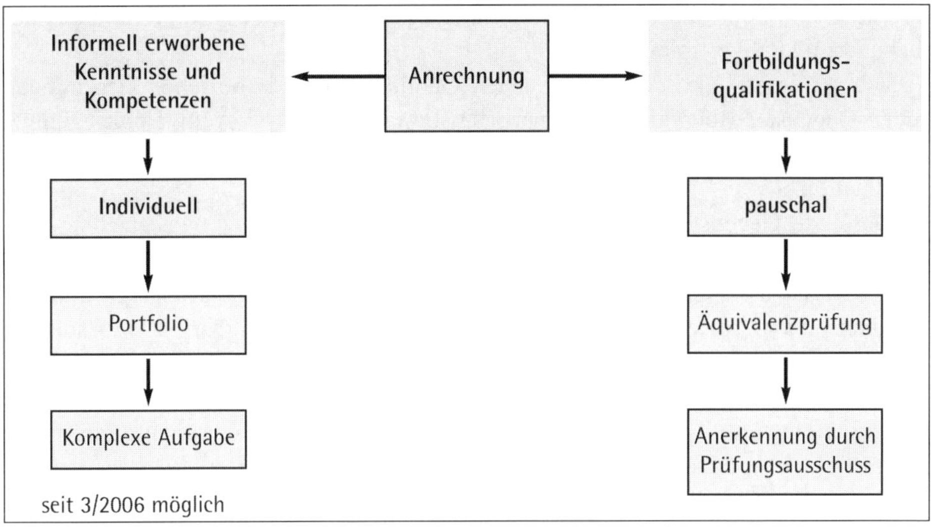

Abbildung 6: Individuelles und pauschales Verfahren in Kombination (Beispiel Universität Oldenburg; so auch praktisch implementiert)

Die Durchführbarkeit von Anrechnungsverfahren wurde von den ANKOM-Entwicklungsprojekten belegt. Für zahlreiche Kombinationen von beruflichen Weiterbildungen und Studiengängen wurden pauschale Anrechnungspotenziale identifiziert. Auch für individuelle Anrechnungsverfahren liegen Erfahrungen und praktisch bewährte Instrumente vor. In einigen Hochschulen haben die zuständigen Gremien Anrechnungsregelungen für bestimmte Studiengänge bereits autorisiert. Erste praktische Implementierungen im „Normalbetrieb" liegen vor beziehungsweise stehen unmittelbar bevor.

3. Qualitätssicherung für Anrechnungsverfahren

Bereits in der Anfangsphase der ANKOM-Initiative hatte die Begleitforschung Gütekriterien für Anrechnungsverfahren entwickelt und mit den Entwicklungsprojekten abgestimmt.[7] Diese Kriterien sollten eine Orientierung geben für ANKOM-Projekte und andere Akteure, die Anrechnungsverfahren umsetzen wollen. Sie sollten darüber hinaus für alle individuellen und institutionellen Interessenten an Anrechnung – in den Hochschulen, im Berufsbildungssystem, in der Wirtschaft, in der Politik und in der Gesellschaft – Grundlagen für Transparenz und Akzeptanz von Anrechnungsverfahren schaffen.

Diese Gütekriterien wurden weiterentwickelt zu einer „Leitlinie für die Qualitätssicherung von Verfahren zur Anrechnung beruflicher und außerhochschulisch erworbener Kompetenzen auf Hochschulstudiengänge". Diese Leitlinie wurde anlässlich des ANKOM-Workshops „Anrechnung – Durchlässigkeit mit Qualität" am

7 Die Gütekriterien sind auch veröffentlicht auf der ANKOM-Homepage: http://ankom.his.de.

4. und 5. Juni 2008 mit den Akkreditierungsagenturen und dem Akkreditierungsrat diskutiert und abgestimmt.[8]

Die in dieser Leitlinie beschriebenen Qualitätsstandards beziehen sich auf die fünf Gegenstandsbereiche „Lernergebnisbeschreibung“, „Äquivalenzprüfung“, „Formale Verankerung der Anrechnungsregelung“, „Information und Beratung“ und „Evaluation“.

Der erste Gegenstandsbereich – „Lernergebnisbeschreibung“ – bezeichnet eine elementare Voraussetzung von Anrechnung, das Vorliegen von Lernergebnisbeschreibungen im eigentlichen Sinne – im Unterschied beispielsweise zu Inhaltsangaben oder Lernzielen. Wie oben dargestellt, ist die Verfügbarkeit von solchen Lernergebnisbeschreibungen zum heutigen Zeitpunkt weder für den beruflichen noch für den akademischen Sektor durchgängig gegeben. Oftmals müssen diese Beschreibungen im Anrechnungsprozess erzeugt werden. In jedem Fall – ob es sich um fertig vorliegende oder zum Zwecke der Anrechnung erzeugte Lernergebnisbeschreibungen handelt – ist die Qualität und Aussagekraft dieser Beschreibungen eine wesentliche Vorbedingung für die Qualität des Anrechnungsverfahrens insgesamt.

Die Qualitätsstandards zum Gegenstandsbereich „Äquivalenzprüfung“ beziehen sich einerseits auf Verlässlichkeit (Reliabilität) und Gültigkeit (Validität) der verwendeten Verfahren, also auf ihre Qualität als „Messverfahren“ im weiteren Sinne. Andererseits beziehen sie sich auf deren Zweckmäßigkeit – im Hinblick auf die gewünschte Äquivalenzaussage – und auf die Transparenz von Verfahren und Ergebnis für alle interessierten Parteien.

Zum Gegenstandsbereich „Formale Verankerung der Anrechnungsregelung“ wird gefordert, dass das Anrechnungsverfahren gemäß den an der Hochschule üblichen Beschlüssen ordnungsgemäß und rechtlich abgesichert, verankert und öffentlich zugänglich ist und Verantwortlichkeiten und Zuständigkeiten – beispielsweise für den Streitfall – sowie die einzelnen Schritte und Ergebnisse im Anrechnungsprozess transparent festgelegt sind.

Für die Information und Beratung der am Anrechnungsprozess beteiligten unterschiedlichen Zielgruppen, wie Verantwortliche der Studiengänge und der Hochschulverwaltung, Studieninteressierte, Studierende sowie Bildungseinrichtungen und Unternehmen, sollen sowohl Print- und elektronische Medien zur Verfügung stehen wie auch die Möglichkeit, persönlich Auskunft an einer Anlaufstelle für Anrechnung einzuholen.

Die Ersteinführung des Anrechnungsverfahrens soll schließlich durch eine prozessbegleitende (Selbst-)Evaluation unterstützt werden. Auch die weitere Entwicklung der Anrechnungspraxis und eine damit verbundene Überprüfung des Verfahrens zur Äquivalenzfeststellung soll über eine in regelmäßigen Abständen durchgeführte Evaluation erfolgen.

Durch die Umsetzung dieser Qualitätsstandards kann eine für alle Seiten transparente und akzeptable Anrechnungspraxis etabliert werden.

---

8 Dokumentation des Workshops und der Leitlinie ebenfalls auf http://ankom.his.de verfügbar.

4. Ausblick

Nachdem die Machbarkeit von Anrechnung in den ANKOM-Entwicklungsprojekten belegt wurde, stellt sich die Frage des Transfers und der Dissemination dieser Ergebnisse und Erfahrungen zu nicht an der Initiative beteiligten Bildungseinrichtungen. Dabei ist zu betonen, dass eine „flächendeckende" Implementierung von Anrechnungsverfahren an (fast) allen Hochschulen in Deutschland keineswegs notwendig ist, solange gewährleistet werden kann, dass möglichst viele berufserfahrene Menschen für sie angemessene Angebote der akademischen Weiterbildung (einschließlich Zugangs- und Anrechnungsregelungen) unter für sie akzeptablen Bedingungen vorfinden. Im Hinblick auf eine ganz überwiegend berufstätige Klientel werden diese Angebote starke Fernlernelemente aufweisen, Präsensphasen werden „geblockt" sein, eventuell werden sogar die Arbeitsumgebungen der Lernenden unmittelbar als Lernorte genutzt werden. Damit tritt das Kriterium der geografischen Nähe zum Hochschulstandort für diese Zielgruppe – im Unterschied zu traditionellen Studierenden – in den Hintergrund. Es würde daher ausreichen, wenn in den für berufstätige Menschen wesentlichsten Disziplinen jeweils einige „Anrechnungsstudiengänge" deutschlandweit entstünden. Es wird hier erneut deutlich, dass eine praktisch wirksame Verbesserung der Durchlässigkeit nur durch eine integrale Berücksichtigung der Gestaltungsfelder „Hochschulzugang", „Anrechnung" und „Studienmodelle" gelingen kann, wie eingangs dargestellt.

Weiterhin wird eine erfolgreiche Dissemination von Anrechnungskonzepten entscheidend davon abhängen, ob und inwieweit Hochschulen Anrechnung und „durchlässige" Studiengänge als strategische Entwicklungsthemen erkennen, indem sie etwa eine Öffnung für nicht-traditionelle Studierende und die Entwicklung berufsbegleitender oder sogar -integrierter Studiengänge zu einem zentralen Moment ihrer Profilbildung erklären.

Dabei sind auch bildungsökonomische Aspekte von Belang. Der hohe Aufwand für die Entwicklung und Durchführung solcher innovativen Bildungsangebote kann (und sollte, siehe unten) nicht durch öffentliche Mittel gedeckt werden. Für solche Angebote müssen Studiengebühren erhoben werden, die auf kostendeckendem Niveau und somit deutlich über den aktuell für „traditionelle" Studiengänge geforderten Sätzen liegen sollten. Im Unterschied zu traditionellen Studiengängen beziehungsweise traditionellen Studierenden ist eine solche Strategie hier sowohl praktikabel als auch bildungs- und sozialpolitisch unbedenklich. Denn in vielen Fällen werden solche Bildungsmaßnahmen im Rahmen der betrieblichen Weiterbildung vom Arbeitgeber finanziert werden. Dies ist gängige Praxis, für die Unternehmen in der Regel ökonomisch verkraftbar und politisch geboten: Durch eine öffentliche Finanzierung von Dienstleistungen, die sehr wohl von privaten Akteuren in ihrem eigenen Interesse finanziert werden können, entstünde ein wirtschaftspolitisch unerwünschter Verdrängungseffekt privater Investitionen durch öffentliche (*„crowding out"*). Auch eine (anteilige) Finanzierung durch die Weiterzubildenden selbst wäre vertretbar: Eigenes finanzielles Engagement ist im Bereich der beruflichen Weiterbildung üblich und von den Teilnehmern als berufstätigen Menschen – in gewissen

Grenzen – auch leistbar. Dies gilt weiterhin nicht nur für die Angebote der akademischen Weiterbildung, sondern auch für die Anrechnungsverfahren selbst: Eingesparte Studienzeiten sind für berufstätige Lerner beziehungsweise deren Arbeitgeber unmittelbar ökonomisch werthaltig; im Rahmen kostenpflichtiger Angebote kann daher durchaus ein Entgelt für die Anrechnung gefordert werden.

Unter diesen Bedingungen eröffnen sich Chancen für Hochschulen, Weiterbildung als Quelle der Drittmittelakquisition zu entwickeln.

Abschließend bleibt festzustellen, dass die Konzipierung und Verbreitung durchlässiger Bildungsangebote an der „Schnittstelle“ zwischen beruflicher und akademischer Bildung einzigartige Potenziale bietet für Innovationen, die den Bildungseinrichtungen selbst, den im Wirtschafts- und Sozialbereich agierenden Organisationen und nicht zuletzt den individuellen Bildungsinteressierten neue und wertvolle Entwicklungswege eröffnen.

Literatur

Anderson, L.W. & Krathwohl, D.R. (eds.) (2001): A Taxonomy for Learning, Teaching, and Assessing: A Revision of Bloom's Taxonomy of Educational Objectives. New York: Longman.

Bloom, B.S. (1956): Taxonomy of Educational Objectives. Handbook I: The Cognitive Domain. New York: David McKay.

Costley C. & Portwood D. (eds.) (2000): Work Based Learning and the University: New Perspectives and Practices. SEDA paper 109. London.

Anke Pannier

Was kann ein Handbuch zur Implementation von Anrechnungsverfahren in der Hochschule leisten?

Im ANKOM-Projekt „Anrechnung beruflicher Kompetenzen auf die Hochschulausbildung von ErzieherInnen“ der Alice Salomon Hochschule (ASFH) Berlin wurden in Kooperation mit drei Berliner Fachschulen für Sozialpädagogik Verfahren entwickelt, die die Anrechnung von in der Fachschule erworbenen Kompetenzen auf den Bachelorstudiengang „Erziehung und Bildung im Kindesalter“ ermöglichen.

Von Anfang an gab es im Projekt Bestrebungen, die Ergebnisse und Erfahrungen von Akteuren anderer Studiengänge der ASFH, die sich mit der Anrechnung von außerhochschulisch erworbenen Kompetenzen und ihrer Anerkennung als Studienleistungen befassen, auszutauschen. Es wurde eine Arbeitsgruppe gebildet, deren Ziel unter anderem die Entwicklung einer gemeinsamen, verbindlichen Grundlage für Anrechnungsverfahren war. Ein Baustein dazu ist die Entwicklung eines Handbuchs mit folgendem Inhalt:

- *Ziele des Handbuches,*
- *Klärung der Begriffe/Glossar,*
- *allgemeine Qualitätskriterien,*
- *rechtliche Grundlagen/Empfehlungen,*
- *Funktionen von Anerkennung/Anrechnung,*
- *Verfahrensgrundlagen,*
- *Darstellung der einzelnen Verfahren.*

Mit dem Handbuch soll eine verbindliche Grundlagendokumentation für die Anrechnungsverfahren an der Hochschule erreicht werden. Es trägt zu einer gemeinsamen „Profilbildung“ in Bezug auf Anrechnung bei und soll die Qualität aller laufenden und zu entwickelnden Verfahren nachhaltig sichern. Arbeitsaufwand und organisatorische Abläufe können optimiert und verringert werden. Da die Anwendung von Anrechnungsverfahren gerade erst anläuft, ist das Handbuch darüber hinaus ein wichtiges Informationsinstrument für Lehrende, Studierende und Verwaltungskräfte der Hochschule.

Angestrebt wird die Weiterentwicklung des Handbuches zu einem hochschulübergreifenden Rahmen. Transparenz und Durchlässigkeit auf horizontaler Ebene können so ermöglicht und gesichert werden.

Mathias Bonse-Rohmann und Heiko Burchert

Anrechnungsverfahren auf Basis der Kooperation beruflicher und hochschulischer Bildung im Bereich der Gesundheitsberufe nach BBiG

1. Kurzvorstellung des Projekts „ANKOM Gesundheitsberufe nach BBiG"

Das Projekt „Anrechnung beruflich erworbener Kompetenzen in Gesundheitsberufen – ANKOM Gesundheitsberufe nach BBiG" an der Fachhochschule Bielefeld befasst sich exemplarisch mit der Entwicklung eines Verfahrens und der dazugehörigen Instrumente zur Feststellung der Anrechnungsfähigkeit der Aufstiegsfortbildung „Betriebswirtin/Betriebswirt für Management im Gesundheitswesen" auf den Bachelorstudiengang „Pflege und Gesundheit". In einem zweiten Schritt erfährt das Verfahren mit dem Transfer auf den Studiengang „Betriebswirtschaftslehre" des Fachbereichs Wirtschaft und Gesundheit eine weitere Erprobung.

2. Kooperation der Bildungsbereiche

In diesem Projekt kooperieren die Fachhochschule Bielefeld, die Zahnärztekammer Westfalen-Lippe und die Ärztekammer Schleswig-Holstein; darüber hinaus wurde zur Beratung ein Fachbeirat eingerichtet, in dem ergänzend auch Verbände der Arbeitnehmerseite sowie das Bundesinstitut für Berufsbildung (BIBB) vertreten sind.

Die hier skizzierten Kooperationsstrukturen sind für Projekte, die sich mit der Steigerung der Durchlässigkeit auseinandersetzen, von besonderer Bedeutung, da im nationalen Kontext der berufliche und der hochschulische Bildungsbereich noch immer deutlich voneinander getrennt sind (vgl. Konsortium Bildungsberichterstattung, 2006). Innerhalb des Entwicklungsprojekts wurde daher auf eine intensive, bildungebereicheübergreifende Kommunikation Wert gelegt, die in den Projektstrukturen erkennbar wird. So ist unter anderem die wissenschaftliche Mitarbeit sowohl in der Fachhochschule Bielefeld als auch bei den beteiligten Kooperationspartnern vertraglich geregelt, damit die jeweiligen Projektschritte im engen Austausch geplant und umgesetzt werden.

Anhand der bisherigen Erfahrungen lässt sich bereits festhalten, dass eine verlässliche Kooperation einen hohen Stellenwert hat, da sich Anrechnung ohne wechselseitiges Vertrauen in die Leistung des jeweils anderen Bildungsbereichs nicht umsetzen lässt. Detaillierter werden die Projekt- und Kooperationsstrukturen in weiteren Veröffentlichungen vorgestellt (vgl. zum Beispiel Bonse-Rohmann et al., 2007, S. 50ff.; Bonse-Rohmann et al., 2006, S. 72ff.).

Literatur

Bonse-Rohmann, M.; Burchert, H.; Evers, T. & Hüntelmann, I. (2007): Kooperation von beruflicher und hochschulischer Bildung. Anrechnung beruflicher Kompetenzen auf Hochschulstudiengänge zur Sicherung der Zukunftsfähigkeit. In: Berufsbildung in Wissenschaft und Praxis 36 (5/2007): S. 50-54.

Bonse-Rohmann, M.; Burchert, H.; Evers, T. & Hüntelmann, I. (2006): Die Anrechung vorgängigen Lernens auf ausgewählte Hochschulstudiengänge. Ein Beispiel aus der Praxis – das Projekt „ANKOM Gesundheitsberufe nach BBiG" im Rahmen der BMBF-Initiative „Anrechnung beruflicher Kompetenzen auf Hochschulstudiengänge/ ANKOM". In: Hochschule und Weiterbildung (1/2006): S. 72-80.

Konsortium Bildungsberichterstattung (2006): Bildung in Deutschland. Ein indikatorengestützter Bericht mit einer Analyse zu Bildung und Migration. Bielefeld: W. Bertelsmann Verlag.

Sabine Doering und Anke Hanft

Studium für beruflich Qualifizierte

Die Einführung gestufter Studienstrukturen ist in Deutschland am Modell des „Normalstudierenden" ausgerichtet, der nach Erlangung der Hochschulreife zielstrebig ein Vollzeitstudium aufnimmt und es innerhalb der vorgesehenen Studienzeit abschließt. Studienprogramme sind nahezu ausschließlich in Präsenzform organisiert und sollen den Erwerb beruflicher Kompetenzen mit Abschluss eines Bachelor- oder Mastergrades sichern. Die Einbeziehung und Anerkennung beruflicher Erfahrungen, die vor und während des Studiums erlangt werden, sind im System nicht vorgesehen, Studium und Berufstätigkeit sind strukturell entkoppelt. Vor dem Hintergrund der hohen Anzahl berufserfahrener und erwerbstätiger Studierender und der Bologna-Anforderung an Hochschulen, sich stärker an den Prinzipien des lebenslangen Lernens auszurichten, ist zu fragen, ob die gegenwärtigen Studienstrukturreformen nicht an der gesellschaftlichen Wirklichkeit vorbeigehen. Müssen sich deutsche Hochschulen nicht, wie dies im Ausland seit langem der Fall ist, den Anforderungen erwachsener und berufstätiger Lerner stellen?

1. Verknüpfung von Studium und Berufstätigkeit

Das deutsche Studiensystem richtet sich an berufsunerfahrene Lerner, die im Vollzeitmodus studieren. Auch die Umstellung auf gestufte Studienstrukturen ist auf diese Zielgruppe orientiert und zudem von der Hoffnung getragen, das Durchschnittsalter der Studierenden weiter zu senken. Geht der Anspruch einer weiteren „Verjugendlichung" (Hanft & Teichler, 2007, S. 34) aber möglicherweise an der Realität der Hochschulen vorbei?

Sinkende Studienanfängerzahlen trotz einer steigenden Zahl von Studienberechtigten deuten darauf hin, dass Abiturienten in einer zügigen Studienaufnahme nicht die einzige Zukunftsoption sehen. Immer mehr Abiturienten wollen zunächst berufliche Erfahrungen sammeln, um dann eventuell zu einem späteren Zeitpunkt ein Studium aufzunehmen. Mit einem Anteil von 64 Prozent berufserfahrener Studierenden liegt Deutschland international weit über dem Durchschnitt (HIS, 2005, S. 38).

Für die Zukunft ist zu erwarten, dass der Anteil berufserfahrener Studierender weiter steigt. So werden Bachelorabsolventen, wenn sich ihnen die Chance dazu bietet, in die Berufstätigkeit wechseln, um möglicherweise zu einem späteren Zeitpunkt an die Hochschule zurückzukehren.

Gleichzeitig ist ein hoher Anteil der Studierenden neben dem Studium erwerbstätig. Im herkömmlichen Studiensystem erreichte ihr Anteil im Sommersemester 2003 mit 68 Prozent aller Studierenden im Erst- und Zweitstudium einen vorläufigen Höhepunkt. Je älter die Studierenden sind, desto häufiger und regelmäßiger arbeiten sie. Im Jahre 2003 betrug ihr Anteil bei den 23- bis 24-Jährigen zwei Drittel und bei den 27-Jährigen und Älteren bereits drei Viertel aller Studierenden. Die Anzahl derjenigen, die laufend arbeiten, steigt mit dem Alter kontinuierlich an und erreicht bei den Dreißigjährigen eine Quote von 54 Prozent (BMBF, 2004, S. 44f.). Ein Viertel der Studierenden studiert mit einem Studienaufwand von weniger als 25 Stunden, sie gelten damit faktisch als Teilzeitstudierende[1]. Der Wechsel zwischen beruflicher Tätigkeit und Studium sowie zwischen Aus- und Weiterbildung wird immer mehr zur Normalität.

Der Wandel im Studierverhalten hat die Hochschulrektorenkonferenz (HRK) unter Bezug auf Empfehlungen des Wissenschaftsrats inzwischen zu der Forderung veranlasst, den besonderen Bedürfnissen von berufsbegleitend Studierenden stärker Rechnung zu tragen. Immer häufiger seien Bildungsbiografien von Unterbrechungen während des Studiums und Phasen der Berufstätigkeit zwischen einzelnen Studien- und Ausbildungsabschnitten gekennzeichnet. Masterstudiengänge sollten daher stärker auf die Anforderungen von Berufstätigen zugeschnitten sein (HRK, 2003).

In anderen Ländern haben sich Hochschulen längst auf das veränderte Studierverhalten ausgerichtet. So stellen in den USA nicht-traditionelle Studierende bereits 84 Prozent aller Studierenden.[2] Alle größeren Universitäten mit mehr als 20.000 Studierenden bieten dort Weiterbildungen, oftmals als hoch spezialisierte nicht-kreditierte oder kreditierte Angebote für berufstätige Studierende an (Röbken, 2007, S. 319). Der Markt der „For-Profit"-Universitäten, der sich speziell an Berufstätige und andere nicht-traditionelle Studierende richtet, expandiert und kann auf rapide wachsende Studierendenzahlen verweisen (Röbken, 2007, S. 318f.). Während noch in den 1970er und 1980er Jahren ein Großteil der Weiterbildungsangebote an US-Hochschulen dem nicht-kreditierten Bereich zuzuordnen war, nimmt seit den 1990er Jahren der Anteil der kreditierten Angebote erheblich zu (Röbken, 2007, S. 333).

Die Open University in Großbritannien ist mit etwa 180.000 Studierenden mittlerweile die größte Universität Europas und weltweit größter Anbieter von MBA-Programmen. Neben kurzzeitigen maßgeschneiderten Angeboten steigt auch hier das Angebot abschlussbezogener Programme, in den letzten Jahren vor allem im „Undergraduate"-Bereich. Siebzig Prozent der Studierenden streben einen wissenschaftlichen Abschluss neben einer Vollzeitberufstätigkeit an. Konzentrierte sich die Open University anfänglich noch auf Zielgruppen, die bis dahin von höherer Bildung ausgeschlossen waren, so hat sie ihr Profil inzwischen in Richtung „lifelong

---

1 In der Sozialerhebung des deutschen Studentenwerks gilt als Vollzeitstudium > = 25 Stunden Studienaufwand und als Teilzeitstudium < 25 Stunden Studienaufwand (BMBF, 2007, S. 299).

2 Zu den nicht-traditionellen Studierenden werden in Anlehnung an US-amerikanische Definitionen Studierende gezählt, auf die mindestens zwei der folgenden Kriterien zutreffen: Erwerbstätigkeit auf Vollzeit-, Teilzeit- oder saisonaler Basis; Teilzeitstudierende oder Fernstudierende; 25-Jährige und Ältere; verheiratete oder alleinerziehende Studierende; finanziell unabhängige Studierende; Studierende, die nach einer Arbeitsphase an die Hochschule zurückkehren oder das Erststudium nicht unmittelbar nach dem High School Diplom beginnen (vgl. Röbken, 2007, S. 315). In diesem Beitrag stehen die erwerbstätigen Studierenden im Mittelpunkt.

learning“ verändert. Der Anteil der jüngeren Studierenden, die früher ein Studium an einer „normalen“ Universität gewählt hätten, wächst dabei ständig (Geldermann & Schade, 2007, S. 250f.).

In Finnland übersteigt die Zahl der Weiterbildungsteilnehmer die der traditionellen Studierenden. Die Hälfte der gesamten Weiterbildung wird dort an Universitäten angeboten (Zawacki-Richter & Reith, 2007, S. 176). Das „Palmenia“-Weiterbildungszentrum der Universität Helsinki hat 17.000 Studierende, bietet 560 Kurse an, beschäftigt 230 Mitarbeiter und erwirtschaftet einen Jahresumsatz von 26 Millionen Euro.[3] Weiterbildungszentren der Hochschulen gelten nicht nur in Finnland, sondern auch in Frankreich als Zentren für Lerninnovationen mit positiven Effekten auch auf die Lehre im grundständigen Bereich. Dagegen ist der Anteil der (Fach-)Hochschulen an den „Teilnahmefällen“ in der Weiterbildung in Deutschland seit 1991 mit vier Prozent nahezu konstant; 2003 verringert sich dieser Anteil gar auf zwei Prozent (BMBF, 2006, S. 284).

Die Verzahnung von Aus- und Weiterbildung an Hochschulen ist, dies wird an den wenigen Beispielen deutlich, international stark vorangeschritten. Studieren ist dort nicht mehr auf eine Lebensphase unmittelbar nach dem Abitur beschränkt, sondern begleitet das gesamte Erwachsenenleben und schließt Zielgruppen ein, denen ein Hochschulabschluss auf traditionellem Wege verschlossen bleibt. Hochschulen öffnen sich für erwachsene Zielgruppen und stellen sich damit den Anforderungen des lebenslangen Lernens. Welche Chancen bietet nun das das deutsche Hochschulsystem nicht-traditionellen Lernern?

2. Hochschulzugang für Berufstätige

Die Zulassungsbedingungen zum Hochschulstudium sind in Deutschland auf Länderebene geregelt und sehen eine Vielzahl unterschiedlicher Modelle vor. Bei berufstätigen oder berufserfahrenen Studierenden lassen sich im Wesentlichen folgende biografische Verläufe unterscheiden (Wolter, 2008, S. 18f.):

- Erlangung der Studienberechtigung mit dem Schulabschluss (vor allem Abitur), danach Berufsausbildung und Erwerbstätigkeit (*Studienberechtigung vor Berufsausbildung*). Jeder vierte Studierende in Deutschland verfügt über eine Berufsausbildung und immer mehr Abiturienten streben eine Berufsausbildung an, um gegebenenfalls danach ein Studium zu beginnen.
- Beendigung der Schulzeit ohne Studienberechtigung, danach Berufsausbildung und Erwerbstätigkeit, danach Erwerb der Studienberechtigung (*Studienberechtigung nach Berufsausbildung*). Hier lassen sich zwei Kategorien unterscheiden:
  - Erlangung der Studienberechtigung im Rahmen *schulrechtlich geregelter Bildungswege* (insbesondere Absolventen des zweiten Bildungswegs, wie Abendgymnasien und Kollegs);
  - Fachoberschul- oder Fachschulabsolventen.

3 http://www.helsinki.fi/palmenia/english/key_figures.htm.

- Erlangung der Studienberechtigung *mit* einer Berufsausbildung im Rahmen doppelt qualifizierender Bildungsgänge (Berufsausbildung mit Fach-/Hochschulreife). Diese Gruppe repräsentiert nur einen sehr kleinen Teil der Studienberechtigten.
- Erlangung der Studienberechtigung aufgrund *hochschulrechtlich geregelter Wege* (zum Beispiel über Zulassungs- oder Einstufungsprüfungen an den Hochschulen oder prüfungsfreie Wege wie das Probestudium).[4]
- Zuerkennung der Studienberechtigung für Meister und Absolventen einiger anderer Fortbildungsberufe.

Der Anteil der Studierenden, die nicht über das Abitur an die Hochschulen kommen, ist in Deutschland im Vergleich zu anderen Ländern mit etwa fünf Prozent (unter Einschluss des zweiten Bildungsweges) äußerst gering. Im Jahr 2006 kamen nach der deutschen Hochschul- beziehungsweise Studierendenstatistik nicht mehr als 1,2 Prozent aller Studienanfänger und -anfängerinnen über den dritten Bildungsweg in die Hochschule.[5] Auch in den Bundesländern, die relativ freizügige Regelungen für den Hochschulzugang bieten (wie zum Beispiel Niedersachsen), sind Studierende, die auf dem dritten Bildungsweg an die Hochschulen gelangen, überaus selten. Es ist nicht zu erwarten, dass sich an dieser Situation allein durch erweiterte Möglichkeiten des Hochschulzugangs etwas ändern wird. Internationale Studien belegen, dass einschlägige Studienangebote eine wichtige Voraussetzung für lebenslanges Lernen sind (Schuetze, 2008, S. 182). Wolter (2008, S. 21f.) sieht daher neben der hohen Intransparenz der von Bundesland zu Bundesland unterschiedlich geregelten Zugangsverfahren mit divergierenden Bewerbungsvoraussetzungen sowie Prüfungs- und Aufnahmeprozeduren folgende Gründe für die geringe Anzahl nicht-traditioneller Studierender:

- Restriktive Praxis bei der Anrechnung beruflicher Vorerfahrungen. Empfehlungen der Kultusministerkonferenz, die eine Anerkennung außerhalb der Hochschule erbrachter Leistungen bis zu fünfzig Prozent vorsehen, werden in den Hochschulen bislang kaum umgesetzt.
- Geringe Verbreitung berufsbegleitender Studienformen oder von Teilzeitstudiengängen, die eine Verknüpfung von Studium und Erwerbsarbeit ermöglichen.

Die Frage des Hochschulzugangs und der stärkeren Öffnung der Hochschulen gegenüber nicht-traditionellen Studierenden ist demnach nicht nur eine Frage der rechtlichen Voraussetzungen und Rahmenbedingungen, sondern auch die des Selbstverständnisses von Hochschulen, die ihr Verhältnis zwischen Offenheit und Geschlossenheit neu definieren müssen. Der Druck, sich hier zu positionieren, wird vor allem bei den Hochschulen wachsen, die im Wettbewerb um die

---

4 Vgl. KMK (2006): Synoptische Darstellung der in den Ländern bestehenden Möglichkeiten des Hochschulzugangs durch beruflich Qualifizierte ohne schulische Hochschulzugangsberechtigung auf der Grundlage hochschulrechtlicher Regelungen. http://www.kmk.org/hschule/Synopse2006.pdf.

5 Die Zahlen beruhen auf Angaben des Statistischen Bundesamtes.

„besten Studierenden“ bereits heute nicht mithalten können. Die Erschließung neuer Zielgruppen, die nicht über mindere, sondern über andere Kompetenzen verfügen, könnte ein Weg sein.

Hochschulen haben also im Zuge ihrer Profilbildung zu klären, ob sie sich als Einrichtungen des lebenslangen Lernens mit großzügigeren Anrechungsregelungen für nicht-traditionelle Studierende positionieren und auf diese zugeschnittene Studienprogramme – zum Beispiel über die Nutzung moderner Informationstechnologien – anbieten wollen.

3. Studienmöglichkeiten für Berufstätige und Berufserfahrene

Welche Studienmöglichkeiten bestehen im deutschen Hochschulsystem gegenwärtig für berufstätige oder berufserfahrene Studiennachfrager? In der Regel stehen ihnen zwei Wege offen: Ein Vollzeitstudium, das die Unterbrechung ihrer Berufstätigkeit verlangt, oder ein berufsbegleitendes Teilzeitstudium. Beide können als Präsenz-, Fern- oder „Blended learning“-Angebote organisiert sein.

In der Vergangenheit schien die Kopplung von Berufstätigkeit und Studium in einem *Vollzeitstudium* kein Problem. Das deutsche Hochschulsystem zeichnete sich durch eine implizite Offenheit für erwachsene Studierende aus und galt als besonders flexibel für ältere Studierende und Weiterbildung (Hanft & Teichler, 2007, S. 24). Die Studienstrukturen waren wenig reglementiert und mit hohen Gestaltungsfreiräumen für traditionelle wie nicht-traditionelle Studierende versehen. Curriculare Vorgaben konnten sehr frei interpretiert werden, und Prüfungen blieben auf wenige Leistungsnachweise während des Studiums begrenzt. Erwachsene Lerner konnten alle Vorteile des Systems nutzen, solange sie sich in die gegebenen Strukturen einfügten und keine auf ihre spezifischen Anforderungen zugeschnittenen Angebote erwarteten (Hanft & Teichler, 2007, S. 25).

Mit der Einführung gestufter Studiengänge und einer im Vergleich zum alten System überaus reglementierten Studienstruktur hat sich die Anzahl studienbegleitender Leistungsnachweise drastisch erhöht. Die in „workloads“ berechneten Kreditpunkte lenken den Blick zudem erstmals auf die Studienintensität. Ein „Schmalspurstudium“, wie es unter den herkömmlichen Bedingungen möglich war, wird dadurch erheblich erschwert.

Die Reglementierungen in den gestuften Strukturen treffen besonders berufstätige Studierende. Erste Anzeichen deuten darauf hin, dass ihre Integration in den Normalbetrieb unter den neuen Bedingungen problematischer wird. Erstmalig ist die Zahl der erwerbstätigen Studierenden gesunken und beträgt im Sommersemester 2006 nur noch 63 Prozent aller Studierenden (BMBF, 2007, S. 316). Auch der Erwerbsaufwand hat sich um durchschnittlich eine Stunde verringert (BMBF, 2007, S. 321). Mögliche Ursachen für den Rückgang liegen zum einen in der Einführung von Langzeitgebühren, die erwerbstätige Studierende zwingen, ihr Studium entweder abzuschließen oder abzubrechen, zum anderen aber auch in der höheren Regelungsdichte der Bachelorstudiengänge (BMBF, 2007, S. 319). Es zeichnet sich also ab, dass unter den veränderten Rahmenbedingungen die Vereinbarkeit von Erwerbstätigkeit und Vollzeitstudium erschwert wird.

Aus diesem Grund bieten Hochschulen ihren Studierenden inzwischen zunehmend die Möglichkeit, ihr Präsenzstudium als *Teilzeitstudium* zu organisieren. Dies ist allerdings zumeist an spezifische Voraussetzungen wie Berufstätigkeit, Betreuung eines Kindes oder Pflege eines nahen Angehörigen sowie an besondere Bedingungen gebunden, wie etwa dem Nachweis, dass lediglich die Hälfte der im Vollzeitstudium vorgesehenen Kreditpunkte oder Leistungsnachweise erbracht werden. Diese einschränkenden Regeln sind darin begründet, dass diese Studierenden gegenüber ihren Vollzeitkommilitonen nur die Hälfte der Studiengebühren zahlen müssen. Über die Gebührenermäßigung hinaus bestehen keine auf die Anforderungen dieser Studierenden zugeschnittenen Erleichterungen.

Eine Alternative zum Präsenzstudium stellt das Teilzeitstudium als Fernstudium dar. Entsprechende Angebote sind in Deutschland allerdings überaus begrenzt. So verzeichnete die Datenbank des deutschen Akkreditierungsrats Anfang dieses Jahres 1.685 Bachelor- und 1.497 Masterstudiengänge von Hochschulen (Stand: 30. Januar 2008). Lediglich 203 Angebote sind als Teilzeitstudien ausgewiesen und 114 als Fernstudiengänge. Damit ermöglichen nur ca. zehn Prozent der neu entstandenen Studiengänge die für berufstätige Studierende besonders bedeutsame flexiblere zeitliche Gestaltung des Studiums. Auch wenn sich die Situation gegenüber dem Jahr 2003 leicht verbessert hat,[6] muss sie angesichts der hohen Zahl erwerbstätiger Studierender weiterhin als unbefriedigend gelten.

Wenn ein Vollzeitstudium in den sehr viel stärker reglementierten Bachelor- und Masterstrukturen die Aufgabe oder Unterbrechung der beruflichen Tätigkeit verlangt und vorhandene Teilzeitangebote keine echte Alternative darstellen, wächst der Ruf nach Programmen, die speziell auf die Bedürfnisse berufserfahrener Studierender zugeschnitten sind.

4. Studienorganisation und -gestaltung für berufserfahrene und berufstätige Studierende

Spezifische Studienangebote für beruflich qualifizierte Studierende sind in Deutschland im Unterschied zu anderen Ländern bislang wenig verbreitet. Es ist daher nicht verwunderlich, dass konzeptionelle Überlegungen zur Gestaltung solcher Angebote vor allem im anglo-amerikanischen Raum diskutiert werden. Unter der Bezeichnung „Instructional Design" steht in diesen Ansätzen die Planung, Entwicklung und Evaluation von Lehr-/Lernumgebungen unter besonderer Berücksichtigung der „learning outcomes" im Vordergrund (Morrison et al., 2007). Im Unterschied zur Didaktik wird im „Instructional Design" den Kategorien Lerneffektivität und

6 In der Sozialerhebung des BMBF aus dem Jahre 2006 wird unter Bezug auf Daten der HRK (www.Hochschulkompass.de) von einem Teilzeitstudienangebot von 2,5 Prozent aller grundständigen Studienangebote berichtet (218 von 8.867 Studienmöglichkeiten, Stand 1. Februar 2007), überwiegend an Fachhochschulen (BMBF, 2007, S. 299).

-effizienz sowie Appeal ein besonderer Stellenwert zugeschrieben (Reigeluth, 1999, S. 9):

- *Effektivität:* Die Effektivität eines Lernsettings stellt nicht – wie dies in grundständigen Studiengängen überwiegend der Fall ist – die Erreichung von Lernzielen, sondern die Anwendung des Gelernten in den Mittelpunkt. Insbesondere für erwachsene Lerner, die wissen wollen, in welcher Weise ihnen welche Inhalte nutzen und wie sie diese in ihre berufliche Praxis integrieren können, ist dies besonders bedeutsam. Der Transfer des Gelernten erhält besonderes Gewicht. In der deutschsprachigen erwachsenenpädagogischen Literatur wird dies als Lernen entlang konkreter Probleme und Erfahrungen, die Mitsteuerung der Lernprozesse durch die Teilnehmenden und die Einbindung des sozialen Kontextes in das Lernsetting diskutiert (Faulstich, 2006, S. 55).
- *Effizienz:* Lerneffizienz bezieht sich auf ein angemessenes Verhältnis zwischen Lernaufwand und Lernertrag. Studiendauer, Gebühren und Zeitaufwand werden mit dem zu erwartenden Nutzen abgeglichen. Vor allem der Faktor Zeit ist für berufstätige Studierende, die nur über ein eingeschränktes Zeitbudget verfügen, von hoher Bedeutung. Bei der Abwägung von Kosten und Leistungen sind sie unter Umständen zur Zahlung höherer Gebühren bereit, wenn sie dafür eine effiziente Studienstruktur und Lernorganisation geboten bekommen. Mit der Verbreitung internetgestützter Lerndesigns ergeben sich neue Möglichkeiten einer effizienten Studienorganisation.
- *Appeal:* Dieser Aspekt betrifft die Zufriedenheit der Lernenden mit der Organisation und Durchführung des Lernprozesses und der Lernumgebung. Erwachsene Lerner sind gewohnt, selbstgesteuert zu lernen, erwarten dafür aber entsprechende Rahmenbedingungen. Lehrende unterstützen und begleiten sie im Lernprozess, das Studium ist professionell organisiert und das Lernumfeld ist ansprechend gestaltet.

Aus diesen Grundanforderungen lassen sich Gestaltungsprinzipien für die Organisation berufsbegleitender Studienprogramme ableiten:

Instruktionsdesign: Der Erstellung des Instruktionsdesigns geht eine *Bedarfsanalyse* voraus, in der (Lern-)Probleme identifiziert und eine *Zielgruppenanalyse* erfolgt, in der die spezifischen Charakteristika der Lerngruppe ermittelt werden. In der sich anschließenden *Aufgabenanalyse* sind die im Rahmen des Instruktionsdesigns zu vermittelnden Inhalte zu definieren. An die Klärung der *Lernumgebung* (Selbstlernphasen, technologische Infrastruktur, Seminarraumgestaltung und -ausstattung, Bibliotheken etc.) und der *Ressourcenausstattung und -begrenzungen* (verfügbare finanzielle und personelle Mittel, zu erwartende Mittelrückflüsse) schließt sich die eigentliche *Programmentwicklung* an. Diese reicht von der Operationalisierung der Instruktionsziele über die Auswahl der Instruktionsstrategie, die sich auf die Instruktionsbedingungen stützt, bis hin zur Produktion der internetgestützten oder konventionellen Lernaufgaben (zum Beispiel CD-ROMs, Planspiele, Simulationen). In der Lernorganisation werden alle Elemente zusammengeführt. Sie kann, je nach Instruktionsbedingungen, Präsenz-, Online- und/oder Selbstlernphasen umfassen. Die Programmentwicklung schließt ab mit der Implementierung, der tatsächlichen Realisierung und der Evaluation des Programms (Hanft et al., 2008, S. 186ff.).

Studienorganisation und Support: Neben einem auf erwachsene Lernende zugeschnittenen Instruktionsdesign sind lernunterstützende Infrastrukturen in der professionellen Weiterbildung an Hochschulen von herausragender Bedeutung. Dies berührt die organisatorisch-institutionelle Ebene (Management- und Supporteinrichtungen für Lernende und Lehrende) und die Gestaltung von Lehr- und Lernprozessen (Didaktik, E-Learning, Medien). Angesichts der hohen Bedeutung der Supportfunktionen ist der „student life cycle" vor dem Hintergrund der Anforderungen erwachsener Lerner zu reinterpretieren (Zawacki-Richter, 2004).

Im Zentrum der Planungen stehen Module, die von Studierenden in Abhängigkeit zu ihren zeitlichen Möglichkeiten und Lernbedürfnissen belegt werden. Nicht die absolvierten Semester oder Studienjahre stehen im Mittelpunkt der Studienorganisation, sondern über das gesamte Studienjahr angebotene, in sich geschlossene Lerneinheiten, die sehr unterschiedliche Formen aufweisen können. Akademische Abschlüsse werden dann vergeben, wenn die für spezifische Abschlüsse erforderlichen Pflicht- und Wahlpflichtmodule absolviert und die erforderlichen Kreditpunkte erreicht sind. Studiengebühren können in diesem System entlang der belegten Module und den darin erworbenen Kreditpunkten erhoben werden. Dies öffnet das System für berufstätige Studierende, die ihr Studium so gestalten können, wie es ihr Zeitbudget erlaubt und ihre Qualifizierungsbedarfe erfordern.

5. Anrechnung von Kompetenzen

Nach der Bologna-Erklärung sollen Leistungspunkte auch außerhalb von Hochschulen erworben werden können unter der Voraussetzung, dass sie durch die aufnehmenden Hochschulen anerkannt werden. Mit dem Beschluss der Kultusministerkonferenz vom 28. Juni 2002 können in Deutschland nunmehr bis zu fünfzig Prozent der Anforderungen eines Hochschulstudiums durch außerhalb der Hochschulen erworbene Kenntnisse und Fähigkeiten ersetzt werden, wenn

- die für den Hochschulzugang geltenden Voraussetzungen gewährleistet sind,
- wenn sie inhaltlich und vom Niveau den zu ersetzenden Leistungen gleichwertig sind und
- wenn qualitative Anforderungen im Rahmen der Akkreditierung überprüft werden.

Die Umsetzung dieser politischen Rahmenvorgaben obliegt nun den Hochschulen. Bislang erfolgt die Anrechnung von Leistungen zumeist in Form von Einzelfallprüfungen durch Prüfungskommissionen oder Fachkollegen. Diese Praxis stößt schon heute an Grenzen, da Hochschulen aufgrund der wachsenden Mobilität der Studierenden mit einer Ausweitung der Anrechnungsfälle konfrontiert sind. Und mit einer steigenden Zahl von Studierenden in nicht-konsekutiven oder weiterbildenden

Masterstudiengängen ist davon auszugehen, dass diese ihre in der beruflichen Fortbildung erworbenen Kompetenzen auf ein Studium angerechnet bekommen wollen, die Belastungen der Hochschullehrenden durch Anrechnungsverfahren also weiter zunehmen.

In britischen Hochschulen stellt die Durchführung von Anrechnungsverfahren inzwischen eines der wichtigsten Geschäftsfelder der Weiterbildungsabteilungen dar (Geldermann & Schade, 2007). Und im französischen Hochschulsystem ist es auf dem Wege der Anrechnung möglich, zu einem vollständigen Hochschulabschluss zu gelangen (Dunkel & Le Mouillour, 2007). Gegenüber einer so weitreichenden Anrechnungspraxis fällt das deutschsprachige Hochschulsystem im internationalen Vergleich weit zurück.

Die Anerkennung von beruflichen Kompetenzen und Qualifikationen war in den deutschsprachigen Ländern bislang von nachrangiger Bedeutung, da ein klar gegliedertes und von den Abschlüssen her transparentes Berufsbildungssystem die Bearbeitung von – bislang zumeist auf den Hochschulzugang beschränkten – Anerkennungsfragen erleichterte. Mit der Forderung einer höheren Durchlässigkeit und der Anforderung, auch informelle, nicht durch Zertifikate oder berufliche Abschlüsse nachweisbare Kompetenzen anzurechnen, stoßen Einzelfallprüfungen an ihre Grenzen. Die Entwicklung von Anrechnungsverfahren wird durch die Modularisierung der Studienstrukturen in den neu eingeführten Bachelor- und Masterstudiengängen erleichtert. Die zu erwerbenden Kenntnisse und Kompetenzen sind klar umgrenzt und durch Lernerfolgskontrollen nachzuweisen.

Im „Oldenburger Modell" des Qualifikationsverbunds Nord-West werden pauschale und individuelle Anrechnungswege unterschieden. Bei der pauschalen Anrechnung garantiert die Hochschule die Anrechnung einer Fortbildungsqualifikation ohne zusätzliche Prüfung der individuellen Kenntnisse und Kompetenzen. Hierzu ist die Anerkennung (Akkreditierung) der Fortbildungseinrichtung beziehungsweise des Fortbildungsabschlusses durch die Universität erforderlich, die auf Grundlage einer Äquivalenzprüfung, das heißt der Ermittlung, über welche anrechenbaren Kenntnisse, Fähigkeiten und Kompetenzen die Absolventen verfügen, erfolgt.

Lernergebnisse, die nicht in formellen Bildungsprozessen erbracht wurden, können nicht über pauschalisierte Anrechnungsverfahren abgebildet werden. Eine Anrechnung von informellen Kenntnissen und Kompetenzen soll im Rahmen des Modellprojekts in einem zweistufigen Verfahren erfolgen. Im ersten Schritt anhand von Portfolios, die an den Kompetenzbereichen des Europäischen Qualifikationsrahmens ausgerichtet sind, und im zweiten Schritt anhand einer von den Studierenden zu bearbeitenden und von Fachexperten beaufsichtigten komplexen Aufgabe (Müskens, 2006; Müskens, 2007).

6. Schlussbemerkung

Es ist zu erwarten, dass die Durchlässigkeit zwischen beruflicher Bildung und Hochschulbildung eines der herausragenden bildungspolitischen Themen der kommenden Jahre werden wird. Ein „Aufstieg durch Bildung“[7], wie er vom Bundesministerium für Bildung und Forschung proklamiert wird, ist aber nur dann zu erwarten, wenn über die Neugestaltung der Zugangsregelungen hinaus an berufstätige und berufserfahrene Lernende gerichtete Studienprogramme erstellt werden. Hier steht Deutschland im internationalen Vergleich am Anfang. Weiterbildende Studiengänge sind, darauf weist auch die Hochschulrektorenkonferenz (2003) hin, für Hochschulen mit einem erheblichen Mehraufwand verbunden und aus eigener Kraft kaum realisierbar. Die für die Entwicklung, Einführung und das Management solcher Programme erforderliche Professionalität ist in den Hochschulen bislang kaum vorhanden und muss erst aufgebaut werden. Hierfür die entsprechenden Mittel bereitzustellen, ist eine Herausforderung sowohl für die Hochschulen als auch für die Hochschulpolitik.

Literatur

Bundesministerium für Bildung und Forschung (BMBF) (2004): Die wirtschaftliche und soziale Lage der Studierenden in der Bundesrepublik Deutschland 2003. 17. Sozialerhebung des Deutschen Studentenwerks durchgeführt durch HIS. Ausgewählte Ergebnisse. Bonn, Berlin.

Bundesministerium für Bildung und Forschung (BMBF) (2006): Berichtssystem Weiterbildung IX. Bonn/Berlin. http://www.bmbf.de/pub/berichtssystem_weiterbildung_neun.pdf.

Bundesministerium für Bildung und Forschung (BMBF) (2007): Die wirtschaftliche und soziale Lage der Studierenden in der Bundesrepublik Deutschland 2006. 18. Sozialerhebung des Deutschen Studentenwerks durchgeführt durch HIS. Ausgewählte Ergebnisse. Bonn, Berlin.

Dunkel, T., Le Mouillour, I. (2007): Länderstudie Frankreich. In: Hanft, A. & Knust, M. (Hrsg.): Weiterbildung und lebenslanges Lernen in Hochschulen. Münster: Waxmann. S. 195-236.

Faulstich, P. (2006): Weiterbildung als Geschäftsfeld. Berufsbegleitendes Studieren an Hochschulen. Studienmaterialien MBA Bildungsmanagement. Universität Oldenburg.

Geldermann, B. & Schade, S. (2007): Länderstudie Großbritannien. In: Hanft, A. & Knust, M. (Hrsg.): Weiterbildung und lebenslanges Lernen in Hochschulen. Münster: Waxmann. S. 237-272.

Hanft, A. & Teichler. U. (2007): Wissenschaftliche Weiterbildung im Umbruch – Zur Funktion und Organisation der Weiterbildung an Hochschulen im internationalen Vergleich. In: Hanft, A. & Knust, M. (Hrsg.): Weiterbildung und lebenslanges Lernen in Hochschulen. Münster: Waxmann. S. 23-36.

Hanft, A.; Fischer, F.; Röbken, H. & Zimmer, M. (2008): Bildungs- und Wissenschaftsmanagement. München: Vahlen.

7 Pressemeldung des BMBF vom 9. Januar 2008: „100.000 Altbewerber sollen Ausbildungsplätze erhalten“, http://www.bmbf.de/press/2211.php.

Hochschulinformationssystem (HIS): EUROSTUDENT 2005. Social and economic conditions of student life in Europe 2005. Synopsis of indicators.

Hochschulrektorenkonferenz (HRK) (2003): Zum Berufsbegleitenden Studium. Entschließung des 199. Plenums am 18./19. Februar. http://www.hrk.de/de/beschluesse/109_252.php.

Morrison, G.; Ross, St.; Kemp, J. & Kalman, H. (2007): Designing Effective Instruction. 5th edition. Hoboken, NJ.

Müskens, W. (2006): Pauschale und individuelle Anrechnung beruflicher Kompetenzen auf Hochschulstudiengänge – das Oldenburger Modell. In: Hochschule & Weiterbildung, 1, S. 23-30.

Müskens, W. (2007): Anrechnung beruflicher Kompetenzen auf Hochschulstudiengänge – erste Ergebnisse des Modellprojektes „Qualifikationsverbund Nord-West". In: Hortsch, H. (Hrsg.): Innovationen für die Durchlässigkeit von Studiengängen. Dresdener Beiträge zur Berufspädagogik, 24, S. 37-49.

Reigeluth, C.M. (1999): Instructional-Design Theories and Models. Volume II. A new Paradigm of Instructional Theory. Mahwah, NJ.

Röbken, H. (2007): Länderstudie USA. In: Hanft, A. & Knust, M. (Hrsg.): Weiterbildung und lebenslanges Lernen in Hochschulen. Münster: Waxmann, S. 313-350

Schuetze, H. (2008): Aufgaben der Hochschulweiterbildung aus internationaler (nordamerikanischer) Perspektive. In: Hanft, A. & Knust, M. (Hrsg.): Weiterbildung im Elfenbeinturm!? Münster: Waxmann. S. 130-139.

Wolter, A. (2008): Die Öffnung der Hochschule für Berufstätige – Nationale und internationale Perspektiven. In: Hanft, A. & Knust, M. (Hrsg.): Weiterbildung im Elfenbeinturm!? Münster: Waxmann. S. 15-28.

Zawacki-Richter, O. (2004): Support in Online-Studien. Die Entstehung eines neuen pädagogischen Arbeitsfeldes. Innsbruck: Studienverlag.

Zawacki-Richter, O. & Reith, A. (2007): Länderstudie Finnland. In: Hanft, A. & Knust, M.: Weiterbildung und lebenslanges Lernen in Hochschulen. Münster: Waxmann. S. 165-194.

Ulrich Hoffmann und Margret Schermutzki

„Work Based Learning“ am Beispiel des berufsbegleitenden Studiengangs Prozesstechnik der Fachhochschule Aachen und der Rhein-Erft-Akademie

1. Einführung

Die rapiden technischen, ökonomischen und gesellschaftlichen Veränderungen sowie der demografische Wandel erfordern ein Anpassen von Kompetenzen sowohl in den Hochschulen und am Arbeitsplatz als auch für die Erwerbstätigen.

Die Hochschulen sind aufgefordert, diesen Veränderungen Rechnung zu tragen. Die Bedeutung und Notwendigkeit der Anerkennung von außerhochschulisch erworbenen Kompetenzen auf akademische Abschlüsse und die Möglichkeit, akademische Kompetenzen am Arbeitsplatz weiterzuentwickeln, waren die Grundidee für das Projekt *„Developing European Work Based Learning Approaches and Methods“ (DEWBLAM)*[1], an dem die *Fachhochschule Aachen* (FH Aachen) gemeinsam mit europäischen Partnerhochschulen und Vertretern der Wirtschaft teilgenommen hat. In diesem Projekt wurden insbesondere ein Rahmenwerk und ein Leitfaden für die Entwicklung von „Work-Based-Learning“-Studiengängen erarbeitet.[2]

2. Grundlagen

„Work Based Learning“ (WBL) ist eine moderne Methode, um Lernen am Arbeitsplatz durch individuelle Betreuung auf Hochschulniveau zu ermöglichen. Erfahrene Berufstätige können damit akademische Anerkennung für ihre Berufserfahrung erlangen, ohne ihren Arbeitsplatz zu verlassen oder gar aufzugeben. WBL ist ein Ansatz in der Aus- und Weiterbildung, in dem der Entwicklung von Kompetenzen eine zentrale Rolle eingeräumt wird. Die Ansätze und Programme von WBL schließen eine formale akademische Anerkennung und Akkreditierung von bereits erworbenem Wissen und Erfahrungen gleich welcher Art – formelles Lernen (APL), nicht formelles oder informelles Lernen (APEL) – mit ein. Wissen und Erfahrungen werden ergänzt mit dem Ziel, eine Hochschulqualifikation zu erreichen. WBL-Programme erfordern innovative und attraktive Lernsysteme und die Anwendung von „Blended Learning“ (zum Beispiel kritische Betrachtung und Reflexion von Theorie und Erfahrungen mit der Arbeitswelt, berufsbasierte Projekte, Fernunterricht, E-Learning-Methoden und -Techniken, individuelle Unterstützung des Studierenden durch Arbeitgeber und Hochschule). Die Hochschule prüft und bewertet

---

1 110226-CP-1-2003-1-IT-Grundtvig-G1.

2 http://www.fh-aachen.de/6666.html?&L=1%2525252Fdownload-center.html%2525253F.

den Lernfortschritt und die Lernergebnisse und bescheinigt diese in einem formalen Zertifikat.

WBL-Programme erfordern eine aktive Zusammenarbeit zwischen verschiedenen Einrichtungen – dazu gehören Hochschulen, Unternehmen, Weiterbildungseinrichtungen, Regierungsinstitutionen, Berufsverbände, Akkreditierungsagenturen und Partner aus dem sozialen Umfeld. Diese Partnerschaften sind zu strukturieren, und die Ziele sind festzulegen. Die beteiligten Partner tragen gleiche Verantwortung während des gesamten Prozesses. Dieser Prozess schließt alle Varianten von Lehrprogrammen ein, die im Vorfeld mit allen Beteiligten vereinbart werden. Die Studierenden übernehmen die Verantwortung und die Organisation ihrer Lernerfahrung, die Hochschulen übernehmen die Auswahl der Studierenden (gemeinsam mit den Arbeitgebern) und initiieren den Lernprozess, die Arbeitgeber unterstützen den Lernprozess.

3. Entwicklung eines WBL-Curriculums[3]

Die Entwicklung von WBL-Studiengängen erfordert eine über die für reguläre Studiengänge hinausgehende Auseinandersetzung mit der Arbeitswelt, den potenziellen Studierenden und den Gegebenheiten an den Hochschulen. Die Bedarfsanalyse für WBL-Studiengänge sollte zusätzlich auch das Wissen erfahrener Arbeitnehmer, die Identifizierung von Zielgruppen und Unternehmen sowie die Prüfung der internen Voraussetzungen und Möglichkeiten der Hochschule enthalten.

Gibt es genügend Studieninteressierte? Über welche Kompetenzen verfügen diese? Gibt es spezielle Gruppen, für die ein solcher Studiengang interessant sein könnte? Welche Angebote von Institutionen und Organisationen gibt es bereits? Welche gesetzlichen Gegebenheiten bestehen? Was braucht die lokale und die regionale Gesellschaft? Gibt es ausreichend Unternehmen, die einen solchen Studiengang begleiten können?

Auf der Basis der Ergebnisse der Bedarfsanalyse wird eine exakte Programm- und Curriculumsentwicklung ermöglicht: Lernergebnisse, Qualifikationsprofile, allgemeine und fachbezogene Kompetenzen, beteiligte Akteure, Methoden („Top-down“). Unter Einbeziehung der vorhandenen Ressourcen wird das Kerncurriculum entwickelt und das Studiengangsprofil definiert. Hierbei ist es empfehlenswert, auf die „TUNING“-Methode[4] zurückzugreifen. Das Kerncurriculum muss in Übereinstimmung mit den Rahmenbedingungen (EQF, NQF und spezielle fachbezogene oder hochschulbezogene Rahmenbedingungen) gemeinsam mit den Lehrenden entwickelt werden. Die Lernergebnisse werden unter Berücksichtigung von verschiedenen Niveaustufen (kennen, verstehen, anwenden …) als Kompetenzen des Studierenden beschrieben.[5]

3 http://www.fh-aachen.de/fileadmin/groups/ects/DEWBLAM_Leitfaden.pdf.
4 http://tuning.unideusto.org/tuningeu/.
5 Schermutzki, M. (2004): Learning Outcomes – Lernergebnisse: Begriffe, Zusammenhänge, Umsetzung und Erfolgsermittlung. Berlin: Raabe. Ergänzungslieferung 3.3, S. 1-30.

Für das ermittelte Profil des Studiengangs werden die zu erreichenden Lernergebnisse festgelegt und eine besondere Modulstruktur entwickelt. Diese Modulstruktur muss es ermöglichen, dass Teile eines Moduls durch am Arbeitsplatz erworbene Kompetenzen anerkannt werden können. Jedem Modul wird eine bestimmte Anzahl von ECTS-Kreditpunkten zugeordnet. Hierbei sind die besonderen Vorkenntnisse der Studierenden und deren Anrechnung auf den Studiengang, entsprechende Lehr- und Lern- sowie Prüfungsformen in die Planung mit einzubeziehen. Das Level des Qualifikationsrahmens und der Akkreditierungsanforderungen ist ebenfalls zu berücksichtigen.

Die Organisation eines solchen Studiengangs erfordert besondere Prüfungsstrukturen und Abläufe, akademische Gremien, aber auch gemischte Gremien mit Hochschulangehörigien und nicht zur Hochschule gehörigen Mitgliedern. Gegebenenfalls ist eine besondere Schulung des akademischen und des dem Arbeitsplatz zugehörigen Personals erforderlich, damit der Studierende seinen Arbeitsplatz als Lernumgebung nutzen kann. Im Rahmen eines Qualitätsmanagementsystems sind interne und externe Vergleiche durchzuführen. Durch klare Zielsetzungen und Indikatoren kann nachgewiesen werden, dass akademische Standards und Niveaus bewahrt werden.

4. Erläuterung der Instrumente

APL und APEL sind wichtige Bausteine im Bereich lebenslanges Lernen. Eine grundlegende Voraussetzung für die Anerkennung von Kompetenzen ist die Festlegung transparenter Lernergebnisse, äquivalenter Studienleistungen und klarer Standards der Programme, Lehr- und Lern- sowie Prüfungsmethoden. In einem WBL-Programm müssen über die traditionellen Methoden hinaus weitere Instrumente entwickelt werden, um die Festlegung der Verantwortlichkeiten und die Vereinbarungen der Partner untereinander zu vereinfachen und zu formalisieren:

- Selbstevaluierung und Dokumentierung der Erfahrungen und Kompetenzen durch den Studienbewerber. Die Studienbewerber sollen feststellen, ob ein Programm zu ihnen passt.
- „Quick-Scan“: Feststellen, ob der Einzelne Studierfähigkeit besitzt und das Arbeitsumfeld ihn unterstützt. Dabei sollten Motivation, persönliches Umfeld, Fähigkeit zum logischen Denken usw. berücksichtigt werden. Ein anschließendes Interview erleichtert diese Feststellung.
- Portfolio: Dokumentation des Erlernten, um eine Anerkennung von APL und APEL zu ermöglichen; Dokumentation der Fortschritte während des Studienprogramms; Reflexion des Erlernten durch den Studierenden.
- Erstellen eines persönlichen Entwicklungsplans durch die Hochschule – gemeinsam mit Lehrenden, Studierenden und Arbeitsumfeld – anhand eines Portfolios mit Arbeitsdeskriptoren und Indikatoren, um diese zu messen.
- Erstellen eines persönlichen Aktionsplans zum Erreichen der im Entwicklungsplan festgelegten Ziele.

- Festlegen der Methoden zum Erreichen dieser Ziele.
- Lernvereinbarungen zwischen Hochschule, Unternehmen und Studierendem, mit Festlegung der Verantwortlichkeiten aller beteiligten Parteien.
- Qualitätsprüfungsinstrumente, wie klare und messbare Ziele und Standards, Richtlinien für die Implementierung unter Einbeziehung aller Beteiligten, entsprechende Ressourcen und Evaluierungsmethoden, Feedbackmechanismen und Verbesserungsmaßnahmen, leicht zugängliche Evaluierungsergebnisse.

Die Darstellung der Instrumente und ihre Anwendung wird im Folgenden zusammenfassend dargestellt:[6]

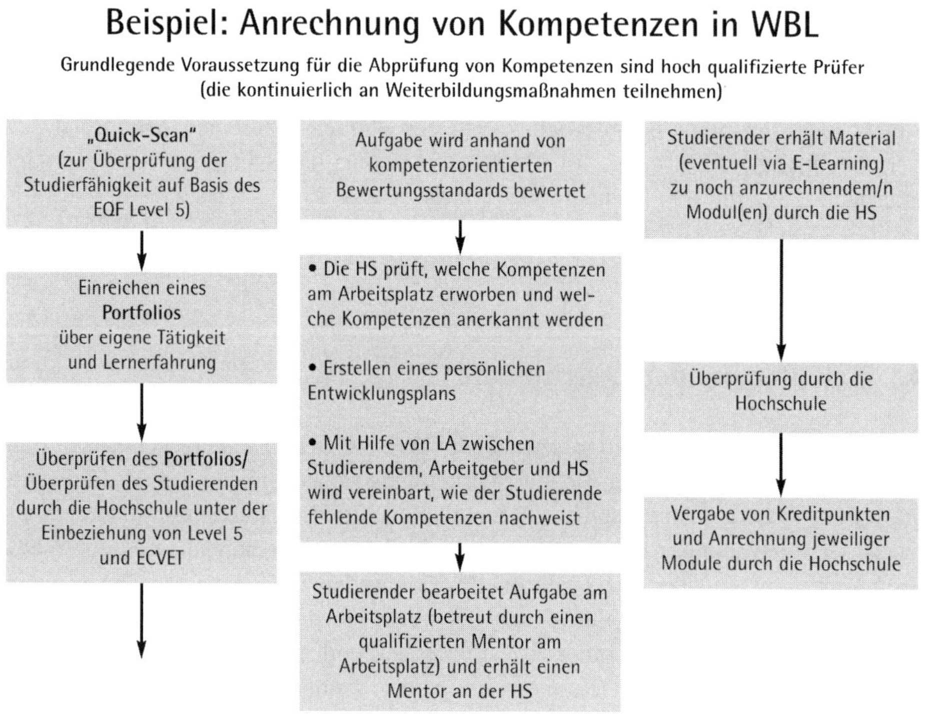

Abbildung 1: Beispielhafte Anrechnung von Kompetenzen in „Work Based Learning"

Bei der Einführung eines solchen Studienangebots sind die üblichen Maßnahmen für die Einführung von Studiengängen zu berücksichtigen, wie etwa:

- Organisation, Prüfungsordnungen, Verträge („Learning Agreements") zwischen Unternehmen, Hochschule und Studierenden, Prüfungsstrukturen, Einbeziehung der Prüfungsämter in die besonderen Strukturen der Studiengänge;
- Personal (Personalbedarf, Schulung der Betreuer, Entwicklung von akademischen Dienstleistungen zur Akzeptanz, Unterstützung und Entwicklung von WBL-Studiengängen innerhalb der Hochschulen);
- Marketing sowie Informationen über Fördermöglichkeiten, Rekrutierung und Einschreibeverfahren;

6 Beispielhaft das Verfahren der Katholieke Hogeschool Limburg.

- Ein Qualitätssicherungsverfahren ist ebenfalls zu entwickeln unter Beibehaltung von akademischen Standards und Levels.

5. Modell des Studiengangs

Der Bachelorstudiengang Prozesstechnik wurde im Frühjahr 2007 akkreditiert und läuft seit dem Wintersemester 2007/2008 an der *Fachhochschule Aachen* und der *Rhein-Erft Akademie* (REA). Motiv war die Anfrage des Bildungsträgers REA, ob man Berufstätigen die Möglichkeit bieten könne, sich durch einen Bachelorabschluss weiterzuqualifizieren. Darüber hinaus gibt es heute viele regulär Studierende, die sowohl studieren als auch arbeiten wollen, bei manchen ist das Arbeiten sogar ein Muss. Der Studiengang Prozesstechnik bietet Berufstätigen aus dem chemischen Umfeld die Möglichkeit, Kompetenzen auf Hochschulniveau am Arbeitsplatz zu erwerben. Dabei können den Studierenden im Beruf erworbene Kompetenzen anerkannt werden.

Der Studiengang Prozesstechnik orientiert sich in Richtung Verfahrenstechnik. Hier werden neben der klassischen Ausrichtung moderne Werkzeuge verwendet, um chemisch-technische Prozesse, etwa in der chemischen oder biotechnischen Industrie, auszulegen und zu betreiben.

Mit dem Angebot werden Interessierte im Großraum Köln (ChemCologne), in der Chemieindustrie im Raum Düsseldorf und bis nach Koblenz angesprochen. Sie müssen eine Fachhochschulzugangsberechtigung vorweisen und eine Berufsausbildung abgeschlossen haben, etwa als Chemielaborant, Chemikant, Techniker oder Industriemeister im Bereich der Chemie.

Der Studiengang Prozesstechnik ist ein Teilzeitstudiengang. Nur so lassen sich Berufstätigkeit und ein gleichzeitiges Studium vereinbaren. Im Vergleich zum regulären Bachelorstudiengang, der über sechs Semester geht, ist der berufsbegleitende zugunsten der Teilzeitform auf acht Semester gestreckt. Studienorte sind dabei Hürth (REA) und der Campus Jülich der FH Aachen. Der Studiengang ist auf dreißig Studierende pro Jahr ausgelegt.

Um das Studium mit dem beruflichen Umfeld zu vereinbaren, ist es für die Studierenden in Präsenztagen, Abend- und Samstagsveranstaltungen sowie Blockwochen organisiert. Die Veranstaltungen laufen wie üblich als Vorlesungen, Übungen und Praktika, Seminarunterricht und Projekte. Die Stundenpläne sind etwa ein Semester vorher bekannt, um den Studierenden früh eine Abstimmung in ihrem Betrieb zu ermöglichen.

6. „Work Based Learning“

Neben der zeitlichen und räumlichen Abstimmung des Studiengangs mit den Anforderungen der Berufstätigkeit steht die Verknüpfung beruflich erworbener Qualifikation mit den Studienzielen im Vordergrund: Das Konzept des WBL wird hier aufgegriffen, um die in beruflicher Tätigkeit erworbenen Kompetenzen, die den Zielen des Curriculum vergleichbar sind, als Studienleistung anerkennen zu können:

Die Arbeitsbelastung („Workload") der Semester ist in Abbildung 2 dargestellt: im Vollzeitstudium ergeben dreißig Semesterwochenstunden Präsenz über fünfzehn Wochen ergänzt um das Gleiche an Aufwand im Selbststudium insgesamt 900 Stunden „Workload" pro Semester. Das Grundstudium umfasst im berufbegleitenden Studiengang zunächst tatsächlich 900 Stunden Arbeitsbelastung pro Semester, während die bei Vollzeit üblichen zwei Semester im Hauptstudium auf vier Semester mit je 450 Stunden gestreckt sind. Abschließend erfolgen im achten Semester die Bachelorarbeit und das Praxisprojekt. Das Verhältnis Präsenz- zu Selbststudium ist allerdings im Vergleich zu einem Vollzeitstudium (1:1) hier geringer: etwa 1:3. Damit ist dieses Studium stärker auf Vor- und Nachbereitungsarbeit ausgerichtet. Dieser Ansatz wird zukünftig durch die Befragung der Studierenden überprüft.[7]

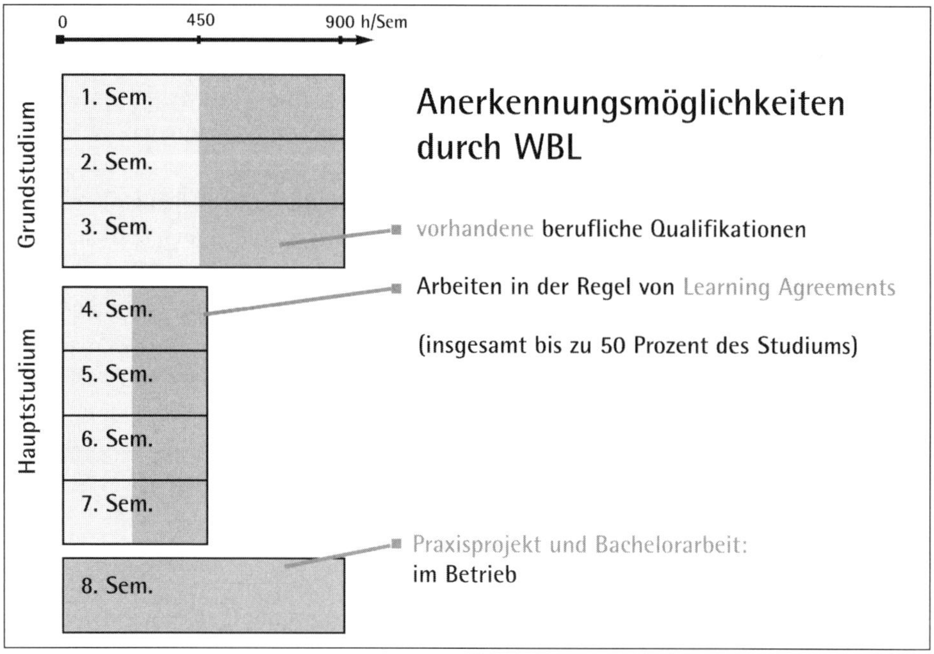

Abbildung 2: „Workload" und Potenzial der Anerkennung von Kompetenzen durch WBL

Im Rahmen des WBL können im Grundstudium sowie im Hauptstudium insgesamt bis zu fünfzig Prozent des Studiums

- durch vorhandene berufliche Qualifikationen,
- im Rahmen von „Learning Agreements"

anerkannt werden. Die „Learning Agreements" zwischen Studierenden, Arbeitgeber und Hochschule sind gemeinsame Vereinbarungen über Arbeiten, die während des

7 http://www.fh-aachen.de/14381.html?&L=1%2525252Fdownload-center.html%2525253F.

Studiums vom Studierenden in seinem Betrieb durchgeführt werden. Diese müssen gleichwertig sein zu dem, was im Studiengang an Inhalten und Lernergebnis in einem entsprechenden Modul gefordert wird.

Den Abschluss bildet dann das Praxisprojekt und die Bachelorarbeit, die vorzugsweise am Arbeitsplatz durchgeführt werden. Die Arbeitslastbelastung der Studierenden für den akademischen Abschluss wird mit der Tätigkeit am Arbeitsplatz kombiniert und dadurch gegenüber regulären Studierenden gesenkt.

7. Anerkennung

Das Anerkennungsverfahren für vorhandene Kompetenzen spielt eine entscheidende Rolle. Die Kriterien und die Vorgehensweise müssen transparent und nachvollziehbar sein. Dies soll unter den folgenden Punkten geschehen (Abbildung 3):

- **Assessment-Test (3 Stunden)**
  - Motivation, formale Qualifikation, Berufsweg
  - logisch-analytisches Denken, fachliche Kenntnisse und Fähigkeiten
- **Gespräch (20 Minuten)**
  „Spiegelung“ des Ergebnisses, Herausheben von Potenzialen
- **Vorlage von Nachweisen:**
  - AG-Bescheinigungen, Tätigkeitsbeschreibungen, Zertifikate
- **Bewertung, Entscheidung:**
  Anerkennungsausschuss, bestehend aus zwei Professoren, einem Mitarbeiter, einem REA-Vertreter und dem jeweiligen Modulverantwortlichen

Abbildung 3: Elemente des Anerkennungsverfahrens

Zunächst erfolgt ein freiwilliger *Assessment-Test*, an dem die Bewerber teilnehmen können, bevor sie das Studium beginnen. Er ist kein Bestandteil der Zulassung; diese erfolgt ausschließlich auf Basis der Hochschulzugangsberechtigung. Neben der Sondierung von möglichem Potenzial zur Anerkennung ist er eine Hilfe zur Entscheidungsfindung der Bewerber. Er besteht aus insgesamt zwölf Untertests, von denen einer unter anderem Auskunft gibt über die Motivation, die formale Qualifikation und den Berufsweg. Gerade damit lässt sich erkennen, in wieweit das private, gesellschaftliche und berufliche Umfeld des Kandidaten es gestatten, dieses Studium zu bewältigen. Dies auch vor dem Hintergrund, dass dieser Studiengang mit finanziellen Belastungen verbunden ist. Darüber hinaus werden fachliche Kenntnisse und Fähigkeiten sowie logisch-analytisches Denken geprüft. Diese Tests berücksichtigen zwei Aspekte:

- Welche Kenntnisse hat der Bewerber in einem bestimmten Gebiet, gibt es hier eventuell aufzuarbeitende Lücken?
- Gibt es Potenzial, das in einem Modul des Grundstudiums anerkannt werden könnte, das heißt, hat der Kandidat hier schon Qualifikationen, die das im Studium Erwartete abdecken?

Das *Gespräch,* das sich ein bis zwei Wochen später anschließt, ist ein Spiegel, aufgrund dessen der Bewerber entscheiden kann, ob er studieren will oder nicht. Es dient einerseits dazu, eventuell entstandene Vorbehalte, das Studium bewältigen zu können, abzubauen. Andererseits wird aber auf die aktuelle berufliche Situation und die daraus gewonnenen Stärken sowie auf mögliche Schwächen eingegangen. Darüber hinaus werden dem Interessenten Wege aufgezeigt, wie er den Nachweis vorhandener Kompetenzen im Rahmen von WBL erbringen und welche Unterstützung er durch die FH Aachen und die REA erfahren kann. Beispiele sollen dies verdeutlichen:

- So wird unter anderem die Mathematik im Test oft als Hürde empfunden. Der Hinweis, dass die dortigen Fragen zum Teil Studieninhalte sind, nicht vorab erwartet werden und ein Vorkurs angeboten wird, trägt sehr zur besseren Einschätzung bei.
- Interessenten, die bereits längere Zeit berufstätig sind, verfügen oft über diverse Schulungen, etwa in Personalführung oder Arbeitssicherheit. Bei entsprechendem Umfang und in Kombination mit der beruflichen Praxis eignen sich solche Tätigkeiten zur Anerkennung als fachübergreifende Kompetenzen. Hier wird konkret besprochen, wie der Bewerber dabei vorgehen kann.
- Auf die mögliche Erbringung von Studienleistungen im Rahmen des „Learning Agreements" und Durchführungsformen zusammen mit dem Betrieb wird hingewiesen.

Zum *Nachweis* bringt der Studierende anschließend Tätigkeitsbeschreibungen, die er teilweise selbst erstellen kann, bei und legt Zertifikate vor. Die Tätigkeitsbeschreibungen sollen möglichst an den Modulbeschreibungen des Studiums orientiert sein. Die *Bewertung und Entscheidung* darüber fällt ein Anerkennungsausschuss, der aus zwei Professoren und einem wissenschaftlichen Mitarbeiter der FH Aachen, einem Vertreter der REA und den jeweiligen Modulverantwortlichen besteht. Die Modulverantwortlichen sind Lehrbeauftragte oder Professoren, die dieses Modul vertreten und dafür verantwortlich zeichnen. Dadurch wird die fachspezifische Komponente hinreichend stark berücksichtigt.

Der Anerkennungsausschuss tagt zwei- oder dreimal pro Semester. Der Vorgang der Anerkennung wird zu Beginn des Studiums auf solche Module konzentriert, die im ersten Semester bedeutsam sind; hier stehen im konkreten Fall Allgemeine und Anorganische Chemie im Vordergrund. Für das Zusammenstellen der Nachweise studiengleicher Leistungen für Module späterer Semester bleibt somit hinreichend zeitlicher Spielraum. Die Betreuung der Studierenden nimmt allerdings einen breiten Raum ein und ist aufwändig, auch weil sich standardisierte Abläufe erst langsam und aus den Besonderheiten der Einzelfälle entwickeln können.

8. Erfahrungen

Im ersten Jahr (Wintersemester 2007/2008) gab es vierzehn Bewerbungen, davon haben anschließend dreizehn Studierende angefangen, von denen bis zum Ende des zweiten Semesters zwei das Studium abgebrochen haben.

Das Profil dieses Jahrgangs gliedert sich zu rund vierzig Prozent in Meister, die teilweise eine lange Berufserfahrung vorweisen und bis zu 45 Jahre alt sind, und zu rund sechzig Prozent in Bewerber im Alter zwischen zwanzig und dreißig Jahren mit Abitur oder Fachhochschulreife, die nach einer Ausbildung nur auf eine relativ kurze Berufstätigkeit zurückblicken.

Der Assessment-Test lieferte gute Indizien für die Anerkennungspotenziale in den chemischen Modulen, insbesondere Anorganik, Organik und Analytik. Darüber hinaus wurde ein allgemein hohes technisches Verständnis der Teilnehmer deutlich.

Die Gruppe der Meister hatte in den chemischen Fächern ein hohes Anerkennungspotenzial bei fachübergreifenden Kompetenzen. Das Anerkennungspotenzial der anderen Gruppe (Abitur, Fachhochschulreife) war relativ gering. Die Bereitschaft, auch ohne diese möglichen Anerkennungen zu studieren, war jedoch hoch.

Auf Basis der vorgelegten Nachweise hat der Anerkennungsausschuss bei den einzelnen Studierenden Studienleistungen zwischen sechs und 38 Credits für das Grundstudium anerkannt, das ist bei neunzig Credits zwischen fünf und vierzig Prozent der Studienleistung im Grundstudium. Davon konnten etwa die Hälfte pauschal, die andere Hälfte nach einem Kolloquium zum jeweiligen Modul vergeben werden.

Auch wenn diese prozentualen Anteile im Vergleich zu den nominal möglichen fünfzig Prozent niedrig erscheinen, ist der Studienverlauf positiv: Die Studierenden zeichnet eine hohe Leistungsbereitschaft aus. Der Studienerfolg nach Abschluss des zweiten Semesters ist hoch. Geringe Durchfallquoten auch in den als „schwierig“ eingestuften Fächern Mathematik und Physik, und bessere Notendurchschnitte als bei den Vollzeitstudierenden der im Grundstudium vergleichbaren Studiengänge in Jülich (hier: Angewandte Chemie und Biotechnologie).

Zum Studium in der Form des „Learning Agreements“ liegen noch keine Erfahrungen vor, zumal der erste Jahrgang erst im Sommersemester 2009 das Hauptstudium aufnimmt und diese Form erst dann sinnvoll anwendbar ist. Allerdings ist hier Überzeugungsarbeit bei den Betrieben zu leisten: Die Industrie ist zwar wohlwollend, scheut aber zusätzlichen Aufwand und verhält sich eher abwartend. Erst wenn der Nutzen für das Unternehmen, unter anderem durch das Fortbildungskonzept für den individuellen Arbeitnehmer und dem damit verbundenen Innovationspotenzial, erkannt wird, ist davon auszugehen, dass die Bereitschaft der Industrie zur Zusammenarbeit wächst.

9. Fazit, Ausblick

Wenngleich der Studiengang erst zum zweiten Mal angeboten wird, hat sich das Konzept des WBL und die entwickelten Formen der Anerkennung beruflich erworbener Kompetenzen im Rahmen der Studienleistung als tragfähig erwiesen. Assessment-Test und Gespräch legen anschaulich Potenziale offen, die sich für solche Anerkennungen eignen. Die Bewertung und Entscheidung ist zurzeit noch aufwändig. Erst mit der Erfahrung können sie in standardisierte Abläufe überführt werden.

Für das zweite Studienjahr sind die Assessment-Tests und Gespräche abgeschlossen, und es wird mit etwa zwanzig Studienanfängern gerechnet. Der bisherige Studienerfolg des ersten Jahrgangs lässt hoffen, dass sich diese berufsbegleitende Studienform und die Instrumente der Anerkennung beruflich erworbener Leistung weiter bewähren.

Abschließend ist zu sagen, dass WBL eine Herausforderung für die Arbeitswelt darstellt: Der Bedarf der Arbeitswelt wird mit den akademischen Anforderungen verknüpft. Arbeitgeber übernehmen Verantwortung für den Lernprozess des individuellen Arbeitnehmers. Das Fortbildungskonzept für den individuellen Arbeitnehmer wird so zum Lernprozess der gesamten Organisation. Für die Hochschulen ist WBL eine Chance, da die gezielte Entwicklung des WBL-Angebots die Möglichkeit einer engen Verbindung zur Arbeitswelt, der Offenheit gegenüber den Perspektiven des lebenslangen Lernens und der Fähigkeit zur Interaktion mit der Gesellschaft (bildungspolitische Aufgabe) bietet.

Für den Einzelnen bietet WBL eine auf die berufliche Tätigkeit ausgerichtete Hochschulbildung. Eine erhöhte Leistungsfähigkeit durch Innovationspotenzial (Projektarbeit, Erkenntnisgewinn und Verwandlung von implizitem Wissen in explizites Wissen) bedeutet gleichzeitig auch ein Mehrwert für Hochschulen und Unternehmen.

Barbara Light

Knowledge – Where is it Situated Now?

1. Introduction

The concept of permeability and transparency between learning institutions and work place supposes a real and equal flow of knowledge between the two sites. But is this actually happening, or is there still expectancy that knowledge should be transferred from the university to the work place thus maintaining a division of roles and power? This chapter explores this issue asking whether there is an argument for mutual recognition resulting in "competent knowledge", before focusing on the relationship of universities and the work place as sites of learning and knowledge.

2. Work Competence, Academic Knowledge or Mutuality?

Academic knowledge is becoming increasingly sublimated to the needs and demands of the market, marking the apparent paradigm shift of knowledge from mode 1 *science* to mode 2 *knowledge production* (Gibbons et al., 1994). Mode 1 *science* epistemologies value knowledge and intellectual rigour that are "removed from the world of action, practice, and work" (Barnett, 2000, p. 27); whilst mode 2 knowledge is trans-disciplinary in the sense that there are no strictly demarcated disciplines, it is heterogeneous, defined by quality systems and audits and can be created in eclectic partnerships constituted by academics, consultants, think tanks, or organisations (Scott, 1997, p. 23-25). Practice or work based learning (wbl) fits within the mode 2 paradigm, being unbounded by disciplines and tending towards horizontal and thematic learning. This type of learning is often objective and explicit within competent task-related skills and abilities that can be systemically bounded, managed, and exploited as organisational *procedural* or *propositional* knowledge. However, the rich heuristic subjective knowledge that is developed by individuals in the course of their work when applying systemic knowledge also needs to be formalised and made available to their organisations in the form of an extant body of knowledge capital (Tsoukas, 2005). One possible way of doing this is through focused work based programmes that initiate a process of reflective and critical analysis of tasks and learning, reaching beneath the surface of actions to understand and explicate the substantive knowledge and value bases that underpin the functional mechanisms of work processes.

In line with Europe, higher education in the UK inexorably moves towards providing a curriculum that aims to meet the needs of employers and the economy, and there has been a concomitant expansion of vocational courses such as foundation degrees or graduate apprenticeships and an increasing use of National Occupational Standards by professional institutions to benchmark higher education programme accreditation and professional recognition (Roodhouse & Hemsworth, 2004). These standards are fairly narrow in concept and in usage[1] tending to notions of competence where knowledge is closely tied to task performance skills, and that often exclude the critical reflection and ability to create knowledge that denote high-level learning. In this way, there seems to be an involuntary collusion by both vocational training institutions and universities in maintaining the polarity of academic and practice-based knowledge, and this needs to change in order to better recognise and reflect the knowledge domains of both the work place and of the academy.

If the academy is often seen as the site of researched theoretical knowledge and the work place as its recipient, then employees that have been prepared for work by the university or other institutions of learning transfer and apply this acquired knowledge, gaining practical skills and competence in fulfilling specific tasks and functions. From both the university's and the organisation's perspectives, this denies the probability that work *is* already an independent locus of high-level learning and knowledge but may lack the requisite skills and systems required to explicitly codify, validate, or build on this knowledge – these are expert systems highly relevant to workers' needs that the university can potentially provide. A longstanding lack of perceived commonality in language describing needs (Connor, 2005), and lack of offer relevant to needs has also contributed to the continuing polarity between universities and organisations.

Boud and Garrick (1999) summarise the purposes of learning based at work as being of contributive benefit to the organisation for personal development and for social investment – but debates continue as to whether this learning constitutes valid knowledge. The notion of organisational benefit is supported by King (2007, p. 28) who posits in a report into employer engagement with higher education that wbl programmes offered by universities should "be demand-led, delivered at a time and quantity that employers want (i.e., small chunks not courses) with learning outcomes linked to business performance outcomes". King also contends that higher educated managers are more likely to embrace change and that high-level *skills* are a "vital component to maintain a global trading position" (ibid, p. 13). The focus here on *skills* and *outcomes/performance* fore-grounds competence as the principle means of measuring business success and competitiveness, excluding any role that high-level learning and knowledge might play. Whilst this approach to higher education learning promotes some permeability and transparency between employers and universities, there is also an inherent one-sidedness implying that employees need to be "trained" by an institution and that intrinsic pre-existing personal or organisational knowledge is either irrelevant or has little value.

However, instead of polarity, is there an argument here for mutuality, where work based competence and academic knowledge mutually generate or enhance knowledge and become meshed into what I term "*competent knowledge*"? To

1 Mainly through the National Vocational Qualifications system.

illustrate this idea I can draw on personal experiences of delivering university management courses to managers of the SME[2] sector. When I began to develop the programmes, I had assumed that the majority of participants would not hold qualifications and would therefore welcome the opportunity to learn from the university "knowledge holder" in a typical top-down model of knowledge transfer. However, I realised in the workshops that whilst the participants were indeed academically "unqualified", they possessed significant knowledge, experiences and competences that had been developed in the work place through years of practice and that in many cases they demonstrated more higher-level learning than the university module materials provided. This obliged me to change my pedagogic approach to "knowledge brokerage" where I facilitated a learning environment using the course propositional material as a baseline that allowed "real world" experiences to surface and be used as more meaningful contextual examples, rather than the artificial "scenarios" I had written. In this way, it was possible to link the different "dispersed social systems" (Cope, 2000, p. 155) of individual participants, their organisations and the university into a coherent knowledge creation partnership creating and testing a new body of living theory based in practice (Whitehead & McNiff, 2006). This form of mutual legitimisation recognises that formal and informal learning are interrelated and present in all learning situations, that neither can claim superiority (Colley et al., 2003), and that work based knowledge/competences and academic knowledge can potentially be meshed together into new or *competent knowledge*.

3. The Role of APEL[3]

It is interesting to note that knowledge is assigned separate status and not subsumed within competence in the Bologna Process London Communiqué (May, 2007), which is a progression from the Bergen Communiqué (May, 2005) that included recognition of prior learning as "access to and as elements in higher education programmes", whilst acknowledging that much still remained to be done to implement flexible (and work based) learning systems. European (and UK) agendas for educational change and employability propose that higher education programmes are fit for purpose and relevant to the emerging knowledge economy, assigning universities the role of "fostering social cohesion, reducing inequalities and raising the level of knowledge, skills and competence in society" in order to contribute to economic competitiveness.[4] The London Communiqué acknowledges that most countries are still at the early stages of developing flexible learning pathways and systems for recognising prior learning through credits and access – but the

2 Small and Medium Enterprise.
3 Accreditation of Prior Experiential Learning.
4 From the London Ministerial Communiqué on the Bologna Process, May 2007: Towards the European Higher Education Area: Responding to Challenges in a Globalised World. www.dfes.gov.uk/bologna.

above statement opens and legitimises the use of APEL systems beyond admission to courses and should serve to render its applications more widespread and acceptable within mainstream higher education.

In the UK, longstanding practices of APEL include its use in allowing entrance with advanced standing to prescribed university courses (Garnett, 2007), but more sophisticated practices exist, such as at Middlesex University that enable learners to gain up to 2/3rds of their degree through the recognition of previous formally-accredited and non-accredited learning. Whilst APEL can certainly facilitate access to higher education, removing some of the perceived or real barriers such as lack of entry-level qualifications or academic "know-how", learners' pre-existing knowledge and experience still needs to be demonstrated within a prescribed formula that is dictated by universities. This approach reinforces universities as knowledge adjudicators and severely limits an egalitarian recognition that high-level knowledge obtained in practice outside of the academy might be equal or possibly even superior. Middlesex University has begun to partially mitigate this situation through its recent development of a full APEL doctoral award – the Doctor in Professional Studies by Public Works that enables the recognition of high-level professional achievements such as systemic developments/implementation or a record of publications.

4. The Relationship of the University and the Work Place

In a post-modern environment, both universities and work organisations could benefit from a more symbiotic relationship – academic knowledge that is codified and theoretical could incorporate the procedural and propositional knowledge held by individuals and organisations, as highlighted in the SME programme example above. This notion has also been posited by Boud and Solomon (2001) who query existing boundaries of disciplinary and work based knowledge and challenge conceptions of universities' roles, proposing the alteration of power structures and of ownership of learning and knowledge, thereby opening the way to enable universities and organisations to become collaborators in knowledge generation. As these boundaries begin to elide (Scott, 1997) knowledge epistemologies shift from rationality towards utility, echoing the shift in European work patterns towards models that are more project-oriented, problem-centred, practical and inter-disciplinary similar to those practised in the UK (Trompenaar, 1993). Knowledge is becoming increasingly commodified and the autonomy of the university and the role of academics could become existentialist issues if higher education programmes do not keep pace with these changes.

With knowledge generation and validation increasingly occurring in work domains, the university needs to re-think its traditional role and perhaps redefine itself, as McNair (1997) suggests, as a locus of socially constructed knowledge where knowledge professionals solve problems and innovate new ideas. These figures could be co-located: firstly within universities as trans-disciplinary experts and facilitators/validators of knowledge; secondly at work as high-level critical thinkers and producers of knowledge. Both of these professionals would possess transferable and economically viable and desirable capabilities and could perhaps engineer a future new role as *academic work practitioners* where knowledge stems as much from an academic body of knowledge as from the capability to analyse, interpret, assign meanings, innovate, and implement practices – in other words: fusion into *competent knowledge*.

Additionally, the university could act as a central accessible "bank" that legitimises, holds, invests in, and grows knowledge in collaborative partnership with industry and other sectors engaged in learning (such as professional or vocational institutes), instead of maintaining control of specific knowledge constructed in relation to courses. Centralisation of knowledge is important for economies of scale to avoid fragmentation and repetition, to identify strategic opportunities, and to build on what has come before but in new, innovative ways. Implementing such radical changes, however, would require a paradigm shift enabling universities to engage with work and markets in new dynamic ways, rather than continue with static knowledge transfer.

There are examples of the university engaging with social partners, but these often focus more on validation of knowledge rather than on collaborative knowledge generation. The French system acknowledges the work place as a site of learning and some universities have forged close relationships with work organisations through the dual tutor system, developing joint programmes that meet the needs of those candidates who attain partial accreditation (or knowledge validation) of their experience. Additionally, the deciding accreditation jury must include a competent organisational representative – although not from the candidate's own organisation.[5] However, there is still a requirement that the university not only provides courses to fill the gaps, but also that the student must physically attend these – again reinforcing a partial hegemony of knowledge.

Whilst Middlesex University has a history of accrediting organisational competences (e.g. Ministry of Defence Police, Marks & Spencer) and the generic work based programmes at Middlesex go a long way to recognising and validating the learning that occurs in the work place – this recognition remains on the university terms, as all learners must present their written documentation in an academically acceptable format that meets an established set of level criteria. Practitioners who are wholly competent and knowledgeable within their own spheres, however, are not always capable of meeting these set formats or of using academic language. Examples of this mismatch of competent knowledge and academic requirements were certainly present amongst many of the SME managers, whose only contact with the university lasted five days; and examples can also be found amongst learners who are enrolled on full work based learning (wbl) degree programmes, have high-level status and knowledge, yet have difficulty in explicating their knowledge in the required academic format.

5 This is a requirement of the 2004 French national decree on higher education.

It is therefore time for universities to look beyond their boundaries and validate their knowledge in the real world (Barnett, 2000) through enhanced partnership with the work place, thereby creating a more symbiotic and balanced relationship. Too often, organisations and employees perceive universities as irrelevant to their learning needs because of a top-down model of teaching (or of knowledge transfer) that more closely resembles a school classroom, or because they are unresponsive to real work-focused practices and research needs. If knowledge is *transferred*, inquiry and reflection can be impeded – transfer is not dialectical, it has inherent power structures of knowing and ignorance, it is linear and static and implies a unidirectional flow of information. Knowledge *transformation*, on the other hand, is a dynamic, multi-directional flow requiring more than one willing partner in action and can simultaneously encompass a variety of contexts. However, common discourse still holds that knowledge partnerships should transfer knowledge *to* the work place rather than transform it *within*.

With closer links to organisations, universities could also use their professional research capability to help codify and enhance organisational explicit and heuristic knowledge, and develop curricula and learning methodologies that are responsive and developmental. As sites of power shift, organisations, universities, and others, such as research bodies, all need to recognise the value that each site holds and engage with each other through complex understandings in an egalitarian "open world ontology" (Tsoukas, 2005, p. 5). Partial engagement or maintaining exclusive power over knowledge negates the intrinsic knowledgeability of all stakeholders, risking entrenchment or even irrelevance in an era of global change.

Nowotny et al. (2004, p. 93) suggest that the university needs to de-institutionalise as inside/outside boundaries no longer make sense in mode 2 knowledge production realities, and that it needs to adapt to new knowledge configurations and alliances in "synergistic activities". Work based learning programmes go some way to enabling universities to be collaborators rather than competitors with organisations (Boud & Solomon, 2001), and indeed the landscape that is beginning to take shape in Europe is one where market forces predominate and collaboration becomes essential for survival. In France, for example, legal and social frameworks already permit all training organisations and educational institutions which award recognised qualifications to accredit applicants' life and work experiences through APEL. In theory, if one institution refuses an award to an applicant with insufficient experience, another could take an opposing view and satisfy the client's demand, creating a situation of educational shopping *a la carte*, with obvious potential consequences for quality, knowledge, and learning. Global organisations have also started to institute internal "universities", and in this new reality where boundaries between work and academic knowledge are eliding, universities must reposition themselves in order to remain key players in the field of knowledge. Innovative institutional attitudes and ability to implement change will increasingly decide the positions of universities as preferred partners in knowledge creation in the 21st century.

Renewing course materials in a "real-time, real-world" mode could also help to change the relationship of universities and work; however in order to achieve this, academic systems need to be simplified and mental models need to change to enable recognition of work based knowledge. In the case of the SME programmes, the depth and breadth of knowledge that the management practitioners implicitly held was distinctly superior in many instances to that which was proposed by the module content, and only needed to be made explicit, codified, and tested within the workshops and in the work place. At Middlesex University, despite over ten years of developing and using innovative work based learning methodologies, the general academic programme structure and supporting systems remain predicated on full-time students, posing limits on mature and experienced learners based at work. Additionally, these learners must take (and pass) certain mandatory modules in order to gain an award – however, the knowledge and competence they already possess is highly contextualised, relevant, and often specialised *beyond* academic knowledge and should, therefore, be appropriately recognised in a full APEL award. When learners are required to physically or virtually attend a university for all or part of a programme, this serves to reinforce the power balance notion that the *university* is the principal site of learning, and relegates the work place to a secondary position where acquired learning is practised.

5. Conclusion

In the new knowledge economy in Europe and the UK, there is a continuing tendency to elevate learning acquired in a formal institutional setting above the knowledge found in the work place; conversely, competence is increasingly considered as more desirable and valuable than knowledge – reflecting the vocationalisation of higher education into skills delivery. Barnett (2000, p. 29) calls for knowledge based in the work place to be "structurally reflexive" and scrutinised and reviewed by professionals and academics in order for knowledge to be recognised as such, but I have argued more radically in this chapter that knowledge (heuristic, propositional, and procedural) based in and emanating from the work place is already valid and valuable in its own right, and does not necessarily require scrutiny. Additionally, I have proposed that academic and work based applied knowledge could be meshed into *competent knowledge*, thus reflecting the intrinsic and egalitarian value of both sites and sources of knowledge.

The knowledge/competency polarity will no doubt continue as economic and social drivers enforce the European skills agenda[6] – but both academic and organisational practitioners need to voice their concerns that the extensive situated knowledge in the work place has a vital and significant role in learning and should not be sidelined. I have argued that knowledge is becoming subsumed within the

6 For example in discourses on: social cohesion, social mobility, employability, global competitiveness.

focus on competency to the impoverishment of individuals, of work and ultimately of extant bodies of knowledge – coining the concept of *competent knowledge* to represent the amalgamation of existing and new theory/practice-based knowledge that can equally be work based or academic within joint knowledge domains. The trend towards skills competence can be seen in the increasing vocationalisation of higher education programmes across Europe, in the UK in significant funding of further education and in current European Commission consultations on mobility and compatibility between vocational[7] and higher education credit systems. Whilst organisations may have key concerns that jobs are carried out with maximum efficiency to the detriment of knowledge acquisition, universities could rebalance this focus, contributing their expertise in knowledge.

To arrive at *competent knowledge*, however, there is no pre-requisite to attend a physical or virtual workshop, although there is much to be gained by interactions. Through the lens of critical reflection, work based knowledge and practices need to be surfaced, benchmarked against current thinking – where they may be found to be lacking, or similar, or innovative – meshed with other theory and practice, and applied and evaluated directly in the work place through individual and organisational practice. I suggest that the role of the university can be crucial here in stimulating and managing the meshing process, providing for example:

- primary and secondary research theories and exemplar applications;
- subject discipline-based knowledge;
- knowledge banks that collect/manage knowledge from all possible sources;
- tools for critical reflection;
- learning environments that can be used for knowledge exchanges, guided learning, or qualifications.

Knowledge could then flow freely in multi-directions – for example, between organisations, universities, research institutions, individuals, and communities of practice – enabling each knowledge holder to cross current borders (Barnett, 2000) and engage in meaningful regenerative dialogue and knowledge creation within new domains. This would entail an entirely new function and purpose for universities in the adult education market, but this surely reflects a more realistic relationship with the world of work where there is *real* and *bilateral* permeability and transparency, than one where universities maintain control of a recognition and award system and fail to fully engage with work as an equal partner.

Bibliography

Barnett, R. (2000): Working Knowledge. In: Garrick, J. & Rhodes, C. (eds.): Research and Knowledge at Work. London: Routledge.

7 ECVET – European Credit System for Vocational Education and Training. For information see: www.ec.europa.eu/education/policies/2010/doc/ecvt2005_en.pdf.

Barnett, R. (2000): Realising the University in an Age of Supercomplexity. Open University Press.

Boud, D. & Garrick, J. (eds.) (1999): Understanding Learning at Work. London: Routledge.

Boud, D. & Solomon, N. (eds.) (2001): Work Based Learning. A New Higher Education? Buckingham: SRHE & Open University Press.

Colley, H.; Hodkinson, P. & Malcolm, J. (2003): Informality and Formality in Learning – A report for the Learning and Research Centre – Leeds: Lifelong Learning Institute, University of Leeds

Connor, H. (2005): Work Based Learning – A Consultation. Council for Industry and Higher Education. www.cihe-uk.com.

Cope, M. (2000): Know your Value. Value what you Know. Harlow: Pearson Educational.

Edvinsson, L. & Malone, M. (1998): Intellectual Capital. London: Piatkus.

Garnett, J. (2007): The Use of National Occupational Standards in Employer and University Partnerships. In: Roodhouse, S. & Swailes, S. (eds.): Employers, Skills and Higher Education. Chichester: Kingsham Press.

Gibbons, M.; Limoges, C.; Nowotny, H.; Schwartsman, S.; Scott, P. & Trow, M. (1994): The New Production of Knowledege: The Dynamics of Science and Research in Contemporary Societies. London: Sage.

King, M. (2007): Workforce Development: How Much Engagement do Employers Have with Higher Education? Council for Industry and Higher Education. www.cihe-uk.com.

McNair, S. (1997): Is There a Crisis – Does it Matter? In: Barnett, R. & Griffin, A. (eds.): The End of Knowledge in Higher Education. London: Cassell.

Nowotny, H.; Scott, P. & Gibbons, M. (2004): Re-thinking Science – Knowledge and the Public in an Age of Uncertainty. Oxford: Blackwell.

Roodhouse, S. & Hemsworth, D. (2004): Fit for Purpose. Bolton: University Vocational Awards Council.

Scott, P. (1997): The Crisis of Knowledge and the Massification of Higher Education. In: Barnett, R. & Griffin, A. (eds.): The End of Knowledge in Higher Education. London: Cassell.

Trompenaar, F. (1993): Riding the Waves of Culture. London: Economic Books.

Whitehead, J. & McNiff, J. (2006): Action Research Living Theory. London: Sage.

Erich Barthel und Thomas Mattes

Berufliche Kompetenz und Personalentwicklung

1. Integrierte Personalentwicklung

Personalentwicklung bewegt sich in einem Spannungsfeld von individuellen und organisatorischen Ansprüchen. Zumeist wird die Betonung vor allem auf die Entwicklung von Personal gelegt. In diesem Fall geht es vor allem darum, den Mitarbeiterinnen und Mitarbeitern genau die Qualifikationen zu vermitteln, die zur Erfüllung der gegebenen Anforderungen notwendig sind. Im Sinne der humanistischen Psychologie bildet dagegen die persönliche Entwicklung der Beschäftigten den Fokus der Überlegungen. Es geht darum, die eigenen Fähigkeiten und Fertigkeiten bestmöglich zu entfalten. In aktuellen Ansätzen des „Human Ressource Management" scheint dieser Gegensatz aufgehoben: Die Mitarbeiterinnen und Mitarbeiter stellen mit ihren Kompetenzen die Grundlage für die Weiterentwicklung des Unternehmens dar. Mit der kontinuierlichen Ausweitung ihrer Kompetenzen sichern sie daher die Wettbewerbsfähigkeit. In der Praxis zeigt sich allerdings, dass längst nicht alle Unternehmen in der Lage sind, diese Ansätze in den betrieblichen Alltag zu integrieren.

Wir gehen davon aus, dass Organisationsentwicklung und Personalentwicklung einander bedingen und ergänzen. Formen der Personalentwicklung sind abhängig vom Reifegrad der Organisation – und umgekehrt. Dabei wird deutlich, dass Personalentwicklung gebunden ist an bestimmte Wertvorstellungen.

In der Literatur besteht keine Einigkeit über das Spektrum der von der Personalentwicklung zu erreichenden Ziele. Mitunter werden eher betriebswirtschaftliche oder auch psychologische Elemente der Personalentwicklung betont. Becker (2002) sieht in der Personalentwicklung zunächst vor allem Maßnahmen der Bildung, Förderung und Organisationsentwicklung, die zielgerichtet, systematisch und methodisch geplant, realisiert und evaluiert werden. Sonntag (1996) sieht das Ziel der Personalentwicklung vor allem in der systematischen, potenzialorientierten Förderung der Mitarbeiter, die strategisch auszurichten ist. Becker und Schwarz (2001) sehen idealerweise die Personalentwicklung abhängig vom Reifegrad der Unternehmensentwicklung. Dabei unterscheiden sie jeweils drei Stufen:

In der ersten Stufe, der produktorientierten Unternehmensführung und der Institutionalisierungsphase der Personalentwicklung, geht es vor allem um Bildungsmaßnahmen, die in der Regel außerhalb des Arbeitsplatzes durchgeführt werden. Ziel ist die Behebung von Qualifikationsdefiziten. Erreicht wird dies vor allem in der Berufsausbildung, der Weiterbildung, in Anlernung und Umschulung sowie in der Führungsbildung.

In der zweiten Stufe, der kostenorientierten Unternehmensführung und der Differenzierungsphase der Personalentwicklung, werden zusätzliche Fördermaßnahmen angeboten. Systematisch geplant wird insbesondere die Aufhebung von Soll-Ist-Differenzen zwischen gegenwärtigen Qualifikationen und künftigen Anforderungen durch die Organisation. Entwicklung beginnt bereits bei der Auswahl und Einarbeitung. Sie wird weiter gefördert durch Arbeitsplatzwechsel, Nachfolge- und Karriereplanung, Zielvereinbarungen, strukturierte Mitarbeitergespräche und weitere individuelle Unterstützung.

In der dritten Stufe, der wertorientierten Unternehmensführung und der Indikationsphase der Personalentwicklung, geht es vor allem um die Förderung organisationaler Lernprozesse. Personalentwicklung und Organisationsentwicklung bedingen einander gegenseitig. Im Vordergrund stehen Teamentwicklung und Projektarbeit. Bedeutsam werden die Entwicklung von Kompetenzen und die Gestaltung von Möglichkeiten des lebenslangen Lernens.

Institutionalisierung von OE + PE	Differenzierungsphase von OE + PE	Integrationsphase von OE + PE
OE + PE als zwei unabhängig voneinander agierende Einheiten	OE + PE als Kooperationspartner in konkreten Projekten	OE + PE als Einheit und als Unterstützung einer wert(e)orientierten Unternehmensführung
Traditionelle OE + PE	Transitionale OE + PE	Transformierte OE + PE

Abbildung 1: Reifegrad einer integrierten Personal- und Organisationsentwicklung (in Anlehnung an die Deutsche Gesellschaft für Personalführung, Deutsche Gesellschaft für Personalführung, 2002)

Die Verzahnung erfolgt über die Unternehmensstrategie. Das Personalmanagement steht dabei vor schwierigen Aufgaben. Einerseits geht es darum, die klassischen Prozesse der Personalarbeit so effektiv wie möglich zu gestalten. Gleichzeitig muss durch das Personalmanagement sichergestellt sein, dass Innovation und Wandel der Organisation ermöglicht werden.

Betrachtet man die Fähigkeit der Organisation zur kontinuierlichen Veränderung als entscheidenden Erfolgsfaktor, dann wird die Entwicklung entsprechender Kompetenzen für Manager und Beschäftigte zur notwendigen Voraussetzung hierfür, die Bildung von Kompetenzkapital wird zur entscheidenden strategischen Aufgabe.

Den verstärkten Forderungen einer notwendigen Einbindung der gesamten Personalarbeit in die Strategiefindung als Mitgestalter der Unternehmenszukunft kann das Personalmanagement letztlich nur begegnen, wenn es gelingt, die Instrumente der Personalentwicklung und deren Einsatz im Unternehmen unabhängiger vom aktuellen Tagesinteresse einzusetzen.

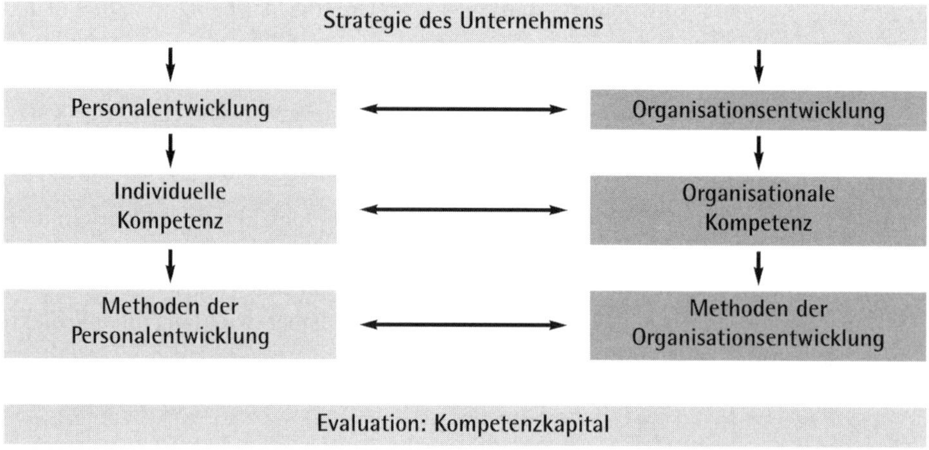

Abbildung 2: Integration von Personal- und Organisationsentwicklung in die Strategie des Unternehmens

Die Instrumente der Personalentwicklung sind keineswegs auf die interne Entwicklung beschränkt. Durch die neuen Ziele der Hochschulbildung, verstärkt Kompetenzen statt Qualifikation zu vermitteln, bestehen sowohl die Möglichkeiten, gezielter auf Bedarfe der Wirtschaft einzugehen, wie auch die Notwendigkeit für die Betriebe, sich intensiver um Kooperationen mit Hochschulen zu bemühen. Kompetenzen entstehen durch Auseinandersetzung mit Anforderungen in unterschiedlichen Situationen. Dies stellt Anforderungen sowohl an die Hochschulen als auch an Betriebe. Durch den Wechsel von der „Input-" zur „Output-"orientierung muss sich jede Hochschule der Frage stellen, wie sie mit Studiengangsbewerbern umgeht, die bereits Lernfortschritte im Sinne des Studiengangs erworben haben. Der gesetzliche Rahmen ist hierbei weit gesteckt. So ist es möglich, außerhalb des Hochschulwesens erworbene Lernfortschritte bis zu fünfzig Prozent auf ein Hochschulstudium anzurechnen, wenn:

> *„- sie nach Inhalt und Niveau dem Teil des Studiums gleichwertig sind, der ersetzt werden soll;*
> *- entsprechend den Grundsätzen des neuen Qualitätssicherungssystems im Hochschulbereich die qualitativ-inhaltlichen Kriterien für den Ersatz von Studienleistungen durch außerhalb des Hochschulwesens erworbene Kenntnisse und Fähigkeiten im Rahmen der Akkreditierung überprüft werden."*
> (KMK, 2002).

2. Zulassung von Bewerbern vor dem Hintergrund bereits erworbener Kompetenzen

Das Anrechnungsverfahren ist in hohem Maße von der Art des Lernfortschritts abhängig, der durch den Studienbewerber erworben wurde und durch die aufnehmende Hochschule anerkannt werden soll. Es ist offensichtlich, dass eine Anrechnung nur möglich ist, sofern die aufnehmende Hochschule eine Vorstellung über die zu vermittelnden Kompetenzen ihres Studienganges ermittelt hat. Insbesondere auf internationaler Ebene haben sich die Begriffe APEL („Accreditation of Prior Experiential Learning“) und APCL („Accreditation of Prior Certificated Learning“) etabliert.

Möchte ein Studienbewerber eine zertifizierte Qualifikation (APCL) angerechnet bekommen, zum Beispiel eine Ausbildung zum Bankkaufmann, so kann möglicherweise eine pauschale Anrechnung erfolgen. Durch eine Kooperation einer Hochschule mit der dort ansässigen Industrie- und Handelskammer, in deren Rahmen die Ausbildungsinhalte miteinander verglichen werden, können Lernfortschritte hinsichtlich ihrer Äquivalenz zu bestimmten Studiengangsmodulen identifiziert werden. Nach einer eingehenden Prüfung der Lerninhalte und erreichten Lernniveaus, könnte zum Beispiel einem Bewerber mit der zertifizierten Qualifikation Bankkaufmann das Modul Rechnungswesen im Rahmen eines BWL-Studienganges angerechnet werden. Diese Möglichkeit ist für alle drei Interessengruppen sehr attraktiv. Die zertifizierende Bildungseinrichtung kann ihren Teilnehmern eine Reduktion der Studienzeit bei einem kommenden Hochschulstudium in Aussicht stellen. Die Hochschule kann ihr spezifisches Profil schärfen, indem sie durch ihre Anrechnungsverfahren Studiengangsinteressenten mit einer spezifischen Vorbildung anspricht. Für die Studiengangsinteressierten wiederum verkürzt sich der Studiums„workload“.

Die Möglichkeit einer pauschalisierten Anrechnung kann jedoch nur in Anspruch genommen werden, sofern eine institutionelle Kooperation zwischen der Hochschule und der Bildungseinrichtung existiert. Die Qualitätssicherung für den Erwerb der angerechneten Lerninhalte muss durch die Hochschule hinreichend abgesichert sein. Im Fall einer solchen institutionellen Kooperation ist die pauschalisierte Anerkennung auch akkreditierungsfähig (Koch & Westermann, 2006, S. 135).

Möchte ein Studienbewerber Lernfortschritte im Sinne des APEL angerechnet bekommen, ist eine pauschalisierte Anrechnung auf Studiengangsmodule nicht möglich. Da es sich in diesem Fall um informell erworbene Lernfortschritte handelt, kann eine Anrechnung nur nach einer individuellen Äquivalenzprüfung erfolgen. In einem solchen Fall sollte ein Portfolioverfahren eingesetzt werden.

> *„Kern des Portfolio ist die schriftliche Darstellung der eigenen Fähigkeiten, Kenntnisse und Kompetenzen durch den/die Antragsteller/in unter Bezugnahme auf die im Kompetenzstandard des Moduls ausgewiesene inhaltliche Ausrichtung und das jeweilige modulspezifische Kompetenzniveau.“* (Grewe & Piotrowski, 2006, S. 56f.).

In einer folgenden Begutachtung wird festgestellt, ob der Studienbewerber über das erforderliche Kompetenzniveau verfügt. Dies kann auch im Rahmen einer Prüfung geschehen.

Es ist offensichtlich, dass insbesondere das APEL-Verfahren mit hohem Zeitaufwand für Hochschule und Bewerber verbunden ist. Durch eine Kombination mit den Initiativen „Europass“[1] und „Lebenslanges Lernen“ ist mittelfristig mit einer Erleichterung zu rechnen. Gegenwärtig erscheint vor allem die Kooperation von Hochschulen mit berufsbildenden Institutionen sinnvoll. Da der Anteil der beruflichen Aus- und Weiterbildung in Deutschland sehr hoch ist, wären Kooperationen für eine Vielzahl von potenziellen Studierenden vorteilhaft.

3. Bildungsziele unter Berücksichtigung des Europäischen und des Nationalen Qualifikationsrahmens

Damit eine Anrechnung von Lernergebnissen auf ein Hochschulstudium durchgeführt werden kann, muss das angestrebte Qualifikationsprofil des Studiengangs der aufnehmenden Hochschule möglichst klar definiert sein. Hierbei ist zu beachten, dass das Qualifikationsprofil eines Studiengangs in seinem Niveau durch den Nationalen (NQF) und den Europäischen (EQF) Qualifikationsrahmen bestimmt ist. Beim NQF werden drei Kategorien definiert, die die Qualifikationsziele eines Studiengangs darstellen. (Hinweis: Die dritte Kategorie bilden formale Aspekte.)

> *„Die Kategorie Wissen und Verstehen beschreibt die erworbenen Kompetenzen mit Blick auf den fachspezifischen Wissenserwerb (Fachkompetenz). Die Kategorie Können umfasst die Kompetenzen, die einen Absolventen dazu befähigen, Wissen anzuwenden (Methodenkompetenz) und einen Wissenstransfer zu leisten. Darüber hinaus finden sich hier die kommunikativen und sozialen Kompetenzen wider.“* (KMK, 2005, S. 5).

Interessant ist bei diesem neuen Qualifikationsrahmen die Tatsache, dass Fachwissen allein nicht mehr ausreicht, um das Niveau eines Bachelors zu erreichen. So müssen Bachelorabsolventen eines deutschen Studiengangs beispielsweise „selbstständig weiterführende Lernprozesse gestalten können“ oder „Verantwortung in einem Team übernehmen können“. Damit soll sichergestellt werden, dass Bachelor berufsqualifizierend ausgebildet werden (KMK, 2005, S. 2f.).

Der EQF stellt hinsichtlich dieser Entwicklung einen weiteren Schritt dar. Die Bestimmungen des EQF gliedern sich strukturell in die Bereiche Kenntnisse, Fertigkeiten und Kompetenz und beschreiben deren Ausprägung für insgesamt acht Niveaustufen. Interessant hierbei ist: *„bei der Beschreibung und Definition von Qualifikationen einen Ansatz zu verwenden, der auf Lernergebnissen beruht, und die Validierung nicht formalen und informellen Lernens gemäß den gemeinsamen europäischen Grundsätzen (Schlussfolgerungen des Rates vom 28. Mai 2004) zu fördern“* (Europäisches Parlament, 2007). Hierdurch ist es möglich, auch hohe Niveaustufen zu erreichen, ohne einen entsprechend hohen formalen Bildungsabschluss vorweisen zu müssen. „*Jedes Qualifikationsniveau sollte grundsätzlich auf verschiedenen Bildungs- und Karrierewegen erreichbar sein.*“ (Europäisches Parlament, 2007).

1 http://www.europass-info.de/de/start.asp.

Diese Beschlüsse eröffnen den Hochschulen weitgehende Möglichkeiten, formale und informale Lernfortschritte anzurechnen. Insbesondere durch die Niveaustufen des EQF besteht eine hervorragende Möglichkeit, die bis dato getrennten Systeme der hochschulischen und der betrieblichen Bildung zu integrieren.

Für eine solche Anrechnung müssen jedoch die Qualifikationsziele des betreffenden Studiengangs definiert sein. Eine Möglichkeit, diese Operationalisierung vorzunehmen, war Ziel eines durch die Bund-Länder-Kommission geförderten Verbundprojekts, das von April 2005 bis März 2008 an der Fachhochschule für Wirtschaft Berlin, der Berufsakademie Weserbergland und der Frankfurt School of Finance & Management durchgeführt wurde. Jede Hochschule nahm mit jeweils zwei Studiengängen an dem Projekt teil, wobei für insgesamt vier Studiengänge ein Modell zur Kompetenzmessung und -entwicklung angewandt wurde (Mattes, Zawacki-Richter & Barthel, 2006).

Die Bildungsziele für die Studiengänge des Projekts wurden in Workshops präzisiert. Hierzu wurde eine Projektgruppe mit den relevanten „Stakeholdern" des Studiengangs (Lehrende, Studierende, Unternehmensvertreter, Studiengangsverantwortliche) gebildet.

Im Rahmen des Workshops diskutierten die Projektgruppen über die Frage, welches Kompetenzprofil der Studiengang aufweisen soll, das heißt über welche Kompetenzen der Absolvent des Studiengangs verfügen sollte. Insbesondere die Unternehmensvertreter nutzten die Möglichkeit, ihre Anforderungen an die Berufsqualifizierung in das Kompetenzprofil eines Absolventen des Bachelorabschlusses und potenziellen Mitarbeiters einzubauen. Hinsichtlich der Dimension Fachwissen konnte bereits auf bestehende Inhalte zurückgegriffen werden. Ausgehend von den Lerninhalten der einzelnen Module des Studiengangs konnte durch die Zusammenstellung der existierenden Modulbeschreibungen das angestrebte Niveau für die Kompetenz Fachwissen bestimmt werden. Hinsichtlich der Dimensionen Methodenkompetenz sowie soziale und kommunikative Kompetenzen analysierten die Projektgruppen die bestehenden Curricula nach möglichen Modulen für die Vermittlung dieser Kompetenzen. Hierbei konnten bestehende Seminare, Planspiele und Theorie-Praxis-Module identifiziert werden. Inwieweit die jeweils bestehenden Module bereits ausreichen, um das angestrebte Kompetenzniveau der überfachlichen Kompetenzen zu vermitteln, kann erst nach einer Kompetenzmessung festgestellt werden. Aufgrund der Tatsache, dass der Erwerb von Methodenkompetenz sowie von sozialen und kommunikativen Kompetenzen bisher nur bedingt als Bestandteile eines Hochschulstudiums aufgefasst wurde, ist zu erwarten, dass die bestehenden Module keinen ausreichenden Raum für die Vermittlung dieser überfachlichen Kompetenzen bieten werden. In diesem Fall können bestehende Module um diese Lerninhalte erweitert oder auch eigenständige Module, die sich ausschließlich der Vermittlung überfachlicher Kompetenzen widmen, gestaltet werden. Auch solche Module können voll akkreditierungsfähig sein. Inwieweit die Hochschule von dieser Möglichkeit Gebrauch macht, kann individuell entschieden werden. Der Rahmen besteht. So schlägt beispielsweise die Zentrale Evaluations- und Akkreditierungsagentur (ZEvA) für eine Vermittlung von Schlüsselkompetenzen einen

Anteil von zehn bis fünfzehn Prozent der Gesamt-ECTS eines Studiengangs vor (ZEvA, o.J.).

In jedem Fall sollte sich ein Mess- und Entwicklungskonzept an das Kompetenzprofil des Studiengangs anschließen, das sicherstellt, dass die angestrebten Kompetenzen tatsächlich vermittelt wurden.

Im Rahmen des Projekts „Duale Studiengänge" der Bund-Länder-Kommission wurden die Verfahren KODE® (Erpenbeck, 2003, S. 365-375) und KODE-X® (Heyse, 2003, S. 376-404) eingesetzt. Das Kompetenzprofil, das für den Studiengang „Bachelor of Arts BWL/Tourismusbetriebswirtschaft" an der Fachhochschule für Wirtschaft, Berlin im Rahmen des BLK-Projekts „Duale Studiengänge" erstellt wurde, zeigt eine Möglichkeit der Umsetzung.

Bestimmung der minimalen und maximalen Soll-Ausprägung der Grundkompetenzen für die

Fragebogen — Tätigkeitsgruppe: **Tourismus (FHW)**

	KODE®X Soll-Profile	weniger ausgeprägt	teilweise ausgeprägt		ausgeprägt		deutlich ausgeprägt		stark ausgeprägt		sehr stark ausgeprägt	
1	Teamfähigkeit									X	X	X
2	Kommunikationsfähigkeit									X	X	X
3	Organisationsfähigkeit								X	X	X	
4	Marktkenntnisse			X	X	X	X	X				
5	Ergebnisorientiertes Handeln				X	X	X	X	X			
6	Begeisterungsfähigkeit							X	X	X		
7	Konfliktlösungsfähigkeit				X	X	X	X	X			
8	Mobilität			X	X	X	X	X	X	X		
9	Offenheit für Veränderungen					X	X	X	X	X		
10	Fremdsprachenkenntnisse							X	X	X		
11	Akquisitionsstärke					X	X	X	X	X		
12	Einsatzbereitschaft								X	X	X	
13	Zuverlässigkeit						X	X	X	X	X	
14	Fachwissen								X	X	X	
15	Belastbarkeit					X	X	X	X	X	X	
16	Loyalität					X	X	X	X	X		
		1	2	3	4	5	6	7	8	9	10	11

Abbildung 3: KODE-X® Kompetenzprofil für den Studiengang BWL/Tourismusbetriebswirtschaftslehre an der Fachochschule für Wirtschaft, Berlin

Das Zielprofil für einen Absolventen dieses Studiengangs wird durch den Kompetenzkanal dargestellt. Für die Kompetenz Mobilität liegt die angestrebte Kompetenzausprägung zwischen teilweise ausgeprägt (3) und stark ausgeprägt (9). Hiermit wird die Unterschiedlichkeit in den Anforderungen an Studierende berücksichtigt. Während von Mitarbeitern in der Zentrale eines Tourismusunternehmens nur bedingt Mobilität erwartet wird, ist dies für Mitarbeiter einer Eventagentur, die Road-Shows organisiert, ungleich wichtiger. Ausgehend von den Kompetenzdefinitionen müssen die angestrebten Kompetenzausprägungen operationalisiert werden, das heißt, es muss die Frage beantwortet werden, welches Verhalten der Studierende zeigen muss, um das erforderliche Kompetenzniveau zu erreichen. Beispielhaft sollen hier drei Operationalisierungen der Kompetenz „Offenheit für Veränderungen" für den Studiengang BWL/Tourismusbetriebswirtschaft aufgeführt werden.

Offenheit für Veränderungen (5-9)

5 = Nimmt Problem- und Handlungssituationen mit offenem Ausgang bewusst wahr.

7 = Nimmt Problem- und Handlungssituationen mit offenem Ausgang bewusst wahr und kann sich auch in ein neues Umfeld gut integrieren.

9 = Nimmt Problem- und Handlungssituationen mit offenem Ausgang bewusst wahr und kann sich auch in ein neues Umfeld gut integrieren. Erbringt gerade in offenen Situationen oft die besten, kreativsten und innovativsten Leistungen.

Mit den operationalisierten Kompetenzen kann anschließend auch eine Messung vorgenommen werden, um zu überprüfen, ob die angestrebten Kompetenzen auch tatsächlich vermittelt wurden. Hierzu müssen Lehr- und Lernformen genutzt werden, die eine Einschätzung ermöglichen. Eine gute Möglichkeit, die überfachlichen Kompetenzen zu messen und zu entwickeln, stellen Praxissemester dar. Wie sich ein Studierender im Rahmen einer Praxisphase zum Beispiel als Repräsentant seines Unternehmens auf einer Tourismusmesse verhält, kann sehr gut durch die beschriebenen Niveaus der Kompetenz „Offenheit für Veränderungen" bewertet werden.

Im Rahmen des BLK-Projektes „Duale Studiengänge" wurden die Kompetenzausprägungen von Studierenden des Studiengangs BWL/Tourismusbetriebswirtschaft an der FHW Berlin gemessen. Die Kompetenzen wurden sowohl mittels Selbsteinschätzung wie auch über Fremdeinschätzungen durch Kommilitonen und Kollegen/Vorgesetzte erfasst. Die Auswertung der Daten auf der Ebene der personalen, aktivitäts- und umsetzungsorientierten, sozial-kommunikativen und fachlich-methodischen Kompetenzklassen im Sinne des KODE®-Modells (Erpenbeck, 2003, S. 365-375) ergab durchweg signifikante Korrelationen der Kompetenzeinschätzungen durch unterschiedliche Bewerter.

Die Einschätzungen für die durchschnittlichen Kompetenzausprägungen von Studierenden in ihrer letzten Praxisphase durch die Kollegen/Vorgesetzten wurden gemäß des KODE-X® Verfahrens durchgeführt. Es wurden folgende Ergebnisse ermittelt:

Die Einschätzungen der Kollegen/Vorgesetzten zu Beginn (P1) und zum Ende der Praxisphase (P2) befinden sich bei allen Einzelkompetenzen innerhalb des Kompetenzkanals (Untergrenze = Untergrenze des Kompetenzkanals, Obergrenze = Obergrenze des Kompetenzkanals). Die Differenz (Diff P2-P1) stellt den Kompetenzerwerb während der Praxisphase dar.

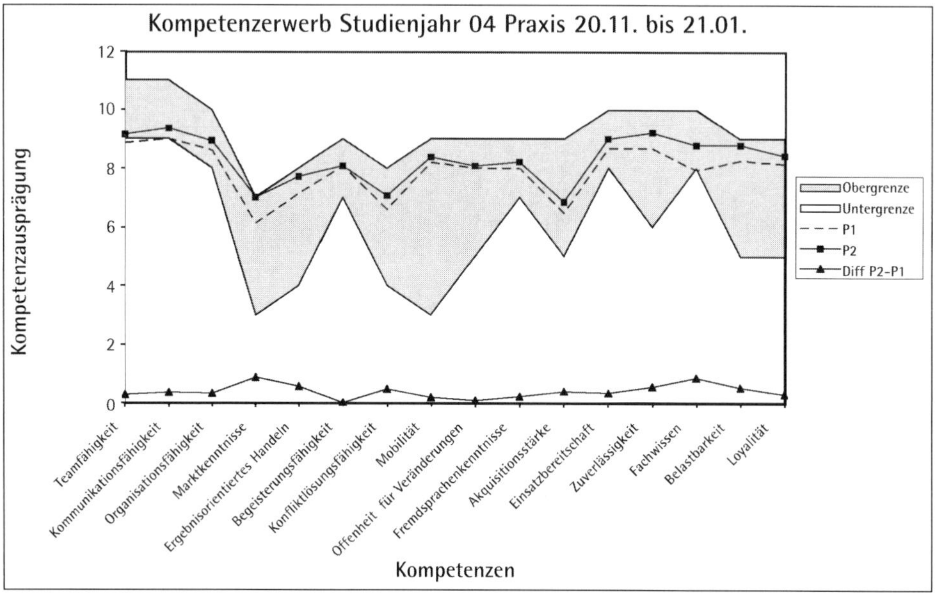

Abbildung 4: Durchschnittlicher Kompetenzerwerb durch Studierende des Studiengangs BWL/ Tourismusbetriebswirtschaft im Rahmen einer Messung in der letzten Praxisphase

Mit dem klar definierten Kompetenzprofil und damit klar operationalisierten Zielen des Studiengangs erfüllt die Hochschule nicht nur die Anforderungen nach NQF und EQF, sondern kann durch das hochschulspezifisch gestaltete Kompetenzprofil auch die eigenen Stärken bei der Ausbildung zur Geltung bringen.

4. Schlussbetrachtung

Die Orientierung am „Output" einer Bildungsmaßnahme ermöglicht im Zusammenhang mit dem Konzept des lebenslangen Lernens neuartige Anrechnungsmöglichkeiten. Sofern ein Bewerber für einen bestimmten Studiengang nachweisen kann, dass er den geforderten Lernfortschritt bereits erbracht hat, kann sich sein Studium um bis zu fünfzig Prozent verkürzen (KMK, 2002). Durch diesen Beschluss der Kultusministerkonferenz können neue Zielgruppen für wissenschaftliche Weiterbildung gewonnen werden. Insbesondere Berufstätige können durch eine Reduzierung des Studiums„workloads" Beruf und wissenschaftliche Weiterbildung besser miteinander vereinbaren.

Allerdings stellen diese Möglichkeiten eine große Herausforderung dar, wenn sie in die operative Gestaltung von Studiengängen und Anerkennungsverfahren umgesetzt werden sollen. Das Ziel, lebenslanges Lernen verstärkt zu ermöglichen, steht jedoch fest und sollte Hochschulen ermutigen, eigene Ansätze zur Umsetzung dieser Initiative zu unternehmen.

> *„The stocktaking report shows that some elements of flexible learning exist in most countries, but a more systematic development of flexible learning*

paths to support lifelong learning is at an early stage. We therefore ask BFUG [Anmerkung des Verfassers: Bologna Follow Up Group] to increase the sharing of good practice and to work towards a common understanding of the role of higher education in lifelong learning. Only in a small number of EHEA [Anmerkung des Verfassers: European Higher Education Area] countries could the recognition of prior learning for access and credits be said to be well developed. Working in cooperation with ENIC/NARIC [Anmerkung des Verfassers: European Network of Information Centres/National Academic Recognition Information Centres], we invite BFUG to develop proposals for improving the recognition of prior learning.“ (European Ministers of Education, 2007, S. 3f.)

Die berufliche Aus- und Weiterbildung kann hierbei, insbesondere durch die Einführung des European Credit System for Vocational Education and Training (ECVET), Anknüpfungspunkte bieten. Der Kompetenzansatz sollte die Gefahr mindern, dass zwei getrennte Systeme entstehen, die aufgrund ihrer je spezifischen Zielsetzung die Durchlässigkeit erschweren.

Literatur

Becker, M. (2002): Personalentwicklung. Stuttgart: Schäffer-Poeschel.

Becker, M. & Schwarz, V. (2001): Personalentwicklung in Theorie und Praxis. Forschungsstand und weiterführende Forschungsfragen. In: Becker, M. & Schwarz, V. (Hrsg.): Theorie und Praxis der Personalentwicklung. Aktuelle Beiträge aus Wissenschaft und Praxis. München und Mering: Rainer Hampp Verlag. S. 4-40.

Deutsche Gesellschaft für Personalführung e.V. (Hrsg.) (2002): Unternehmensentwicklung durch integrierte Personal- und Organisationsentwicklung. Düsseldorf: DGfP.

Erpenbeck, J. (2003): KODE® – Kompetenz-Diagnostik und -Entwicklung. In: Erpenbeck, J. & Rosenstiel, L. von (Hrsg.): Handbuch Kompetenzmessung – Erkennen, verstehen und bewerten von Kompetenzen in der betrieblichen, pädagogischen und psychologischen Praxis. Stuttgart: Schäfer-Poeschel. S. 365-375.

Erpenbeck, J. & Rosenstiel, L. von (Hrsg.) (2003): Handbuch Kompetenzmessung – Erkennen, verstehen und bewerten von Kompetenzen in der betrieblichen, pädagogischen und psychologischen Praxis. Stuttgart: Schäfer-Poeschel.

Europäisches Parlament (2007): Legislative Entschließung des Europäischen Parlaments vom 24. Oktober 2007 zu dem Vorschlag für eine Empfehlung des Europäischen Parlaments und des Rates zur Einrichtung eines Europäischen Qualifikationsrahmens für lebenslanges Lernen. Verfügbar unter: http://www.europarl.europa.eu/sides/getDoc.do?pubRef=-//EP//TEXT+TA+P6-TA-2007-0463+0+DOC+XML+V0//DE [Zugriff am 25.10.2007].

Europäisches Parlament und Europäischer Rat (2008): Empfehlung des Europäischen Parlaments und des Rates zur Einrichtung des Europäischen Qualifikationsrahmens für lebenslanges Lernen. Verfügbar unter: http://ec.europa.eu/education/policies/educ/eqf/rec08_de.pdf [Zugriff 16.04.2008].

European Ministers of Education (2007): Bologna Process Stocktaking London 2007. Verfügbar unter: http://www.ond.vlaanderen.be/hogeronderwijs/bologna/documents/WGR2007/Stocktaking_report2007.pdf [Zugriff am 09.10.2007].

Grewe, A. & Piotrowski, A. (2006): Entwicklung eines Verfahrens zur Anrechnung formal und informell erworbener Kompetenzen im Bereich Gesundheit/Pflege – das Portfolio-Assesmentverfahren. In: Koch, M. & Westermann, G. (Hrsg.): Von Kompetenz zu Credits. Wiesbaden: Deutscher Universitätsverlag. S. 53-64.

Heyse, V. (2003): KODE®X-Kompetenz-Explorer. In: Erpenbeck, J. & Rosenstiel, L. von (Hrsg.): Handbuch Kompetenzmessung – Erkennen, verstehen und bewerten von Kompetenzen in der betrieblichen, pädagogischen und psychologischen Praxis. Stuttgart: Schäfer-Poeschel. S. 376–386.

Koch, M. & Westermann, G. (Hrsg.) (2006): Von Kompetenz zu Credits. Wiesbaden: Deutscher Universitätsverlag.

Kultusministerkonferenz (2002): Anrechnung von außerhalb des Hochschulwesens erworbenen Kenntnissen und Fähigkeiten auf ein Hochschulstudium. In: KMK (Hrsg.): Sammlung der Beschlüsse der Ständigen Konferenz der Kultusminister der Länder in der Bundesrepublik Deutschland / Ständige Konferenz der Kultusminister der Länder in der Bundesrepublik Deutschland. Neuwied: Luchterhand.

Kultusministerkonferenz (2005): Qualifikationsrahmen für Deutsche Hochschulabschlüsse. In: KMK (Hrsg.): Sammlung der Beschlüsse der Ständigen Konferenz der Kultusminister der Länder in der Bundesrepublik Deutschland / Ständige Konferenz der Kultusminister der Länder in der Bundesrepublik Deutschland. Neuwied: Luchterhand.

Mattes, T.; Zawacki-Richter, O. & Barthel, E. (2006): Kompetenzerwerb zwischen Hochschule und Betrieb – Kompetenzdiagnostik und -entwicklung in dualen Studiengängen. In Koch, M. & Westermann, G. (Hrsg.): Von Kompetenz zu Credits. Wiesbaden: Deutscher Universitätsverlag. S. 35-52.

Sonntag, K. (1996): Lernen im Unternehmen. Effiziente Organisation durch Lernkultur. München: Beck.

Zentrale Evaluations- und Akkreditierungsagentur (ZEvA) (o.J.). Positionspapier: Schlüsselkompetenzen in den Curricula der Hochschulen. Verfügbar unter: http://www.zeva.uni-hannover.de/eiqa/Standards_SK.pdf [Zugriff am 09.10.2007].

Christoph Affeld

Qualitätssicherung durch Akkreditierung im Spannungsfeld beruflicher und akademischer Bildung

1. Einleitung

Transnationale hochschulpolitische Reforminitiativen, die unter dem Begriff *Bologna-Prozess* zu einem bislang beispiellosen Unternehmen avancieren, zielen auf die Errichtung eines über die Grenzen der Europäischen Union hinaus reichenden gemeinsamen europäischen Hochschulraumes ab. Aktuell sind die Reforminitiativen unter anderem im Hinblick auf die Etablierung einer europaweit gleichwertigen dreistufigen Studienstruktur, die Einrichtung von Qualitätssicherungssystemen sowie die Akkreditierung von Studiengängen. Kaum kann Deutschland einen faktischen Umstellungserfolg mit einem Anteil von 66,6 Prozent (HRK, 2008) der Bachelor- und Masterstudiengänge an allen Studiengängen verzeichnen, schließt sich an diese Reform die Neubestimmung des Verhältnisses von beruflicher und hochschulischer Bildung an.

Vor diesem Hintergrund werden im vorliegenden Beitrag aus der Perspektive einer an den Reformprozessen beteiligten Akkreditierungsagentur Möglichkeiten und Grenzen der Durchlässigkeit von beruflich Qualifizierten in das Hochschulsystem im Kontext der Qualitätssicherung von Studienprogrammen aufgezeigt. Zum Verständnis wird in einem ersten Schritt dargelegt, was unter Akkreditierung zu verstehen ist und in welchem Zusammenhang sie mit der Berufspraxis und im engeren Sinne der beruflichen Bildung steht beziehungsweise stehen kann. Dazu werden in drei Themenbereichen die Möglichkeiten der Annäherung beruflicher und hochschulischer Expertise illustriert: Das erste Themenfeld beschäftigt sich mit Formen des institutionalisierten Dialogs zwischen beruflicher und hochschulischer Expertise bezogen auf die Qualitätssicherung im Akkreditierungsverfahren. Der zweite Themenbereich widmet sich dem konkreten Instrument der Anrechnung beruflicher Leistungen auf ein Studium mit der Frage: Wie und unter welchen Bedingungen sind Anrechnungsverfahren beruflicher Leistungen auf ein Hochschulstudium möglicherweise sinnvoll und wie sind Leitlinien für die Qualitätssicherung dieser Verfahren auszulegen. Ein dritter Themenkomplex widmet sich der Gestaltung weiterbildender beziehungsweise berufsbegleitender Studiengänge im Hinblick auf Zugang, Studienorganisation und Curriculum.

2. Qualitätssicherung durch Akkreditierung

Auftrag einer Akkreditierungsagentur ist, die nationale und internationale Anerkennung der Studienabschlüsse durch die Sicherung der Qualität von Lehre und

Studium zu gewährleisten und gleichzeitig Hochschulen, Studierenden und Arbeitgebern eine verlässliche Orientierung hinsichtlich der Qualität von Studienprogrammen zu geben.

Das Akkreditierungs-, Certifizierungs- und Qualitätssicherungsinstitut (im Folgenden ACQUIN genannt) ist ein eingetragener Verein mit anerkannter Gemeinnützigkeit und als unabhängige Selbstverwaltungsorganisation der Hochschulen mit dem Ziel tätig, überregional und hochschulartenübergreifend Akkreditierungen von Bachelor- und Masterstudiengängen aller Fachrichtungen durchzuführen, um eine hohe Qualität der Studienangebote sicherzustellen, Markttransparenz zu schaffen, die Attraktivität der Hochschulen für in- und ausländische Studierende zu steigern und die Vergleichbarkeit akademischer Abschlüsse zu fördern.

Aufgrund seiner Mitgliederstruktur mit über 120 Hochschulen in Deutschland, Österreich, der Schweiz, Ungarn und den USA sowie mit wissenschaftsnahen Berufs- und Fachverbänden versteht sich ACQUIN zum einen als Qualitätssicherungsagentur von Hochschulen für Hochschulen, zum anderen aber auch als Schnittstelle für den Austausch der Hochschulen untereinander beziehungsweise zwischen Hochschulen und hochschulinteressierten Fach- und Berufsorganisationen.

Neben dieser ACQUIN konstituierenden Mitgliederstruktur ist die Arbeit der Agentur durch drei wesentliche Steuerungseinheiten im Akkreditierungsablauf gekennzeichnet: den Gutachtergruppen, den Fachausschüssen und der Akkreditierungskommission. Letztere fasst die Beschlüsse über die Akkreditierung von Studienprogrammen und steht somit als höchstes Entscheidungsgremium am Ende eines Akkreditierungsprozesses.

Grundlage der Akkreditierung ist ein Gutachterbericht, der von einer Gutachtergruppe auf Basis eines von der Hochschule vorgelegten Selbstberichtes und einer Vor-Ort-Begutachtung in Form von Gesprächen mit den verschiedenen Statusgruppen der Hochschule verfasst und mit einem Akkreditierungsvorschlag an die Akkreditierungskommission weitergeleitet wird. Dieser Gutachterbericht geht an die Hochschule, um dieser über eine Stellungnahme die Möglichkeit einer sachlichen Richtigstellung zu geben. Der Fachausschuss, der für die Gutachterbenennung und im Akkreditierungsprozess für die fachliche Expertise supervisierend tätig ist, verfasst auf der Grundlage des Gutachterberichts, des Akkreditierungsvorschlages der Gutachtergruppe und der Stellungnahme der Hochschule ein Akkreditierungsvotum in Form einer Stellungnahme. Alle drei Dokumente (Gutachterbericht mit Akkreditierungsvorschlag und Stellungnahmen von Hochschule beziehungswese Fachausschuss) werden der Akkreditierungskommission zur Beschlussfassung zugeleitet.

Vier Ausgänge eines Akkreditierungsverfahrens sind als Beschlusstypen möglich: Erstens eine Akkreditierung ohne Auflagen, die ausgesprochen wird, wenn keine grundlegenden inhaltlichen oder strukturellen Mängel vorhanden sind; zweitens eine Akkreditierung mit Auflagen, wenn Nachbesserungen innerhalb einer vorgegebenen Frist erforderlich und möglich sind, die die festgestellte Qualität vollständig sichern; drittens eine Aussetzung des Verfahrens, wenn die Akkreditierung unter der Voraussetzung in Aussicht gestellt werden kann, dass wesentliche inhaltliche beziehungsweise strukturelle Mängel behoben werden, die einer erneuten

Prüfung unterzogen werden müssen; und viertens die Ablehnung der Akkreditierung, wenn Studiengänge grundlegende Mängel aufweisen, die nicht durch Nachkorrekturen zu beheben sind.

2.1 Institutionalisierte Dialoge zwischen hochschulischer und beruflicher Expertise

Voraussetzung für die Durchlässigkeit des hochschulischen und beruflichen Bildungssystems vor dem Hintergrund der Qualitätssicherung und -verbesserung von Studienprogrammen ist zunächst, dass sich Experten aus Hochschule und beruflicher Praxis gemeinsam über das Verständnis, die Gemeinsamkeiten und Unterschiede sowie die Qualität von hochschulischer und beruflicher Ausbildung verständigen. Dies konkretisiert sich in den vor Ort eingesetzten Gutachtergruppen. Die im Studienprogramm zu vermittelnden Lern- und Qualifikationsziele sowie Kompetenzen werden in der Regel von drei professoralen Gutachtern, einem Studierenden und einem Berufspraktiker begutachtet. Dieser Konstellationstyp aus Professoren, Experten der Berufspraxis und Studierendenvertretung ist prinzipiell in der Zusammensetzung aller ständigen Gremien von ACQUIN anzutreffen. In dieser institutionalisierten Form ist somit bezogen auf die Akkreditierung ein kontinuierlicher Dialog zwischen akademischer und beruflicher Expertise hergestellt. Dieser institutionalisierte Dialog kommt besonders in den Gesprächen der Mitglieder der für jedes Akkreditierungsverfahren speziell zusammengestellten Gutachtergruppe untereinander und gegenüber der Hochschule zum Tragen.

Auf der Grundlage eines von ACQUIN mit den allgemeinen Kriterien zur Akkreditierung des Akkreditierungsrates korrespondierenden Leitfadens zur Programmakkreditierung wird beispielsweise neben den fachlichen und überfachlichen Kompetenzen nach berufsqualifizierenden Fähigkeiten, Fertigkeiten und Kenntnissen gefragt (ACQUIN, S. 8). Ebenso wird geprüft, inwiefern die Beschäftigungsbefähigung in den Studiengangszielen umgesetzt und welche beruflichen Tätigkeitsfelder im Studiengang verfolgt werden. Ferner wird dies spezifiziert mit der Frage nach der „Reflexion und Integration der Anforderungen der Berufspraxis bei der Studienprogrammentwicklung (zum Beispiel Berufsfeldanalyse)“ sowie der „Beschäftigungsfähigkeit (Employability)“ aber auch „der Beteiligung von Vertretern der Berufspraxis“ am Studiengang (ebd., S. 9).

In der Mehrzahl seiner Verfahren hat ACQUIN hinsichtlich der konkreten Kriterien in den Vor-Ort-Begutachtungen genauso wie in den Beratungen der ständigen Gremien durchweg positive Erfahrungen mit der Annäherung von hochschulischer und beruflicher Expertise gemacht. Als ein wesentlicher Grund dafür können die klar definierten Kriterien bei der Qualitätsbegutachtung eines oder mehrerer konkreter Studienprogramme gesehen werden. Diese Kriterien zielen ab auf Transparenz bezogen auf die Berufsbefähigung sowie auf eine mögliche Verzahnung von Berufspraxis und individuellen Merkmalen der Hochschulen.

2.2 Anrechnung beruflicher Kompetenzen auf Hochschulstudiengänge

Im Zuge der Umstellung von Diplom- und Magisterstudiengänge auf Bachelor- und Masterstudiengänge in Deutschland haben Hochschulen ein hohes Maß an individueller Autonomie bezüglich ihrer Studiengangsgestaltung gewonnen. Dieser Autonomiezuwachs schlägt sich nicht nur in der wachsenden Zahl von weiterbildenden und berufsbegleitenden Masterstudiengängen nieder. Ebenso konkretisiert sich dies auch darin, dass Hochschulen die Möglichkeiten verstärkt nutzen, gemäß Beschluss der Kultusministerkonferen (KMK, 2003, 2007) außerhochschulisch erworbene Kenntnisse und Fähigkeiten auf ein Hochschulstudium bis zur Hälfte des Studienvolumens anzurechnen.

Allerdings, so formuliert es die vom Akkreditierungsrat eingesetzte Arbeitsgruppe *Weiterbildende Studiengänge*, sollte diese Anrechnung primär auf Grundlage von klar definierten und transparenten Kriterien erfolgen. Weiter sollte die „Gleichwertigkeit von außerhochschulisch erworbenen Leistungen mit den betreffenden Studieninhalten nach einem Verfahren der Ermittlung von Kompetenzäquivalenzen“ gewährleistet sein (Akkreditierungsrat, 2007). In Verbindung mit einer Akkreditierung wären diese Anrechnungsverfahren zu überprüfen. Zudem wurden im Rahmen der ANKOM-Initiative[1] Anrechnungsleitlinien[2] mit dem Ziel verfasst, Transparenz bei der Anrechnung von außerhochschulischen Kompetenzen auf Hochschulstudiengänge zu schaffen sowie Vertrauensbildung und Nachvollziehbarkeit von Äquivalenzfeststellungen zu fördern. Diese reichen von Verfahren, in denen Hochschullehrende Fachkenntnisse auf Module anrechnen, bis zu Modulbeschreibungen, die die Anrechnungsverfahren regeln. Gemäß der Anrechnungsleitlinie sind die Hochschulen unter anderem dazu angehalten, im Sinne der Transparenz und Nachvollziehbarkeit eine kontinuierliche Studienberatung anzubieten sowie die Qualität ihrer Anrechnungsverfahren durch Selbstevaluation und entsprechend rechtlicher Verankerung (beispielsweise über Studien- und Prüfungsordnungen) zu sichern.

2.3 Gestaltung weiterbildender Studiengänge

Neben den besonderen Anforderungen an die Anrechnung außerhochschulischer Kompetenzen bedarf die spezifische Konzeption und Organisation weiterbildender / berufsbegleitender Studiengänge besonderer Kriterien zur Sicherung der Qualität.

Die weiterbildenden Masterstudiengänge erfordern unter anderem als Zugangsvoraussetzung gemäß den „Ländergemeinsamen Strukturvorgaben der Kultusministerkonferenz“ (KMK, 2003) in der Regel eine mindestens einjährige berufsprak-

1 ANKOM steht als Akronym für die Anrechnung beruflicher Kompetenzen auf Hochschulstudiengänge und ist eine vom Bundesministerium für Bildung und Forschung geförderte Initiative zur Öffnung der Bildungssysteme untereinander. Weitere Informationen finden sich unter: http://ankom.his.de/index.php, zuletzt gesehen am 26.09.2008.

2 Die Anrechnungsleitlinie ist als Download abrufbar unter: http://ankom.his.de/material/dokumente/Diskussionsgrundlage_ANKOM_Anrechnungsleitlinie_19_05_08.pdf?PHPSESSID=019efc7e2b481fc7a872100e7cf6f4ea, zuletzt gesehen am 26.09.2008.

tische Erfahrung. Dabei muss sichergestellt sein, dass das Qualifikationsniveau der weiterbildenden Masterstudiengänge dem der konsekutiven und nicht-konsekutiven Masterstudiengänge entspricht (ebd., S. 9). Ebenso sind die in der Berufspraxis gewonnenen Erfahrungen in das Curriculum im Sinne eines hochschulangemessenen Wissenstransfers zu integrieren. Hinsichtlich der zeitlichen Studiengestaltung ist bei Teilzeit- beziehungsweise berufsbegleitenden Studienmodellen die Vereinbarkeit der Arbeitsbelastung von Studium und Beruf zu gewährleisten. Vor diesem Hintergrund würden sich flexible und selbstverantwortliche Formen des Lernens und Prüfens anbieten, die sich nachvollziehbar und im Rahmen der besonderen Belastung der Studierenden in den Studien- und Prüfungsordnungen sowie der Gestaltung von Präsenz- und Selbstlernzeiten niederschlagen. Diese stellen im Rahmen der Akkreditierung ein bewertbares Kriterium dar.

Für den Fall, dass die Berufspraxis in die Lehre integriert wird, sollte bei der Personalauswahl gewährleistet sein, dass die Lehrqualifikation den didaktischen und wissenschaftlichen Anforderungen einer Hochschule entspricht.

3. Fazit – Ausblick

Die Ausführungen zu den Möglichkeiten der Durchlässigkeit von beruflich Qualifizierten in das Hochschulwesen haben gezeigt, dass erstens spätestens seit der Akkreditierung von Studienprogrammen eine Annäherung von beruflicher und hochschulischer Expertise erfolgreiche Praxis in der Qualitätssicherung ist. Zweitens sind Instrumente und Leitlinien zur Qualitätssicherung vorhanden, wenn berufliche Expertise in die Hochschulbildung eingehen sollte. Die Hochschulen müssen gleichzeitig aus Sicht von ACQUIN trotz Anrechnungsleitfaden, hochschulpolitischen Empfehlungen und Akkreditierungskriterien weiterhin die Möglichkeit haben, ihren eigenen Bedürfnissen hinsichtlich beruflicher Anforderungen nachzukommen, ihre strategischen Ziele zu verfolgen und dem für eine Hochschule konstitutiven wissenschaftlichen Anspruch Rechnung zu tragen.

Generell ist ein Trend der Öffnung des Hochschulsystems für beruflich Qualifizierte zu beobachten. Dabei werden die dafür charakteristischen Anrechnungsverfahren nicht allein auf weiterbildende oder berufsbegleitende Studiengänge angewendet.

Aus Sicht von ACQUIN können Akkreditierungsagenturen keine Wegbereiter für die Öffnung des Hochschulsystems für berufliche Bildung sein. Sie können aus ihrer praktischen Erfahrung zwar Chancen und Probleme aufzeigen sowie Lösungen entwickeln. Jedoch liegt es zum einen in der Selbstverantwortung der Hochschulen, welche Wege sie beschreiten. Zum anderen bedarf es einer kontinuierlichen Rückbindung an einen gesamtgesellschaftlichen Diskurs über die Erfolge, aber auch negativen Effekte, die sich aus dem Zusammenspiel hochschulischer und beruflicher Expertise ergeben. An diesem Dialog sollten sowohl alle betroffenen zivilgesellschaftlichen Akteure wie auch die politischen Entscheidungsträger beteiligt sein. Dabei sollte unter anderem die Frage diskutiert werden, welche Rolle die neuen Wege zur Förderung der Durchlässigkeit im Bildungssystem im Hinblick auf die Bedeutung des dualen Systems für Deutschland spielen.

Literatur

ACQUIN (o.J.): „Leitfaden für Verfahren der Programmakkreditierung“. S. 8ff. Als Download abrufbar unter: http://www.acquin.org/doku_serv/LeitfadenProgrammakkreditierung.pdf, zuletzt gesehen am 26.09.2008.

Akkreditierungsrat (Hrsg.) (2007): Handreichung des Akkreditierungsrates an die Agenturen auf Grundlage der „Empfehlungen der Arbeitsgruppe Weiterbildende Studiengänge des Akkreditierungsrates zur Qualitätssicherung und Akkreditierung weiterbildender Masterstudiengänge“, S. 4. Als Download abrufbar unter: http://www.akkreditierungsrat.de/fileadmin/Seiteninhalte/Beschluesse_AR/2007_10_14_Empfehlungen_der_AG_Weiterbildung-Handreichung_Agenturen_neu.pdf, zuletzt gesehen am 26.09.2008.

Hochschulrektorenkonferenz (Hrsg.) (2008): „Statistische Daten zur Einführung von Bachelor- und Masterstudiengängen. Sommersemester 2008. Statistiken zur Hochschulpolitik 1/2008“, S. 7. Als Download abrufbar unter: http://www.hrk.de/de/download/dateien/HRK-Statistik_SoSe_2008_komplett.pdf, zuletzt gesehen am 26.09.2008.

Kultusministerkonferenz (KMK) (2002): Anrechnung von außerhalb des Hochschulwesens erworbenen Kenntnissen und Fähigkeiten auf ein Hochschulstudium (Beschluss der Kultusministerkonferenz vom 28. Juni 2002).“ Als Download abrufbar unter: http://www.akkreditierungsrat.de/fileadmin/Seiteninhalte/Dokumente/kmk/KMK_Anrechnung.pdf, zuletzt gesehen am 08.10.2008.

Kultusministerkonferenz (KMK) (2003): Ländergemeinsame Strukturvorgaben gemäß § 9 Abs.2 HRG für die Akkreditierung von Bachelor- und Masterstudiengängen (Beschluss der Kultusministerkonferenz vom 10. Oktober 2003 i.d.F. vom 15. Juni 2007)“. Als Download abrufbar unter: http://www.akkreditierungsrat.de/fileadmin/Seiteninhalte/Dokumente/kmk/BS_070615_LaendergemeinsameStrukturvorgaben.pdf, zuletzt gesehen am 26.09.2008.

Andreas Eylert und Angelika Henschel

Die Bedeutung von Gender-Mainstreaming bei der Entwicklung von Anrechnungsverfahren

1. Das Projekt „KomPädenZ“

Das Projekt „KomPädenZ“ hat die Anrechnung von in der Aus- und Weiterbildung sowie der Berufstätigkeit von Erzieherinnen und Erziehern erworbenen Kompetenzen auf den Bachelorstudiengang Sozialarbeit/Sozialpädagogik an der Leuphana Universität Lüneburg zum Ziel. Kooperationspartner von Seiten der beruflichen Bildung sind Vertreterinnen und Vertreter aus Berufsfachschulen für Sozialpädagogik und aus Institutionen der Fort- und Weiterbildung für Erzieherinnen und Erzieher. Zudem wird das Forschungs- und Entwicklungsprojekt durch einen Fachbeirat unterstützt und begleitet, dem Vertreterinnen und Vertreter aus verschiedenen relevanten Akteursgruppen angehören, zum Beispiel der kommunalen Spitzenverbände, der Gewerkschaften, der freien Wohlfahrtsverbände, der beteiligten Fachschulen sowie des Kultusministeriums und Sozialministeriums des Landes Niedersachsen.

Das Projekt berücksichtigt bei der Entwicklung des Anrechnungsverfahrens geschlechtspezifische Aspekte der Kompetenzbeurteilung.

2. Gender-Mainstreaming in Anrechnungsverfahren

Leistungen und Kompetenzen besitzen einen sogenannten Gender Bias[1]*, das heißt, sie werden nicht vorurteils- und wertfrei, sondern – neben den weiteren in der Wahrnehmungs- und Sozialpsychologie relevanten Verzerreffekten in der Beurteilung von Mitmenschen – auch auf der Basis von Geschlechtsstereotypen beurteilt. Sie werden entsprechend des hierarchischen Geschlechterverhältnisses in eine Werthierarchie eingeordnet. Dies geschieht sowohl von Frauen gegenüber Frauen, als auch von Männern gegenüber Frauen und umgekehrt. Geschlechtsstereotype vermögen somit auch Leistungsbeurteilungen beziehungsweise Kompetenzermittlungen zu beeinflussen, sofern dies nicht kritisch reflektiert wird*[2]*. „Geschlechtsinsensibilität“ (oder auch „Geschlechtsblindheit“) sowie das Anlegen von „doppelten Bewertungsmaßstäben“ können aufgrund von „Androzentrismus“ und traditionellen Rollenvorstellungen typische geschlechtsspezifische Verzerreffekte darstellen.*[3]

1 Vgl. zum Beispiel Eichler, M. et al., (2002): Zu mehr Gleichberechtigung zwischen den Geschlechtern: Erkennen und Vermeiden von Gender Bias in der Gesundheitsforschung. Berlin.

2 Vgl. Ruiz, M.T. & Verbrugge, L.M. (1997): A two way of gender bias in medicine. Journal of Epidemiology and Community Health, 51 (2), S. 106-109. In: Jahn, I. (Hrsg.): Gender-Mainstreaming im Gesundheitsbereich. Materialien und Instrumente zur systematischen Berücksichtigung der Kategorie Geschlecht. September 2004. http://www.bips.uni-bremen.de/data/jahn_gm_2004.pdf.

3 Siehe zum Beispiel http://www.genderkompetenz.info/genderkompetenz/handlungsfelder/daten statistik/datenqualitaet/verzerrt/ letzter Download 28.05.2008.

Unsere These im Projekt „KomPädenZ“ ist daher: Wenn Männer und Frauen den Geschlechtsstereotypen, also den gesellschaftlichen Vorstellungen von „Männlichkeit“ und „Weiblichkeit“ nicht entsprechen, werden sie mitunter schlechter bewertet. Dies gilt auch und insbesondere für individuelle Anrechnungsverfahren.

Auch die Selbsteinschätzung von Kompetenzen erfolgt tendenziell geschlechtsdifferenziert. Frauen schätzen sich selbst eher in von der Gesellschaft als „frauentypisch“ definierten Eigenschaften und Verhaltensweisen hoch ein (zum Beispiel sozial, einfühlsam), Männer in „männertypischen“ (zum Beispiel rational, durchsetzungsstark).

Im Rahmen von pauschalen Anrechnungsverfahren gilt es insbesondere die Instrumente und Verfahren zur Äquivalenzbestimmung zu überprüfen. Wichtige Kontrollfragen hierbei sind unter anderem:

- *Wer hat beurteilt? Waren auf allen Seiten (der der beruflichen Bildung und der Hochschule) beide Geschlechter vertreten?*
- *Welche Kriterien wurden angelegt? Kann es dabei zu androzentristischen Verzerreffekten kommen, indem zum Beispiel hauptsächlich männliche Professoren die Anrechnungswege für einen hauptsächlich von Frauen ausgeübten und gelehrten Beruf (wie meist im Gesundheits- und Sozialbereich) erschweren?*
- *Welche Ausgangs- und welche Zielgruppe wurden verglichen? Spiegeln sich darin die realen Geschlechterverhältnisse im Alltag wieder?*

Generell gilt: Informationsmaterial und -veranstaltungen sollten die Genderaspekte in Bezug auf Selbstbewusstsein, Schicht und Habitus berücksichtigen und den studieninteressierten Frauen das Zutrauen zu einem Studium (trotz Anrechnung) vermitteln. Alle jene, die die Kompetenzen, Fähigkeiten und Fertigkeiten von Menschen einschätzen, ob im Rahmen von Personalbeurteilungen, Prüfungen oder Anrechnungsverfahren, benötigen Genderexpertise. Genderspezifische Verzerrungen lassen sich nur durch entsprechendes Hintergrundwissen und einen selbstkritischen Umgang mit dem eigenen Beurteilungsverhalten vermeiden. Gendertrainings und -weiterbildungen sollten daher für alle Beurteilenden – auch im Bereich von Anrechnungsverfahren – selbstverständlich sein.

Weitere Informationen stehen unter www.leuphana.de/netzwerg zur Verfügung.

Walburga Freitag

Qualität der Anrechnung beruflich erworbener Kompetenzen auf Hochschulstudiengänge. Eine Exploration von Dimensionen „guter Anrechnungspraxis“

Neben der Vernetzung, Beratung und formativen Evaluation der zwölf Entwicklungsprojekte der Initiative „Anrechnung beruflicher Kompetenzen auf Hochschulstudiengänge“ (ANKOM)[1] des Bundesministeriums für Bildung und Forschung (BMBF) war es Aufgabe der wissenschaftlichen Begleitung, Anforderungen an eine Qualitätssicherung von Verfahren der Anrechnung beruflich erworbener Kompetenzen[2] (Anrechnungsverfahren) zu formulieren. Zu Beginn der ersten Förderphase wurden hierfür Gütekriterien[3] entwickelt, die zum Teil auf einer Analyse von Leitlinien aus England, Irland und Australien zum Bereich „Accreditation of Prior (*e*xperiential and/or *c*ertificated) Learning“ (APL, AP*E*L & AP*C*L)[4] basieren und orientierende Funktion für die Projekte haben sollten. Gegen Ende der ersten Förderphase wurde eine Leitlinie für die Qualitätssicherung von Anrechnungsverfahren entwickelt (ANKOM, 2008), bei der die Gegenstandsbereiche Lernergebnisbeschreibung, Äquivalenzprüfung, Implementierung, Information und Beratung sowie Evaluation im Mittelpunkt stehen. In der zweiten Förderphase (Juli 2008 bis Juni 2009) wird Qualität im Kontext der Verfahrensgeneralisierung sowie den Umsetzungserfahrungen an den Hochschulen erneut Thema sein. Von Bedeutung werden die Fragen sein, wie Qualitätskriterien von Anrechnung bestimmt und entwickelt werden können, wer sie bestimmt, was Qualität für die Beteiligten bedeutet, welche

1 Als Entwicklungsprojekte werden in der BMBF-Förderrichtlinie Konsortien aus beruflicher und hochschulischer Bildung bezeichnet, die den Auftrag erhielten, im Rahmen der Gesamtförderung „Verfahren zur Anrechnung von in der beruflichen Weiterbildung erworbenen Qualifikationen und Kompetenzen für Inhaber … (bundesrechtlich geregelter Fortbildungen und ihnen gleichgestellte Weiterbildungen der Sozial- und Gesundheitsberufe) auf Hochschulstudiengänge zu entwickeln“ (BMBF, 2005, S. 1). Laufzeit der zwölf geförderten Entwicklungsprojekte war von Oktober 2005 bis Juni 2008, die der wissenschaftlichen Begleitung läuft von Oktober 2005 bis Juni 2009. Die Finanzierung erfolgte aus Mitteln des BMBF und des Europäischen Sozialfonds (ESF).

2 Unter *beruflich erworbenen Kompetenzen* werden im Folgenden die in anerkannten Berufsausbildungen, Weiterbildungen sowie am Arbeitsplatz erworbenen Kompetenzen verstanden. Sie können zertifiziert sein und als formal erworbene Kompetenzen bezeichnet werden, sie können im Rahmen von zum Beispiel gewerkschaftlichem Engagement oder Anpassungsschulungen erworben und nicht zertifiziert sein (non-formal erworbene Kompetenzen) oder informell erworben worden sein („learning by doing“, Erfahrungslernen, „tacit knowledge“). Der *Kompetenzbegriff* wird als übergeordneter Begriff verwandt. Die Operationalisierung erfolgt auf der Ebene von Lernergebnissen, die wiederum in den Dimensionen Wissen, Fertigkeiten, Fähigkeiten und/oder Kompetenzen beschrieben, performiert und/oder evaluiert werden können.

3 Siehe http://ankom.his.de/material/veroeffentlichungen/index.php

4 Vgl. hierzu vor allem National Qualifications Authority of Ireland (2006).

Dimensionen zur Qualitätsbestimmung einbezogen werden, wie Qualität entwickelt werden kann und schließlich, wie sie bewertet – also evaluiert – werden soll.[5]

An dieser Stelle wird versucht, das Thema Qualität von Anrechnung in einem explorativen Verfahren sehr weit auszuloten. Hierfür werden fünf Pfade gebahnt: Der erste Pfad führt zu den bildungspolitischen Wurzeln der EU-Ziele „Anrechnung außerhochschulisch erworbener Kompetenzen“[6] und „Lebenslanges Lernen“ und versucht, das Thema Anrechnung so zu verorten, dass Konturen der Anforderungen an Qualitätssicherung erkennbar werden (1.1). Der zweite Pfad führt zu den für Studiengänge allgemein entwickelten Qualitätskriterien und der Frage, welche davon insbesondere für Anrechnung relevant sind (1.2.1). Der dritte Pfad orientiert sich an den Prozessen, die sich durch die Anwendung von Anrechnungsverfahren ergeben (1.2.2), der vierte Pfad wird gebahnt durch die zentralen Gerechtigkeitsdimensionen (1.2.3) und der fünfte Pfad durch die Arenen unterschiedlich „anerkannten“ Wissens[7] (1.2.4). Der Beitrag wird mit Vorschlägen zur qualitativen Entwicklung und Evaluation der Qualitätskriterien für Anrechnung abgeschlossen (1.3).

1. Bildungspolitischer und institutioneller Kontext von Anrechnung

1.1 Bologna als Motor von Anrechnung?

Mit der 1999 unterzeichneten Bologna-Erklärung haben sich die Staaten der Europäischen Union auf die Einführung eines Systems vergleichbarer Hochschulabschlüsse und den Aufbau eines zweistufigen Studiensystems (Bachelor- und Masterstudiengänge) geeinigt. Gleichzeitig wurde die Einführung eines „European Credit Transfer and Accumulation Systems“ (ECTS)[8] – das als Mittel der Beförderung größtmöglicher Mobilität der Studierenden bezeichnet wird – vereinbart und beschlossen, auch außerhochschulisch erworbene Lernergebnisse anzurechnen. Hierzu heißt es in den Ausführungen zum ECTS: „Punkte sollen auch außerhalb der Hochschulen, beispielsweise durch lebenslanges Lernen, erworben werden können,

---

5 Hinzuweisen ist an dieser Stelle auf den Unterschied zwischen der Qualitätssicherung der Entwicklung und Implementierung der *Anrechnungsverfahren* und der Entwicklung von Qualitätskriterien für den gesamten Prozess, bei dem vor allem die Bildungssubjekte in den Blick zu nehmen sind.

6 Die Skizzierung des umfassenderen Konzeptes der Anrechnung *außerhochschulisch* erworbener Kompetenzen ist notwendig, um Engführungen der Anrechnung beruflich erworbener Kompetenzen herausarbeiten zu können.

7 Ich verwende den Wissensbegriff hier übergeordnet im Sinne der Diskurse um Wissensgesellschaft (Bittlingmeyer, 2005) oder „knowledge economy“ (Fowler, 2002).

8 Der Kreditpunkt ist die neue Tauschwährung für Studierende und löst die alte Währung der Semesterwochenstunde ab. Ein Bachelorstudiengang zum Beispiel, in dem 180 Credits zu erwerben sind, kann in sechs Semestern studiert werden, wenn pro Semester sechs Module mit einem Tauschwert von fünf Credits (pro Credit dreißig Stunden „workload“, also in ca. 150 Stunden Arbeitsaufwand zur Aneignung von im Modulhandbuch formulierten Lernergebnissen) mit einer Leistungsüberprüfung abgeschlossen werden. In Deutschland werden die Credits oder Kreditpunkte auch als Leistungspunkte bezeichnet.

vorausgesetzt, sie werden durch die jeweiligen aufnehmenden Hochschulen anerkannt" (European Commission, 1999, S. 4). Sämtliche EU-Bildungsstrategien – von der Lissabon- bis zur Kopenhagenstrategie und dem Memorandum für Lebenslanges Lernen – enthalten darüber hinaus die Forderung, dass die Kompetenzen aller Bürgerinnen und Bürger, unabhängig davon, wo sie erworben wurden, erhoben, bewertet und gegebenenfalls als Äquivalenzen zu den in institutionellen Kontexten zu erwerbenden Kompetenzen angerechnet beziehungsweise anerkannt werden sollen (vgl. zum Beispiel Europäisches Parlament, 2007). Im Mittelpunkt stehen hierbei informell und non-formal erworbene Kompetenzen.

Für den Hochschulraum in Deutschland begann die formale Umsetzung „der Anrechnung außerhochschulisch erworbener Kompetenzen" mit dem Beschluss der Kultusministerkonferenz (KMK) vom 28. Juni 2002 „Anrechnung von außerhalb des Hochschulwesens erworbenen Kenntnissen und Fähigkeiten auf ein Hochschulstudium" (KMK, 2002). Der KMK-Beschluss greift damit die dritte Bologna-Aktionslinie in modifizierter Form auf und regelt, dass außerhalb des Hochschulwesens erworbene Kenntnisse und Fertigkeiten im Rahmen einer – gegebenenfalls auch pauschalisierten – Einstufung auf ein Hochschulstudium angerechnet werden können. Drei Bedingungen werden genannt:

a) dass „die für den Hochschulzugang geltenden Voraussetzungen – gegebenenfalls auch über die Möglichkeiten des Hochschulzugangs für besonders qualifizierte Berufstätige – gewährleistet werden";

b) dass die außerhalb des Hochschulwesens erworbenen Kenntnisse und Fertigkeiten „nach Inhalt und Niveau dem Teil des Studiums gleichwertig sind, der ersetzt werden soll" und

c) „entsprechend den Grundsätzen des neuen *Qualitätssicherungssystems* im Hochschulbereich (sollen) die *qualitativ-inhaltlichen Kriterien* für den Ersatz von Studienleistungen durch außerhalb des Hochschulwesens erworbene Kenntnisse und Fähigkeiten *im Rahmen der Akkreditierung* überprüft werden" (KMK, 2002, kursiv W.F.).

Die außerhalb des Hochschulwesens erworbenen Kenntnisse und Fähigkeiten können – so der Beschluss – höchstens fünfzig Prozent eines Hochschulstudiums ersetzen. Damit besteht für einen Bachelorstudiengang mit 180 Credits eine Obergrenze von neunzig Credits.

Drei Aussagen des Beschlusses sind besonders hervorzuheben: Anrechnung wird von dem Erfordernis des Hochschulzugangs getrennt beziehungsweise letzterer wird vorausgesetzt. Das heißt, auf der Grundlage des KMK-Beschlusses werden Kenntnisse und Fähigkeiten angerechnet, sofern Studierende bereits über eine *schulische* Studienberechtigung verfügen oder eine *hochschulische* Studienberechtigung in Form einer Zugangsprüfung oder einem vergleichbaren Prozedere erwerben. Hingewiesen wird im KMK-Beschluss auf die Länderregelungen, die beruflich Qualifizierten mit durchschnittlich vier Jahren Berufserfahrung den Zugang zu einem dem Berufsfeld affinen Studiengang durch Zugangsprüfungen oder Probestudium ermöglichen. Anrechnung ist somit nicht für den Zugang nutzbar. Zweitens wird geregelt, dass die Qualität der Kriterien der Lernergebnisäquivalenzbestimmung im

Rahmen der Studiengangsakkreditierung überprüft wird. Drittens wird allgemein von *außerhochschulisch* erworbenen Kompetenzen gesprochen, wodurch formal, non-formal und informell erworbene Kompetenzen einbezogen werden können.

Die Anrechnungsregelungen der Hochschulgesetze der Bundesländer greifen den KMK-Beschluss teilweise auf, teilweise gehen sie über ihn hinaus, indem sie die Fünfzig-Prozent-Grenze nicht aufnehmen, teilweise schränken sie ihn auf beruflich erworbene Kompetenzen ein. So heißt es zum Beispiel im Hochschulfreiheitsgesetz (HFG) von Nordrhein-Westfalen (§ 63 Abs. 2), dass die Hochschule auf Antrag sonstige Kenntnisse und Qualifikationen auf der Grundlage vorgelegter Unterlagen auf einen Studiengang anrechnen kann. Das HFG „limitiert das durch Anrechnung ersetzbare Studienvolumen gesetzlich nicht“[9]. Allerdings setze die Anrechnung voraus, dass für den Studienabschluss an der anrechnenden Hochschule noch Studien- und Prüfungsleistungen in einem Umfang zu erbringen sind, „dass die Verleihung eines akademischen Grades durch die anrechnende Hochschule berechtigt erscheint“ (Ausführungsbestimmung zum HFG NRW, S. 153). In vielen Fällen verweist das Hochschulgesetz des Landes auf die Regelungskompetenz der Hochschulen, diese wiederum auf den allgemeinen und/oder fachspezifischen Teil der Prüfungsordnung. So heißt es zum Beispiel im allgemeinen Teil der Bachelorprüfungsordnung (PO) der Universität Bremen vom 13. Juli 2007: „Einschlägige *berufspraktische* Tätigkeiten sowie Kreditpunkte aus *beruflicher Fortbildung* werden nach näherer Bestimmung der fachspezifischen PO angerechnet, allerdings nicht mehr als 50% der geforderten Kreditpunkte“ (kursiv W.F.).

Ob Anrechnung durch die fachspezifischen Prüfungsordnungen ermöglicht und praktiziert wird, hängt somit unabhängig von den Landesregelungen nach wie vor in hohem Maße von der Einstellung der Hochschulleitungen, der Studiengangsverantwortlichen und der Hochschullehrenden zu Anrechnung ab.

1.2 Lebenslanges Lernen und die Konvergenz-, Schnittmengen- und Komplementaritätsthese

Die Anrechnung vorgängig erworbener Kompetenzen wurde im Bologna-Prozess aufgegriffen, weil Entwicklungen auf zwei Ebenen beobachtet beziehungsweise antizipiert werden, die stark miteinander verknüpft sind und wiederum durch die Bildungspolitik der EU forciert werden.

a. Die Umsetzung des *alle* Bildungsbereiche übergreifenden Bildungsziels *Lebenslanges Lernen* (LLL) im Hochschulraum wird, so die These, gefördert durch Konzepte, die „vorgängig“ erworbenen Kompetenzen Geltung verschaffen, und eine Didaktik, die an diese anzuschließen vermag. Daneben wird versucht, lebenslanges Lernen durch eine Pluralisierung von Lernwegen in die Hochschule (zum Beispiel durch Berufsabitur und andere Zugangswege für Nichtabiturienten) zu erreichen. Eine strukturell bedeutsame Stärkung erfährt lebenslanges Lernen zudem durch die

---

9 Hochschulgesetze der Länder: http://www.hrk.de/de/adressen_und_links/158_164.php.

mit der Einführung der zweistufigen Studiengangstruktur Bachelor und Master verbundenen veränderten Rahmenbedingungen. Hierdurch werden Bildungsmöglichkeiten über die Lebensspanne realisierbar, durch die andere Bildungsinteressen und Bildungsbedarfe gedeckt werden können, als es durch den traditionell stark wissenschaftsorientierten Karrierepfad *Promotion und/oder Habilitation* möglich war. Vorgesehen sind in der neuen Studienstruktur neben konsekutiven, also aufeinander aufbauenden Studiengängen auch sogenannte nicht-konsekutive sowie weiterbildende Masterstudiengänge. Nicht-konsekutive und weiterbildende Studiengänge bieten Absolventen von Bachelorstudiengängen, die unter Umständen mehrere Jahre Berufserfahrung haben, die Möglichkeit, sich für diese Studiengänge zu bewerben. Erfahrungen aus anderen Ländern zeigen, dass über die Lebenszeit hinweg auch zwei Masterabschlüsse angestrebt werden. Zwar steckt die strukturelle Umsetzung des Konzepts „Lebenslanges Lernen" vor allem hinsichtlich der Lernendenorientierung und der Studienbedingungen noch in den Kinderschuhen, Anrechnung außerhochschulisch erworbener Kompetenzen stellt jedoch sowohl einen Anreiz für lebenslanges Lernen als auch eine Notwendigkeit aufgrund der zunehmenden Heterogenität der Studierenden dar.

b. Im Windschatten der Strategien von Lissabon, Kopenhagen und Bologna entwickelt sich ein Diskurs, der die Thesen hervorbringt, dass sich die in den unterschiedlichen Bildungssystemen angestrebten Qualifikationen[10] und Kompetenzen a) von ihrem Niveau her angleichen, es b) Schnittmengen zwischen Lernergebnissen von Qualifikationen aus unterschiedlichen Bildungssystemen gibt und diese c) eine zunehmende Komplementarität aufweisen. Diese Entwicklungen werden im Folgenden als Konvergenz-, Schnittmengen- und Komplementaritätsthese bezeichnet.

Die *Konvergenzthese* geht von einer Annäherung der in den Bildungssystemen erreichten Niveaus aus, die verursacht wird durch einen strukturellen Wandel der Bildungssysteme selbst. Dieser wurde in Deutschland angestoßen zum Beispiel durch die Einführung des zweistufigen Studiengangsystems. So soll der erste Abschluss nach sechs bis sieben statt nach elf Semestern erreichbar sein und auf eine Beschäftigung auf dem Arbeitsmarkt vorbereiten („employability"). In der beruflichen Bildung wurden sowohl neue Aus- als auch Fortbildungsberufe entwickelt. Insbesondere die Fortbildungsberufe werden von ihrem Niveau her in der Nähe der Bachelorabschlüsse verortet, da sie in der Regel eine berufliche Ausbildung, mehrere Jahre Berufspraxis voraussetzen und zum Teil als Stufensysteme angelegt sind. Der sich im Kontext des Europäischen Qualifikationsrahmens für Lebenslanges Lernen (EQR) entwickelnde Deutsche Qualifikationsrahmen (DQR) wird ein wichtiges Instrument sein, um diese Konvergenzen abzubilden.

Im Mittelpunkt der *Schnittmengenthese*[11] steht sowohl die Frage der in den Bildungssystemen erreichten Niveaus wie auch die gleichwertiger Inhalte. Beide für

10 Qualifikation bedeutet in der EU-Terminologie Bildungsabschluss.

11 Verwandt wird auch der Begriff Überlappungsthese, der jedoch das Bild evoziert, als würde sich das Ende des einen und der Beginn des zweiten Bildungsgangs überlappen. Davon kann aber nicht ausgegangen werden. Wahrscheinlicher ist, dass es Schnittmengen während unterschiedlicher Phasen der Bildungsprozesse und des Bildungsgangs gibt.

die Konvergenzthese angeführten Entwicklungen sind auch hier bedeutsam, bleiben aber hinter der Schnittmengenthese zurück. Die Schnittmengenthese kann – im Gegensatz zur auf formale Bildungsgänge bezogenen Konvergenzthese – den Kompetenzerwerb durch Erwerbsarbeit, durch ehrenamtliche und familiale Tätigkeiten, also non-formal und informell erworbene Kompetenzen, berücksichtigen. In welcher qualitativen und quantitativen Weise es Schnittmengen zwischen ausgewählten Weiterbildungen und Hochschulstudiengängen in Deutschland gibt, ist Gegenstand der BMBF-Initiative. Ergebnisse werden in Kürze publiziert (Freitag, 2008; Stamm et al., 2008).

Ausgangspunkt der *Komplementaritätsthese* ist die Annahme, dass eine berufliche Ausbildung eine gute Passung für ein Hochschulstudium darstellt. Die technologische Entwicklung und zunehmende Lernhaltigkeit der Arbeit werden hierfür als Gründe ebenso angeführt wie die Erkenntnis, dass Lernmöglichkeiten an unterschiedlichen Lernorten – die sowohl Bildungsprozesse mit starkem Bezug zu Arbeitsabläufen in Unternehmen wie die Entwicklung von akademisch angeleiteter praktischer Reflexivität ermöglichen – die Lernenden auf eine Weise qualifizieren, wie es in der Wissensgesellschaft immer wichtiger wird.[12] Die zunehmende Zahl dualer Studiengänge sowie intersektoraler Ausbildungsgänge, die von der beruflichen und hochschulischen Bildung gemeinsam getragen werden, sind als Indikatoren der Komplementaritätsthese zu werten.

Fragt man nach den „Betreiberinnen und Betreibern" der Konvergenz-, Schnittmengen- und Komplementaritätsthese, wird man vor allem in den Institutionen fündig, die zur EU und zum Bereich der beruflichen Bildung gehören, dazu zählen das Europäische Zentrum für die Förderung der Berufsbildung (CEDEFOP), das Bundesinstitut für Berufsbildung (BIBB), das Bundesministerium für Bildung und Forschung (BMBF), das Bundesministerium für Wirtschaft (BMWi) sowie der DIHK als Dachverband der Industrie- und Handelskammern in Deutschland.

Das CEDEFOP geht von einer „Verberuflichung der akademischen Bildung" und einer „Akademisierung der beruflichen Bildung" aus (CEDEFOP, 2007, S. 4; Dunkel & Le Mouillour, 2008, S. 16ff.). Schon seit vielen Jahren wird im jährlich in Deutschland erscheinenden Berufsbildungsbericht, der die Entwicklungen der dualen Ausbildungsberufe und darauf aufbauender Weiterbildungen dokumentiert, der Terminus „Hochschulkompatibilität" der Weiterbildung im Zusammenhang mit der Entwicklung neuer bundesrechtlich geregelter Fortbildungen in den Zukunftstechnologien, der Mikrosystemtechnik und den Informationstechnologien, verwandt (vgl. zum Beispiel BMBF, 2004). Das BIBB greift in seinen Veröffentlichungen die Argumentation des CEDEFOP auf, dass im europäischen Bildungsraum die berufliche Bildung ihr Bildungssegment mit Abschlüssen erweitere, die in der Nähe des

12 Der Komplementaritätsthese steht jedoch die Substitutionsthese gegenüber, die wiederum höchst unterschiedlich interpretiert wird. Wird einerseits davon ausgegangen, dass die Absolventen der Bachelorstudiengänge die Absolventen der beruflichen Ausbildung verdrängen und somit substituieren könnten, verweist der Wissenschaftsrat in den Anfang 2004 verabschiedeten Empfehlungen zur Reform des Hochschulzugangs aufgrund zurückgehender Studierquoten von Abiturienten auf eine zunehmende Konkurrenz von Berufsausbildung und Hochschulstudium und auf die abnehmende Tendenz, Doppelqualifikationen zu erwerben (Wissenschaftsrat, 2004).

Bachelorniveaus liegen, die akademische Bildung hingegen ihren Bereich nach unten erweitere, in dem sie berufsorientierte „short cycle“-Programme und weiterbildende Studiengänge einführe (Hanf, 2007, S. 5). Im internationalen Kontext wird in den letzten Jahren nicht zuletzt durch die Forderung der Beschäftigungsfähigkeit von Bachelorabsolventen die These des „vocationalism“ der hochschulischen Bildung diskutiert (vgl. hierzu zum Beispiel Symes & McIntyere, 2000).

Da die Umstellung der Studiengangsstruktur noch nicht abgeschlossen und bisher bundesdeutsche Hochschulen keine nennenswerten „short cycle“-Programme anbieten, fehlt gegenwärtig die Grundlage, um die Thesen empirisch zu überprüfen.

1.3 Wanderungsbewegungen von der beruflichen zur hochschulischen Bildung

Das Potenzial, das in den empirisch nachzuweisenden Schnittmengen zwischen beruflicher und hochschulischer Bildung steckt, hätte sowohl für studieninteressierte beruflich Qualifizierte[13] als auch für das deutsche Bildungssystem gewaltige Dimensionen. Denn, anders als die bildungspolitischen Forderungen nach Durchlässigkeit für beruflich Qualifizierte vermuten lassen, sind an Hochschulen in Deutschland im europäischen Vergleich sehr viele Studierende immatrikuliert, die eine berufliche Ausbildung abgeschlossen haben. Von den Studienanfängern und -anfängerinnen[14] 2005/2006 waren es 25 Prozent beziehungsweise 70.250 Studierende. Unter den Universitätsstudierenden betrug der Anteil sechzehn Prozent, unter den Fachhochschulstudierenden 51 Prozent (Heine et al., 2007). Die Gesamtgruppe der beruflich Qualifizierten, die ein Studium beginnt, ist jedoch sehr heterogen. Rund 40.000 haben die Ausbildung nach ihrer allgemeinen Hochschulreife begonnen und abgeschlossen, während etwa 30.000 diese vor oder zeitgleich mit dem (Fach-)Abitur abschlossen und damit ein Bildungsweg gegangen wurde, bei dem die berufliche der allgemeinen Bildung gleichgestellt ist. Jährlich nehmen hingegen nur ca. 3.500 Frauen und Männer ein Studium auf dem sogenannten dritten Bildungsweg auf der Grundlage einer hochschulischen Studienberechtigung auf (Autorengruppe Bildungsberichterstattung, 2008, S. 328). Diese kann durch eine an der Hochschule durchgeführte Einstufungsprüfung oder ein Probestudium gewonnen werden. Vorausgesetzt werden in der Regel eine einschlägige Ausbildung sowie vier Jahre Berufserfahrung.[15]

Für die Absolventinnen und Absolventen der in der BMBF-Initiative untersuchten Weiterbildungen gilt, dass sie über den sogenannten Meisterparagrafen in allen

13 Unter *beruflich qualifiziert* werden all diejenigen verstanden, die eine anerkannte Berufsausbildung abgeschlossen haben.

14 Die HIS-Studienanfängerbefragungen beziehen nur deutsche Studierende ein.

15 Siehe hierzu die „Synoptische Darstellung der in den Ländern bestehenden Möglichkeiten des Hochschulzugangs für beruflich qualifizierte Bewerber ohne schulische Hochschulzugangsberechtigung auf der Grundlage hochschulrechtlicher Regelungen“ (KMK, 2006). Download: http://www.kmk.org/hschule/Synopse2006.pdf.

Bundesländern Zugang zu Fachhochschulen haben, für die Aufnahme eines Universitätsstudiums jedoch in der Regel eine Zugangsprüfung ablegen müssen. Wie groß oder klein diese Gruppe derzeit an den Hochschulen ist, kann nicht bestimmt werden. Schätzungen gehen davon aus, dass von den 3.500 Männern und Frauen weniger als 25 Prozent eine Fortbildung abgeschlossen haben. Die Frage, wie viele Fortbildungsabsolventinnen und -absolventen mit Abitur studieren, kann ebenfalls nicht beantwortet werden.

Die hohe fachliche Affinität – zwischen sechzig und siebzig Prozent der Studienanfänger wählen ein Studium, das eine hohe fachliche Affinität zur vorausgegangenen Ausbildung besitzt (Heine et al., 2007, S. 75f.) – könnte eine Bestätigung für die These der Komplementarität zwischen den Bildungsgängen der beiden Bildungssysteme sein. Offen ist aber die Frage, wie attraktiv die neue Studiengangsstruktur für beruflich Qualifizierte und insbesondere für Fortbildungsabsolventen ist.

2. Exploration von Dimensionen einer „guten Anrechnungspraxis"

2.1 Qualitätssicherung als Thema der Hochschulen und die Akkreditierung von Studiengängen

Landesgesetze sowie Beschlüsse der Kultusministerkonferenz und des Akkreditierungsrates bilden die rechtlichen Grundlagen für die Qualitätssicherung an Hochschulen in Deutschland.[16] Im Rahmen des Bologna-Prozesses, mit dem bis 2010 ein durchlässiger europäischer Hochschulraum mit vergleichbaren Studienabschlüssen geschaffen werden soll, wurde für die Qualitätssicherung von Studium und Lehre das Instrument der Akkreditierung von Studiengängen verpflichtend vorgeschrieben. Hierauf weist der bereits zitierte KMK-Beschluss (2002) hin.

Die von den Akkreditierungsagenturen durchgeführte Studiengangakkreditierung hat sich an den „Ländergemeinsamen Strukturvorgaben" (KMK, 2007), den Kriterien für die Akkreditierung von Studiengängen des Akkreditierungsrates (Akkreditierungsrat, 2008) sowie den jeweiligen Strukturvorgaben der Länder zu orientieren. Die „Ländergemeinsamen Strukturvorgaben" weisen unter anderem darauf hin, dass die Studierbarkeit des Lehrangebotes von der Akkreditierung zu prüfen ist (a.a.O., S. 4).

Die Kriterien für die Akkreditierung von Studiengängen des Akkreditierungsrates greifen diesen Aspekt auf und beziehen hierbei die Anerkennung extern erbrachter Leistungen ein. Als Anforderung für das Qualitätskriterium *Studiengangskonzept*

16 Die nationalen Qualitätssicherungssysteme des tertiären Bildungsbereichs sind in hohem Maße beeinflusst von supranationalen Entwicklungen, vor allem der EU. Auf der Ministerkonferenz in Bergen 2005 wurden zum Beispiel die „Europäischen Standards und Richtlinien für Qualitätssicherung im Europäischen Hochschulraum" verabschiedet, an die sich Akkreditierungsagenturen zukünftig verstärkt anlehnen werden.

wird formuliert: „das Studiengangskonzept ist studierbar, vor allem unter Berücksichtigung der erwarteten Eingangsqualifikationen, realen Arbeitsbelastung, Prüfungsorganisation, bestehenden Beratungs- und Betreuungsangebote, Ausgestaltung von Praxisanteilen und Anerkennungsregeln für extern erbrachte Leistungen“ (Akkreditierungsrat, 2008, S. 2f.). Dies ist die einzige explizite Einbeziehung des Bologna-Zieles Anrechnung. Eine Spezifizierung der extern erbrachten Leistungen in externe hochschulisch und externe außerhochschulisch erbrachte Leistungen erfolgt nicht. Studierbarkeit und die Qualitätssicherung des Beratungs- und Betreuungsangebots sind für das Studium von Anrechnungsstudierenden von großer Bedeutung.

Mit der Akkreditierung der Studiengänge ist die Zielsetzung verknüpft, die nationale und internationale Anerkennung der Studienabschlüsse zu gewährleisten und Hochschulen, Studierenden sowie Arbeitgebern und Arbeitgeberinnen Orientierung hinsichtlich der Qualität der Studienprogramme zu bieten (vgl. hierzu zum Beispiel Akkreditierungsagentur für Studiengänge im Bereich Gesundheit und Soziales e.V. AHPGS, o.J., S. 4). Die Studiengangsverantwortlichen haben sich der Aufgabe zu stellen, detailliert Auskunft über die Struktur des Studiengangs, die fachlich-inhaltlichen Anforderungen, die Ziele des Studiengangs sowie über Internationalität und Praxisbezug zu geben. Ausgewiesen werden müssen darüber hinaus die Berufschancen, die Arbeitsmarktsituation und die Zugangs- und Zulassungsvoraussetzungen (ebd.). Das Prozedere der Akkreditierung von Studiengängen hat für die Qualitätssicherung von Anrechnung in mehrfacher Hinsicht Bedeutung. Akkreditierung fordert und prüft erstens die für Anrechnung so bedeutsame Ausformulierung von Lernergebnissen der Module und Zielen des Studiums. Detailliert müssen im Modulhandbuch die zu erwerbenden Kompetenzen und die damit verbundenen Lehr- und Lernformen beschrieben werden. Je präziser dies erfolgt, desto präziser können Äquivalenzen bestimmt werden. Akkreditierung reflektiert zweitens gemeinsam mit den Studiengangsverantwortlichen die Studierbarkeit und fordert eine Begründung für die Eingangsqualifikation, für Berufserfahrungen und einschlägige Berufsausbildungen in Relation zum angestrebten Bildungsziel. Auch die Studierbarkeit von Studiengängen für Anrechnungsstudierende wird hier zu beachten sein. Drittens thematisieren sie in unterschiedlicher Ausprägung die Bedeutung des Deutschen und des Europäischen Qualifikationsrahmens und geben Hilfestellungen bei der Einordnung der Studiengänge in fachbereichsspezifische Qualifikationsrahmen (siehe hierzu zum Beispiel Akkreditierungsagentur für Studiengänge der Ingenieurwissenschaften, der Informatik, der Naturwissenschaften und der Mathematik e.V. ASIIN, 2008). Langfristig, so Erfahrungen aus dem europäischen Ausland, können fachbereicheübergreifende Qualifikationsrahmen den Anrechnungsprozess vereinfachen und die Qualität erhöhen (Adam, 2006, S. 45).

Dem Prozess der Anrechnung außerhochschulisch erworbener Kompetenzen wurde in den von den Akkreditierungsagenturen für die Studiengangsakkreditierung bereitgestellten Arbeitsunterlagen bisher wenig Bedeutung beigemessen. Anrechnung wird von einer der sechs[17] Akkreditierungsagenturen explizit in den

17 Darüber hinaus erarbeitet ein Ausschuss des Wissenschaftsrates Stellungnahmen zur institutionellen Akkreditierung privater Hochschulen.

Akkreditierungsunterlagen erwähnt: Wie sieht das Anforderungsprofil für Studienbewerber aus, und welche spezifischen Fähigkeiten, Fertigkeiten und Kenntnisse werden vorausgesetzt? Sind die Zugangsvoraussetzungen, Auswahl- und Anerkennungskriterien angemessen? Wird damit die geeignete Zielgruppe angesprochen? Als Unterpunkte hierzu werden benannt: Zulassungsvoraussetzungen, Kriterien und Prozedere des Auswahlverfahrens, Anrechnung von (außer-)hochschulischen Kompetenzen (ACQUIN, o.J., S. 12). Auch die Frage nach der richtigen Zielgruppe ist für das Thema Anrechnung von großer Bedeutung. Denn eine große Schnittmenge an Lernergebnissen und damit eine große Zahl anzurechnender Credits gewährleistet nicht, dass das Studium für beruflich Qualifizierte attraktiv ist. Projektergebnisse aus dem Bereich der Informationstechnologie zeigen, dass Weiterbildungsabsolventen nicht vorrangig „angerechnet" in grundständige Bachelorstudiengänge des IT-Bereichs einmünden wollen, sondern an Studiengängen interessiert sind, die Marketing, Recht und Finanzen in den Mittelpunkt stellen (Meyer, 2007). Die Weise, wie das Wissen des Studiums auf das Wissen der Weiterbildung aufbaut und welche Komplementarität es zwischen den Bildungsgängen gibt, könnte eine zentrale Frage sein.

Im Rahmen der Akkreditierung der Studiengänge werden, so lässt sich resümieren, bereits wichtige Qualitätskriterien benannt, die auch für die Qualität der Qualitätssicherung von Anrechnung bedeutsam sein werden. Neben dem Kriterium der Qualität der Lernergebnisbeschreibung sind dies:

- die Studierfähigkeit der verbleibenden Module des Studiengangs sicherzustellen und somit die Chance, das Studium durch eine Bachelorarbeit erfolgreich abzuschließen. Für die Anrechnungsstudierenden muss das verbleibende Studium sinnhaft studiert werden können;
- ausreichende (Studiengangs-)Beratung und Betreuung der Anrechnungsstudierenden zu gewährleisten;
- die Angemessenheit der Zielgruppe zu berücksichtigen. Hier steht die Frage im Mittelpunkt, ob sich beruflich Qualifizierte von einem Studiengang angesprochen fühlen;
- die Berufschancen und die Arbeitsmarktsituation zu reflektieren. Durch Anrechnung gebahnte Bildungswege müssen zu attraktiven Qualifikationen führen sowie innerhalb der Hochschule zu Masterstudiengängen und Promotionen durchlässig sein. Die Berufschancen dürfen für Anrechnungsstudierende nicht schlechter sein als für diejenigen, die das Studium ohne Anrechnung durchlaufen haben.

2.2 Qualitätssicherung von Anrechnungsverfahren

Gemeinsames Merkmal aller Anrechnungsverfahren ist, dass es zur Anrechnung der Anzahl von Credits kommt, die für die als äquivalent ermittelten Lernergebnisse im Rahmen des Studiengangs vergeben werden. Da ein quantifizierender Begriff verwandt wird, scheint Anrechnung auf den ersten Blick auch eine quantitative

Methode zu sein. Jedoch handelt es sich bei Anrechnung um die quantitative Symbolisierung einer qualifizierenden Praxis. Die Form der qualifizierenden Praxis ist abhängig davon, welches Verfahren im Mittelpunkt steht.

Grundlage pauschaler Anrechnungsverfahren sind Kompetenzäquivalenzbestimmungen, für die unterschiedliche Methoden verwandt werden können. In den ANKOM-Projekten wurde fast durchgängig von Lernergebnissen, zum Beispiel dokumentiert in Modulhandbüchern und Prüfungsordnungen, ausgegangen. Die Validität und Reliabilität von Anrechnungsverfahren hängt somit von zentralen und im Rahmen des Bologna- wie des Kopenhagen-Prozesses noch wenig geübten Prozeduren ab. Zu nennen ist hier vor allem der Wechsel von einer lehrenden zu einer lernenden Perspektive und somit von einer „Input"- zur „Outcome"orientierung. Je besser die Lernergebnisse beschrieben werden, umso besser kann ein Vergleich stattfinden. Aufgrund unterschiedlicher Strukturen der Bildungsgänge und Zuschnitte von Modulen, Lernfeldern oder Prüfungsordnungen haben einige ANKOM-Projekte für die Lernergebnisse der beruflichen Bildung „virtuelle Module" gebildet. Lernergebnisse aus unterschiedlichen Lernfeldern bilden bei dieser Methode das Äquivalent zu Modulen des Studiengangs. Welche Effekte dies auf die Studienverläufe von Anrechnungsstudierenden hat, ob sie in der Lage sind, die Lernergebnisse virtueller Module im Lernprozess selbst ebenfalls zu verbinden, ist eine wichtige, im Rahmen von Evaluationen zu stellende Frage.

Von großem Interesse dürfte auch die Frage sein, welchen Einfluss Module zur „Berufsbezogenen Reflexion", die an einigen Hochschulen für Studierende mit pauschaler Anrechnung angeboten werden (Piechotta, 2008), auf die Infragestellung und Verwerfung beziehungsweise die Verknüpfung vorgängig erworbenen Wissens mit den Lernangeboten des Studiums haben, und in welcher Weise sie Einfluss auf die Studienverläufe nehmen.

Grundlage individueller Verfahren sind Assessments oder Portfolios, durch die von der Berufserfahrung und dem informell erworbenen Wissen auf die Lernergebnisse geschlossen wird. Die Notwendigkeit, reliable und valide Verfahren der Bestimmung von Äquivalenzen zu entwickeln, führt dazu, dass sich eine übliche Methode – zum Beispiel die Bewertung von Lernergebnissen – verändert, da sie von einer täglichen und routinisierten Praxis in ein formalisiertes Verfahren überführt wird. In diesem Prozess wird es plötzlich notwendig, gängige Praxis zu explizieren, zu standardisieren, zu normieren und zu begründen (Barlösius, 2006, S. 388). Je folgenreicher Entscheidungen durch Prüfverfahren sind, desto komplexer werden die Verfahren der Kontingenzreduktion des Bewertens (Hirschauer, 2006, S. 407).

Von den Hochschulen wird die Anrechnung außerhochschulisch erworbener Kompetenzen, so ein Ergebnis der ANKOM-Initiative, als folgenreicher angesehen als die Anrechnung der Kompetenzen, die an anderen Hochschulen erworben wurden. Zentrales Ziel aller Hochschulen ist, Niveau und Reputation zu bewahren oder zu steigern. Die Hochschulen haben ein Eigeninteresse, sicherzustellen, dass „Anrechnungsstudierende" das Niveau des Studiengangs eher heben als senken. Und die von Baethge als Bildungsschisma bezeichnete historisch lang zurückliegende Spaltung von beruflicher und allgemeiner Bildung (Baethge, 2006) trägt nicht dazu bei, das Vertrauen in die Qualität der Abschlüsse der jeweils anderen Bildungssysteme zu stärken.

Das im KMK-Beschluss (2002) genannte zentrale Qualitätskriterium der Gleichwertigkeit der Lernergebnisse, also einer Lernergebnisäquivalenz, die hinsichtlich der qualitativ-inhaltlichen Kriterien im Rahmen der Akkreditierung überprüft werden sollen, fokussiert die Qualitätssicherung auf das *Verfahren* der Äquivalenzbestimmung. Hierfür wurde, wie eingangs erwähnt, die „Leitlinie für die Qualitätssicherung von Verfahren zur Anrechnung beruflicher und außerhochschulisch erworbener Kompetenzen auf Hochschulstudiengänge" entwickelt (ANKOM, 2008). Die dort im Mittelpunkt stehenden Gegenstandsbereiche sichern den Kern der Qualität der Äquivalenzbestimmung.

2.3 Gerechtigkeitsdimensionen: Soziale Herkunft, Migrationshintergrund, Geschlecht und Behinderung

Die „soziale Dimension" eines europäischen Hochschulraumes, ein alle Gerechtigkeitsdimensionen umfassender Begriff, wurde erst 2003 auf einer „Follow-up"-Konferenz vor allem von Studierendenvertretungen und den europäischen Studentenwerken auf die Agenda gesetzt. Sie wurde 2005 in der elften Bologna-Aktionslinie in Bergen vereinbart und 2007 mit dem London Communiqué eingeführt. Hier heißt es: „Higher education should play a strong role in fostering social cohesion, reducing inequalities (…) in society" und „the student body entering, participating in and completing higher education at all levels should reflect the diversity of our population" (London Communiqué, 2007, S. 5).

Obschon Deutschland von der Repräsentation der Bevölkerung in der Studierendenschaft weit entfernt ist, scheinen soziale Fragen im Rahmen der aktuellen Hochschulreformprozesse in Deutschland nur eine untergeordnete Rolle zu spielen. Bei einer Analyse von Zielvereinbarungen, Hochschulverträgen und Hochschulpakten kamen König und Kreckel (2005) zu dem Ergebnis, dass „in keinem der analysierten Kontrakte konkrete Maßnahmen zur Förderung von Studierenden aus bildungsfernen Schichten vereinbart" wurden (a.a.O., S. 243). Sie sprechen von einer signifikanten Absenz und ziehen das Fazit, dass „vom sozialpolitischen Bildungsanspruch in der aktuellen Hochschulpolitik nur rudimentäre Reste übrig geblieben" sind (a.a.O., S. 246). Der sozialen Dimension fehle, so Schnitzer (2003, S. 8), die positive Dimension, wie sie dem Begriff der Mobilität eigen sei.

Soziale Herkunft: Die Chance eines Kindes aus einem Elternhaus mit hohem sozialem Status, ein Studium aufzunehmen, ist 7,4-fach größer als die eines Kindes aus einem Elternhaus mit niedrigem sozialen Status (Deutsche Bundesregierung, 2004, S. 94f.). Die strukturelle Durchlässigkeit der Bildungssysteme gilt als zentrales Instrument, soziale Ungleichheit zu reduzieren und die Partizipation an hochschulischer Bildung auszuweiten. Eine empirische Basis für die Realisierung dieses Ziels gibt es jedoch nicht, vielmehr weisen einige Untersuchungen darauf hin, dass auch hinsichtlich der Nutzung „zweiter Chancen" Ungleichheiten nicht kleiner werden. So zeigt eine Kohortenstudie von Jacob und Hillmert (2003), dass nach Abschluss einer beruflichen Ausbildung die Wahrscheinlichkeit, dass Kinder von Eltern mit Universitätsabschluss ein Studium aufnehmen, größer ist, als Kinder mit Eltern ohne oder mit beruflicher Ausbildung. Jacob und Hillmert (2003) kommen zu dem Schluss, dass Hochschulabschlüsse nach einer Ausbildung nicht zu einer Kompensation der sozialen Selektion beim Zugang zur Hochschule beitragen (a.a.O., S. 13). Nun ist Anrechnung noch stärker als Durchlässigkeit mit der Idee der Reduzierung sozialer Ungleichheit konnotiert. Das Konzept wird begleitet von der Forderung der Gleichstellung beruflicher und allgemeiner Bildung. Die Frage, ob „bildungsferne“ Milieus den Weg in die Hochschule finden, wird ein Kriterium sein, an dem Anrechnung sich wird messen lassen müssen. Eine deutliche Erhöhung der Zahl der Studienanfänger auf dem dritten Bildungsweg und Anrechnung für diese Gruppe wären wichtige Indikatoren. Hinsichtlich der sozialen Dimension von Anrechnung ist der Frage nachzugehen, ob pauschale und individuelle Anrechnungsverfahren zur Verknüpfung von Bildungsgängen führen, die beruflich Qualifizierten eine für den Übergang an die Hochschule bisher offenbar fehlende Handlungssicherheit geben können.

Migrationshintergrund: Die für die Dimension soziale Herkunft genannten Effekte gelten in noch stärkerem Maße für die Dimension Migrationshintergrund. Der Bildungsbericht 2006 kommt zu dem Ergebnis, dass „bei gleichem Niveau der allgemeinen Fachleistungen (...) die Chance, eine voll qualifizierende Berufsfachschule oder Berufsschule zu besuchen, für deutsche Jugendliche ohne Migrationshintergrund mehr als doppelt so groß (ist) wie für ausländische Jugendliche; ohne Kontrolle der Fachleistung sogar mehr als fünfmal so groß (Konsortium Bildungsberichterstattung, 2006, S. 156). Für Migrantinnen und Migranten der ersten Generation kommt das Problem der Nichtanerkennung der im Herkunftsland erworbenen Qualifikationen hinzu. So weist Seukwa (2006, S. 42) in seiner Untersuchung zum Verhältnis von Kompetenz und Migration auf der empirischen Grundlage von Flüchtlingsbiografien darauf hin, dass das Problem der Legitimierung von Kompetenzen im Fall von Migranten und Migrantinnen „an den Schwierigkeiten ihrer Akkreditierung deutlich“ wird. Hierunter versteht er nicht nur den „Akt der Anerkennung ihrer Kompetenzen, sondern auch ihrer in ihrem Herkunftsland erworbenen Qualifikationen oder Diplome“. Laut einer Analyse des Instituts für Arbeitsmarkt- und Berufsforschung (IAB) sind fast neunzehn Prozent der Ausländer und Ausländerinnen mit einem Fachhochschul- oder Universitätsdiplom ihres Heimatlandes arbeitslos, von den Spätaussiedlerinnen und Spätaussiedlern sind es sogar 43,6 Prozent (Bigalke, 2007). Jugendliche mit Migrationshintergrund sind an den Hochschulen in Deutschland stark unterrepräsentiert, da die Selektion auf den vorherigen Bildungsstufen für sie noch stärker wirksam wurde als für Jugendliche ohne Migrationshintergrund. Während 26 Prozent der deutschen Studierenden an Fachhochschulen immatrikuliert sind, sind dies 31 Prozent der sogenannten Bildungsinländer, also derjenigen, die keine deutsche Staatsangehörigkeit besitzen, aber in Deutschland ihre Hochschulreife erworben haben. Differenziert man innerhalb dieser Gruppe zwischen solchen aus sogenannten Anwerbestaaten (zum

Beispiel Italien, Portugal, Spanien) und denen aus sonstigen Staaten, (zum Beispiel Schweiz, Niederlande, Österreich), zeigt sich, dass 35 Prozent der Studierenden aus Anwerbestaaten an Fachhochschulen immatrikuliert sind (Konsortium Bildungsberichterstattung, 2006, S. 158). Dem Studium an Fachhochschulen wird eine besondere Bedeutung für die soziale Öffnung des Tertiärbereichs für junge Erwachsene mit Migrationhintergrund beigemessen (a.a.O.).

Geschlecht: Das quantitative Verhältnis der Inanspruchnahme von Anrechnung durch Männer und Frauen sowie die These des „Gender Bias" in der Beurteilung von anzurechnenden Kompetenzen stellen zwei wichtige Aspekte der Geschlechtergerechtigkeit von Anrechnung dar.

Dass von Anrechnung Frauen wie Männer in dem Maße Gebrauch machen, wie sie zum Beispiel bei den Absolventen der Weiterbildung repräsentiert sind, könnte ein anzustrebendes Qualitätskriterium für pauschale wie für individuelle Anrechnung sein. Bei den Gesundheits- und Sozialberufen liegt der Frauenanteil in der Weiterbildung weit über dem der Männer, bei den bundesrechtlich geregelten Weiterbildungen ist das Verhältnis von Männern zu Frauen in der Weiterbildung drei zu eins. Bei individuellen Anrechnungsverfahren ist zu berücksichtigen, dass Kompetenzbeurteilungen einem „Gender Bias" unterliegen. Frauen werden schlechter beurteilt und schätzen sich hinsichtlich ihrer Kompetenz schlechter ein als Männer (Sieverding, 2003). Bei pauschalen Verfahren stellen sich die Fragen, ob bei der Bestimmung von äquivalenten Lernergebnissen Frauen und Männer beteiligt sind oder ob es zu androzentristischen Verzerreffekten kommen kann, „indem zum Beispiel hauptsächlich männliche Professoren die Anrechnungswege für einen hauptsächlich von Frauen ausgeübten Beruf erschweren" (Eylert & Henschel, 2008).

Behinderung: Die Partizipationsquoten an hochschulischer Bildung von Frauen und Männern mit speziellem Unterstützungsbedarf ist ausgesprochen gering, ohne dass dies bislang ein politisches oder wissenschaftliches Thema geworden wäre (Powell & Felkendorff, 2008, S. 18ff.). Bei der Anrechnung formaler beruflich erworbener Kompetenzen werden behinderte Menschen im Nachteil sein, da, wer nach dem Erwerb der Hochschulreife eine betriebliche Ausbildung absolviert, bei einem späteren Studium in der Regel keine Leistungen der Eingliederungshilfe nach dem Sozialgesetzbuch XII mehr erhält (DSW, 2004, S. 6). Auswahlkriterien wie *studiengangspezifische Berufsausbildung* beziehungsweise *praktische Tätigkeit* können, so das Deutsche Studentenwerk (a.a.O., S. 5) zu einer mittelbaren Benachteiligung führen. Es könnte jedoch ein besonderer Bedarf an Anrechnung informell erworbener Kompetenzen erwartbar sein. Aktuelle Forschungen zur Kompetenzentwicklung weisen nach, dass es in Bildungsprozessen von durch Migration oder „Behinderung" trotz geringerer formaler Bildungspartizipation zu einer „Kunst des Handelns" (Certeau, 1988) oder der Entwicklung einer „Sorge um sich" (Foucault, 1986) kommen kann, die weitreichende Wirkungen auf die Bildungsverläufe und die Entwicklung individueller Kompetenzen entfalten können (Freitag, 2005; Seukwa, 2006).

Alle Regelungen, die für eine „Barrierefreie Hochschule“ entwickelt wurden (Deutsches Studentenwerk, 2004), gelten gleichermaßen für Informations- und Beratungsmöglichkeiten über Anrechnung.

2.4 Die Arenen unterschiedlich „anerkannten“ Wissens

Wie bereits erwähnt, kann laut KMK-Beschluss formal, non-formal und informell erworbenes Wissen auf Hochschulstudiengänge angerechnet werden. In der ANKOM-Initiative wurde aufgrund der Förderrichtlinie ein starker Fokus auf Wissen gelegt, das einem Teilbereich des formal erworbenen Wissens zuzuordnen ist. Im Rahmen von beruflicher Fortbildung erworbenes Wissen war die Grundlage des Äquivalenzvergleichs. Bedingt durch die den Anrechnungsverfahren zugrunde liegenden Methoden wurde zudem durch Berufserfahrung erworbenes Wissen nur teilweise berücksichtigt.

Der Bedarf an Anrechnung non-formal und informell erworbenen Wissens, so das häufig geäußerte Argument, wird darüber hinaus in Abhängigkeit gesehen zu dem im Mittelpunkt des Studiengangs stehenden Wissens. Je „härter“ die Fächer, desto seltener wurde im ANKOM-Projekt der Ruf nach Anrechnung informell und non-formal erworbenen Wissens laut. Zu untersuchen ist, ob die unterschiedlich lautstarke Thematisierung von der Fachkultur abhängt, die die Bedeutung von zum Beispiel sozialen Kompetenzen übersieht. Denn Wissen, so Knorr-Cetina (1984), ist sehr häufig lokales Wissen, stark geprägt durch geschlechtsspezifische Erfahrungen, durch die Herkunftskultur und durch das soziale Milieu. Diese drei bereits als Gerechtigkeitsdimensionen diskutierten Fragen stehen in enger Abhängigkeit von durch Erwerbsarbeit erworbenem Wissen. Wissenschaftliche Wissen sind selbst Resultate der den Wissenschaften inhärenten Machtverhältnissen, Strategien sowie fachspezifischen Kulturen und Sprachen. Im Zentrum der Wissenschaften stehen in Fachsprachen verfasste Publikationen, die geprägt sind von sprachlichen Codes. Vor allem individuelle Anrechnungsverfahren, durch die informell und non-formal erworbene Kompetenzen „sichtbar gemacht“ werden können, basieren auf der sprachlichen Fähigkeit, den wissenschaftlichen Jargon zu treffen oder auch nicht (Schnadt, 2008). Eine Sensibilität für kulturell unterschiedliches Wissen könnte ein wichtiges Qualitätskriterium für Anrechnungsverfahren sein. Die Anerkennung von Wissen, das nicht in der Hochschule selbst generiert wurde, stellt eine große Herausforderung vor allem für die Universitäten dar (Freitag, 2007, S. 12). Das Verhältnis von Konvergenz, Schnittmenge und Komplementarität von Wissen wird eine wichtige Rolle für den Erfolg von Anrechnung spielen.

3. Die qualitative Entwicklung und Evaluation von Qualitätskriterien

Die Umsetzung von Anrechnung außerhochschulisch erworbener Kompetenzen auf Hochschulstudiengänge steckt in Deutschland noch in den Kinderschuhen. Grundlage der Qualitätssicherung und ihrer Evaluation sind notwendigerweise Kriterien, anhand derer eine Praxis – hier die Praxis von Anrechnung – bewertet werden kann. In diesem Sinne habe ich entlang der fünf Pfade auf unterschiedlichen Ebenen liegende Dimensionen angesprochen, die Ausgangspunkt für eine Auseinandersetzung um Qualitätskriterien sein können, die es zu entwickeln und zu evaluieren gilt. Evaluation, so hebt Kardorff hervor, „trifft auf unterschiedliche und sich beständig verändernde Interpretationen der von Programmen und Maßnahmen und ihrer Evaluierung betroffenen Personen und kollektiven Akteure" (Kardorff, 2006, S. 78). Entscheidend für die Evaluation ist das ihr zugrunde liegende Akteursmodell, und dieses entscheidet auch über Methodenfragen, über die Verwendung von Indikatoren und die Frage, aufgrund welcher Daten Interpretationen erfolgen. Es bieten sich insbesondere praktisch hermeneutische wie auch rekonstruktive Verfahren an (Bohnsack, 2006; Mensching, 2006).

In die Kriterienentwicklung sind alle Akteure einzubeziehen: die „Anrechnungsstudierenden ebenso wie deren Kommilitonen, für die es gut sein könnte, über Anrechnung informiert zu werden, die Verantwortlichen der Prüfungsämter und der Studienberatung. Wichtig wird es sein, implizite Vorstellungen einer „guten Anrechnungspraxis" zu explizieren, in die Evaluation einzubeziehen und kritisch zu reflektieren. So bedeutet ein „hohes Maß an Äquivalenz" als Ergebnis einer Äquivalenzprüfung, dass es sich um einen passenden Studiengang für die Absolventen der Weiterbildung handelt, stellt aber nicht per se ein Qualitätskriterium dar.

Anrechnung ist von vielen Kontextbedingungen abhängig und reicht in viele grundsätzliche Qualitätsdimensionen von Hochschulbildung hinein; völlig außerhalb des Anrechnungsgeschehens liegende Strukturen oder Rahmenbedingungen können über Wohl und Wehe entscheiden. Zu nennen sind zum Beispiel die tarifvertraglichen Regelungen oder die berufsfeldspezifischen Arbeitsmarktlagen. Aber auch die Philosophie oder das Leitbild einer Hochschule und daraus teilweise resultierende allgemeine Rahmenbedingungen des Studiums können über den Erfolg oder Misserfolg von Anrechnung entscheiden: Vereinbarkeit von Beruf, Familie und Studium durch Teilzeit- und berufsbegleitende Studiengänge, Methodenvielfalt, E-Learning und Projektarbeiten oder ein Bild von erwachsenen Studierenden, die über Wissen verfügen, das wichtiger Teil des Studiums ist und vielleicht darüber hinaus geht.

Zum gegenwärtigen Zeitpunkt zeigt sich bereits, dass Anrechnung aufgrund ihrer zahlreichen Bezüge – von der Studiengangsentwicklung über bildungswissenschaftliche Fragestellungen, Fragen der Hochschulsozialisation, der Studierbarkeit, der Finanzierung bis hin zum Management – zahlreiche Ebenen für die Qualitätssicherung und Evaluation bietet. Wichtig wird es sein, die Grenzen zu bestimmen und sich über Interessengegensätze im Klaren zu sein (Beckmann et al., 2004).

Literatur

ACQUIN (o.J.): Leitfaden für Verfahren der Programmakkreditierung. Siehe unter: http://www.acquin.org/doku_serv/LeitfadenProgrammakkreditierung.pdf.

Adam, S. (2006): The Recognition of Prior Learning in the Context of European Trends in Higher Education and Lifelong Learning. In: Corradi, C.; Evans, N. & Valk, Aune (eds.): Recognising Experiential Learning. Practices in European Universities. Tartu: Tartu University Press: S. 37-73.

AHPGS (o.J.): Zur Akkreditierung und Reakkreditierung von Studiengängen. http://www.ahpgs.de/formulare/akkreditierung_ahpgs.pdf: S. 15.

Akkreditierungsrat (2008): Kriterien für die Akkreditierung von Studiengängen, beschlossen am 17. Juli 2006, geändert am 8. Oktober 2007 und 29. Februar 2008. Bonn.

ANKOM (2008): Leitlinie für die Qualitätssicherung von Verfahren zur Anrechnung beruflicher und außerhochschulisch erworbener Kompetenzen auf Hochschulstudiengänge. http://ankom.his.de/material/dokumente/Diskussionsgrundlage_ANKOM_Anrechnungs leitlinie_19_05_08.pdf.

ASIIN (2008): Informationen für Hochschulen. Anforderungen und Verfahrensgrundsätze für die Akkreditierung und Reakkreditierung von Bachelor- und Masterstudiengängen in den Ingenieurwissenschaften, der Architektur, der Informatik, den Naturwissenschaften und der Mathematik. http://www.asiin.de/deutsch/download/ASIIN_Anforderungen_und_Verfahrensgrundsaetze_Studiengaenge_20080328.pdf: S. 72.

Autorengruppe Bildungsberichterstattung (2008): Bildung in Deutschland 2008. Ein indikatorengestützter Bericht mit einer Analyse zu Übergängen im Anschluss an den Sekundarbereich I. Bielefeld: W. Bertelsmann Verlag.

Baethge, M (2006): Das deutsche Bildungsschisma. Welche Probleme ein vorindustrielles Bildungssystem in einer nachindustriellen Gesellschaft hat. In: SOFI-Mitteilungen 34 (Dezember): S. 13-27.

Barlösius, E. (2006): Wissenschaft evaluiert – praktische Beobachtungen und theoretische Betrachtungen. In: Flick, U. (Hrsg.): Qualitative Evaluationsforschung. Konzepte, Methoden, Umsetzungen. Reinbek bei Hamburg: Rowohlt: S. 385-404.

Beckmann, C.; Otto, H.-U.; Richter, M. et al. (Hrsg.) (2004): Qualität in der Sozialen Arbeit: Zwischen Nutzerinteresse und Kostenkontrolle: Wiesbaden: VS-Verlag.

Bigalke, S. (2007): Holz hacken mit Diplom. In: SpiegelOnline vom 14. Oktober 2007. http://www.spiegel.de/wirtschaft/0,1518,508780,00.html.

Bittlingmayer, U. (2005): „Wissensgesellschaft" als Wille und Vorstellung. Konstanz: UVK.

Bohnsack, R. (2006): Qualitative Evaluation und Handlungspraxis – Grundlagen dokumentarischer Evaluationsforschung. In: Flick, U. (Hrsg.): Qualitative Evaluationsforschung. Konzepte, Methoden, Umsetzungen. Reinbek bei Hamburg: Rowohlt: S. 135-154.

Bundesministerium für Bildung und Forschung (2004): Berufsbildungsbericht 2004. Bonn: BMBF.

Bundesministerium für Bildung und Forschung (2005): Richtlinien für die Förderung von Initiativen „Anrechnung beruflich erworbener Kompetenzen auf Hochschulstudiengänge". 15. Januar 2005. http://ankom.his.de/initiative/initiative_dokumente/Richtlinie_Anrechnung12-05.pdf.

Certeau, M. de (1988): Kunst des Handelns. Berlin: Merve.

Deutsche Bundesregierung (2004): Lebenslagen in Deutschland. Der 2. Armuts- und Reichtumsbericht der Bundesregierung. Berlin.

DSW – Deutsches Studentenwerk (2004): Für eine barrierefreie Hochschule – Eckpunkte und Maßnahmenkatalog zur Schaffung gleichberechtigter Teilhabemöglichkeiten für Studienbewerber/innen und Studierende mit Behinderung und chronischer Krankheit. http://www.studentenwerke.de/pdf/Eckpunkte_Barrierefreie_Hochschule_Dez.2004.pdf.

Dunkel, T. & Le Mouillou, I. (2008): ‚Through the Looking-Glass': Diversification and differentiation in vocational education and training and higher education: CEDEFOP. http://www.trainingvillage.gr/etv/Upload/Projects_Networks/ResearchLab/Forthcoming Report/Volume-2/05-Dunkel.pdf.

Europäisches Parlament (2007): Europäischer Qualifikationsrahmen für Lebenslanges Lernen (legislative Entschließung des Europäischen Parlaments vom 24. Oktober 2007). Straßburg: Europäisches Parlament.

European Commission (1999): Bologna-Erklärung (deutsch). http://www.bologna-berlin 2003.de/pdf/bologna_deu.pdf.

Foucault, M. (1986): Die Sorge um sich. Sexualität und Wahrheit 3. Frankfurt am Main: Suhrkamp.

Fowler, G. (2001/2002): Lifelong learning or the knowledge economy? In: Journal of Access and Credit Studies 3 (2).

Freitag, W. (2005): Contergan. Eine genealogische Studie des Zusammenhangs wissenschaftlicher Diskurse und biographischer Erfahrungen. Münster: Waxmann.

Freitag, W. (2007): Expertise: Permeability in education, vocational training and further education – the key to lifelong learning. Presidency Conference „Realizing the European Learning Area. June 3rd-5th in Munich, Germany. In: http://ankom.his.de/aktuelles/upload/EU_conference_Expertise_WFreitag_recognition_of_prior_learning.pdf 18.

Freitag, W. (Hrsg.) (im Druck): Neue Bildungswege in die Hochschule. Anrechnung beruflich erworbener Kompetenzen auf Hochschulstudiengänge für Erziehungs-, Gesundheits- und Sozialberufe. Bielefeld: wbv – W. Bertelsmann Verlag.

Hanf, G. (2007): Europäischer und nationaler Qualifikationsrahmen und ihre Bedeutung für die Gleichwertigkeit und Durchlässigkeit von beruflicher und akademischer Bildung. Vortrag auf der Didacta Bildungsmesse. Köln, 2. März 2007 In: www.bibb.de/doku mente/pdf/a12pr_dokumentation_bibb-forum_didacta2007_16.pdf

Heine, C.; Kerst C. & Sommer D. (2007): Studienanfänger im Wintersemester 2005/06. Hannover: HIS.

Henschel, A. & Eylert A. (im Druck): Die Bedeutung von Gender-Mainstreaming bei der Entwicklung von Anrechnungsverfahren. In: Buhr, R.; Freitag, W. & Hartmann, E.A. et al. (Hrsg.): Durchlässigkeit und Anrechnung. Münster: Waxmann.

Hirschauer, S. (2006): Wie geht bewerten? – Zu einer anderen Evaluationsforschung. In: Flick, U. (Hrsg.): Qualitative Evaluationsforschung. Konzepte, Methoden, Umsetzungen. Reinbek bei Hamburg: Rowohlt: S. 405-443.

Jacob M. & Hillmert S. (2003): Social origin and ‚delayed' educational careers. ISA Research Committee 28, Tokyo. In: http://web.iss.u-tokyo.ac.jp/~rc28/jacob_hillmert.pdf.

Kardorff, E. von (2006): Zur gesellschaftlichen Bedeutung von (qualitativer) Evaluationsforschung. In: Flick, U. (Hrsg.): Qualitative Evaluationsforschung. Konzepte, Methoden, Umsetzungen. Reinbek bei Hamburg: Rowohlt: S. 63-91.

KMK (2002): Anrechnung von außerhalb des Hochschulwesens erworbenen Kenntnissen und Fähigkeiten auf ein Hochschulstudium (Beschluss der KMK vom 28. Juni 2002) In: http://www.kmk.org/doc/beschl/anrechnung.pdf.

Knorr-Cetina, K. (1984): Wissenschaft als praktische Rationalität: zur Konstruktivität und Kontextualität der Fabrikation von Erkenntnis. In: Dies. (Hrsg.): Die Fabrikation von Erkenntnis. Frankfurt a.M.: Suhrkamp: S. 17-62.

König, K. & Kreckel, R. (2005): Die vereinbarte Abdankung. Zur ungleichheitspolitischen Bedeutung von Zielvereinbarungen zwischen Landesregierungen und Hochschulen. In: Berger, P. & Kahlert, H. (Hrsg.): Institutionalisierte Ungleichheiten. Wie das Bildungssystem Chancen blockiert. Weinheim: Juventa: S. 233-254.

Konsortium Bildungsberichterstattung (2006): Bildung in Deutschland. Ein indikatorengestützter Bericht mit einer Analyse zu Bildung und Migration. Bielefeld: wbv – W. Bertelsmann Verlag.

Kultusministerkonferenz (2007): Ländergemeinsame Strukturvorgaben gemäß § 9 Abs. 2 HRG für die Akkreditierung von Bachelor- und Masterstudiengängen. Beschluss der Kultusministerkonferenz vom 10. Oktober 2003 i.d.F. vom 15. Juni 2007. http://www.akkreditierungsrat.de/fileadmin/Seiteninhalte/Dokumente/kmk/BS_070615_Laendergemeinsame Strukturvorgaben.pdf: S. 15.

London Communiqué (2007): Towards the European Higher Education Area. http://www.ond.vlaanderen.be/hogeronderwijs/bologna/documents/MDC/London-Communiqu%C3%A9-18May2007.pdf.

Mensching, A. (2006): Zwischen Überforderung und Banalisierung – zu den Schwierigkeiten der Vermittlungsarbeit im Rahmen qualitativer Evaluationsforschung. In: Flick, U. (Hrsg.): Qualitative Evaluationsforschung. Konzepte, Methoden, Umsetzungen. Reinbek bei Hamburg: Rowohlt: S. 339-362.

Meyer, R. (2007): Auf der Suche nach passenden Studiengängen. Das Projekt „ITAQU-Professional". In: ANKOM (Hrsg.): Anrechnung beruflich erworbener Kompetenzen. Dokumentation der 1. Vernetzungstagung, März 2007. Hannover. http://ankom.his.de/aktuelles/upload/Meyer_1.%20Vernetzungskonferenz_Maerz07.pdf.

National Qualifications Authority of Ireland (2006): Principles and Operational Guidelines for the Recognition of Prior Learning in Further and Higher Education and Training. http://www.nfq.ie/nfq/en/documents/NFQ-principles06brown.pdf: S. 35.

Piechotta, G. (2008): Kompetent in das Studium. Anerkennung von berufsbezogenen Kompetenzen im Bachelor-Studiengang Gesundheits- und Pflegemanagement an der Alice Salomon Hochschule Berlin. In: Kompetenzplattform KomPASS (Hrsg.): Tagungsdokumentation der „KomPASS Auftaktveranstaltung". Bielefeld.

Powell, J.W. & Felkendorff K. (im Druck): Transitions of Youth and Young Adults with Disabilities to Postsecondary Education and Employment in the German-speaking Countries. Expert Report. Paris: OECD.

Schnadt, P. (im Druck): Als Erzieherin in den Studiengang „Bildung und Erziehung in der frühen Kindheit" der Alice Salomon Hochschule Berlin. In: Freitag, W. (Hrsg.): Neue Bildungswege in die Hochschule. Anrechnung beruflich erworbener Kompetenzen auf Hochschulstudiengänge für Erziehungs-, Gesundheits- und Sozialberufe. Bielefeld: W. Bertelsmann Verlag.

Schnitzer, K. (2003): Die soziale Dimension im europäischen Hochschulraum: der Euro Student Report als Monitorsystem. Hannover: HIS.

Seukwa, L.H. (2006): Zum Verhältnis von Kompetenz und Migration im Spiegel von Flüchtlingsbiographien. Münster: Waxmann.

Stamm-Riemer, I.; Minks, K.-H.; Freitag, W. et al. (Hrsg.) (2008): Die Entwicklung von Anrechnungsmodellen. Zu Äquivalenzpotenzialen von beruflicher und hochschulischer Bildung. Hannover: HIS.

Symes, C. & McIntyere, J. (2000): Working Knowledge: New Vocationalism in Higher Education. Milton Keynes: Open University Press.

Wissenschaftsrat (2004): Empfehlungen zur Reform des Hochschulzugangs. Köln: Wissenschaftsrat.

Individuelle und betriebliche Nachfrageseite zu Anrechnung und Durchlässigkeit

Claudia Loroff

Individuelle und betriebliche Nachfrageseite zu Anrechnung und Durchlässigkeit

Zwar wurden inzwischen in nahezu allen Bundesländern in unterschiedlicher Form Maßnahmen zur Öffnung der Hochschulen für qualifizierte Berufstätige ergriffen, dennoch liegt der Anteil der Studienanfänger an den deutschen Hochschulen, die auf diesem Wege in ein Studium gelangt sind, nur bei etwas mehr als einem Prozent.[1] Dieser Zahl steht das Interesse sowohl von Seiten der Studieninteressierten als auch von Seiten der Unternehmen an wissenschaftlicher Weiterbildung gegenüber, das, wie die folgenden Beiträge belegen, weitaus größer ist. Deutlich formuliert werden die Bedingungen, unter denen wissenschaftliche Weiterbildung attraktiv ist, wobei sich die individuelle und die unternehmerische Nachfrageseite in folgenden Punkten einig sind: berufsbegleitende Organisation des Studiums, Orientierung an Problemen der Wirtschaft und die Anrechnung erbrachter Leistungen, um Studienzeiten zu verkürzen.

Jan Kuper (Projektmanagement „IHK. Die Weiterbildung“, Bereich Berufliche Bildung und Bildungspolitik des Deutschen Industrie- und Handelskammertages) weist in seinem Beitrag „Aufstieg mit System – Berufliche Weiterbildung für mehr Akademiker“ mittels Umfrageergebnissen bezogen auf Abschlüsse nach dem Berufsbildungsgesetz (BBiG) den Wunsch nach akademischer Weiterbildung nach. Grundlage bilden Ergebnisse aus den regelmäßigen Befragungen von Weiterbildungsabsolventen der Industrie- und Handelskammern. Dabei zeigt sich, dass jeder fünfte Weiterbildungsabsolvent mit Hochschulzugangsberechtigung nach der Weiterbildung studieren möchte. Auch Weiterbildungsabsolventen mit Haupt- und Realschulabschluss würden gerne studieren, doch die Möglichkeiten des Hochschulzugangs ohne Abitur sind unübersichtlich, und die Angebote entsprechen nicht den Bedarfen der jeweiligen Lebenssituation. Der Bericht aus dem Entwicklungsprojekt ANKOM-IT der Initiative „Anrechnung beruflicher Kompetenzen auf ein Hochschulstudium“ des Bundesministeriums für Bildung und Forschung macht noch einmal deutlich, unter welchen Bedingungen „Anrechnungskandidaten“ ein Studium aufnehmen würden.

Aber auch in den Pflegeberufen gibt es auf individueller Seite hohe Nachfrage nach akademischer Weiterbildung, denn weitergebildete Lehrkräfte stehen vor einer schwierigen Situation: Bis 2004 war die Lehrerbildung nach abgeschlossener Berufsausbildung und Berufserfahrung mittels einer zweijährigen Weiterbildung möglich. Gleichzeitig wurden durch die Akademisierung in der Pflege Studiengänge zur Ausbildung von Pflegelehrkräften an Hochschulen eingerichtet. Aufgrund

1 Immatrikulierte aufgrund beruflicher Qualifikation oder Begabtenprüfung, vgl. Autorengruppe Bildungsberichtserstattung (2008): Bildung in Deutschland 2008, http://www.bildungsbericht.de/daten2008/bb_2008.pdf (zuletzt besucht: 18.09.2008).

gesetzlicher Änderungen müssen seit 2003 nicht nur die Schulleitungen entsprechender Bildungseinrichtungen, sondern auch eine angemessene Anzahl von hauptamtlichen Lehrern und Lehrerinnen über ein abgeschlossenes Hochschulstudium verfügen. Weitergebildete Lehrkräfte in Anstellung unterliegen zwar der „Besitzstandswahrung", dennoch sind viele Arbeitsplätze aufgrund der Umbruchsituation im Gesundheitssystem nicht mehr sicher, gleichzeitig wird ein Arbeitsplatzwechsel schwierig. Von einer bundesweiten Bedarfserhebung zur akademischen Lehrerbildung in den Gesundheitsberufen berichten deshalb Barbara Knigge-Demal (Fachhochschule Bielefeld, Fachbereich Pflegewissenschaft mit Schwerpunkt Pflegedidaktik) und Mirko Schürmann (Fachhochschule Bielefeld, Fachbereich Gesundheit und Wirtschaft).

Aber auch Unternehmen sehen die Notwendigkeit für wissenschaftliche Weiterbildung ihrer Mitarbeiter und Mitarbeiterinnen. So sieht Christian Plattner (Abteilung Personal und Ausbildung der Kühne & Nagel AG & Co. KG) Grenzen betrieblicher Weiterbildungsprozesse, da diese sich per se immer nur an den Wertschöpfungsprozessen des Unternehmens orientieren können und müssen; interdisziplinären Ansprüchen und übergreifenden Themen können diese kaum gerecht werden. Entsprechende Angebote wünschen sich Unternehmen von Hochschulen. Durch das Engagement von Unternehmen an der Diskussion um Anrechnung sieht Plattner die Möglichkeit, Erkenntnisse aus der Wirtschaft, die zwingend in Bildungsfragen berücksichtigt werden müssen, in entsprechende Gremien zu transportieren. Welche Bedingungen wissenschaftliche Weiterbildung erfüllen sollte und warum Anrechnung wichtig ist, erörtert er in seinem Beitrag „Anrechnung und akademische Weiterbildung in der Logistik". Aus der Perspektive des Entwicklungsprojekts ANKOM-Pflegeberufe der BMBF-Initiative an der Fachhochschule Bielefeld wird die Bedeutung eines Netzwerks, um Inhalte im Thema Anrechnung zu transportieren, bestätigt.

Eckhard Ficker (Personalmanagement der SMA Solar Technology AG) erläutert in seinem Beitrag, dass im Bereich der Hochtechnologien aufgrund der demografischen Entwicklung damit zu rechnen ist, dass Stellenbesetzungen immer häufiger mit Bewerbern ohne optimale Qualifikation erfolgen müssen. Entsprechend spielt für einen Hersteller von Hochtechnologien die wissenschaftliche Weiterbildung von Ingenieuren und Ingenierurinnen sowie Facharbeitern und Facharbeiterinnen eine besonders wichtige Rolle, um die nötige Innovationskraft des Unternehmens aufrechterhalten zu können.

Ähnlich ist es in der IT-Branche: Sie ist geprägt von den sich ständig ändernden Bedarfen, an denen sich Unternehmen orientieren müssen, um am Markt überleben zu können. Dazu gehört auch, dass Mitarbeiter und Mitarbeiterinnen vor der Herausforderung stehen, sich schnell in neue Domänen einarbeiten zu müssen. Gleichzeitig achten die Beschäftigten dieser Branche selbst sehr darauf, ihren „Marktwert" zu erhalten, und entsprechend hoch ist die Motivation zu Weiterbildung. Weiterbildung muss aber auch bestimmten Ansprüchen genügen, denn es sind nicht die Gebühren, die Weiterbildung teuer machen, sondern die Zeit, die Mitarbeiter und Mitarbeiterinnen aufgrund der Weiterbildung dem Unternehmen nicht zur Verfügung stehen. Werner Altmann (Kölsch & Altmann Software und Management Consulting GmbH) erläutert im Interview, wie wissenschaftliche Weiterbildung gestaltet sein sollte und welche weiteren Rahmenbedingungen gegeben sein sollten, um deren Attraktivität für mittelständische Unternehmen zu steigern.

Den Wert wissenschaftlicher Weiterbildung als Instrument der strategischen Personalentwicklung zeigt Kai Alexander Quante (EVES Information Technology AG). Außerdem postuliert er durch die Nutzung von Lernen im Arbeitsprozess im Rahmen von Weiterbildung Möglichkeiten für neue Formen der Kooperation zwischen Hochschule und Wirtschaft. Aber es sind nicht nur mittelständische Unternehmen, die Interesse an wissenschaftlicher Weiterbildung ihrer Mitarbeiter und Mitarbeiterinnen haben. Sabine Vollmer (Entwicklungsberatung und Veranstaltungsmanagement der Volkswagen Financial Services) beschreibt den Fachkräftebedarf der Volkswagen Financial Services und den Wunsch der aus- und weitergebildeten IT-Fachkräfte, sich mittels eines Hochschulstudiums fortzubilden. Die Bedingungen für ein großes Unternehmen, damit solch eine Weiterbildung sowohl für die Fachkräfte wie auch das Unternehmen attraktiv ist, unterscheiden sich kaum von denen, die zuvor von mittelständischen Unternehmen formuliert wurden.

Über Aktivitäten zur Deckung des Fachkräftebedarfs bei der Lufthansa Technik AG berichten Elisabeth Bublitz und Elke Niemann (beide Lufthansa Technik AG, Abteilung Zentrale Ausbildungskoordination). Dabei gehen die Maßnahmen von Praktika über die Betreuung von Abschlussarbeiten in Kooperation mit Hochschulen bis hin zu unternehmensintegrierten Studiengängen in Kooperation mit verschiedenen Hochschulen. Allerdings werden die Absolventen noch nicht einmal ausreichen, um die altersbedingte Fluktuation auszugleichen. Potenziale werden in der wissenschaftlichen Weiterbildung von Facharbeitern und Facharbeiterinnen gesehen. Die Lufthansa Technik AG startet im Sommer 2008 mit dem Projekt „destinationBACHELOR", in dem guten Ausgebildeten ein Hochschulstudium ermöglicht wird. Schon jetzt wird deutlich: größere Durchlässigkeit und Anrechnung zwischen den Bildungssystemen würden solche Aktivitäten befördern.

Auch die Deutsche Bahn (DB) drängt in diese Richtung. Das Leitprinzip für Qualifizierungsmaßnahmen innerhalb des Konzerns lautet „Passgenauigkeit", entsprechend gilt es bei der Qualifikation von Mitarbeitern und Mitarbeiterinnen, auf vorhandene Kompetenzen aufzubauen. Passgenauigkeit bedeutet nicht nur das Aufzeigen von Entwicklungswegen für verschiedene Mitarbeitergruppen innerhalb der Deutschen Bahn. Die Zukunft wird in der Anrechnung jeglicher beruflicher Kompetenzen auf weiterführende Bildungsmaßnahmen gesehen. Damit dies möglich ist, müssen einerseits die Kompetenzen der Beschäftigten erfasst werden und andererseits die Tätigkeitsprofile bei der Deutschen Bahn kompetenzorientiert vorliegen. Dies und weiterführende Forderungen an die Politik werden im Beitrag von Matthias Afting (Abteilung Personal und Bildungsstrategien der DB Mobility Logistics AG) und Julia Jaspers (Abteilung Nachwuchssicherung und Personalentwicklung der DB Mobility Logistics AG) dargestellt, der den Block zur individuellen und betrieblichen Nachfrageseite für Anrechnung und Durchlässigkeit abschließt.

Jan Kuper

Aufstieg mit System – berufliche Weiterbildung für mehr Akademiker

Aufstiegsbildung ist für dual Ausgebildete ein bedeutender Karriereweg. Mit den öffentlich-rechtlichen Abschlüssen nach Berufswbildungsgesetz (BBiG) stehen praxisorientierte Weiterbildungsprofile zur Verfügung, die Absolventen den Aufstieg in Fach- und Führungspositionen ermöglichen. Die Industrie- und Handelskammern (IHK) befragen ihre Absolventen alle fünf Jahre zu den Auswirkungen der Weiterbildung. Lange Jahre hatte die Mehrheit der Absolventen Hauptschulabschluss oder Mittlere Reife. Inzwischen haben viele Absolventen eine Hochschulzugangsberechtigung oder haben vor der Weiterbildung bereits ein Studium abgeschlossen. Das wirkt sich auch auf ihre zukünftigen Weiterbildungspläne aus. Der Wunsch, sich akademisch weiterzubilden, ist deutlich gestiegen.

1. Aufstieg mit System – Aufstiegsbildung nach dem Berufsbildungsgesetz (BBiG)

Die Aufstiegsbildung bietet dual Ausgebildeten ein Karrieresystem, das auf die Erstausbildung aufbaut und in drei Ebenen zu kompetenten und gefragten Fach- und Führungskräften weiterbildet. Für die Bildungswege kaufmännisch, IT und Medien sowie industriell-technisch mit ihren spezifischen Anforderungen wurde ein System mit drei Ebenen entwickelt (Abbildung 1).

- In der ersten Ebene können Personen mit einer Ausbildung und Berufspraxis sich zum Beispiel zum Fachberater oder Servicetechniker weiterbilden. Sie sind dann fachlich versierte Außenvertreter ihrer Branchen.
- Die zweite Ebene bietet die Abschlüsse zu Fachkaufleuten (Funktionen), Fachwirten (Branchen), Fach- und Industriemeistern sowie IT-Consultants beziehungsweise IT-Managern verschiedener Branchen und Themengebiete.
- Betriebswirt beziehungsweise Technischer Betriebswirt und IT-Engineer sind die Abschlüsse der dritten Ebene. Absolventen dieser Ebene sind für die Übernahme von Managementaufgaben qualifiziert.

Ziel der öffentlich-rechtlichen Prüfungen ist es, den Bedarf der Unternehmen nach erfahrenen Berufspraktikern mit einer breiten Handlungskompetenz zu befriedigen. Deswegen werden Experten aus der Wirtschaft in den gesamten Weiterbildungsprozess eingebunden: Von der Bedarfserhebung für neue Weiterbildungsprofile über die Erstellung der Prüfungsordnungen und Rahmenpläne bis hin zur Erstellung von Prüfungsaufgaben sowie als Prüfer bei der eigentlichen Prüfung – überall sind Ex-

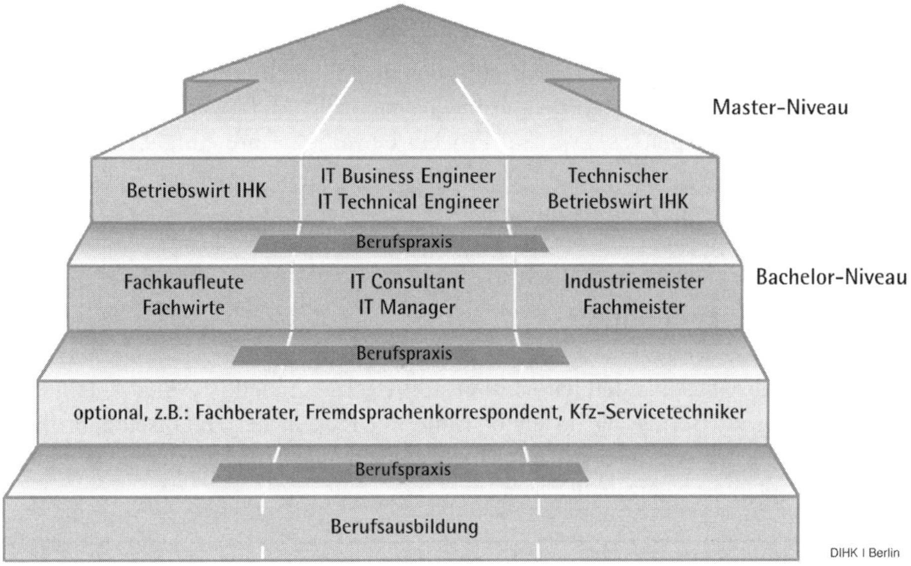

Abbildung 1: Das System der Aufstiegsbildung nach Berufsbildungsgesetz (BBiG)

perten aus der Praxis dabei. Dabei stellen Arbeitgeber- und Arbeitnehmervertreter gemeinsam Qualität und Aktualität der fachlichen Anforderungen sicher.

Die geregelte Aufstiegsfortbildung ist für die Absolventen der dualen Ausbildung die wichtigste Karriereperspektive. Derzeit nehmen rund 125.000 Personen im Jahr an Prüfungen zur Aufstiegsfortbildung bei den IHKs, den Handwerkskammern, den Landwirtschaftskammern sowie den Kammern der freien Berufe und im öffentlichen Dienst teil. Das ist jeder vierte dual Ausgebildete.

Mehr als 1,4 Millionen Absolventen, die zwischen 1994 und 2006 einen Abschluss der Aufstiegsfortbildung erworben haben, belegen die Bedeutung der Aufstiegsfortbildung für Wirtschaft und Gesellschaft.

2. Aufstiegsbildung – was bringt das?

Im Fünfjahresrhythmus befragen die IHKs die Absolventen der letzten Jahre. Mit der Weiterbildungserfolgsumfrage werden Informationen zur Herkunft der Absolventen, zu den Gründen und zu den Auswirkungen von Weiterbildung sowie zu weiteren Weiterbildungszielen erhoben. Befragt werden Absolventen der Aufstiegsfortbildung. Mit rund 11.000 Antworten wurde in der aktuellen Befragung eine Rücklaufquote von fünfzehn Prozent erreicht.

Für die Weiterbildung haben sich die Absolventen in erster Linie entschieden, weil sie aufsteigen oder einen größeren Verantwortungsbereich übernehmen wollten (68 Prozent). 43 Prozent wollten sich finanziell verbessern. Beschäftigungssicherung (32,5 Prozent) und Erweiterung der Kenntnisse (28 Prozent) sowie die Suche nach Arbeit (fünf Prozent) waren weitere Motive.

Die von den Absolventen angestrebten Ziele werden auch erreicht: Zwei Drittel der Absolventen profitieren von der Weiterbildung in ihrer beruflichen Entwicklung. Davon steigen siebzig Prozent auf oder übernehmen einen größeren Verantwortungsbereich, 61 Prozent verbessern sich finanziell, 31 Prozent erhöhen die Sicherheit ihres Arbeitsplatzes, zwanzig Prozent bewältigen ihre Aufgaben besser als vor der Weiterbildung, und knapp sieben Prozent geben an, nach der Weiterbildung einen neuen Arbeitsplatz gefunden zu haben.

3. Profil der Teilnehmer

Die Mehrheit der Absolventen hat Mittlere Reife (siehe Tabelle 1). Der Anteil steigt von Befragung zu Befragung, in erster Linie auf Kosten der Hauptschulabsolventen. Der Anteil der Absolventen mit Hochschulzugangsberechtigung liegt weitgehend unverändert bei gut einem Drittel.

	1992-1996	1997-2002	2003-2007
Hauptschulabschluss	23,5 %	14,4 %	14,9 %
Mittlere Reife (Realschule)	39,1 %	42,7 %	46,4 %
Abitur oder Fachabitur	33,7 %	38,9 %	36,5 %
sonstiger Abschluss	3,6 %	3,1 %	2,0 %
kein Abschluss	0,0 %	1,0 %	0,2 %

Tabelle 1: Welchen höchsten Schulabschluss haben Sie?

Interessant ist die Entwicklung beim letzten vor der Weiterbildung erworbenen Berufsausbildungsabschluss (Tabelle 2). Zwar hat weiterhin die überwältigende Mehrheit eine duale Ausbildung abgeschlossen, der Anteil ist aber im Vergleich zur Vorbefragung leicht gesunken. Gleichzeitig ist der Anteil der Absolventen mit Hochschulabschluss deutlich gestiegen. Die „normalen" Akademiker haben mit jetzt 5,2 Prozent ihren Anteil an den Weiterbildungsteilnehmern fast verdoppelt. Dazu kommen die Absolventen mit einem dualen Studium, die auf Anhieb einen Anteil von 6,1 Prozent erreichten.

	2003-2007	
	absolut	relativ
betriebliche Ausbildung	9.010	82,9 %
schulisch in Vollzeit	428	3,9 %
duales Studium (auch Berufsakademie)	666	6,1 %
Hochschulstudium	560	5,2 %
nein	205	1,9 %

Tabelle 2: Haben Sie eine Berufsausbildung abgeschlossen? (letzter Abschluss)

Hochschulabsolventen profitieren nach eigenen Angaben unterdurchschnittlich von der Prüfung (Tabelle 3). Während zum Beispiel fast 67 Prozent aller dual Ausgebildeten eine positive Auswirkung erkennen können, geben dies nur gut 61 Prozent aller akademisch Ausgebildeten an. Das liegt zu einem Gutteil daran, dass die Aufstiegsbildung auf den eher praktisch orientierten Kenntnissen und Fertigkeiten einer dualen Ausbildung aufbaut.

Außerdem geben Akademiker an, dass sie nach der Weiterbildung seltener aufgestiegen sind. Da sie häufiger schon auf einer entsprechenden Position sind, benötigen sie mehr und vertiefte berufliche Kenntnisse zur Bewältigung der gestellten Aufgaben. Das bestätigen die Hochschulabsolventen auch mit ihrer Antwort auf die Frage nach ihren Gründen für die Weiterbildung: 67 Prozent aller Absolventen wollten aufsteigen, aber nur 44 Prozent der Hochschulabsolventen gaben dies als Motivation an. 47 Prozent von ihnen gaben hingegen an, dass ihre berufliche Position eine Erweiterung und Vertiefung der beruflichen Kenntnisse erforderlich machte.

Ganz anders stehen bei den Gründen und den Auswirkungen der Weiterbildung dagegen die dual Studierten da. Ihre Werte weichen nur wenig von den Durchschnittswerten ab. Die Kombination aus Studium und betrieblicher Ausbildung ist offenkundig optimal für die auf Berufserfahrung aufbauende, handlungsorientierte Aufstiegsbildung. Die erworbenen Kenntnisse und Fertigkeiten entsprechen den Bedürfnissen der Unternehmen.

Auch bei einem anderen wichtigen Thema wichen die Hochschulabsolventen deutlich vom Durchschnitt ab. Fünf Prozent aller Absolventen gaben an, die Weiterbildung aufgenommen zu haben, weil sie arbeitssuchend sind und ihre Beschäftigungsfähigkeiten erhöhen wollten. 16,8 Prozent aller Hochschulabsolventen nannten dies als ihr Motiv. Bei den positiven Auswirkungen geben knapp zwanzig Prozent der Akademiker an, dass sie nach der Weiterbildung einen Arbeitsplatz gefunden haben. Auch das ist ein Wert, der deutlich über dem Durchschnitt aller Befragten liegt.

	höhere Position oder größerer Verantwortungs- und Aufgabenbereich	bei gleicher Position bessere Bewältigung der gestellten Aufgaben	finanzielle Verbesserung	größere Sicherheit des Arbeitsplatzes	habe einen Arbeitsplatz gefunden
keine Berufsausbildung	63,2 %	27,8 %	43,6 %	30,1 %	18,0 %
betriebliche Ausbildung	71,5 %	19,2 %	62,4 %	31,1 %	5,2 %
schulisch in Vollzeit	63,7 %	23,4 %	51,3 %	29,7 %	16,8 %
duales Studium (auch Berufsakademie)	66,7 %	23,0 %	59,4 %	30,4 %	6,9 %
Hochschulstudium	45,3 %	29,8 %	52,3 %	27,8 %	19,3 %

Tabelle 3: Art der positiven Auswirkungen der Aufstiegsweiterbildung auf die berufliche Entwicklung nach Berufsausbildung

Erfolg motiviert: Mit überwältigender Mehrheit streben die Absolventen zusätzliche Weiterbildungen an (Tabelle 4). An erster Stelle stehen dabei Lehrgänge und Seminare freier Weiterbildungsanbieter, gefolgt von den Angeboten des eigenen Unternehmens (Tabelle 5). Bei Betrachtung der Weiterbildungswünsche nach höchstem erreichtem Schulabschluss fällt auf, dass insbesondere Absolventen mit Mittlerer Reife und Hauptschulabschluss sich innerhalb ihres Unternehmens weiterbilden wollen (Tabelle 6).

Interessant ist aber der hohe Anteil derer, die sich auf Hochschulniveau weiterbilden wollen. Nahezu jeder fünfte Absolvent mit Hochschulzugangsberechtigung möchte nach der Weiterbildung studieren. Immerhin mehr als jeder achte Absolvent mit Mittlerer Reife strebt dieses Ziel ebenfalls an, und sogar die Absolventen mit Hauptschulabschluss geben mit sieben Prozent an, dass sie sich gerne auf Hochschulniveau weiterbilden würden. Aufgrund unübersichtlicher und zum Teil stark eingeschränkter Hochschulzugangsmöglichkeiten für Absolventen ohne Hochschulzugangsberechtigung ist allerdings einem großen Teil engagierter und motivierter

	absolut	relativ
ja	7.634	78,0 %
nein	2.148	22,0 %

Tabelle 4: Streben Sie weitere Weiterbildungen an?

	absolut	relativ
Angebote meines Unternehmens	3.971	36,5 %
Lehrgänge und Seminare	5.576	51,3 %
Fortsetzung auf Hochschulniveau	1.573	14,5 %
Selbststudium	1.513	13,9 %
sonstiges	1.713	15,8 %

Tabelle 5: Streben Sie weitere Weiterbildung an? Wenn ja, welche? (Mehrfachnennungen möglich)

	Angebote meines Unternehmens		Lehrgänge und Seminare		Fortsetzung auf Hochschulniveau		Selbststudium		sonstiges	
Abitur	826	33,2 %	1.269	51,0 %	489	19,7 %	490	19,7 %	360	14,5 %
Fachabitur	491	33,1 %	749	50,5 %	285	19,2 %	193	13,0 %	257	17,3 %
Mittlere Reife (Realschule)	1.926	38,2 %	2.623	52,1 %	656	13,0 %	629	12,5 %	794	15,8 %
Hauptschulabschluss	652	40,2 %	832	51,3 %	115	7,1 %	149	3,0 %	252	15,5 %
sonstiger Abschluss	70	31,5 %	96	43,2 %	28	12,6 %	51	23,0 %	46	20,7 %
kein Abschluss	6	33,3 %	7	38,9 %	0	0,0 %	1	5,6 %	4	22,2 %

Tabelle 6: Streben Sie weitere Weiterbildung an? Wenn ja, welche? (Nach Art des Schulabschlusses, Mehrfachnennungen möglich)

Kandidaten der Weg ins Studium verwehrt. Hochgerechnet handelt es sich allein bei den Absolventen der IHKs um jährlich bis zu 5.000 Chancen, die so vertan werden.

Die Mehrheit aller Teilnehmer an Aufstiegsbildung besucht berufsbegleitende Lehrgänge im Präsenz- oder Fernunterricht (85 Prozent). Das liegt in erster Linie daran, dass es sich um Personen handelt, die im Alter zwischen 25 und 35 Jahren sind und nach einer Ausbildung bereits im Berufsleben stehen. Zumeist haben sie eine Familie und besetzen eine Position in ihrem Unternehmen, für deren Verrichtung sie ihre Kenntnisse und Fertigkeiten erweitern oder vertiefen müssen. Ein temporärer Ausstieg aus dem Berufsleben für einen Vollzeitlehrgang oder ein Studium ist deshalb nicht möglich. Selbst, wenn viele der Zugangshemmnisse behoben würden, stiege deshalb die Zahl der Personen, die nach der Aus- oder Weiterbildung ein klassisches Vollzeitstudium aufnehmen können und wollen, wahrscheinlich nicht. Aufstiegsbildung ist für viele Teilnehmer auch deshalb so attraktiv, weil sie berufsbegleitend angeboten wird. Die Wahrscheinlichkeit, dass ein Mittdreißiger ganz aus dem Berufsleben aussteigt und sich für mehrere Semester ausschließlich einem Hochschulstudium widmet, ist gering. Sollen aus dem Kreis der Absolventen der beruflichen Weiterbildung mehr Studierende gewonnen werden, wie es derzeit politisch diskutiert wird, so werden zusätzlich attraktive berufsbegleitende Weiterbildungsangebote auf akademischem Niveau benötigt, die die vorhandenen berufspraktischen Kenntnisse und Fähigkeiten berücksichtigen.

Stephan Kyas

Den Fachkräftemangel beseitigen – Durchlässigkeit durch Anrechnung fördern. Erfahrungen aus ANKOM-IT

An der Technischen Universität Braunschweig wird seit Herbst 2005 das regionale Entwicklungsprojekt ANKOM-IT durchgeführt. Das Vorhaben gehört zur deutschlandweiten Förderinitiative des Bundesministeriums für Bildung und Forschung zur „Anrechnung beruflicher Kompetenzen auf Hochschulstudiengänge". Ziel des Projekts ist es, ein Verfahren zur Anrechnung der in IT-Weiterbildungsmaßnahmen erworbenen Qualifikationen und Kompetenzen auf Wirtschaftsinformatikstudiengänge, insbesondere der TU Braunschweig und der Fachhochschule Braunschweig/Wolfenbüttel, zu entwickeln und zu erproben. Das Verfahren sieht eine additive Anrechnung aus pauschaler und individueller Anrechnung vor. Erfasst werden sowohl formell erlangte Qualifikationen, also aus zertifizierter beruflicher Bildung, als auch informell durch die Ausübung des Berufes erworbene Kompetenzen. Für die Evaluierung des Verfahrens stehen dem Projekt Teilnehmer und Teilnehmerinnen aus Unternehmen der Braunschweiger Region zur Verfügung, die sich zum Operativen IT-Professional weiterqualifizieren. Diese Aufstiegsfortbildung stellt die mittlere Ebene des staatlichen IT-Fortbildungssystems dar. Die angehenden Projektleiter (IT-Business Manager) und Entwickler (IT-Systems Manager) zielen auf Kompetenzen im Bereich des mittleren IT-Managements und übernehmen Aufgaben des Projektmanagements und des Technical Engineerings. Sie werden durch den betrieblichen Projektpartner, die Salzgitter Service und Technik GmbH (SZST), während ihrer gesamten Fortbildung begleitet. SZST betreut die Kandidaten in inhaltlichen und organisatorischen Fragen sowie den geforderten Prüfungsleistungen. Gleichzeitig können mit den Weiterbildungsteilnehmern und anhand der erworbenen Kompetenzen die entwickelten Anrechnungsverfahren getestet und optimiert werden.

Im Forschungsprojekt wurde gemeinsam mit der SZST angeregt, einen IHK-Prüfungsausschuss für Operative Professionals nach BBIG § 46.2 in Braunschweig zu installieren. Dazu gab der stellvertretende Geschäftsführer der Industrie- und Handelskammer Braunschweig seine Zusage. Im Dezember 2006 nahm das Gremium seine Tätigkeit auf, und angehende IT-Professionals konnten ihre Abschlussprüfungen bei der örtlichen IHK ablegen. Bereichert wird diese positive Entwicklung durch eine wirkliche Neuheit: Der Dekan des Fachbereichs Informatik der Fachhochschule Braunschweig/Wolfenbüttel konnte für die Mitarbeit im Prüfungsausschuss gewonnen werden. Damit erhält ein Hochschullehrer unmittelbar Einblicke in Projekte und Prüfungen der betrieblichen Weiterbildung. Der Ausschuss hat die Aufgabe, im Rahmen der IT-Fortbildungsverordnung ein möglichst hohes Qualitätsniveau der eingereichten Projekte und abgenommenen Prüfungen in Breite und Tiefe sicherzustellen. Ziel ist die Etablierung qualitätsgesicherter Standards für Projekte sowie lernergebnisorientierter und qualitätsgesicherter Prüfungsverfahren an der IHK Braunschweig. Dazu werden Rahmenrichtlinien für ein Qualitätsmanagement eingeführt, um so die in der beruflichen Weiterbildung erreichten Lernergebnisse transparenter und für Dritte (zum Beispiel Hochschulen) nachvollziehbarer zu gestalten. Vertrauen und gegenseitige Akzeptanz sind die Grundvoraussetzungen, wenn Lernergebnisse des beruflichen Bildungssystems auf Studienleistungen angerechnet werden sollen, darüber hinaus sind Kenntnisse über die erreichten Qualifikationen und Kompetenzen in beiden Bereichen erforderlich.

Die geschilderten Maßnahmen sollen die Anrechnungspotenziale von Kompetenzen, die im Rahmen der IT-Professional-Weiterbildung durch die IHK Braunschweig abgeprüft wurden, auf Studiengänge der TU Braunschweig und der FH Braunschweig/Wolfenbüttel erhöhen und nachhaltig absichern. Doch selbst wenn den berufstätigen IT-Professionals Teile des Studiums erlassen werden, sind diese kaum bereit, ihren Arbeitsplatz aufzugeben, um mehrere Semester zu studieren. Empirische Erhebungen im Rahmen des Forschungsprojekts haben gezeigt, dass diese Klientel in der Regel ein berufsbegleitendes Studium ohne Aufgabe des bestehenden Arbeitsverhältnisses bevorzugt. Dabei ist zu berücksichtigen, dass ein solches Teilzeitmodell für die Interessenten vor dem Hintergrund des bestehenden Fachkräftemangels attraktiv gestaltet werden muss. Dies gilt vor allem im Hinblick auf die hohe Arbeitsbelastung eines berufsbegleitenden Studiums im Anschluss an eine mehrjährige Weiterbildung. Erforderlich ist eine effektive Verkürzung des Studiums unter rechtlich abgesicherten und auf die Bedürfnisse der berufstätigen Klientel zugeschnittenen Rahmenbedingungen. Momentan arbeitet die Fachhochschule Braunschweig/Wolfenbüttel an der Entwicklung eines berufsbegleitenden Studiengangs, der beim Abschluss des Operativen IT-Professionals ansetzt und in einem individuell auf die Interessenten zugeschnittenen Studienplan den Weg zum Bachelorabschluss festlegen soll. Dieser Studiengang beginnt mit einer Einstufung der Kandidaten unter Anerkennung von in der betrieblichen Weiterbildung und darüber hinaus individuell erworbenen Kompetenzen. Zur Erfassung der individuellen Vorleistungen steht dann das bei ANKOM-IT genutzte Portfolioverfahren zur Verfügung. Die Studieninteressenten könnten je nach Einstufung im zweiten oder dritten Semester starten. Darüber hinaus kann das im Studiengang vorgesehene Praxisprojekt durch einen Vortrag über das IT-Professional-Projekt geprüft und anerkannt werden. Dies würde das Studium zusätzlich um ein halbes Semester verkürzen. Der Studiengang soll Präsenzstudium und E-Learning-Anteile enthalten, so dass ein Teil individuell und flexibel von zu Hause studiert werden kann. Eine solche Studienmöglichkeit unter Anrechnung bereits erworbener Kompetenzen würde der berufstätigen Klientel sehr entgegenkommen und eine interessante Option zur Verbindung von Bachelorstudium und Berufstätigkeit darstellen.

Barbara Knigge-Demal und Mirko Schürmann

Studienbedarfe und Anrechnungspotenziale weitergebildeter Lehrer und Lehrerinnen in den Pflegeberufen

1. Einleitung

Mit der einsetzenden nachholenden Akademisierung in den Pflegeberufen, die sich seit 1998 mit einer relativ hohen Geschwindigkeit vollzieht, wenn man die hundertjährige Geschichte des Berufes zugrunde legt, stellt sich die Frage, in welchem Umfang die bereits über Ausbildung und Weiterbildung erworbenen beruflichen Kompetenzen auf die neuen Studiengänge angerechnet werden können.

Mit dieser Frage haben sich all jene Hochschulen sehr frühzeitig auseinandergesetzt, die sich ähnlich wie viele Fachschulen und Weiterbildungseinrichtungen im Berufsbereich Pflege in konfessioneller Trägerschaft befinden. Hier wurden die Fragen der Durchlässigkeit zwischen Weiterbildung und hochschulischer Bildung frühzeitig zum Gegenstand des Dialogs gemacht. Dies blieb nicht ohne kritische Anmerkungen, da die Kriterien der Anrechnung von Weiterbildungsanteilen auf Hochschulstudiengänge häufig nicht transparent gemacht wurden, sondern in organisationsspezifische Verfahren einmündeten. Die angerechneten beruflichen Kompetenzen bezogen sich dann auf ganze Studienanteile bis hin zum Vordiplom; da die Entscheidungsgrundlagen selten transparent waren, blieb die Akzeptanz dieses Anrechnungsvorgangs häufig aus.

Mit dem Bologna- und dem Kopenhagen-Abkommen und den damit eingeleiteten Studiengangsreformen (Bischoff-Wanner, 2007; Reiber, 2005) stellt sich die Frage der Anrechnung von beruflich erworbenen Kompetenzen auch für den Berufsbereich Pflege vor einem neuen Hintergrund.

Mit der ANKOM-Initiative eröffnete sich für die Anrechnung beruflich erworbener Kompetenzen in den Pflegebeberufen eine neue und klare Diskussionsgrundlage auf der Basis von empirischen Ergebnissen, die vielleicht auch für andere Hochschulen als verwertbare Ergebnisse interessant sind (Knigge-Demal & Schürmann, 2008).

2. Ausgangslage und Hintergrund

Wenn man die Ausbildung der Lehrenden in den Pflegeberufen (hier Gesundheits- und Krankenpflege, Gesundheits- und Kinderkrankenpflege) zum Gegenstand der Betrachtung macht, dann wird es erforderlich, die historische Verankerung dieser Ausbildungsberufe zu beschreiben. Historisch bedingt findet die Ausbildung in den Pflegeberufen Altenpflege, Krankenpflege und Kinderkrankenpflege zu großen

Teilen außerhalb des öffentlichen Bildungssystems statt (Robert Bosch Stiftung, 2000).

Die sogenannten Schulen besonderer Art des Gesundheitswesens, in denen unter anderen Gesundheits- und Krankenpfleger und -pflegerinnen sowie Gesundheits- und Kinderkrankenpfleger und -pflegerinnen ausgebildet werden, sind mit einem Krankenhaus verbunden und keine Schulen im schulrechtlichen Sinn. In der Regel handelt es sich bei den Schulen um betriebliche Bestandteile eines oder mehrerer Krankenhäuser, und sowohl die Personal- als auch die Betriebskosten laufen über den Finanzhaushalt der Träger (Robert Bosch Stiftung, 2000; Stöcker, 2005).

Die hauptamtlichen Lehrkräfte der Kranken- und Kinderkrankenpflegeschulen sind in der Regel auch Arbeitnehmerinnen/Arbeitnehmer des Krankenhauses, ebenso die Schülerinnen und Schüler, die sich in der Ausbildung befinden. Sie haben einen Ausbildungsvertrag mit dem Schulträger, dem Krankenhaus. Allerdings gibt es zunehmend mehr Krankenpflegeschulen, die als unabhängige Organisationen über einen eigenständigen Haushalt verfügen, aber wie alle anderen Schulen auch den bundesrechtlichen und landesrechtlichen Regelungen der Gesundheitsministerien unterliegen. Von dieser Regelung sind einige Bundesländer wie zum Beispiel Thüringen und Bayern ausgenommen. Deren Schulen werden als öffentlich-rechtliche Berufsfachschulen geführt und haben damit auch einen anderen Status.

Aufgrund dieser rechtlichen Sonderstellung der Ausbildungen in den Pflegeberufen hat sich auch die Lehrerbildung[1] für diesen Berufsbereich abweichend von der üblichen Lehrerbildung entwickelt. Bis zum Jahr 2004 und mit dem Inkrafttreten eines neuen Berufsgesetzes wurden Lehrerinnen und Lehrer für Pflegeberufe in der Regel über eine zweijährige Weiterbildung für ihre Aufgaben qualifiziert. Diese Weiterbildungen setzten eine dreijährige Berufsausbildung in einem Pflegeberuf sowie eine mehrjährige Berufstätigkeit voraus und umfassten rund 3.000 Unterrichtsstunden, die sich sowohl auf die theoretische als auch auf die praktische Qualifizierung bezogen (Empfehlungen der Deutschen Krankenhausgesellschaft DKG, 1989). Anders angelegt war die Lehrerbildung in der ehemaligen DDR. Dort wurden die Lehrerinnen und Lehrer für die Krankenhauschulen schon seit 1963 als Diplom-Medizinpädagogen akademisch qualifiziert (Zeller-Dumke, 1999).

Die in der Pflege einsetzende Akademisierung ab Anfang der 1990er Jahre, die nicht zuletzt durch die Denkschrift der Robert Bosch Stiftung (Robert Bosch Stiftung, 1996; Reiber, 2008) mitbegründet war, betraf auch die Lehrerbildung. In den folgenden Jahren wurden an Universitäten und Fachhochschulen Diplom-Studiengänge zur Ausbildung von Pflegelehrern und Pflegelehrerinnen eingerichtet (Darmann & Wittneben, 2000).

Seit Inkrafttreten des neuen Altenpflege- und Krankenpflegegesetzes (Deutscher Bundestag, 2003) hat sich die Sachlage noch einmal verändert. Im § 4 (3) des Krankenpflegegesetzes wird verfügt, dass nicht nur die Schulleitungen, sondern auch eine angemessene Anzahl von hauptamtlichen Lehrerinnen und Lehrern ein Hochschulstudium abgeschlossen haben müssen. Damit haben die weitergebildeten

---

1 Fachbegriff, der die Ausbildung von Lehrern und Lehrerinnen umfasst.

Lehrerinnen und Lehrer ein Problem. Über die sogenannte Besitzstandswahrung können sie zwar nicht aus dem laufenden Lehrbetrieb heraus entlassen werden, aber bei der derzeitigen Umbruchsituation im Gesundheitssystem und der damit verbundenen Schließung von Krankenpflege- und Altenpflegeschulen oder der Neugründung von Bildungszentren kann eine betriebsbedingte Kündigung dennoch eintreten. Damit sind den weitergebildeten Lehrerinnen und Lehrern für Pflegeberufe neben der horizontalen Mobilität auch die Möglichkeiten der vertikalen Mobilität verschlossen.

Die nachholende Akademisierung in den Pflegeberufen und die damit verbundene Aufnahme eines Studiums bedeutet allerdings, dass sich diese Gruppe von Lehrkräften ein zweites Mal auf einen Karrierebruch und erhebliche finanzielle Belastungen einstellen muss. Von dieser Situation betroffen sind in der überwiegenden Mehrzahl Frauen; da es sich bei den Pflegeberufen um typische Frauenberufe handelt, sind auch die Lehrenden zum größten Teil Frauen (rund 75 Prozent).

Vor diesem Hintergrund startete die Fachhochschule Bielefeld 2005 eine Antragsinitiative bei der Robert Bosch Stiftung, die dazu führte, dass sich eine kleine Gruppe von Vertreterinnen und Vertretern aus Berufsverbänden und Hochschulen zu einer Arbeitsgruppe zusammenschloss und einen Antrag auf Förderung eines Projekts bei der Robert Bosch Stiftung stellte. Der Projektantrag integriert drei Anteile:

- eine bundesweite Bedarfserhebung zur akademischen Lehrerbildung in den Gesundheitsberufen;
- eine Bundeskonferenz zur Diskussion der Ergebnisse aus der bundesweiten Befragung;
- die Entwicklung eines Anrechnungsverfahrens zur Anrechnung beruflich erworbener Kompetenzen von „weitergebildeten“ Lehrerinnen und Lehrern aus den Gesundheitsberufen auf Hochschulstudiengänge.

3. Forschungsdesign und Verlauf

Unter der Projektleitung von Michael Breuckmann (Vorsitzender des Bundesausschusses der Lehrerinnen und Lehrer für Pflegeberufe) und der wissenschaftlichen Leitung durch Professorin Dr. Beate Klemme, Professorin Dr. Barbara Knigge-Demal und Professorin Dr. Ursula Walkenhorst sowie der Mitarbeit des Diplom-Psychologen Mirko Schürmann wurde im Frühjahr 2006 mit den Vorarbeiten für eine bundeseinheitliche Bedarfserhebung zur Qualifizierung von weitergebildeten beziehungsweise beruflich qualifizierten Lehrerinnen und Lehrern in den Gesundheitsberufen begonnen. Im Forschungsinteresse standen folgende Fragen:

Was charakterisiert die Gruppe von potenziellen Studierenden hinsichtlich der klassischen soziodemografischen Angaben wie Alter, Geschlecht und Bildungsabschluss? Wirken sich familiäre Belastungen (Anzahl der Kinder, pflegebedürftige Angehörige) auf die Studierbereitschaft aus, und gibt es auf der anderen Seite unterstützende Faktoren, die Personen in der Absicht, ein Studium aufzunehmen, fördern (Partner, Arbeitgeber, soziales Umfeld)? Spiegelt sich die gesetzliche Notwendigkeit, im Bereich der Krankenpflege als Schulleitung ein abgeschlossenes Studium zu besitzen, in einem entsprechenden Studiumsbedarf dieser Gruppe wider? Welche Erwartungen bestehen vor diesem Hintergrund an ein pädagogisches Studium?

Auf der Grundlage der genannten Forschungsfragen wurde ein Fragebogen erstellt und über einen Pretest abgesichert. Der Pretest wurde an jeweils einer Schule aus dem Bereich der Alten-, Kranken- und Kinderkrankenpflege sowie der Ergo- und Physiotherapie durchgeführt. Die Auswertungsergebnisse des Pretests sind nachfolgend in die weitere Entwicklung eingeflossen beziehungsweise es wurden Anmerkungen der Probanden und Probandinnen direkt aufgenommen und umgesetzt. Grundlegende Änderungen zwischen der Pretest- und der Endversion des Fragebogens haben nicht stattgefunden.

Im September 2006 wurden an 1.859 Schulen im Gesundheitswesen Fragebögen durch den Bundesausschuss der Lehrerinnen und Lehrer für Pflegeberufe versendet. Jeder Schule wurde, begleitet von einem Anschreiben des Bundesausschusses, ein Fragebogen sowie ein frankierter und an die Fachhochschule Bielefeld adressierter Rückumschlag zugestellt. Die Teilnehmer und Teilnehmerinnen wurden aufgefordert, den Bogen für die Kollegen und Kolleginnen in den Schulen zu vervielfältigen und die bearbeiteten Bögen mittels Rückumschlag zurückzusenden. Angeschrieben wurden 982 Kranken- und Kinderkrankenpflegeschulen (52,9 Prozent), 667 Altenpflegeschulen (35,8 Prozent), 75 Physiotherapieschulen (vier Prozent), 77 Ergotherapieschulen (4,1 Prozent) und 57 Hebammenschulen (3,1 Prozent). Im Oktober und November 2006 wurden insgesamt 1.569 Fragebögen zurückgesendet. Diese wurden kontinuierlich erfasst und mittels des Statistikprogramms SPSS ausgewertet. Erste Ergebnisse lagen im Frühjahr 2007 vor und wurden der Fachöffentlichkeit im Rahmen einer Tagung am 17. Oktober 2007 erstmalig vorgestellt.

Von den 1.859 angeschriebenen Schulen antworteten 579, dies entspricht einem einrichtungsbezogenem Rücklauf von ca. 31 Prozent. Die Verteilung der eingegangenen Fragebögen auf die jeweiligen Schulen ist in Tabelle 1 dargestellt.

Entsprechend der in Deutschland hohen Anzahl an Schulen für die Kranken-, Kinderkranken- und Altenpflegeausbildung wurden die eingegangenen Fragebögen zu einem Großteil von Lehrerinnen eben dieser Schulen beantwortet. Insgesamt macht dieser Anteil 87,1 Prozent (N=1226) der Stichprobe aus.

Wie in Tabelle 2 dargestellt, haben an der Befragung 1.190 (75,8 Prozent) Frauen und 373 (23,8 Prozent) Männer teilgenommen, sechs (0,4 Prozent) Personen haben keine Angaben zum Geschlecht gemacht. Das Geschlechterverhältnis von einer männlichen zu drei weiblichen befragten Personen entspricht den Zahlen, die aus dem Bereich der Berufsausbildung in den Pflege- und Therapieberufen bekannt sind. Besonders hervorzuheben sind der Familienstand sowie die Anzahl von Kindern der Teilnehmer und Teilnehmerinnen. So waren 60,7 Prozent der Befragten verheiratet und „nur" 24,1 Prozent ledig (Bundesdurchschnitt 2007: 44 Prozent verheiratet, 41 Prozent ledig (GENESIS-Online), und der prozentuale Anteil der

angeschriebene Einrichtungen		Anteil an eingegangen Fragebögen aus entsprechenden Schulen*
982 (52,9 %)	Kranken- und Kinderkrankenpflegeschulen	N = 864 (59,9 %)
667 (35,9 %)	Altenpflegeschulen	N = 392 (27,2 %)
75 (4,0 %)	Physiotherapieschulen	N = 84 (5,8 %)
57 (3,1 %)	Hebammenschulen	N = 30 (2,1 %)
77 (4,1 %)	Ergotherapieschulen	N = 43 (3,0 %)
----	Fort- und Weiterbildungseinrichtungen	N = 30 (2,1 %)
1.858 (100 %)	Gesamt	N = 1.569 (100 %)*

Anmerkungen: * = keine Angaben N=126 (8%)

Tabelle 1: Übersicht der versendeten und eingegangenen Fragebögen getrennt nach Schulen

Alter		Geschlecht	
Mittelwert (SD)	44,8 (7,7) Jahre	männlich	373 (23,8 %)
Min, Max	24 bis 78 Jahre	weiblich	1.190 (75,8 %)
fehlende Werte	*0,8 %*	*fehlende Werte*	*6 (0,4 %)*

Familienstand	proz. Häufigkeiten	Anzahl Kinder	proz. Häufigkeiten
ledig	24,1 %	keine Kinder	10,8 %
verheiratet	60,7 %	1 Kind	47,3 %
verwitwet	1,4 %	2 Kinder	17,6 %
geschieden	12,2 %	3 u. mehr Kinder	19,6 %
fehlende Werte	*1,7 %*	*fehlende Werte*	*4,7 %*

Tabelle 2: Demografische Angaben

befragten Personen, die ein oder mehr Kind(er) haben, lag mit 89,2 Prozent sehr deutlich über dem Bundesdurchschnitt von 56 Prozent (vgl. ebd.).

Insgesamt verfügten bereits 29,4 Prozent der befragten Personen über einen akademischen Abschluss. In den einzelnen Berufsbereichen variierte der Prozentsatz von 21,7 Prozent akademischer Lehrkräfte mit einer vorangegangenen Berufsausbildung als Altenpfleger/Altenpflegerin bis zu 32,7 Prozent bei Ergo- und Physiotherapeuten/-therapeutinnen. Ein Viertel aller befragten Personen (27,6 Prozent) verfügt über eine Hochschulzugangsberechtigung in Form eines (Fach-)Abiturs und 39,5 Prozent über einen Schulabschluss der mittleren Reife oder einer Fachschulreife.

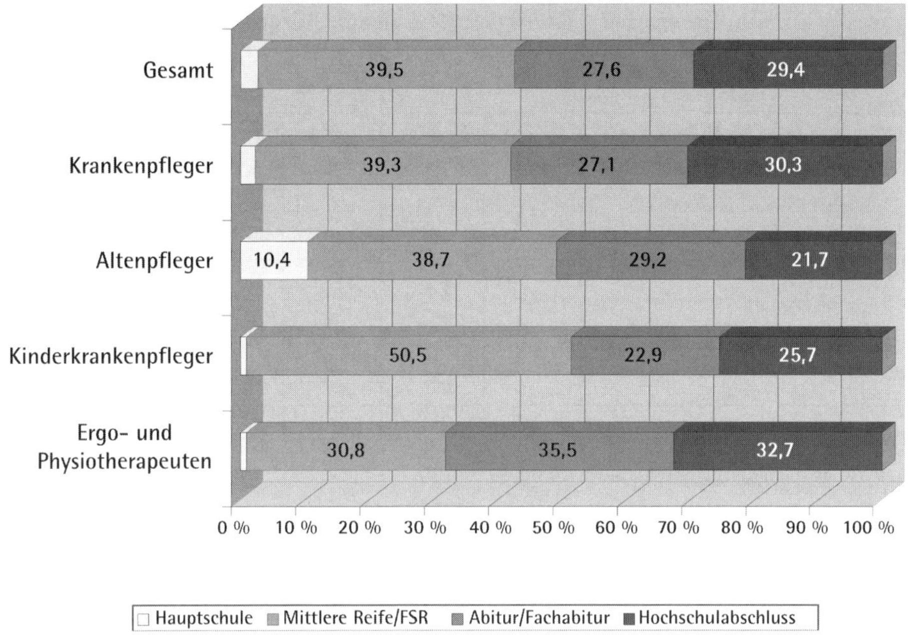

Abbildung 1: Bildungsabschlüsse

4. Ergebnisse aus der Berufsgruppe: „Lehrerinnen und Lehrer für Pflegeberufe"

Richtet man den Blick auf die pädagogischen Qualifizierungen dieser Lehrkräfte, so zeigt sich, dass im Bereich der Krankenpflege 81,1 Prozent über eine pädagogische Qualifizierung als Lehrer/Lehrerin für Pflegeberufe verfügen und 10,7 Prozent über eine Qualifikation als Pflegedienstleitung und Unterrichtsschwester. Im Bereich der Altenpflege besitzen 90,5 Prozent eine pädagogische Qualifizierung als Lehrer/Lehrerin für Pflegeberufe, und im Bereich der Kinderkrankenpflege sind dies 70,8 Prozent sowie 18,5 Prozent, die über eine Qualifikation als Pflegedienstleitung und Unterrichtsschwester verfügen (vgl. Tabelle 3). Insgesamt verfügen im Berufsbereich der Pflegeberufe 90,4 Prozent über eine umfassende pädagogische Qualifizierung durch die Ausbildung zur Lehrerin/zum Lehrer für Pflegeberufe (in der Regel 3.000 Unterrichtsstunden Weiterbildung) oder über die Qualifizierung zur Pflegedienstleitung und Unterrichtsschwester über eine kombinierte Weiterbildung (in der Regel gleichfalls 3.000 Unterrichtsstunden).

Die Frage, ob sie in den nächsten Jahren ein Studium absolvieren wollen, bejahten 23,5 Prozent aus dem Bereich der Krankenpflege, 29,9 Prozent aus dem Bereich der Altenpflege und 22,7 Prozent aus dem Bereich der Kinderkrankenpflege. Bereits ein Studium aufgenommen zu haben, gaben 3,7 Prozent im Bereich der Krankenpflege, 0,9 Prozent im Bereich der Altenpflege sowie 2,8 Prozent im Bereich der Kinderkrankenpflege an. Verneint wurde die Frage, ob sie in den nächsten

Pädagogische Qualifizierung	Krankenpflege N = 1.009 Fehlend = 399		Altenpflege N = 107 Fehlend = 44		Kinderkrankenpfl. N = 110 Fehlend = 45	
	Anzahl	Prozent	Anzahl	Prozent	Anzahl	Prozent
LehrerIn für Pflegeberufe	495	81,1 %	57	90,5 %	46	70,8 %
LehrerIn für Hebammenwesen	10	1,6 %	1	1,6 %	1	1,5 %
MentorIn oder PraxisanleiterIn	19	3,1 %	1	1,6 %	5	7,7 %
PDL und Unterrichtsschwester	65	10,7 %	2	3,2 %	12	18,5 %
PDL	4	0,7 %	1	1,6 %	1	1,5 %
div. päd. Qualifikationen	17	2,8 %	1	1,6 %	0	0 %

Tabelle 3: Pädagogische Qualifizierung

Jahren ein Studium absolvieren wollen, von 69,9 Prozent der Befragten aus dem Bereich der Krankenpflege, von 69,2 Prozent aus dem Bereich der Altenpflege und von 73,8 Prozent aus dem Bereich der Kinderkrankenpflege. Sieht man sich die Hauptgründe für eine Ablehnung eingehender an, zeigt sich ein differenzierteres Bild. Der am häufigsten genannte Grund war, dass die Befragten bereits studiert hatten. Dies trifft auf 333 der 1.226 befragten Personen zu und umfasste 26,3 Prozent der genannten Begründungen. An zweiter Stelle wurde die finanzielle Situation aufgeführt (27 Prozent der Nennungen) und an dritter Stelle fehlende zeitliche Ressourcen mit 24 Prozent (vgl. Tabelle 4).

Berufsbereich: Kranken-, Kinderkranken- und Altenpflege	N (Anzahl der Nennungen)	Prozent
Ich habe bereits studiert.	333	26,3 %
Ich kann es mir finanziell nicht leisten.	342	27,0 %
Ich habe keine Zeit für ein Studium.	304	24,0 %
Ich habe kein Interesse an einem Studium.	40	3,2 %
Ein Studium ist für mich zu schwierig.	16	1,3 %
Ich bin zu alt für ein Studium.	232	18,3 %
Gesamt (Mehrfachantworten möglich)	*1.267*	*100,0 %*

Anmerkung: N (gesamt) = 1.226; N (gültig) = 810 (66,1 %); N (fehlend) = 416 (33,9 %)

Tabelle 4: Gründe für die Nichtaufnahme eines Studiums im Berufsbereich Pflege

Bei genauerer Analyse verdeutlicht sich, dass nur 3,2 Prozent der Begründungen auf ein fehlendes Studieninteresse der Befragten zurückzuführen ist. Die wesentlichen Hinderungsgründe für die Aufnahme eines Studiums liegen entweder im Bereich der eigenen Biografie oder in den mit einem Studium antizipierten Anforderungen und benötigten Ressourcen.

Betrachtet man die Gruppe derjenigen, die ein Studium aufnehmen wollen, näher, zeigt sich, dass aus dem Bereich der Krankenpflege 210 Personen ein Studium im pädagogischen Bereich aufnehmen möchten, aus dem Bereich der Altenpflege sind dies 25 Befragte und aus dem Bereich der Kinderkrankenpflege 24 Befragte. Ein fachwissenschaftliches Studium streben 67 Personen aus dem Bereich der Krankenpflege, elf aus dem Bereich der Altenpflege und fünf aus dem Bereich der Kinderkrankenpflege an. Bei der Wahl der Studienform würden 76,3 Prozent aus dem Bereich der Krankenpflege ein berufsbegleitendes Studium wählen, im Bereich der Altenpflege sind es 65,4 Prozent und im Bereich der Kinderkrankenpflege 70,8 Prozent. Ein Fernstudium würden 21,7 Prozent aus dem Bereich der Krankenpflege präferieren, aus dem Bereich der Altenpflege 26,9 Prozent und aus dem Bereich der Kinderkrankenpflege 20,8 Prozent. Ein Präsenzstudium stellt nur für zehn Prozent der Befragten ein attraktives Studienangebot dar.

Nach den Problemen gefragt, die sich durch die Aufnahme eines Studiums ergeben könnten, wird als Hauptproblem die fehlende Zeit für Privatleben und Familie genannt und an zweiter Stelle folgen finanzielle Probleme (vgl. Tabelle 5).

Berufsbereich	Antworten	
Plegeberufe	N	Prozent
Zeitmangel	58	13,3 %
zu wenig Zeit für Privatleben/Familie	153	35,1 %
finanzielle Probleme	124	28,4 %
Stress, Belastung	51	11,7 %
Zeitkonflikt mit bisheriger Tätigkeit	50	11,5 %
Gesamt	436	100,0 %

Tabelle 5: Belastungen, die mit der Aufnahme eines Studiums erwartet werden

Unterstützungssysteme sehen die meisten Befragten im familiären Kontext. Betrachtet man den Bereich der finanziellen Unterstützungserwartungen differenzierter, so zeigt sich, dass 43,1 Prozent annehmen, finanzielle Unterstützung von ihrem Partner/Ehemann oder ihrer Familie zu erhalten. 20,8 Prozent der Befragten gehen davon aus, dass sie von ihrem Arbeitgeber finanzielle Unterstützung erfahren, und 14,4 Prozent nehmen an, durch Stiftungen oder öffentliche Stellen (BAFÖG, Stipendium) finanzielle Förderung zu erhalten. 13,6 Prozent würden zur finanziellen Absicherung des Studiums einen Bankkredit aufnehmen.

Im Umgang mit den zeitlichen Belastungen verdeutlicht sich, dass 81,7 Prozent der Befragten aus der Krankenpflege davon ausgehen, für ein Studium von ihrem

Arbeitgeber nicht freigestellt zu werden. Im Bereich der Altenpflege gehen davon achtzig Prozent und im Bereich der Kinderkrankenpflege 88,9 Prozent der Befragten aus.

Die Chancen, die mit einem Studium verbunden sind, werden im Wesentlichen in der Arbeitsplatzsicherung (24,4 Prozent der Nennungen), den höheren Chancen auf dem Arbeitsmarkt (22,5 Prozent), dem beruflichen Aufstieg (16,6 Prozent) und dem Wissenserwerb (10,3 Prozent) gesehen. Hier verdeutlicht sich die in der Erwachsenenbildung häufig anzutreffende extrinsische Motivation, denn es geht den Befragten verständlicherweise um die Wiederherstellung ihrer vertikalen und horizontalen Mobilität.

Auf die Frage, was sie innerhalb eines Studiums gerne lernen möchten, wurden als wesentliche Punkte Unterrichtsmethoden (18,5 Prozent der Nennungen), wissenschaftliches Arbeiten und Forschung (18,2 Prozent), Pädagogik (15,9 Prozent) und Didaktik (15,6 Prozent) genannt.

5. Resümee und Ausblick

Durch die bundesweite Befragung erschließt sich ein deutlicher Bedarf an Studienangeboten im Berufsbereich der Pflege. Hervorzuheben ist, dass die Befragten erhebliche Anstrengungen unternehmen würden, um ein Studium im Bereich der Lehrerbildung zu absolvieren.

Dennoch sollte ein Studienangebot den besonderen beruflichen und privaten Belastungen der Adressatengruppe Rechnung tragen. Diese Forderung ergibt sich vor allem daraus, dass im Berufsbereich Pflege befürchtet wird, dass die Aufnahme eines Studiums mit finanziellen und zeitlichen Belastungen verbunden sein könnte, die zu Belastungen in der Familie und zu Rollenkonflikten führen könnten (vgl. Tabelle 5). Da es sich bei den meisten Befragten um Frauen handelt, die über die beruflichen Anforderungen hinaus in erheblichem Maße durch Familienarbeit gefordert sind, würde die Aufnahme eines Studiums zu einer Dreifachbelastung führen, die in den Evaluationsberichten des Fachbereichs Pflege und Gesundheit nicht selten zu einer deutlichen Verlängerung des Studiums beiträgt (Knigge-Demal, 2005).

Für das Studienangebot gilt es, den umfangreichen beruflich erworbenen Kompetenzen (im Berufsbereich Pflege in der Regel 3.000 Weiterbildungsstunden) Rechnung zu tragen und ein gültiges Anrechnungsverfahren einzusetzen, um doppelte Qualifizierungen auszuschließen. Es ist zu erwarten, dass dies die finanziellen und zeitlichen Studienbelastungen erheblich reduzieren wird. Berufsgruppenübergreifend lassen sich aus den Ergebnissen der Befragung folgende Forderungen an ein bedarfsorientiertes Studienangebot ableiten:

- Reduzierung der Studienbelastungen durch eine Verkürzung der Studiendauer mittels eines gültigen und reliablen Anrechnungsverfahrens;
- Reduzierung der Studienbelastungen durch berufsbegleitende und ortsnahe Studienangebote;

- Reduzierung der finanziellen Belastungen durch eine besondere Form der Förderung (Förderung über BAföG ist in der Regel aufgrund des Lebensalters der Befragten nicht mehr möglich);
- Unterstützung der Selbststudienphasen durch Materialien zum „blended learning".

Daraus leitet sich ab, dass diese Adressatengruppe insbesondere im Berufsbereich der Pflege (bei Beachtung der gesetzlichen Forderung, einen Hochschulabschluss nachweisen zu müssen) ein Studienangebot in Form von Verbundstudiengängen angeboten bekommen sollte, das von verschiedenen Hochschulen gemeinsam konzipiert und an verschiedenen Studienorten parallel angeboten wird. Da ein Großteil der Betroffenen weiblich und zudem stärker familiär eingebunden ist als der Bundesdurchschnitt, sollte sich dieses Studienangebot dadurch auszeichnen, dass Genderkriterien in den Mittelpunkt gestellt werden.

Literatur

Bischoff-Wanner, C. (2007): Die Lehrerbildung in der Pflege im Zeichen von Bologna. In: Pflege & Gesellschaft, Zeitschrift für Pflegewissenschaft, 1/2007, S. 5ff.

Darmann, I. & Wittneben, K. (2000): Gesundheit und Pflege. Ausbildung, Weiterbildung und Lehrerbildung im Umbruch. Bielefeld.

Deutscher Bundestag (2003): Gesetz über die Berufe in der Krankenpflege und zur Änderung anderer Gesetzte. In: Bundesgesetzblatt. Teil I (36). Bonn. S. 1442-1458.

Empfehlung der Deutschen Krankenhausgesellschaft (1989) zur Weiterbildung und Prüfung von Krankenschwestern, Krankenpflegern, Kinderkrankenschwestern und Kinderkrankenpflegern für die Lehrtätigkeit und Leitung an Schulen für Krankenpflegeberufe.

Knigge-Demal, B. (2005): Bericht zur internen Evaluation des Fachbereichs Pflege und Gesundheit im WS 2003/2004. In: Fachhochschule Bielefeld, Fachbereich Pflege und Gesundheit (Hrsg.): Berichte aus Forschung und Lehre. 2005 (17).

Knigge-Demal, B. & Schürmann, M. (2008): Anrechnung von beruflich erworbenen Kompetenzen in den Pflegeberufen auf den Bachelorstudiengang Pflege und Gesundheit der Fachhochschule Bielefeld. In: Freitag, W. (Hrsg.) (2008): Neue Bildungswege in die Hochschule für Gesundheits- und Sozialberufe. Bielefeld: Walter Bertelsmann Verlag.

Reiber, K. (2005): Zwischen demografischem Wandel und Bologna-Prozess – Aktuelle Herausforderungen der Lehrer/innen-Bildung für Berufe personenorientierter Fachrichtungen. Vortrag auf der Frühjahrstagung der Sektion Berufs- und Wirtschaftspädagogik in der Deutschen Gesellschaft für Erziehungswissenschaften. Stuttgart.

Reiber, K. (2008): Zum Stand der Lehrerbildung – Deutsche Verhältnisse in europäischer Perspektive. In: Bischhoff-Wanner, C. & Reiber, K. (Hrsg.): Lehrerbildung in der Pflege. Standortbestimmung, Perspektiven und Empfehlungen vor dem Hintergrund der Studienreform. Weinheim: Juventa. S. 41-63.

Robert Bosch Stiftung (Hrsg.) (1996): Pflege braucht Eliten. Denkschrift zur Hochschulbildung für Lehr- und Leitungskräfte in der Pflege. Gerlingen: Bleicher.

Robert Bosch Stiftung (Hrsg.) (2000): Pflege neu denken. Zur Zukunft der Pflegeausbildung. Stuttgart: Schattauer.

Statistisches Bundesamt (2007): Datenbankabfrage unter https://www-genesis.destatis.de vom 05.10.2007.

Stöcker, G., (2005): Ausbildung für Pflegeberufe in Deutschland und Berlin. In: Landenberger, M. et al. (Hrsg.): Ausbildung der Pflegeberufe in Europa. Vergleichende Analyse und Vorbilder für eine Weiterentwicklung in Deutschland, Hannover. S. 25-78.

Zeller-Dumke, M. (1999): Pflege und Gesundheitsstudiengänge in Deutschland. Situation, Strukturen und Stellungnahmen. www.pflegestudium.de/aufsatz.htm (Online-Zugriff am 18.09.2008).

Christian Plattner

Anrechnung und akademische Weiterbildung in der Logistik

1. „Change" – oder doch nur neuer Wein in alten Schläuchen?

Logistik, logistische Prozesse sind Begrifflichkeiten, die längst ihren Weg aus der Fachwelt in den allgemeinen Sprachgebrauch gefunden haben. Trotz dieser allgemeinen Verständlichkeit kommt leicht der Verdacht auf, dass alle, die über Logistik und „Forwarding" sprechen, eine annähernd vergleichbare Vorstellung vom Gesagten haben. Dieses darf infrage gestellt werden, allenfalls gibt es eine Vorstellung vom augenblicklichen Zustand der Logistik, und allenfalls haben die Akteure eine vage Ahnung, was uns die logistische Zukunft an Herausforderungen noch beschert. Um Logistik in ihrer Komplexität zu verstehen, so scheint es, benötigt man den „Tausendsassa".

Die Wirtschaftsakteure setzen sich mit den Herausforderungen sehr intensiv auseinander, wobei eine der vielen Diskussionen über die Bildungsökonomie an der Schnittstelle zwischen Unternehmen und Bildungsinstitutionen geführt wird. Hierbei kommt die Frage auf, ob es dem Zweck dienlich erscheint, Bereiche der beruflichen Bildung in der akademischen Ausbildung anzuerkennen. Die Frage ist sicherlich nicht neu, erfährt aber unter KArLos[1], als wissenschaftliches Projekt, eine sorgfältige und in der Breite angelegte Prüfung.

Wir, die Unternehmen, beteiligen uns bereitwillig an den Diskussionen, weil wir davon überzeugt sind, dass 1.) unsere Erkenntnisse aus dem realen Markt zwingend in Bildungsfragen berücksichtigt werden müssen, 2.) wir uns Antworten auf die Herausforderungen einer sich im starken Wandel befindlichen Arbeitswelt erhoffen und 3.) wir uns in der Umsetzung eine Stärkung unserer Wettbewerbssituation wünschen.

2. Bestandsaufnahme

Die Kraft der Logistik im Waren- und Informationssystem ist ohne Unterschied von ökonomisch orientierten Organisationen und Non-Profit-Organisationen erkannt und ins Top-Management gehoben worden. Meine These: Organisationen haben nur dann eine Überlebenschance, wenn sie ihre logistischen Prozesse zu beherrschen verstehen und effizient bei hoher Qualitätsperformance arbeiten.

---

1 KArLos RheinRuhr – Berufliche Kompetenzen zur Anrechnung auf Logistikstudiengänge in der Region RheinRuhr, siehe http://www.msm.uni-due.de/index.php?id=3307.

Die heute schon hohen Ansprüche werden sich ohne Frage im rasanten Tempo weiterentwickeln, und jedes Unternehmen, jede Organisation, die den Marktanforderungen nicht schnell genug nachkommt, wird sich mittelfristig als nennenswerter Akteur vom Markt verabschieden. Als Beleg dieser These sehen wir die zum Teil atemberaubenden Anstrengungen, die unternommen werden, um an Marktpräsenz nicht zu verlieren. Beispielsweise sehen wir, wie gewaltige Investitionen zum Aufbau funktionierender Netze getätigt werden. So vermuten Großkonzerne („Global Player") in ihren Logistikabläufen ein gewaltiges Einsparpotenzial, das sie abschöpfen wollen und müssen, um wettbewerbsfähig zu bleiben.

Eine gute Wegstrecke haben wir in Zentraleuropa im Verständnis logistischer Prozesse bereits zurückgelegt. Wir haben im internationalen Vergleich eine gute Erstausbildung und verfügen über international anerkannte Fakultäten, die fachbezogen und interdisziplinär qualifizierte akademische Ausbildung anbieten.

Wenn die Bildungsökonomie jedoch neue Bildungsansätze als Antwort auf künftige Herausforderungen und Aufgaben sieht, dann muss zwingend beantwortet werden, warum die bestehenden Bildungssysteme nicht ausreichen, warum es gute Gründe für eine Anerkennung berufspraktisch erworbener Qualifikationen in der akademischen Ausbildung gibt und wie Anerkennung umgesetzt werden kann. Ohne eine eindeutige Antwort sind Investitionen nicht zu rechtfertigen.

Für die Unternehmen stellt sich zudem die Frage, wo beziehungsweise wer den Bildungsauftrag ausführt. Schaut man sich die Bildungslandschaft an, dann engagieren sich Unternehmen dominant im quartären Bildungssystem, hier umfangreich mit sogenannten funktionalen Qualifikationen, die sich stark an den fachlichen Bedürfnissen der betrieblichen Aufgaben orientieren. Darüber hinaus betreiben sie Weiterbildung auf dem Gebiet der sogenannten extrafunktionalen Qualifikationen. Das Schulungsspektrum, das sich an der Struktur des Unternehmens orientiert, wird immer stärker erweitert. Im Mittelpunkt der Wissensvermittlung stehen aus dem Bereich der Schlüsselqualifikationen Kommunikations- und Präsentationskompetenzen sowie „Soft Skills". Jedoch hat die betriebliche Weiterbildung Grenzen. Abhängig vom Lernniveau und quer laufenden Wissensbereichen, also mit zunehmend interdisziplinärem Anspruch, kommen Betriebe sowohl fachlich wie auch ökonomisch an ihre Grenzen. Betriebliche Bildung ist – sicherlich mit der Einschränkung, an dieser Stelle soziologisch nur holzschnittartig skizzieren zu können – immer nur Mittel zum ökonomischen Zweck. Sie unterliegt dominant dem Wertschöpfungsprozess des Unternehmens und muss immer dann an Bildungsinstitutionen abgegeben werden, wenn sich der wirtschaftliche Input nicht mehr im angemessenen Verhältnis zum Output darstellen lässt.

Insofern erscheint es zwingend, spezifische Bildungsprozesse an Fachhochschulen und Universitäten zu geben. Sie haben über ihre Ressourcen und Curricula die Möglichkeiten, ein im weitesten Sinne Studium Universales innerhalb von Logistikstudiengängen umsetzen zu können. So können Sprachkompetenzen, Elemente der Ingenieurwissenschaften, der Informationstechnologien, der Wirtschaftswissenschaften und der Geisteswissenschaften, ergänzt um berufliche Fachkompetenz und Erfahrungswissen (wie angestrebt), im optimalen Fall diskutiert und gelehrt werden.

In dem angestrebten Modellversuch soll innerhalb der akademischen Ausbildung berufliche Kompetenz Anerkennung finden. Eine Forderung, die auf den ersten Blick keine Kritik hervorrufen kann, denn was kann besser sein, als wenn interdisziplinär zwischen akademischer Bildung und Berufsbildung gelehrt wird? Oder haben wir es doch nur mit einer rhetorischen Frage zu tun?

Auch wenn das deutsche Bildungssystem die Durchlässigkeit des tertiären Bildungssystems in einer offenen Struktur angelegt hat und ihre Umsetzung immer wieder einfordert, so gilt doch festzuhalten, dass die Entwicklung sehr hinter den Erwartungen hinterherhinkt. Der Hinweis mag den Beteiligten des KArLos-Projekts die Bedeutung ihrer Bemühungen noch einmal vor Augen führen.

3. Warum sollten Unternehmen an Durchlässigkeit und Anrechnung berufsbezogener Wissensbereiche innerhalb einer akademischen Bildung interessiert sein?

Der Benefit für die Unternehmen sind gut ausgebildete Absolventen in ausreichender Zahl. Soweit verständlich. Schnell ist die These aufgestellt, dass Unternehmen über den heutigen Bedarf hinaus Mitarbeiter mit hoch angelegtem Qualifizierungsniveau benötigen. Warum reichten dann nicht die Absolventen aus dem Status quo, also die Absolventen der dualen Ausbildung und der Fach- und Hochschulen aus? Werfen wir hierzu einen kurzen Blick auf die wirtschaftlichen Veränderungen, wie wir sie im Waren- und Informationskreislauf antreffen, und lösen wir uns bei dieser Betrachtung von geografischen, politischen und kulturellen Grenzen, denken wir also global.

Global, ohne irgendwelche Grenzen, muss es denn immer gleich so omnipotent sein? Kann es nicht auch ein bisschen kleiner sein? Es gibt doch nicht nur Konzerne. Wo bleiben die Mittelständler und die Unternehmen in der Nische?

Ohne die Zulässigkeit der Frage im Grundsatz in Zweifel ziehen zu wollen, aber für die Logistik gilt: Nein, kann es nicht. Weder in der lokalen noch in der regionalen oder nationalen Logistik kann man die Schnittstellen nach außen ausblenden. Internationalität ist keine Frage des Lustprinzips, sie ist einfach da, und wir müssen verstehen, dass unser Handeln in der Mikro- wie in der Makroökonomie in die Weltgemeinschaft eingebettet ist. Allen Kritikern zum Trotz!

In der beruflichen Praxis erfahren wir, dass logistische Aufgaben und Herausforderungen bereits heute eine Komplexität erreicht haben, der nur mit größten Anstrengungen nachzukommen ist. Die Logistik ist kurzen Zyklen, komplexen Netzwerken (Liniendichte, Informationsverarbeitung, Manpower, etc.) sowie der intelligenten Prozessgestaltung von technischen und mitarbeitergeführten Systemen verpflichtet.

Die hier doch sehr abstrakt gehaltenen Begrifflichkeiten müssen ausreichen, um das Aufgabengebiet zu skizzieren. Schlüsselwörter seien ergänzt: Steigende Volumina auf allen Transportrouten, „Global Player" im Welthandel, Verkehrssituationen in Ländern mit schwacher Infrastruktur oder ausgereizte Systeme in stark belasteten Ballungsgebieten, sprunghafter Anstieg der Transport- und Energiekosten. Jeder kennt zig Beispiele, die aufzeigen, dass die Herausforderungen immens sind.

4. Schöne Absichtserklärungen bei fehlender praktischer Akzeptanz

Für jedes Unternehmen, für jeden „Workflow", stellt es einen Bruch in den in wirtschaftlicher Kontinuität angelegten Arbeitsprozessen dar, wenn Leistungsträger das Unternehmen für Bildungsmaßnahmen über einen längeren Zeitraum verlassen. Andererseits spüren Mitarbeiter, die im Arbeitsprozess stehen und bereits über Einkommen verfügen, das Dilemma zwischen einem kontinuierlichen Lebensstandard und der Wichtigkeit von Weiterbildungsmaßnahmen. Jeder kennt die Frage, wie finanziere ich mein gewohntes Leben, wenn eine Bildungsmaßnahme mit reduziertem Einkommen verbunden ist. So jedenfalls stellt sich die Situation dar, wenn Menschen zurück an die Bildungsinstitutionen gehen, um sich weiterzuqualifizieren.

Trotz dieses beidseitigen Dilemmas haben auch viele Unternehmen die Notwendigkeit erkannt, aktiv werden zu müssen. Wir stellen vermehrt fest, dass Unternehmen erhebliche Mittel für Bildungsmaßnahmen in Hochschulen und anderen Bildungseinrichtungen zur Verfügung stellen. Manche eröffnen förderungswürdigen Mitarbeitern befristet die Option, sich in Weiterbildungsmaßnahmen einschreiben zu können. Hierbei handelt es sich jedoch leider noch nicht um eine breit angelegte Bildungsoffensive, sondern die Lernenden stehen zahlenmäßig in einem verschwindend kleinen Verhältnis zu den „normalen" Berufsbiografien. Es ist einfach schwer, aus dem Arbeitsprozess wieder in einen Lernprozess „zurückzukehren".

Auch wenn die Zahl derer, die aus der beruflichen Bildung den Zugang zu den akademischen Bildungsgängen gegangen sind, noch gering ist, so ist das Interesse an einem solchen Weg überaus deutlich zu spüren. Kaum ein Interview mit Bewerbern vergeht, ohne dass der Gesprächspartner die Möglichkeiten der Weiterbildung prüft, genau nachfragt und die Antworten mit in den Korb legt, der letztlich die Entscheidung für oder gegen ein Unternehmen ausmacht. Weiterbildung ist ein Entscheidungsfaktor wie Einkommen, Prestige, Produkt- und Unternehmensidentität, etc. Zusammenfassend kann man sagen, dass sich die Bewerberseite wie die Unternehmen der Bedeutung einer sich wandelnden Bildungslandschaft bewusst sind. Weiterbildung ist eine aktive Form der Arbeitsmarktsicherheit.

Berufsbiografien werden sich zunehmend in ihrer linearen Entwicklung ändern. Bildungsinteressierte müssen sich in ihrem Berufsleben immer häufiger auf Zäsuren einstellen, wollen sie den Know-how-Marktanforderungen gerecht bleiben. Es wird zur Normalität werden (müssen), sich in kürzeren oder längeren Phasen Weiterbildungsmaßnahmen zu widmen. Die Struktur von Arbeit wird sich parallel dazu verändern (müssen); das gewerkschaftliche „Modell der Seniorität" kann kein Modell der Zukunft sein – zu simpel, zu unflexibel, wenig intelligent. Für Berufstätige muss der Zugang zu aktuellem Wissen zugänglich sein und kann nicht in Abhängigkeit vom Alter stehen. Insofern werden Berufstätige, unabhängig ihres Alters und ihrer Berufsjahre, immer stärker darauf angewiesen sein, sich für Fach- und Hochschulen zu öffnen, wie Fach- und Hochschulen sich diesem Kreis jenseits von romantischen Seniorenuniversitäten öffnen müssen.

Vor dem Hintergrund scheint es konsequent, dass Unternehmen und Mitarbeiter ein Interesse daran haben, Berufserfahrung und Berufswissen den Zugang zu universitären Ausbildungsgängen zu ermöglichen. Das ökonomische Ziel ist für Unternehmen wie Mitarbeiter identisch: Bestehen im Wettbewerb. Unternehmen brauchen Fachleute. Heute schon als Mangelware ausgemacht, mit einer Tendenz, die diesen Zustand künftig noch zu verstärken scheint. Fachleute sind als Leistungsträger zu identifizieren und immer dort einzusetzen, wo Leistungspotenzial benötigt wird. Das Wie und Wo, da komme ich auf das eingangs Gesagte zurück, kennt keine Grenzen. Mitarbeiter mit beruflichem Fach- und Erfahrungswissen sowie mit wissenschaftlichen Qualifikationen werden mit darüber entscheiden, ob der Standort Zentraleuropa weiterhin international wettbewerbsfähig bleibt und als Lern- und Arbeitsort Anerkennung findet.

5. Zusammenfassung

Die vielen Diskussionsbeiträge zeigen, dass Bildungsinstitutionen, Unternehmen und die Menschen erkannt haben, dass die traditionellen Marktmechanismen, Bildungs- und Arbeitswege nicht mehr ausreichen. Den meisten Beteiligten ist bewusst, dass unser Leben eingebunden ist in eine „Global Community", eingeschlossen aller Ungleichheiten. Aber wirtschaftliche Prosperität in Asien hat gleichermaßen Auswirkungen auf unser privates Leben wie eine sich abzeichnende Stagnation in Nordamerika. Wir sind international vernetzt.

Nur wer sich der Mechanismen bewusst ist, eröffnet sich Optionen, hierauf Antworten zu finden und Reaktionsmuster zu entwickeln. KArLos ist ein lohnenswerter Versuch, tradierte Bildungswege weiter aufzuschließen. Die Anerkennung beruflicher Bildung innerhalb wissenschaftlicher Qualifizierung birgt einen wünschenswerten qualitativen Ansatz, wo Berufswissen und Erfahrungswissen aus beruflichen Prozessen die Qualität der wissenschaftlichen Ausbildung verbessern kann. Wenn wir über vergleichende Gestaltung von kaufmännischen Arbeitsprozessen in Asien, Europa und Nordamerika diskutieren, kann die Berufsbildung mit ihrem Erfahrungswissen einen Wissensvorsprung darstellen.

Ein offener Hochschulzugang sowie die Anerkennung beruflichen Wissens birgt einen quantitativen Ansatz in sich. Wenn einerseits bereits heute ein bestehender Fachkräftemangel diagnostiziert werden muss, eröffnet sich über die bei KArLos diskutierten Ansätze der Weg für Bildungsinteressierte aus der Berufsbildung. Unter Würdigung der Lebensumstände dieser Menschen kann zusätzliches gut ausgebildetes Personal am Arbeitsmarkt rekrutiert werden. Über die effektiven Bewerber für einen solchen Bildungsgang werden ganz erheblich die Rahmenbedingungen entscheiden. Zeigen sich Betriebe grundsätzlich offen, werden Finanzierungsmöglichkeiten angeboten und gelingt den Fach- und Hochschulen die Integration, können die Bewerberzahlen steigen. Es wäre fatal, würde man die Bemühungen scheuen, diesen Weg ernsthaft zu prüfen.

Die nur kurz angesprochene Ungleichheit, beispielsweise das Hochlohnniveau in Zentraleuropa und die immer wieder erwähnte internationale Wettbewerbsfähigkeit, macht das Dilemma deutlich. Unternehmen, die in der Logistik langfristig überleben wollen, werden daher ihre technischen Systeme und ihren Manpowereinsatz einem kontinuierlichen Controlling unterwerfen müssen. Mitarbeiter werden im „Workflow“ und an Schnittstellen mit höherer operativer und personeller Verantwortung arbeiten. Um weiterhin attraktive Tätigkeitsfelder im Wettbewerb besetzen zu können, gibt es nur einen Weg: Bildung.

Inge Bergmann-Tyacke, Barbara Knigge-Demal und Mirko Schürmann

Bedeutung eines Netzwerkes für die Nachhaltigkeit von Anrechnungsprojekten am Beispiel des Projekts „ANKOM Pflegeberufe“

1. Das Projekt „ANKOM Pflegeberufe“

Das am Fachbereich Pflege und Gesundheit der Fachhochschule Bielefeld angesiedelte Projekt (Laufzeit September 2005 bis Juni 2008), eine Kooperation zwischen Trägern der Weiterbildung und der Fachhochschule, fokussiert die Anrechnung von Leitungsweiterbildungen für Berufsangehörige der Altenpflege, der Gesundheits- und Kinderkrankenpflege und der Gesundheits- und Krankenpflege auf den Bachelorstudiengang Pflege und Gesundheit. Ergebnis der Arbeit ist zum einen die Entwicklung eines Anrechnungsverfahrens, zum anderen wurden für die an dem Projektverbund beteiligten Weiterbildungen Lernergebnisäquivalenzen ermittelt, die – entsprechend der unterschiedlichen Weiterbildungen – zwischen dreizehn und 55 Credits des Studiengangs entsprechen. Es wird angestrebt, das Verfahren so zu generalisieren, dass auch andere Weiterbildungseinrichtungen in das pauschale Anrechnungsverfahren mit einbezogen werden können.

2. Das ANKOM-Netzwerk zur Förderung von Durchlässigkeit und Anrechnung in der Pflegebildung

Bei der weiteren Umsetzung von Durchlässigkeit und Anrechnung erweitert sich das Feld der Akteure über den Projektverbund hinaus. Das Aktionsfeld umfasst nicht mehr nur den Fachbereich/die Fachhochschule, die Weiterbildungseinrichtung und die Studierenden. Die Implementierung stößt an rechtliche und an kulturelle Barrieren. So schaffen zum Beispiel unterschiedliche landesrechtliche Hochschulregelungen unterschiedliche Rahmenbedingungen für Anrechnung in Deutschland. Nicht nur Prüfungsordnungen in beteiligten Hochschulen und Weiterbildungseinrichtungen müssen angepasst werden, sondern ein neues Denken in der (Bildungs-) Gesellschaft ist gefordert. Das Augenmerk soll nicht mehr in erster Linie auf die formale Qualifikation, sondern auf die tatsächliche Kompetenz der Person gerichtet sein. Für das Lehren und Lernen bedeutet das, nicht mehr den „Input“ in den Mittelpunkt zu stellen, sondern Lehren und Lernen „outcome“orientiert zu gestalten. Da diese Ebenen durch die Projektarbeit nur zum Teil beeinflusst werden können und sich nur langsam verändern, bietet das Netzwerk interessierten Akteuren die Möglichkeit, an ihren jeweiligen Institutionen und in ihren eigenen Netzwerken den Durchlässigkeits- und Anrechnungsgedanken zu verbreiten und konkrete Schritte zur Förderung und Verstetigung vor Ort zu leisten.

Das ANKOM-Netzwerk hat sich im Rahmen des Projektworkshops „Diskurs zur Verstetigung“ konstituiert. In der Reflexion der jeweiligen Interessenlagen und Zielsetzungen in Bezug auf Durchlässigkeit und Anrechnung ergaben sich drei

Netzwerk-Arbeitsgruppen: die AG Bildungs- und Karriereberatung, die AG Hochschulübergreifende Aktivitäten und die AG Öffentlichkeitsarbeit.

3. Fazit

Das Netzwerk zeichnet sich dadurch aus, dass es viele Mitglieder hat, die sich alle dem Ziel der Förderung von Durchlässigkeit und Anrechnung verschrieben haben, dies aber auf unterschiedlichste Weisen verfolgen. Dabei können im jeweils eigenen Wirkungskreis anfallende Medien genutzt und Themen bearbeitet werden sowie weitere wichtige Akteure mit einbezogen werden. Der „kurze Weg“ der Selbstverpflichtung – die meisten Partner haben sich per Absichtserklärung zur Netzwerkarbeit verpflichtet – ermöglicht es den Partnern, sich mit ihren jeweils eigenen Interessen und Schwerpunkten und mit dem ihnen angemessenen Aufwand in die Netzwerkarbeit einzubringen. Das im Projekt initiierte Verfahren und die durch die Implementierung tangierten Aspekte können vor Ort identifiziert und sofort bearbeitet oder zumindest angezeigt werden. Außerdem besteht durch die Vernetzung eine gute Grundlage für die Kontaktaufnahme und -pflege. Das Interesse in Fachkreisen wächst, und neue Interessenten bewerben sich mit großem Engagement um die Mitarbeit. Gleichermaßen besteht so eine gute Möglichkeit, auf das wachsende Interesse der Fachöffentlichkeit mit Offenheit reagieren zu können und weitere Interessenten in das Netzwerk integrieren zu können.

Eckhard Ficker

Anrechnung beruflicher Kompetenzen aus Sicht der betrieblichen Weiterbildung

1. Unternehmensprofil SMA Solar Technology AG

Die SMA Solar Technology AG mit Unternehmenssitz in Niestetal/Deutschland und acht internationalen Niederlassungen auf vier Kontinenten entwickelt, produziert und vertreibt Solarwechselrichter, eine zentrale Komponente jeder Solarstromanlage. Die SMA Gruppe beschäftigt derzeit rund 2.700 Mitarbeiter (inklusive Zeitarbeitnehmer, Auszubildende, Praktikanten und Diplomanden) und erzielte 2007 einen Umsatz von rund 327 Millionen Euro.

Eine Photovoltaikanlage ist nur so gut wie ihr Solarwechselrichter. Er wandelt den von Solarmodulen erzeugten Gleichstrom (DC) in netzkonformen Wechselstrom (AC) um. Intelligente Systemtechnik spielt dabei eine immer größere Rolle, denn die mikroprozessorgesteuerten Solarwechselrichter stellen die Netzintegration der Solaranlage sicher und überwachen die Anlagenfunktion. Die SMA Solar Technology AG verfügt insbesondere über das systemtechnische Know-how, um die wirtschaftliche Nutzung der Solartechnik in energiewirtschaftlich relevanten Größenordnungen sicherzustellen.

Das Unternehmen kann sowohl für netzgekoppelte Solaranlagen als auch für die Inselstromversorgung technologisch führende Solarawechselrichter anbieten – unabhängig vom Solarmodultyp und der Anlagenleistungsgröße. Im Bereich der dezentralen und erneuerbaren Energieversorgungstechnik setzt SMA seit mehr als 25 Jahren neue Industriestandards und hat die Entwicklung der Solartechnologie maßgeblich mitgestaltet. So hat SMA mit einem Wirkungsgrad von 98 Prozent eine neue Bestmarke für Solarwechselrichter gesetzt. Auch unabhängige Verbraucherinstitutionen bescheinigen den SMA-Produkten regelmäßig Bestnoten: Die Stiftung Warentest hat in beiden von ihr durchgeführten Tests die patentierten Solarwechselrichter der Marke Sunny Boy jeweils als Testsieger ausgezeichnet. Durch die umfangreichen Erfahrungen mit netzgekoppelten Photovoltaiksystemen hat SMA auch den Zugang zu Schlüsseltechnologien der Zukunft gewonnen: Der Sunny Island-Wechselrichter macht eine Energieversorgung in entlegenen und netzfernen Gebieten möglich. Mit der Kombination aus Photovoltaikanlage und Sunny Island-Wechselrichter könnte ein Großteil der rund zwei Milliarden Menschen, der heute ohne Strom auskommen muss, mit elektrischer Energie versorgt werden.

Die SMA Solar Technology AG wurde 1981 von Günther Cramer (Vorstandssprecher), Peter Drews (Operatives Geschäft) und Reiner Wettlaufer (Finanzen) in Kassel gegründet. Pierre-Pascal Urbon (Marketing & Vertrieb) ergänzt seit 2006 als viertes Mitglied das Vorstandsteam. Das SMA-Management steht für eine außergewöhnliche Unternehmenskultur, die Mitarbeiter zu Mit-Unternehmern macht: Es beteiligt die Mitarbeiter an den Informations- und Entscheidungsprozessen und schüttet einen Teil des Ertrags an sie aus. Nicht zuletzt deshalb wurde die SMA Solar Technology AG mehrfach für ihre herausragenden Leistungen als Arbeitgeber ausgezeichnet.

2. Betriebliche Weiterbildung bei SMA

Das Wissen und die Motivation der Mitarbeiter bestimmen den Erfolg des Unternehmens. Daher investiert SMA intensiv in Weiterbildung: Jeder Mitarbeiter soll sich mindestens fünf Tage im Jahr fort- und weiterbilden. Über die Einsteigerprogramme für neue Mitarbeiter, Kommunikationstrainings, externe und interne fachspezifische Seminare und Coachings bietet SMA jedem Mitarbeiter auf den Unternehmensbedarf zugeschnittene Seminare, Foren und Workshops. Bei SMA ist es möglich, Sprachtrainings, IT-Kurse, Technikerschulungen oder spezielle Kommunikationsseminare für Führungskräfte zu besuchen.

Für dieses Engagement wurde SMA beim Wettbewerb „Great Place to Work" sogar zweifach ausgezeichnet: als einer der besten Arbeitgeber Europas mit dem Sonderpreis für „Lebenslanges Lernen".

Als Hersteller von Hochtechnologie spielt die Weiterbildung von Ingenieuren und Facharbeitern eine wichtige Rolle, nur so können das Wissen und die damit verbundene Innovationskraft aufrechterhalten werden.

3. Anrechnung beruflicher Kompetenzen für die akademische Weiterbildung

SMA unterstützt auch langfristige berufliche Weiterbildung, zum Beispiel die Ausbildung zum Industriemeister, die Technikerausbildung und auch die akademische Weiterbildung. Ein Beispiel ist die Förderung des Studiums im Praxisverbund. Dabei ist es möglich ein Hochschulstudium und eine berufliche Ausbildung parallel bei SMA zu absolvieren.

Mitarbeiter, die ein Studium beginnen möchten, sehen sich jedoch häufig in der Situation, neben dem Studium weiterhin beruflich tätig sein zu wollen beziehungsweise aufgrund der finanziellen Absicherung zu müssen. Daher bleibt vielfach nur der Weg zu Anbietern, die das Studium neben dem Beruf ermöglichen. Der naheliegende Weg an die Hochschulen ist nicht immer möglich und sinnvoll.

Das Studienangebot an den Hochschulen ist häufig nicht an das beruflich erworbene Wissen angepasst, so das zeitaufwändiges und unnötiges Doppellernen stattfinden würde.

Mitarbeiter, die schon ihre Ausbildung absolviert und einige Jahre Berufserfahrung in ihrem Bereich gesammelt haben, bringen einen großen Erfahrungsschatz aus ihrer Tätigkeit mit. In der Gestaltung der Studienmöglichkeiten finden sich diese beruflichen Kompetenzen und Erfahrungen nur in geringem Maße wieder. Vielmehr sind die Angebote klassisch auf Berufsanfänger zugeschnitten.

Mitarbeiter mit Berufserfahrung sollten die Möglichkeit haben, zum Beispiel in ein höheres Semester einzusteigen, da sie die Grundlagen für ihr Studium in der Regel schon im beruflichen Alltag erworben haben. Ebenso sollte die Chance bestehen, sich Teilbereiche, zum Beispiel bestimmte Inhalte und Seminare, anerkennen zu lassen. Möglichkeiten, diese beruflich erworbenen Kompetenzen durch die Hochschulen anerkennen zu lassen, sind nicht oder nur selten gegeben. Verfahren zur Anerkennung von beruflich erworbenen Kompetenzen würden Doppellernen verhindern und gleichzeitig das richtige Einstiegsniveau in das Studium sichern.

Ein weiterer Grund für den Ausschluss der Hochschulen ist die Unvereinbarkeit von Teilnahme am Hochschulunterricht und Arbeitszeiten der Berufstätigen. Die Hochschulen haben traditionell ihren Fokus auf den „Vollzeitstudierenden" gelegt, mit entsprechender zeitlicher Verfügbarkeit. Gemäß dem Wunsch vieler Mitarbeiter findet berufliche Weiterbildung im hohen Maße in den Abendstunden und komprimiert am Wochenende statt. Nur auf diese Weise ist es möglich, berufstätig zu bleiben und ein Studium aufzunehmen.

Letztendlich scheitern die hochschulischen Weiterbildungschancen aber schon an den undurchsichtigen Zulassungsbeschränkungen der Hochschulen. Für Mitarbeiter mit langjähriger Berufserfahrung ohne formalen Fach- beziehungsweise Hochschulzugang ist der Zugang zu akademischer Weiterbildung kaum zu durchblicken.

4. Anrechnung und Fachkräftemangel

Vor dem Hintergrund des drohenden beziehungsweise in einigen Bereichen bereits bestehenden Fachkräftemangels können Anrechnung und Durchlässigkeit als Chance betrachtet werden, diesem Mangel zu begegnen. Die demografische Entwicklung gibt Anlass zur Sorge, zukünftig den Bedarf an gut ausgebildeten Mitarbeitern nicht mehr ausreichend abdecken zu können. Trotz umfangreicher Maßnahmen, zum Beispiel gezieltes Personalmarketing an den Hochschulen, ist es schon jetzt nicht immer leicht, Mitarbeiter mit der entsprechenden Qualifikation auf dem Bewerbermarkt zu finden. Dabei wird deutlich: Je höher die berufliche Qualifikation eines Bewerbers ausfallen sollte oder je spezieller die geforderten Kenntnisse, desto schwieriger ist die Besetzung einer freien Stelle. Gerade im Ingenieurbereich eines Hochtechnologieunternehmens zeigt sich diese Problematik immer deutlicher.

Vor dem Hintergrund der weiteren demografischen Entwicklung werden immer häufiger Stellenbesetzungen mit Bewerbern ohne optimale Qualifikation erfolgen. Im Anschluss an diese Stellenbesetzung wird es zwangsweise die betriebliche Aufgabe, den neuen Mitarbeiter weiterzuqualifizieren, da nur mit sehr gut ausgebildetem Personal die Innovations- und Entwicklungspotenziale aufrechterhalten werden können.

Anrechung von beruflichen Kompetenzen erschließt die Möglichkeit, Mitarbeiter auf akademischen Niveau weiterzubilden.

5. Fazit

Aus Sicht der SMA Solar Technology AG sollten die Bildungssysteme in Deutschland mehr Durchlässigkeit zulassen. Durchlässigkeit und Anrechung sind Chancen, dem drohenden und teilweise deutlich spürbaren Fachkräftemangel entgegenzuwirken. Zusätzlich wird die langfristige Sicherung der Innovationskraft in Hochtechnologieunternehmen dauerhaft unterstützt.

Notwendig sind dazu attraktive Studiengänge für beruflich qualifizierte Mitarbeiter. Ebenso sollte ein Anrechnungssystem in den Hochschulen installiert werden, damit an der Hochschule keine inhaltlich entbehrlichen Veranstaltungen belegt werden müssen.

Werner Altmann und Claudia Loroff

Ständige Weiterbildung als Teil der Unternehmensphilosophie – aus der Sicht eines mittelständischen Softwareunternehmens

Dr. Werner Altmann ist Geschäftsführer eines mittelständischen Unternehmens im Bereich der Softwareindustrie. Außerdem ist er Mitglied im Präsidium der Gesellschaft für Informatik (GI) und kümmert sich dort in seiner Rolle als Sprecher des Beirats für IT-Weiterbildung um eben dieses Thema. Im Rahmen eines Interviews stellt er das Thema Anrechnung und wissenschaftliche Weiterbildung aus Sicht des Unternehmers dar.

Welche Relevanz hat Weiterbildung, hier vor allem wissenschaftliche Weiterbildung (also zum Beispiel durch ein Hochschulstudium), für Ihr Unternehmen? Auf was für Know-how kommt es an, damit Sie sich als mittelständisches Unternehmen auf dem Markt durchsetzen können?
Das Thema Weiterbildung spielt bei Kölsch & Altmann (K&A) eine außerordentlich große Rolle. Das Unternehmen bietet Dienstleistungen im Bereich der Softwaretechnologie an – ein Bereich mit hohem Konkurrenz- und Innovationsdruck. Um sich auf dem Markt erfolgreich gegenüber anderen Anbietern behaupten zu können, müssen wir stets über „state-of-the-Art"-Know-how verfügen. Diesen Anspruch aufrechtzuerhalten, ist auch gleichzeitig das Unternehmenskonzept. Dies kann nur über ständige und nachhaltige Weiterbildung realisiert werden – entsprechend gehört ständige und nachhaltige Weiterbildung ebenfalls zur Unternehmensphilosophie. Zwar sind im Unternehmen fast nur Hochschulabsolventinnen und -absolventen beschäftigt, dennoch ist der Aspekt der Wissenschaftlichkeit des nötigen Know-hows, das das Unternehmen braucht, eher untergeordnet. Vielmehr sind die Charakteristika „state-of-the-art", „praktische Relevanz" und „in der Softwareindustrie nachgefragt" entscheidend.

Welche Bedingungen müssen erfüllt sein, damit wissenschaftliche Weiterbildung für Ihr Unternehmen attraktiv wäre?
K&A-Beschäftigte ein „komplettes" Studium, sei es nun mit oder ohne Anrechnung, im Nachhinein absolvieren zu lassen, ist für mich aus der Perspektive des Unternehmers weniger interessant. Ich benötige für meine Mitarbeiter und Mitarbeiterinnen Informationen und Know-how zu in der Unternehmenspraxis nachgefragten neuen Technologien. Hier sehe ich den Schnittpunkt zur Forschung. Dabei geht es mir nicht um die Forschung an sich, aber um das neue Wissen, das hier generiert wird, und das ich dann für die Praxis nutzen kann. Hier könnte ich mir vorstellen, dass meine Mitarbeiter und Mitarbeiterinnen sich in speziellen Mo-

dulen weiterqualifizieren – ein ganzes Studium braucht es aus Perspektive des Unternehmers dann aber nicht.

Aus Sicht der Beschäftigten ist das möglicherweise etwas anderes. Zwar haben außer dem Verwaltungspersonal und unserem Systemverwalter fast alle einen Abschluss als Diplom-Informatiker beziehungsweise einen damit vergleichbaren Abschluss, ich könnte mir aber vorstellen, dass es für diese Mitarbeiter und Mitarbeiterinnen interessant sein könnte, zum Beispiel einen zusätzlichen Master in einem bestimmten Spezialgebiet zu erwerben.

Ich fände es gut, wenn Module, die an Hochschulen gelehrt werden, auch externen IT-Fachkräften als Weiterbildungsmodul zugänglich gemacht werden. So ergibt sich beispielsweise die Notwendigkeit, dass ich einen Mitarbeiter in einem bestimmten Spezialgebiet weiterbilden muss, da ich dort perspektivisch einen personellen Engpass habe oder ich dieses Spezialgebiet als Zukunftsthema einschätze. Wenn ich nun wüsste, dass eine ortsnahe Hochschule ein entsprechendes Weiterbildungsmodul für Studierende anbietet, würde ich mir wünschen, dass diese Hochschule ein entsprechendes Angebot in ihrem Repertoire hätte, das mir erlaubt, den Besuch dieses Moduls für meine Mitarbeiter und Mitarbeiterinnen zu buchen.

Interessant wäre solch ein Angebot vor allem auch dann, wenn Beschäftigte sich in eine inhaltlich neue Domäne, ein Spezialgebiet einarbeiten müssen, zum Beispiel der Wechsel von C-Programmierung im „Embedded“ Bereich zu Java-Programmierung im Anwendungsbereich, von „Embedded“ Systemen im Bereich Automotive zu Businesssystemen im Bankenbereich (oder auch jeweils umgekehrt) – die Möglichkeiten sind vielfältig. Was ich damit meine, möchte ich an einem einfachen Beispiel deutlich machen: Vielleicht ist die Person, die ich weiterbilden möchte, exzellent in der Entwicklung von Java-basierten Anwendungssystemen. Nun muss ich sie aber in einem Bereich einsetzen, in dem C-Programmierung für „Embedded“ Systeme gefordert ist. Wie Softwareentwicklung und Programmierung an sich funktionieren, weiß die Person, und die Unterschiede zwischen Java und C kennt sie auch. Sie wird sich deshalb relativ schnell einarbeiten können. Nur um dann „gut“ oder gar „exzellent“ in der Anwendung zu werden, braucht es einige Jahre Erfahrung. Ich könnte mir gut vorstellen, dass man durch spezifische Weiterbildungsangebote diesen Zeitraum verkürzen könnte. Gerade im Bereich thematischer Spezialgebiete (zum Beispiel der Wechsel von der Entwicklung von Softwarelösungen für Anwendungen im Automotive-Bereich zu Anwendungen im Bankenbereich oder umgekehrt) sehe ich Möglichkeiten für Hochschulen, solche Weiterbildung entsprechend der Forschungsschwerpunkte von Fachbereichen anzubieten.

Ich habe nun Situationen beschrieben, in denen wissenschaftliche Weiterbildung für mein Unternehmen interessant sein könnte. Es gibt noch weitere Bedingungen, die erfüllt sein müssen, damit wissenschaftliche Weiterbildung für das Unternehmen und auch aus Perspektive der Mitarbeiter und Mitarbeiterinnen als Weiterbildungsform attraktiv ist:

- Die wissenschaftliche Weiterbildung muss „state-of-the-art“-Know-how vermitteln und in der Softwareindustrie „nachgefragt“ sein.

- Sie muss in Blöcken von zwei bis drei Tagen angeboten werden. Das lässt sich kaum mit klassischen Studienangeboten vereinbaren – exklusive Angebote für Nachfragende aus der Industrie werden unumgänglich sein. Ich kann meine Mitarbeiter nicht jede Woche einen halben Tag an die Hochschule schicken – das geht logistisch schon gar nicht. Meine Kunden sind über das ganze Bundesgebiet verteilt und die Mitarbeiter und Mitarbeiterinnen bleiben dann oft einige Zeit vor Ort. Der Reise- und Zeitaufwand wäre viel zu hoch. Was ich aber machen kann, ist, einem Kunden einen Mitarbeiter oder eine Mitarbeiterin statt zu hundert Prozent nur zu achtzig Prozent zum Einsatz zur Verfügung zu stellen und dieser Person für die zwanzig Prozent ihrer verbleibenden Arbeitszeit eine Weiterbildung ermöglichen. Diese müsste dann aber in Blöcken – wie oben beschrieben – angeboten werden.
- Angebote wissenschaftlicher Weiterbildung müssen gegenüber Angeboten bestehender Weiterbildungsinstitute oder gegenüber dem Erwerb etablierter Herstellerzertifikate in ihrem Preis-Leistungsverhältnis überzeugen. Die Qualität muss stimmen. Dazu gehört auch die Überwindung des Vorurteils, dass Hochschulen, insbesondere Universitäten, wenig praxisorientiert und zu theoretisch sind. Das soll heißen, die Angebote der Hochschulen müssen den entsprechenden Nachweis liefern.
- Meist sind es nicht die Gebühren, die eine Weiterbildung teuer machen, sondern die Zeit, die der Mitarbeiter/die Mitarbeiterin für das Unternehmen nicht zur Verfügung steht. Weiterbildung muss so organisiert sein, dass es nicht zum Ausfall der Mitarbeiter und Mitarbeiterinnen in Kundenprojekten kommt.
- Die Unternehmensgröße spielt beim Thema Weiterbildung keine entscheidende Rolle. Vielmehr steht der Anspruch eines Unternehmens im Mittelpunkt, ob es nun im Bereich der Softwaretechnologie „an der Front" agieren möchte oder ob es darum geht, die Mitarbeiter und Mitarbeiterinnen auszuzehren und mit dem Vorhandenen Know-how so viel Geld wie möglich zu verdienen, ohne in das Personal zu investieren. Meiner Meinung nach ist kontinuierliche Weiterbildung der Beschäftigten nötig, denn nach spätestens drei Jahren ist das IT-Wissen veraltet und nicht mehr zukunftsträchtig!
- Da die Weiterbildung sowohl der Firma als auch den Beschäftigten („Marktwerterhaltung") dient, teile ich mir gerne die Kosten (Arbeitszeit und Geld) mit den Mitarbeitern und Mitarbeiterinnen. K&A gibt übrigens jährlich im Durchschnitt drei bis vier Prozent des Umsatzes für Aus- und Weiterbildung aus. Das sind etwa 150.000 Euro pro Jahr!

Im Übrigen achten die Mitarbeiter und Mitarbeiterinnen in der IT-Branche insgesamt sehr darauf, ihren „Marktwert" zu erhalten. Ich schätze ihre Motivation, wissenschaftliche Weiterbildung zu nutzen, wenn sie die oben genannten Bedingungen erfüllt, als sehr hoch ein. Außerdem habe ich als Geschäftsführer natürlich auch einen Anteil daran, dass sich mein Personal ständig weiterbildet. Ich thematisiere das immer wieder in Gesprächen, nutze auch die Stellschrauben, die mir zur Verfügung stehen, und binde meine Mitarbeiter und Mitarbeiterinnen einfach in

Weiterbildungen ein. Der Anteil derer, die schwer zu motivieren sind, ist bei uns sehr gering.

Angst davor, dass Beschäftigte nach einer Weiterbildung abwandern, habe ich nicht. Meiner Erfahrung nach verlassen Mitarbeiter und Mitarbeiterinnen Unternehmen, in denen sie gefördert und weitergebildet werden, nur ungern. Wir verlangen von den Beschäftigten nach einer Weiterbildung auch nicht, dass sie eine festgelegte Zahl an Jahren im Unternehmen verbleiben oder anderenfalls die Kosten für die Weiterbildung rückerstatten müssen. Vielmehr erfolgt die Bindung der Mitarbeiter und Mitarbeiterinnen an K&A durch

- intensive und marktgerechte Arbeits- und Weiterbildungsmaßnahmen;
- das Bemühen, dieses Know-how in Kundenprojekten umzusetzen. Das gelingt leider nicht immer, aber die Mitarbeiter und Mitarbeiterinnen wissen, dass wir es versuchen;
- marktgerechte und faire Bezahlung;
- Übertragung von Verantwortung;
- ein gelebtes soziales Firmenklima, das den Mitarbeitern von K&A transparent ist.

Bisher haben wir noch keine Erfahrungen im Unternehmen mit wissenschaftlicher Weiterbildung. Der Know-how-Erwerb wird in allen unseren Kompetenzbereichen jeweils mit den klassischen Mitteln „selbstorganisiert" durchgeführt (Seminare, Schulungen, K&A-interne praxisrelevante Projekte).

Welche Relevanz hat das Thema Anrechnung für Ihr Unternehmen?

Als Unternehmer kann ich meine Mitarbeiter und Mitarbeiterinnen auch ohne Hochschulabschluss gut „in Kundenprojekten unterbringen", wenn sie über gute Referenzen verfügen. Ich hatte zum Beispiel einen Mitarbeiter mit abgebrochenem Hochschulabschluss. Er hatte lediglich einen Abschluss als Programmierer eines Weiterbildungsinstituts vorzuweisen, aber ausgezeichnete Projektreferenzen, die wir im Laufe der Zeit aufgebaut haben. Dieser Mann war siebzehn Jahre bei mir im Unternehmen und aufgrund seines Know-hows exzellent vermittelbar. So etwas geht aber nicht immer und ist personenabhängig. Die Person muss ein Thema durchdrungen haben und über theoretisches Wissen verfügen; das ist aber nicht gleichzusetzen mit Wissenschaftlichkeit. Hinzu kommt, dass in der Industrie vor allem auch (Hersteller-)Zertifikate wichtig sind, um IT-Kompetenzen nachzuweisen – wenn diese Zertifikate weltweit anerkannt sind.

Ich könnte mir gut vorstellen, dass man Weiterbildungsmodule an einer Hochschule belegt und einen Nachweis, eine Art Zertifikat, von der Hochschule erhält, dass man das Modul belegt und bestanden hat. Dieses kann dann als Nachweis benannt und in die Referenzen aufgenommen werden. Gut wäre es, wenn dieser Nachweis beziehungsweise vielleicht sogar Nachweise mehrerer belegter Module dann auch angerechnet werden, wenn sich der Beschäftigte zu einem späteren Zeitpunkt entscheidet, in dem Bereich doch einen Hochschulabschluss, zum Beispiel einen zusätzlichen Master in einem bestimmten Spezialgebiet, zu erwerben. Für die Mitarbeiter und Mitarbeiterinnen mit langjähriger Berufserfahrung ist ein Hochschulabschluss in der IT-Branche für den Arbeitskontext nicht unbedingt wichtig. Interessant wird er möglicherweise dann, wenn zum Beispiel ein weniger erfahrener Mitarbeiter den Arbeitgeber wechseln möchte.

Inwiefern wäre denn das Konzept des „Work Based Learnings (WBL)“[1], wie es zum Beispiel in England praktiziert wird, als Weiterbildungsform für Ihre Mitarbeiter und Mitarbeiterinnen interessant?
Bedingt durch das typische Profil von K&A-Mitarbeitern und -Mitarbeiterinnen (nahezu alle technischen Kollegen und Kolleginnen haben bereits einen Hochschulabschluss) kann ich dem Konzept des „Work Based Learnings“ sehr viel „abgewinnen“. Dies gilt vor allem für die Situationen, in denen K&A-Beschäftigte und das Unternehmen marktgetrieben „gezwungen“ werden, sich in ein neues Spezialgebiet einzuarbeiten. Hier sähe ich einen großen Nutzen, mit Hilfe des WBL-Konzepts beispielsweise einen „Master of Automotive Software Engineering“ zu erlangen. Und dies nicht wegen des akademischen Titels, sondern eher wegen der resultierenden praxisorientierten Spezialisierung und dies noch obendrein, ohne den aktuellen Arbeitsplatz verlassen zu müssen! Einfach eine Superidee! Wann und wo in „Oberbayern“ können wir damit beginnen?

Wie engagieren Sie sich in den Themen Anrechnung und wissenschaftliche Weiterbildung, und was sind Ihre Erfahrungen?
Durch mein Engagement im Bereich der IT-Weiterbildung, mit dem ich mich seit fast zehn Jahren beschäftige, ist mir – gerade in jüngster Zeit – auch das Thema Anrechung und wissenschaftliche Weiterbildung sehr vertraut. Das Thema ist bildungspolitisch für mich sehr relevant, da es in der IT-Branche sehr viele Quereinsteiger gibt, denen eine Chance zur Weiterbildung gegeben werden sollte. In diesem Zusammenhang ist auch das IT-Weiterbildungssystem entstanden. Ich engagiere mich beispielsweise auch im Fachbeirat des Projekts ProIT Professional, ein Entwicklungsprojekt der ANKOM-Initiative, in dem es um Anrechnungspotenziale Operativer Professionals auf ein Hochschulstudium geht. Hier versuche ich durch

---

1 WBL ist ein Modell der akademischen Weiterbildung, das auf Erfahrungswissen aufbaut und auf eine systematische Weiterentwicklung zum wissenschaftlich fundierten Denken und Handeln abzielt. Am Beginn eines WBL-Prozesses steht eine Erhebung, Analyse und gegebenenfalls Anrechnung vorhandener Kenntnisse und Fertigkeiten (Accreditation of Prior Experiential Learning, APEL). Durch die Anrechung wird eine Differenz zwischen bereits vorhandenen Kompetenzen einerseits und im Rahmen des WBL-Programms zu erwerbenden Kompetenzen andererseits deutlich. Auf diesen individuellen Bedarf hin werden individuelle Lernprogramme („Lernpfade“) im Rahmen eines „learning agreement“ definiert. Vertragspartner des „learning agreement“ sind der/die Weiterzubildende, die Universität und der Sponsor des/der Weiterzubildenden (in der Regel der Arbeitgeber). Basis des Lernens sind überwiegend im beruflichen Umfeld der Lernenden angesiedelte Projekte. Akademische Tutoren stehen den Lernenden zur Seite und helfen dabei, diese Projekte als integrierte Lern-, Forschungs- und Praxisprojekte zu gestalten. Sie stellen sicher, dass über die unmittelbare praktische Problemlösung hinaus eine wissenschaftliche Analyse, methodische Planung, Auswertung und Reflexion der Projekte erfolgt. Ergänzend stehen Lernangebote wie etwa webbasierte Lernplattformen und konventionelle, aber auf berufstätige Lernende abgestimmte Lernsettings (Seminare, Vorlesungen) zur Verfügung. Auf dem Weg des WBL sind Abschlüsse vom Bachelor über den Master bis zur Promotion möglich. Vgl. auch den Beitrag von Barbara Light, Knowledge – Where is it Situated Now? in diesem Band.

meine Expertise das Thema voranzubringen. Durch meine eigenen wissenschaftlichen Aktivitäten als promovierter Informatiker und mein Engagement in der Gesellschaft für Informatik habe ich gute Einblicke auf die hochschulische Perspektive. Gleichzeitig bin ich Geschäftsführer eines mittelständischen Unternehmens und kenne die Praxis gut und versuche, meine Erfahrungen und mein Know-how zur Bearbeitung der Fragen rund um das Thema „Anerkennung beruflich erworbener Kenntnisse auf Hochschulstudiengänge“ zur Verfügung zu stellen und das Thema auch zukünftig voranzutreiben, auch wenn in meinem eigenen Unternehmen die meisten Mitarbeiter und Mitarbeiterinnen bereits einen Hochschulabschluss haben.

Was müsste Ihrer Meinung nach getan werden, um die Themen Anrechnung und wissenschaftliche Weiterbildung weiter voranzutreiben?
Ich glaube, dass viele andere Unternehmen zu den Themen wissenschaftliche Weiterbildung und Anrechnung viel zu wenig wissen. Es fehlt hier meines Erachtens an mangelndem bildungspolitischem Marketing. Außerdem wird meiner Meinung nach zu sehr der Mangel beklagt, als dass über die existierenden Möglichkeiten und deren Verbesserungen ernsthaft nachgedacht wird. Hinzu kommt, dass noch viele formale und rechtliche Hürden zu beseitigen sind, um das Thema attraktiv zu machen. Von politischer Seite fordere ich, dass „ordentlich Geld“ in die Hand genommen wird, um den Bildungsnotstand in Deutschland zu beseitigen – auch im Kontext Anrechnung und Durchlässigkeit. Bisherige Aktivitäten waren eher „Tropfen auf den heißen Stein“.

Ich glaube auch nicht, dass „der Trend hin zur wissenschaftlichen Weiterbildung beziehungsweise zur Bestrebung der Akademisierung von Arbeitsanforderungen und der Wunsch nach entsprechender Anerkennung beziehungsweise Anrechnung“ wirklich das Problem des Fachkräftemangels lösen kann – zumindest nicht in der IT-Branche.

Das Problem Fachkräftemangel hat meiner Meinung nach damit zu tun, dass
- zu viele Unternehmen zu wenig in Bildung investieren;
- zu viele IT-Fachkräfte selbst zu träge sind und die Notwendigkeit des „lifelong learnings“ nicht berücksichtigen;
- manche Informatikfachbereiche an Universitäten sich noch immer nicht am tatsächlichen Bedarf der Softwareindustrie orientieren beziehungsweise diesen nicht in ihrer Lehre berücksichtigen – die Fachhochschulen orientieren sich hingegen stärker an den Bedarfen der Praxis;
- gleichzeitig aber auch die Softwareindustrie zu wenig öffentlich macht, was wirklich gebraucht wird.

Erst müssen diese Punkte angegangen werden, damit dann zum Beispiel Konzepte wissenschaftlicher Weiterbildung greifen können.

Weiterbildung sehe ich als eine Investition in Zukunftsmärkte, sie ist aber teuer. Ich fände eine Unterstützung beziehungsweise Förderung von Bildungsmaßnahmen für Unternehmen sinnvoll, neben speziellen Förderprogrammen wäre es zum Beispiel für Unternehmen interessant, wenn man bei der Investition in Bildung auch

Möglichkeiten der bilanziellen Abschreibung genießen könnte, was derzeit nur für Sachinvestitionen (im weitesten Sinne) möglich ist.

Ich bin Mitglied im Präsidium der Gesellschaft für Informatik (GI), außerdem Sprecher des GI-Beirats für IT-Weiterbildung. Das Thema Anrechnung spielt eine sehr große Rolle innerhalb der Gesellschaft und wird sehr kontrovers diskutiert. Ich beobachte dabei, dass die „Akademia“ nicht grundsätzlich gegen „Anrechnung“ ist, der „Teufel steckt aber im Detail“, und sowohl rechtliche wie auch bildungspolitische Probleme sind in diesem Zusammenhang zu lösen. Was es sicherlich nicht geben wird und kann, ist ein Verfahren, dass eine beruflich hoch qualifizierte IT-Fachkraft allein durch Nachweise und Bescheinigungen aus seiner/ihrer beruflichen Laufbahn pauschal zum Beispiel eine gewisse Menge an ECTS-Punkten zugestanden bekommt oder gar automatisch einen Hochschulabschluss erhält. Hochschulen sind kaum bereit, Lernleistungen aus der beruflichen Laufbahn ohne Prüfung anzurechnen, da sie es später sind, die diese angerechneten Leistungen verantworten müssen.

Meiner Meinung nach kann es eine „segensbringende“ Rolle der Gesellschaft für Informatik sein, als Vermittler zwischen den beiden Welten berufliche Praxis und Hochschule zu arbeiten. Man kann durchaus behaupten, dass die Gesellschaft sich bereits auf diesem Weg befindet. Ein Schritt von vielen in diese Richtung ist der Beirat für „IT Weiterbildung“.

Auch der Fakultätentag für Informatik (FTI) und der Fachbereichstag für Informatik (FBTI) haben längst erkannt, dass sie hier etwas tun müssen und investieren bereits Zeit und Engagement in die Themen „Anrechnung“ und „wissenschaftliche Weiterbildung“, integriert in die Diskussion rund um lebenslanges Lernen. Das sind meines Erachtens zusammen mit dem Bundesministerium für Bildung und Forschung, der Gesellschaft für Informatik und den relevanten Verbänden, zum Beispiel BITKOM, ZVEI, IGM und ver.di, die richtigen Akteure, um Anrechnung und wissenschaftliche Weiterbildung in der IT-Branche voranzubringen. Eine gemeinsame Veranstaltung zum Thema „Lifelong Learning“ wird gerade im Kontext der GI-Jahrestagung 2008 vorbereitet.

Kai Alexander Quante

Reflexion eines Technischen Leiters eines KMU der IT-Branche zur wissenschaftlichen Qualifizierung von Mitarbeitern

Als Technischer Leiter und Verantwortlicher für die erfolgreiche Umsetzung von IT-Projekten bin ich direkt von der Verfügbarkeit hoch qualifizierter Fachkräfte betroffen. Neben der Berufserfahrung – die für uns als Wirtschaftsunternehmen immer besonders wichtig ist – können Kenntnisse und Fertigkeiten auf verschiedenen Wegen erworben werden. Die zentrale Frage ist jedoch, was wird wirklich benötigt?

Die Informationstechnologie ist ein sehr schnelllebiges Geschäft, bei dem mehr als in anderen Branchen die andauernde Weiterbildung, oder Neudeutsch „Lifelong Learning“, einen hohen Stellenwert besitzt. Somit müssen die Mitarbeiter und Mitarbeiterinnen die Fähigkeit mitbringen, sich schnell in neue Themen einzuarbeiten, das heißt Wissen und Fertigkeiten zu erlangen. Im Umkehrschluss heißt dies allerdings auch, dass Wissen in Teilbereichen schnell veraltet und nicht mehr benötigt wird.

Die Berufsausbildung in Deutschland beruht auf zwei grundlegenden Säulen. In der dualen Berufsausbildung wird ein klarer Schwerpunkt auf die Erlangung von Praxiswissen und Erfahrung gelegt. Die Berufsschule ist dabei kaum in der Lage, aktuelles, relevantes, theoretisches Grundlagenwissen in benötigtem Umfang zu vermitteln. Somit konzentriert sich die Ausbildung auf die berufsspezifische Projekt- und Teamarbeit in den Betrieben, bei denen die Auszubildenden bereits Erfahrungen sammeln und ihre Sozialkompetenz stärken. Selbstständiges Lernen wird dabei gefordert und gefördert.

Das Studium geht einen anderen Weg. Vorlesungen legen die theoretischen Grundlagen für die spätere praktische Arbeit. Es wird Wissen vermittelt. Dabei geht es im Bereich der Informations- und Kommunikationstechnologien vor allem um solches Wissen, das in seiner Form auf Langfristigkeit ausgelegt ist, um nach dem Studium noch möglichst lange relevant zu sein. Die Transferleistung in die praktische Umsetzung erfolgt teils in Übungen, die allerdings aufgrund des Umfangs und fehlender Kunden nicht praxisgleich sein können.

In der Wirtschaft werden jedoch Mitarbeiter und Mitarbeiterinnen benötigt, die die Vorteile beider Wege vereinen. Die Herausforderung besteht nun darin, wie Mitarbeitern und Mitarbeiterinnen die Vorteile beider Wege vermittelt werden können und es dennoch möglich ist, den (Aus-)Bildungsprozess in einer akzeptablen Zeit zu gestalten.

Sollten alle jungen Menschen erst ein Studium absolvieren und dann noch einmal im Rahmen einer Ausbildung den Transfer von der Theorie zur Praxis lernen? Das wäre zeitlich unpraktikabel. Vielfach wird in der IT-Branche das nötige erfahrungsbasierte Know-how durch das Arbeiten parallel zum Studium, oft unter

Inkaufnahme einer Studienverlängerung, oder im Rahmen passender Traineeprogramme der Arbeitgeber erworben.

Alternativ können vor das Studium die Ausbildung und vielleicht einige Jahre berufliche Tätigkeit gesetzt werden, um gegebenenfalls auch eine finanzielle Grundlage für das Studium zu schaffen. Allerdings würde ein anschließendes Vollzeitstudium einerseits viel Zeit kosten und andererseits die Person aus dem Arbeitsleben „reißen“. Die Person würde für die Zeit des Studiums nicht oder nur in eingeschränktem Maße, zum Beispiel durch Studierendentätigkeiten, dem Arbeitsmarkt zur Verfügung stehen. So bleibt derzeit vor allem die Möglichkeit, dem Studienwunsch im Rahmen eines Fernstudiums parallel zur Arbeit nachzugehen. Zwei meiner Mitarbeiter haben aus oben genannten Gründen den Weg des Fernstudiums eingeschlagen.

Aufgrund des durch die Ausbildung erworbenen Wissens und der beruflichen Erfahrung wird im Studium allerdings Einiges vermittelt, was bereits bekannt ist – Optimierungspotenziale sind also vorhanden, und entsprechende Angebote sind nötig, um bereits erworbene Leistungen anrechnen zu können.

Neben dem Know-how-Erwerb hat eine wissenschaftliche Weiterbildung in Form eines Studiums noch weitere Vorteile. Die eigene aktuelle Erfahrung im Unternehmen zeigt, dass Mitarbeiter und Mitarbeiterinnen, die parallel zur Arbeit die Gelegenheit haben, einen Studienabschluss zu erwerben, nicht nur im Anschluss besser qualifiziert, sondern auch bei der Arbeit motivierter sind. Wissenschaftliche Weiterbildung kann daher ein wichtiger Bestandteil der Personalentwicklung sein. Doch im Interesse des Beschäftigten und des Unternehmens sollte ein entsprechendes Studium effektiv und effizient sein, um unnötige Wiederholungen von bereits bekanntem Wissen und erworbenen Fertigkeiten aus Berufsausbildung und praktischer Erfahrung zu vermeiden. Das spart nicht nur Zeit und Geld, sondern stärkt auch die nötige Motivation, um das Studium durchzuhalten. Anrechnung bietet hier eine gute Perspektive.

Erfahrungsgemäß ist der Wunsch von Mitarbeitern und Mitarbeiterinnen zu studieren häufig mit dem Wunsch nach einer koordinierenden oder leitenden Position verbunden. Ein beruflicher Aufstieg wird also vielfach im Anschluss an das Studium angestrebt und sollte im Rahmen einer strategischen Personalentwicklung frühzeitig berücksichtig werden, um nach Abschluss des Studiums tatsächlich eine geeignete Position im Unternehmen zur Verfügung stellen zu können.

Oft reichen aber Ausbildung und Studium noch immer nicht für die Qualifikation zur Führungskraft, da neben fachlichen und inhaltlichen Kompetenzen auch Kompetenzen in strukturierter Projektarbeit und Personalführung nötig sind. Diese Lücke schließt in der IT-Branche das Fortbildungskonzept der „Operativen Professionals“[1]. Es legt einen wichtigen Grundstein für den Weg zur Führungskraft, denn es baut auf erworbenem IT-Wissen auf, bietet Praxisorientierung und enthält Elemente zur Projektgestaltung und Personalführung. Eine anschließende wissenschaftliche Weiterbildung im Rahmen eines Aufbaustudiums, wie es zurzeit

1 Nähere Informationen gibt es unter http://www.kibnet.org/it-weiterbildung/it-professionals/content.it-professionals.3/index.html (zuletzt besucht: 21.05.2008).

im Projekt ANKOM-IT[2] der ANKOM-Initiative zur Anrechnung beruflicher Kompetenzen auf Hochschulstudiengänge[3] diskutiert wird, wäre aus Unternehmenssicht eine sinnvolle Ergänzung.

Im Rahmen der „Professional"-Weiterbildung werden die Mitarbeiter und Mitarbeiterinnen weiterhin in die betrieblichen Prozesse eingebunden und stehen dem Unternehmen zur Verfügung. Ähnlich sollte es auch bei einem aufbauenden Studium sein. Ein Unternehmen kann es sich nicht leisten, gute Mitarbeiter für den Zeitraum eines Vollzeitstudiums zu verlieren! Anrechnung von Leistungen und innovative Studienkonzepte, die ein (verkürztes) Studium neben der Arbeit ermöglichen, machen es für Unternehmen attraktiv, die Beschäftigten in ihrem Weiterbildungsbestreben zu unterstützen.

Als mittelständisches Unternehmen haben wir besondere Anforderungen an die Organisation eines solchen weiterbildenden, praxisorientierten Studiums. Im Unterschied zu größeren Unternehmen verfügen wir nicht über personell gut ausgestattete Stabsabteilungen, die sich professionell und umfassend um Personalentwicklung und Weiterbildung kümmern. Deshalb sind wir angewiesen auf Angebote der Hochschulen, die für uns maßgeschneiderte Dienstleistungen darstellen. Ich bin aus eigener Erfahrung davon überzeugt, dass sich der Grundgedanke der „Professional"-Weiterbildung – das arbeitsprozessintegrierte Lernen – auch auf neue Formen des Studierens übertragen lässt. In unserer innovativen, technologieorientierten und an ständig neuen Kundenanforderungen orientierten Branche werden wir häufig mit Fragestellungen konfrontiert, die von ihrem Anforderungsgehalt her Aspekte der (anwendungsorientierten) Forschung berühren. Wenn es gelänge, diese Projektarbeit im Rahmen eines projektorientierten Weiterbildungsstudiums für unsere Personalentwicklung zu nutzen, würden sich für uns ganz neue Möglichkeiten ergeben für die Sicherung und Entwicklung der Kompetenzen, die wir für unsere Geschäftsprozesse benötigen.

Wenn die Hochschulen diese Anforderungen ernst nehmen, ergeben sich daraus neue Formen der Kooperation mit der Wirtschaft. Notwendig ist dafür eine völlig neue Herangehensweise an akademisches Lernen: Weg von Hörsaal und Seminarraum, hin zum Lernen entlang der Herausforderungen realer Entwicklungsprojekte. Der „Schüler" kommt nicht mehr zum „Lehrer", sondern der „Lehrer" wird sich – als Lernbegleiter und Mentor – zum „Schüler" an dessen Arbeitsplatz bewegen müssen. Und noch weiter: Als mittelständische Unternehmen brauchen wir in den Hochschulen Ansprechpartner, die auf uns zugehen, im Dialog mit uns solche Programme entwickeln und für eine effiziente, die betriebliche Realität berücksichtigende Organisation des Weiterbildungsstudiums sorgen.

Dies alles bedeutet Aufwand sowohl für die Entwicklung solcher Modelle wie auch für die Durchführung, die eine sehr personalintensive Betreuung der Studierenden einschließt. Von der Politik wünsche ich mir, gerade als mittelständisches Unternehmen, eine stärkere Förderung solcher Programme, insbesondere was den

2 Nähere Informationen gibt es unter http://www.love-it-plus.de/themen/ankom/das-projekt/ (zuletzt besucht: 21.05.2008).

3 Nähere Informationen gibt es unter http://ankom.his.de/ (zuletzt besucht: 21.05.2008).

Entwicklungsaufwand angeht. Aber auch von Unternehmensseite kann man etwas tun. So engagiere ich mich im Fachbeirat des Projekts ANKOM-IT, um das Thema Anrechnung voranzutreiben, und bin Mitglied des neu gegründeten IHK-Prüfungsausschusses für „Operative Professionals" in Braunschweig, in dem auch die Hochschulseite durch einen Professor vertreten ist.

Zusammenfassend ist festzuhalten: Für Unternehmen in der IT-Branche ist es wichtig, dass sich Mitarbeiter weiterbilden und neben dem Kompetenzerwerb auch Abschlüsse erlangen, die für die Unternehmen in ihrer Projektakquise hilfreich sind. Die Unterstützung von Mitarbeitern und Mitarbeiterinnen in der Erlangung solcher Abschlüsse ist für Unternehmen aber nur dann sinnvoll, wenn der Weg dorthin effizient und effektiv ist. Für einen Studienabschluss bedeutet dies die Möglichkeit der Anrechnung vorhandener Kenntnisse und Fertigkeiten, um nicht nur Zeit und Kosten zu sparen, sondern auch die Attraktivität für die Durchführung eines entsprechenden Studiums zu erhöhen.

Sabine Vollmer

Fachkräftebedarf bei der Volkswagen Financial Services

Die Volkswagen Financial Services AG ist eine hundertprozentige Tochtergesellschaft der Volkswagen AG und hat ihren Sitz in Braunschweig. Sie bietet ihren Kunden eine umfassende Leistungspalette im Finanzdienstleistungsbereich, dazu gehören neben individuellen Finanzierungs- und Leasingkonzepten auch Versicherungspakete und Direct Banking Angebote. Die Volkswagen Financial Services beschäftigt ca. 8.000 Mitarbeiter weltweit, davon rund 3.800 in Deutschland.

Die Vielfalt der angebotenen Produkte der Volkswagen Bank spiegelt sich auch in der hohen Anzahl von Aktivitäten im Informatikbereich wider.

Die IT-Abteilung (Informationstechnologie) umfasst 480 Mitarbeiter und Mitarbeiterinnen, die eine Vielzahl von Systemen betreuen und in Projekten neu entwickeln. Leistungsfähige und moderne Technologien unterstützen dabei die internen und externen Geschäftsprozesse.

Die IT gehört zu den Kerngeschäftsfeldern und ist damit eine der wichtigsten Innovationsträger. Sie ermöglicht nicht nur, bestehende Geschäftsprozesse effizienter zu gestalten, sondern komplett neue Geschäftsprozesse zu definieren und einzuführen. Das erfordert von den Beschäftigten einen hohen Ausbildungsstand, extrem hohe Leistungsbereitschaften und ein hohes Maß an Motivation. Um wettbewerbsfähig zu sein, ist gerade der IT-Mitarbeiter aufgefordert, sich mit wechselnden und steigenden technischen Anforderungen auseinanderzusetzen.

1. Personalentwicklung in der Volkswagen Financial Services am Beispiel der IT-Auszubildenden

Die Volkswagen Financial Services AG bildet seit dem Jahr 2000 IT-Fachinformatiker mit den Schwerpunkten Anwendungsentwicklung und Systemintegration aus. Mit erfolgreichem Abschluss der Ausbildung ist eine Übernahme in die Volkswagen Financial Services vorgesehen. Bisher wurden dreißig ehemalige Auszubildende in ein festes Angestelltenverhältnis übernommen. Der Anteil der ehemaligen Auszubildenden an der IT-Belegschaft beträgt derzeit ca. sechs Prozent. Der Ausbildungsplan sieht schon von Beginn an eine aktive Einbindung in die Praxis vor. Damit übernehmen die Absolventen schon sehr frühzeitig Verantwortung in den einzelnen Themenstellungen.

Vier von ihnen wurden in Niedersachsen als beste Auszubildende ihres Jahrganges ausgezeichnet, zwei davon erhielten vom VW Konzern den „Apprentice Award“ des gesamten VW Konzerns. Insgesamt schlossen sieben die Ausbildung mit der Note sehr gut, sechzehn mit gut, fünf mit befriedigend und zwei mit ausreichend ab.

Für viele von ihnen ist das Studium an einer Hochschule, in der Regel Wirtschaftsinformatik, eine logische Folge ihrer beruflichen Entwicklung.

Es haben bereits sechs ein berufsbegleitendes Studium begonnen, das heißt, neben dem täglichen Arbeitspensum werden Studienleistungen per Fernstudiengang in den Fächern Wirtschaftsinformatik beziehungsweise Betriebswirtschaft belegt. Zwei nutzen das Förderungsprogramm der VW Financial Services AG, in dem sie für fünf Jahre freigestellt werden und während der Praxisphasen immer wieder in unterschiedlichen Bank-, Leasing- und Versicherungsbereichen eingesetzt werden. Zwei weitere werden sich um einen Studienplatz bewerben. Für alle Studierwilligen bedeutet die Aufnahme des Studiums zunächst, dass sie wie Schulabgänger Pflicht und Wahlfächer ihres Studienfaches belegen müssen. An den Universitäten werden weder die Ausbildung noch die berufliche Praxis berücksichtigt beziehungsweise überhaupt anerkannt. Die Studierwilligen müssen Inhalte, die bereits erfolgreich vor Prüfungsgremien absolviert wurden, nochmals unter Beweis stellen.

2. Synergien aus der arbeitsprozessorientierten Weiterbildung[1]

Drei Mitarbeiter und Mitarbeiterinnen – ehemalige Auszubildende – haben sich für die arbeitsprozessorientierte Weiterbildung zum „Operativen Professional"[2] entschieden. Diese ist speziell für IT-Fachkräfte mit Berufserfahrung konzipiert. Anhand einer praxisrelevanten eigenverantwortlichen Projektaufgabe im Unternehmen werden unter anderem Projektverfahren und Mitarbeiterführung durch theoretische Eigenstudienleistungen unter Bezug der praktischen Ausübung detailliert hinterfragt, beschrieben und durch die Lernprozessbegleiter sinnvoll unterstützt. Diese Mitarbeiter und Mitarbeiterinnen gehören zu einer Pilotgruppe im Projekt ANKOM-IT[3] der ANKOM-Initiative zur Anrechnung beruflicher Kompetenzen auf Hochschulstudiengänge[4]. Sie nehmen an der Weiterbildung zum „Operativen Professional" teil. Gleichzeitig stehen sie dem Projekt ANKOM-IT als Probanden zur Verfügung, um Anrechnungspotenziale aus Berufserfahrung und Weiterbildung auf ein Hochschulstudium zu ermitteln.

Aktuelle Fragestellungen, die theoretisch beleuchtet und hinterfragt werden, sind in der IT der VW Financial Services AG im Zuge des hohen technischen Spezialisierungsgrades in der Praxis umzusetzen. Die Arbeit im Team und die Vernetzung von Anfragen aus unserem Kundengeschäft erfordern eine systematische Bearbeitung von Projekten. Dieses Handwerkszeug ist ebenso Bestandteil der Ausbildung beziehungsweise gehört zu den internen Qualifizierungsprogrammen der IT. Diese Gründe sprachen für die drei Mitarbeiter dafür, sich mit ihren eigenen beruflichen

---

1 Siehe Loroff, C.; Manski, K.; Mattauch, W. & Schmidt, M. (Hrsg.) (2006): Arbeitsprozessorientierte Weiterbildung – Lernprozesse gestalten – Kompetenzen entwickeln. Münster: Waxman.

2 Nähere Informationen gibt es unter http://www.kibnet.org/it-weiterbildung/it-professionals/content.it-professionals.3/index.html (zuletzt besucht: 21.05.2008).

3 Nähere Informationen gibt es unter http://www.love-it-plus.de/themen/ankom/das-projekt/ (zuletzt besucht: 21.05.2008).

4 Nähere Informationen gibt es unter http://ankom.his.de/ (zuletzt besucht: 21.5.08).

Aufgaben tiefgehend im Rahmen der Weiterbildung zum „Operativen Professional" auseinanderzusetzen. Sie verfolgen mit dem Abschluss neue berufliche Herausforderungen und würden danach gern ein Studium aufnehmen, wenn Leistungen aus der Weiterbildung anerkannt werden.

3. Forderungen des Unternehmens

Die VW Financial Services AG hat bewusst die Entscheidung für die berufliche Ausbildung zum IT-Fachinformatiker getroffen. Die jungen Menschen erhalten so sehr frühzeitig Einblicke in das Unternehmen mit seinen Geschäftsfeldern, lernen interne Abläufe zu verstehen, anzuwenden und mit neuen Anforderungen zu verknüpfen. Die Verzahnung der Ausbildungsjahrgänge Fachinformatik, Bank- und Versicherungskaufleute erhöht die Netzwerkbildung und führt zu hohen Synergien, die im späteren beruflichen Alltag nutzbringend eingesetzt werden können.

Aus den oben angeführten Entwicklungen der ehemaligen Auszubildenden ist abzulesen, dass hier Mitarbeiter und Mitarbeiterinnen mit einem hohen Motivationsgrad ihre beruflichen Entwicklungen verfolgen. Diese Potenziale müssen erhalten, gefördert und zielgerichtet eingesetzt werden. Eine Grundvoraussetzung gerade im IT-Bereich ist, mit Spaß und hohem Elan technologische Entwicklungen zu begreifen und sinnvoll in den Unternehmensprozess zu integrieren. Förderlich ist dabei, die technische Neugier zu stillen. Kontraproduktiv sind zermürbende und sich wiederholende Inhalte, die unnötige Barrieren aufbauen und hinderlich für ein weiteres Fortkommen sind.

Für die IT ist eine Unternehmensbindung eine sinnvolle Investition in die Zukunft. Schon heute ist die Personalsuche langwierig und sehr schwierig. Eine gezielte und individuelle persönliche Weiterentwicklung ermöglicht Perspektiven, setzt berufliche Eckpunkte und fördert die Zufriedenheit. Damit Weiterbildung durch ein Hochschulstudium sowohl für unser Unternehmen wie auch für unsere Mitarbeiter und Mitarbeiterinnen attraktiv ist, muss sie allerdings folgende Forderungen erfüllen:

- kurze Studienzeiten mit berufsbegleitenden Praxiseinsätzen unter Berücksichtigung der bereits vorhandenen Kompetenzen;
- Qualifizierungen fördern, aber Doppellernen vermeiden;
- Synergien finden und Potenziale an den richtigen Stellen nutzen.

Daher ist es sinnvoll, zum Beispiel durch individuelle Förderungsmaßnahmen Studierwillige mit einem individuellen Studienangebot zu gewinnen und dort auszubilden und zu trainieren, wo es notwendig ist – an der richtigen Stelle und am richtigen Ort!

Elisabeth Bublitz und Elke Niemann

Chancen eines durchlässigen Bildungssystems für die Unternehmenspraxis Nachwuchsförderung bei der Lufthansa Technik

1. Die Ausgangslage

Die aktuell starke Nachfrage nach hoch qualifizierten Arbeitskräften schreibt den Trend der letzten Jahre fort. Insbesondere für die Fächer Mathematik, Informatik, Naturwissenschaften und Technik fehlt der Nachwuchs. Im Jahr 2006 konnten 165.000 Stellen für Fachkräfte nicht besetzt werden, davon fielen mehr als drei Viertel auf technische Berufsgruppen. Der daraus entstandene Wertschöpfungsverlust der deutschen Volkswirtschaft betrug 18,5 Milliarden Euro oder 0,8 Prozent des erwirtschafteten Bruttoinlandsprodukts (Koppel, 2008). Durch die sinkenden Studierendenzahlen für die entsprechenden Studiengänge in Verbindung mit der Zahl der kurz vor der Rente stehenden Ingenieure zeichnet sich ein entmutigendes Bild ab. Laut der OECD kommt aktuell weniger als ein Ingenieur im Alter zwischen 25 und 34 Jahren auf einen 55- bis 64-jährigen Ingenieur, wenn dieser in den Ruhestand geht (OECD, 2007). Eine Studie zur Innovationsfähigkeit Deutschlands untersucht unter anderem die betriebliche Innovationskultur, in der das Weiterbildungsengagement und der Managementstil von Unternehmen bewertet werden. Deutschland nimmt im europäischen Vergleich den elften Platz ein (DIW Berlin, 2007). Hier liegen die skandinavischen Länder weit vorn. Schweden etwa konnte zwischen 1998 und 2005 die Absolventenzahlen in den Ingenieurwissenschaften um achtzig Prozent steigern. Zum Vergleich: In Deutschland sank die Zahl im gleichen Zeitraum um zwölf Prozent (IWD, 2008). Dieser Sachverhalt veranschaulicht, wie bedeutsam Nachwuchsförderung für Unternehmen sein sollte, zeigt aber ebenfalls auf, dass innovative Konzepte auf diesem Gebiet noch zu selten umgesetzt werden. Am Unternehmensbeispiel der Lufthansa Technik AG sollen nachfolgend aktuelle Lösungsansätze zur Nachwuchsrekrutierung vorgestellt werden.

1.1 Konstantes Wachstum der Luftfahrtbranche

Die Luftfahrtbranche eröffnet gute Perspektiven bei konstantem Wachstum: Der Wirtschaftszweig legt jährlich um fünf Prozent zu. Hieran partizipiert selbstverständlich auch die Maintenance, Repair and Overhaul (MRO) Branche. So ist die Anzahl der Lufthansa Technik-Kunden auf mittlerweile 600 weltweit angewachsen. Die Lufthansa als Kunde macht nur noch vierzig Prozent des Umsatzes aus.

„Lufthansa Technik legt weiter zu; zwar ist das Wachstum in Asien und den USA stärker als in Deutschland, aber diese außerdeutschen Aufträge ziehen viele Folgeverträge nach Hamburg, weil nur hier das nötige Fachwissen in allen Bereichen vorhanden ist“, so der Personalvorstand der Lufthansa Technik AG Uwe Mukrasch Anfang vergangenen Jahres zum Fachkräftebedarf des Unternehmens. So ist noch für dieses und das kommende Jahr geplant, 360 Hochschulabsolventen einen Arbeitsplatz bei Lufthansa Technik in Hamburg anzubieten. Gesucht werden vor allem Ingenieure, Akademiker mit kaufmännischer Ausbildung und Spezialisten der Informationstechnologie. Unter den Ingenieuren werden insbesondere solche aus den Bereichen Luft- und Raumfahrttechnik, Maschinenbau, Elektrotechnik und Wirtschaftsingenieurwesen nachgefragt. Gut zwei Drittel des Bedarfs entfallen auf Fachhochschulingenieure. In der Produktion werden sie wegen des stärkeren Praxisbezugs lieber genommen als Absolventen der Universitäten.

1.2 Erhöhte Anstrengungen zur Personalbedarfsdeckung

Für den Einstieg als Mitarbeiter in das Unternehmen Lufthansa Technik gibt es verschiedene Möglichkeiten. Will man direkt nach dem Studium bei Lufthansa Technik anfangen, empfiehlt sich ein Praktikum noch während der Studienzeit. Lufthansa Technik bietet pro Jahr mehr als 500 Studierenden die Möglichkeit, sich auf diesem Weg einen Überblick über das Unternehmen zu verschaffen. Darüber hinaus werden in Kooperation mit den Hochschulen mehr als 125 Abschlussarbeiten jährlich betreut. Immer populärer werden auch unternehmensintegrierte Studiengänge wie das „Technics Students“-Programm (siehe 2.2). Seit 2002 wurde jedes Jahr ein neuer praxisorientierter Studiengang in das Angebot mit aufgenommen. Zuletzt ist der Wartungsingenieur dazugekommen, der in Kooperation mit der Hochschule Bremen und der Fachhochschule Aachen angeboten wird. Die Absolventen aus diesem Programm werden 2008 bis 2014 dringend benötigt. Allerdings reicht die Anzahl von Absolventen noch nicht einmal aus, um die altersbedingte Fluktuation auszugleichen. Hinzu kommt ein steigender Nachwuchsbedarf an akademisch Ausgebildeten, denn die Anforderungen an die Gesamtqualifikation im Unternehmen sowie das absehbare Marktwachstum werden sich erhöhen. Wir befinden uns daher in einem Wettbewerb um die knappe Ressource Ingenieur, die zu erhöhten Anstrengungen seitens Lufthansa Technik führt.

Ein im Hinblick auf den noch wachsenden Ingenieurbedarf in den nächsten Jahren besorgniserregendes Problem ist, dass den Ingenieurstudiengängen der Nachwuchs fehlt. Trotz bester Berufsaussichten und vielfältiger Einsatzgebiete liegen die Absolventenzahlen der Hochschulen noch immer unter dem Bedarf der Industrie. Dass sich so wenig junge Menschen für Ingenieurstudiengänge einschrieben, läge an einem Imageproblem, so das Fazit der drei Hamburger Hochschulpräsidenten Michael Stawicki, Präsident der Hochschule für Angewandte Wissenschaften, Hans Christoph Zeidler, Präsident der Technischen Universität, und Hans-Christoph Nedeß, Präsident der Helmut-Schmidt Universität (Hornung, 2005). Hier können diverse Maßnahmen wie zum Beispiel die gezielte Erhöhung des Frauenanteils in den technischen Studiengängen, bereits in den Schulen Begeisterung für technische Berufe wecken, partiell Abhilfe schaffen. Dies allein wird jedoch nicht ausreichen. Im Rahmen unseres in diesem Jahr aufgelegten Studienförderprogramm für herausragende Auszubildende „destinationBACHELOR“ wäre eine höhere Durchlässigkeit zwischen der dualen Berufsausbildung und einer Fachhochschulausbildung, die zum Beispiel gewerblich-technisch ausgebildeten Nachwuchs in kürzerer Zeit als bisher zu einem Ingenieurabschluss bringt, sehr hilfreich. Denkbar wäre, dass mit einem Facharbeiterbrief gleichzeitig die Hochschulzugangsberechtigung erworben wird. Darüber hinaus könnten durch eine stärkere Kooperation zwischen Berufsausbildungsbeteiligten und Hochschulen Ausbildungsinhalte für die Hochschulausbildung angerechnet und damit die Studienzeit verkürzt werden.

2. Nachwuchsförderung bei Lufthansa Technik

Die Berufswahl fällt vielen Jugendlichen angesichts der Vielfalt von Bildungsangeboten nicht leicht. Das dabei geringe Interesse an technischen Ausbildungsberufen und Studiengängen lässt sich beispielhaft bereits am Rückgang der Mathematik- und Physikleistungskurse in der Oberstufe ablesen. Hier bildet Hamburg im Ländervergleich ein Schlusslicht: 2008 hatten lediglich 8,6 Prozent der Abiturienten einen Physikleistungskurs beziehungsweise 17,2 Prozent einen Mathematikleistungskurs gewählt (Meyer, 2008). In den verschiedenen Entwicklungsstufen vom Kindesalter bis zum jungen Erwachsensein unterstützt Lufthansa Technik Aktivitäten, die Berührungspunkte mit dem Thema „Technik“ schaffen, um Nachwuchs im richtigen Moment anzusprechen. Darunter fallen neben der Teilnahme an überregionalen Veranstaltungen, darunter am Girls’Day, auch regionale Initiativen wie die Kinderuni der Hochschule für Angewandte Wissenschaften Hamburg, die Technik für Kinder unter dem Motto „Faszination Fliegen“ vermittelt, oder die Unterstützung der Profiloberstufe Hamburger Gymnasien im Rahmen der Initiative Naturwissenschaft und Technik. Darüber hinaus bietet Lufthansa Technik Förderprogramme für Auszubildende und Studierende sowie Weiterbildungsmöglichkeiten für Facharbeiter an.

Die hohe Investition in den Nachwuchs bringt für alle Beteiligten viele Vorteile mit sich. Mit Bezug auf den diskutierten Fachkräftemangel sollen nun drei Programme der Lufthansa Technik vorgestellt werden, die Teilnehmer bis zum Bildungsabschluss Ingenieur fördern (vgl. Grafik 1). Der Schwerpunkt liegt auf ingenieurwissenschaftlichen Studiengängen (vgl. Tabelle 1). Für alle drei Programme gilt, dass während der Studienzeit ein intensives Kennenlernen des zukünftigen Mitarbeiters stattfindet. Diese lange Erprobungsphase nützt dem Studierenden ebenfalls: Er setzt sich mit den betrieblichen Abläufen und der Mentalität des Unternehmens intensiv auseinander, was wiederum die spätere Arbeitsplatzwahl erleichtert. Weiterhin wird

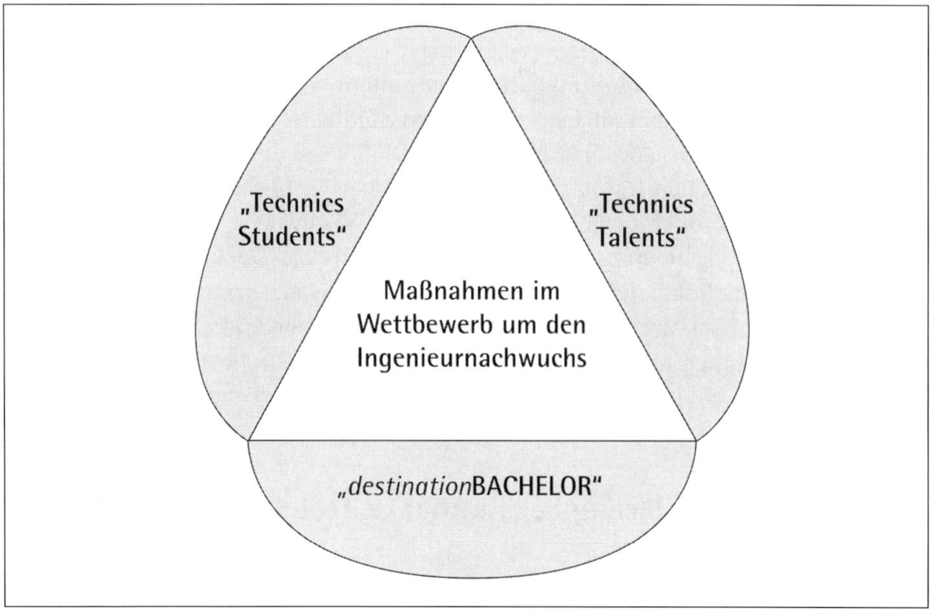

Grafik 1: Maßnahmen zur Nachwuchsrekrutierung bei Lufthansa Technik

dem Studierenden durch Fachseminare luftfahrt- und bereichsspezifisches Wissen vermittelt. Als Folge davon ist die Einarbeitungszeit sehr kurz, und der Mitarbeiter kann schnell produktiv arbeiten, was nicht nur dem Unternehmen nützt, sondern auch die Arbeitszufriedenheit des Einzelnen steigert. Neben dem gemeinsamen Ziel der akademischen Nachwuchssicherung lassen sich im Programmablauf noch weitere Parallelen entdecken wie zum Beispiel regelmäßige Praxiseinsätze oder das Verfassen praktischer Abschlussarbeiten bei Lufthansa Technik. Die Studierenden der Programme „destinationBACHELOR“ und „Technics Students“ verpflichten sich alle, im Anschluss an das Studium zunächst für eine begrenzte Zeit bei Lufthansa Technik zu arbeiten, da das Unternehmen die Kosten des Studiums trägt. Die unterschiedlichen Ausrichtungen der Förderprogramme sollen nun detailliert beschrieben werden.

2.1 „destinationBACHELOR“: Ein Förderprogramm für ehemalige Auszubildende

Zum Sommer 2008 startete das neueste Projekt „destinationBACHELOR“ der Lufthansa Technik, das sehr gute Auslerner fördert, die im Anschluss an die Ausbildung ein technisches Studium aufnehmen möchten. Die Erfahrung hat gezeigt, dass jedes Jahr ungefähr fünf Prozent der Auslerner direkt im Anschluss an ihr Ausbildungsende bereits den Wunsch äußern, sich weiterzuentwickeln. Um diese fertig ausgebildeten Mitarbeiter nicht zu verlieren, werden nun in einem ersten Durchgang fünf Prozent der Auslerner pro Jahrgang unterstützt. Voraussetzung

	„destinationBachelor"	„Technics Students"	„Technics Talents"
Hamburg	**Hochschule für Angewandte Wissenschaften Hamburg** Flugzeugbau Maschinenbau Informations- und Elektrotechnik Wirtschaftsingenieur Logistik/Technische BWL	**Hamburg School of Business Administration** Business Administration (Bachelor) **Hochschule für Angewandte Wissenschaften Hamburg** Flugzeugbau (Master) Elektrotechnik (Master) Maschinenbau (Master) **Nordakademie Hochschule der Wirtschaft** Wirtschaftsinformatik (Bachelor)	alle Fachrichtungen deutschlandweit
Frankfurt	Fachhochschule Wiesbaden (Standort Rüsselsheim) Maschinenbau Informations- und Elektrotechnik Wirtschaftsingenieur	**Hochschule Bremen/ Fachhochschule Aachen** Flugzeugwartung (Bachelor) **Technische Universität Darmstadt** Maschinenbau (Master)	
München	**Fachhochschule München** Flugzeugtechnik Maschinenbau Elektro- und Informationstechnik Wirtschaftsingenieur		

Tabelle 1: Studiengänge der Förderprogramme bei Lufthansa Technik

für eine Programmteilnahme sind gute Noten in der Berufsschule und in der IHK-Abschlussprüfung sowie überdurchschnittliche Bewertungen der Praxiseinsätze. Ergänzend wird eine psychologische Eignungsuntersuchung durchgeführt. Selbstverständlich müssen weiterhin die Anforderungen der Fachhochschulen erfüllt werden. An dieser Stelle wird deutlich, dass ein für Lufthansa Technik nicht relevantes Auswahlkriterium an der Hochschule entscheidend ist: der Schulabschluss in Form des (Fach-)Abiturs. Die Auslerner immatrikulieren sich selbstständig an einer der Kooperationshochschulen an den Lufthansa Technik Standorten in ausgewählten Studiengängen. Sind diese Hürden genommen, erhält der Studierende mit Beginn des Studiums einen Teilzeitarbeitsvertrag in der Regel schon in einem Engineeringbereich der Lufthansa Technik. Auf diesem Wege werden die Programmteilnehmer sukzessive an Ingenieursaufgaben herangeführt und können damit das an der Hochschule erlernte Wissen direkt in der Praxis anwenden.

2.2 „Technics Students“: Ein Förderprogramm für Studierende

Das Programm „Technics Students“ besteht seit 2002 und fördert zurzeit fünfzehn kaufmännische und 91 Ingenieursstudierende. Während der Vorlesungszeit besuchen die Studierenden ausschließlich Veranstaltungen an der Hochschule, es erfolgt also keine Teilzeitbeschäftigung. Stattdessen werden in den Semesterferien regelmäßige Praxiseinsätze absolviert. Es besteht zudem die Möglichkeit, Auslandspraktika an Lufthansa Technik Standorten durchzuführen. Während der Studienzeit erhalten die Studierenden einen monatlichen Förderbetrag. Darüber hinaus stehen ihnen Mentoren und Tutoren für Planungsfragen bezüglich des Studiums oder der Praxiseinheiten zur Seite. Studieninteressierte bewerben sich direkt auf einen der angebotenen Studienplätze. Bei der Auswahl werden neben guten Schulnoten auch soziale Kompetenzen überprüft. Der Bewerbungsprozess beginnt mit einer Online-Bewerbung, woran sich ein Telefoninterview anschließt und endet mit einer erweiterten psychologischen Eignungsuntersuchung.

2.3 „Technics Talents“: Ein Förderprogramm für ehemalige Praktikanten

Das Nachwuchsprogramm „Technics Talents“ begann 2003 und hat als Zielgruppe Studierende aller Fachrichtungen, die bereits ein Praktikum bei Lufthansa Technik absolviert haben. Im Gegensatz zu den zuvor erläuterten Programmen ist die Bindung hier nicht vertraglich geregelt. Begabte Studierende sollen im Verlauf des Studiums durch die Teilnahme an „Soft-Skill“-Seminaren in ihrer beruflichen und persönlichen Weiterentwicklung begleitet und über diesen Weg der Kontakt zum Unternehmen gehalten werden. Derzeit befinden sich 149 Studierende in der Förderung. Über die Teilnahme entscheidet die Abschlussbewertung des Praktikumsbetreuers sowie eine psychologische Eignungsuntersuchung. Während der verbleibenden Studienzeit erhält der Studierende regelmäßig Informationen zu aktuellen Unternehmensentwicklungen sowie Jobangebote.

3. Forderungen an das Bildungssystem

Auf den ersten Blick ähnelt besonders die Förderung im Rahmen des „destinationBACHELOR“-Programms einer Personalentwicklungsmaßnahme. Durch eine Weiterqualifizierung der eigenen Belegschaft sollen auftretende Wissenslücken im Unternehmen geschlossen und entsprechender Personalbedarf gedeckt werden. Das Anliegen, ehemalige Auszubildende weiter zu fördern, darf ergänzend dazu jedoch nicht in Vergessenheit geraten. Es geht auch hier um eine Ausbildungsförderung, wie das bei den Programmen „Technics Students“ und „Technics Talents“ der Fall ist.

Durch eine Veränderung des Blickwinkels wird deutlich, dass ehemalige Auszubildende der Unterstützung durch ein begleitendes Programm bedürfen. Trägt sich jemand mit dem Gedanken, sein Wissen zu erweitern oder zu vertiefen, erscheint eine Begleitung im weiteren Verlauf des Bildungsvorganges äußerst sinnvoll. Wer sich erst in einem zweiten Schritt für ein Studium entscheidet, mag dieselben Bedenken empfinden, die ihn schon bei früheren Entscheidungen davon abgehalten haben. Häufig geben ehemalige Auszubildende ihr Studienvorhaben auf, weil sie auf das Studium nicht vorbereitet sind und Schwierigkeiten beim Aufeinandertreffen von Berufs- und Universitätsalltag entstehen. Das belegen auch die bisherigen Abbrecherquoten der Studierenden, die im Anschluss an die Ausbildung bei Lufthansa Technik studiert und parallel in Teilzeit weitergearbeitet haben. Hier könnte ein Konzept der „Work Based Studies“ sinnvoll helfen, das zum einen tätigkeitsbasiertes akademisches Lernen und zum anderen eine Kombination aus Coaching, Studium und Beratung als neue universitäre Dienstleistung beinhaltet (Hartmann, 2006).

Ferner sehen viele Berufsschulen ihre Aufgabe darin, den Auszubildenden lediglich mit den notwendigen Theoriekenntnissen für seine Tätigkeit im Betrieb auszustatten. Diese Einstellung kann das Niveau der Berufsschulen absinken lassen und selbst guten Abiturienten den Einstieg in die Hochschule erschweren. Gleichzeitig stellt das Gymnasium den Standardweg dar, um die (Fach-)Hochschulreife zu erlangen. Der Blick in den Universitätsalltag beweist jedoch oft, dass viele Abiturienten nicht reif für die Hochschule sind, also nicht zur vollen Studierfähigkeit ausgebildet wurden, sondern Probleme mit dem wissenschaftlichen, theoretischen Arbeiten haben. Inwiefern die Schulausbildung der Gymnasien also der einzige Weg zur Erreichung der (Fach-)Hochschulreife sein kann, erscheint auch vor diesem Hintergrund fragwürdig. Insofern ergeben sich die Probleme bei Studienbeginn nicht nur durch eine fehlende Vorbereitung an der Berufsschule, sondern auch durch Mängel in der vorangegangenen Schulbildung. Hier soll darauf hingewiesen werden, dass Berufsschulen nicht immer berechtigt waren, die Fachhochschulreife zu vergeben. Stattdessen lag und liegt ihr Schwerpunkt auf dem starken und wichtigen Praxisbezug, der auch weiterhin Vorrang haben sollte.

Daraus schlussfolgernd soll die Frage aufgeworfen werden, weshalb nur das (Fach-)Abitur als Hochschulzugangsberechtigung anerkannt wird. An einigen Berufsschulen wird bereits für Realschüler zusätzlich zum Ausbildungsabschluss eine Weiterqualifizierung zur Fachhochschulreife angeboten. Neben dem normalen Unterricht müssen die Teilnehmer zusätzlich mehrere Stunden in der Schule erscheinen, um sich in weiteren Fächern fortzubilden. Voraussetzung für die Teilnahme ist ein guter Realschulabschluss. Aus Sicht von Lufthansa Technik erscheint es sinnvoll, dieses Angebot in das Standardausbildungsprogramm für qualifizierte Realschüler zu integrieren. So würden mehr Auszubildende herausgefordert, die Hochschulzugangsberechtigung zu erwerben. Zeigt sich im Ausbildungsverlauf, dass der Einzelne damit überfordert ist, kann er selbstverständlich auf die Zusatzqualifikation verzichten. Diese Neuerung wäre ein klarer Schritt in Richtung Verkürzung der Ausbildungs- und Studienzeit und mehr Durchlässigkeit des Bildungssystems. Es sei ergänzt, dass die Initiativen des beruflichen Schulsystems, die Zusatzqualifikation anzubieten, bereits vielen Schülern eine neue Bildungschance eröffnet haben.

Allerdings kann aus derzeitiger Sicht aufgrund des Niveauunterschiedes nicht gefordert werden, dass eine Anrechnung von Lehrinhalten aus der Berufsschule für Fluggerätmechaniker oder Elektroniker für luftfahrttechnische Systeme an der Fachhochschule in den relevanten Studiengängen Maschinen- beziehungsweise Flugzeugbau oder Elektrotechnik vorgenommen wird. Anders verhält es sich beispielsweise mit Unterrichtsinhalten der Technikerschule. Wenn ein ausgelernter Elektroniker für luftfahrttechnische Systeme[1] die Weiterqualifizierung zum Techniker erfolgreich absolviert, erlangt er gleichzeitig die Fachhochschulreife. Er müsste ein sich daran anschließendes Studium in voller Länge absolvieren, womit sich die Ausbildungszeit erneut um einige Jahre verlängern würde. Aus Unternehmenssicht wäre hier jedoch eine Anrechnung bereits erbrachter Leistungen durchaus gerechtfertigt. Was bis jetzt meist als Einzelfallentscheidung geschieht, sollte als standardisiertes Verfahren eingeführt werden. Dazu bedarf es einer intensiveren Kooperation zwischen Techniker- und Fachhochschulen. So könnte ein Ingenieurstudium von Technikern in kürzerer Zeit abgeschlossen werden. Darüber hinaus wäre es aus Sicht der Lufthansa Technik sehr zu begrüßen, wenn neben den „formalen" Bildungsabschlüssen auch durch Berufspraxis erworbene berufliche Kompetenzen auf ein Hochschulstudium angerechnet werden könnten. Diese Art der Lernerfahrungen findet derzeit lediglich innerhalb unserer innerbetrieblichen Personalentwicklung Berücksichtigung, nicht jedoch an außerbetrieblichen Bildungseinrichtungen. Zusammenfassend kann angemerkt werden, dass die Berufsschule mit ihrer Praxisorientierung als komplementär zur Fachhochschule mit ihrer stärkeren Theorieorientierung zu verstehen sei. Es soll nicht angestrebt werden, das Niveau der Berufsschule derart anzuheben, dass damit die Fachhochschule ersetzt werden könnte. Dieser Ansatz würde vernachlässigen, dass die Berufsschule auch Ausbildungsort für Schüler mit Hauptschulabschluss und einem weniger guten Realabschluss sein soll. Jedoch sollte es Perspektiven für gute Realschüler geben, wie sie im Anschluss an ihre Ausbildung direkt ein Studium aufnehmen können.

Diese stärkere Durchlässigkeit des Bildungssystems würde der Unternehmensseite helfen, schneller und kostengünstiger den akuten Fachkräftemangel zu decken. Gesamtpolitisch erleichtert würde dies, wenn auf ein bundesweit geregeltes Berufsbildungssystem nicht – wie aktuell der Fall – die föderale Struktur des allgemeinen deutschen Bildungssystems treffen würde, sondern dies ebenfalls bundeseinheitlich geregelt wäre. Damit könnten Initiativen zur Erhöhung der Durchlässigkeit des deutschen Bildungssystems vereinfacht werden.

Literatur

DIW Berlin (2007): *Innovationsindikator Deutschland 2007.* Verfügbar unter: http://www.innovationsindikator.de (Zugriff am 01.06.2008).

Hartmann, Ernst (2006): Work Based Studies. Studieren in Realprojekten. *Innovation Positioning System. Dezember 2006.*

1 Die Weiterbildung zum Techniker ist auch für andere Ausbildungsberufe wie den Fluggerätmechaniker möglich.

Hornung, Claus (2005): Nachwuchs dringend gesucht. *Hamburger Wirtschaft März 2005.*

IDW (2008): Nachwuchs gesucht. *Anlage zur Pressemitteilung Nr. 10/2008 des Instituts der deutschen Wirtschaft Köln.*

Koppel, Oliver (2008): Nicht besetzbare Stellen für beruflich Hochqualifizierte in Deutschland. Ausmaß und Wertschöpfungsverluste. *IW-Trends 1/2008.*

Meyer, Peter Ulrich (2008): Nur 8 Prozent wählen Physik als Leistungskurs. *Hamburger Abendblatt.* Verfügbar unter: http://www.abendblatt.de/daten/2008/06/06/890465.html (Zugriff am 06.06.2008).

OECD (2007): *Bildung auf einen Blick 2007. OECD Briefing Notes für Deutschland.* Verfügbar unter http://www.oecd.org/dataoecd/34/39/39284171.pdf (Zugriff am 12.06.2008).

Matthias Afting und Julia Jaspers

Mit Durchlässigkeit Zukunft bewegen

1. Einführung

Mit weltweit rund 238.000 Mitarbeiterinnen und Mitarbeitern[1] sowie rund 8.100 Auszubildenden ist die Deutsche Bahn einer der größten Arbeitgeber und Ausbilder in Deutschland. Dies impliziert für das Unternehmen und sein Management eine besondere Verantwortung für die berufliche Erstqualifizierung der jungen Generation ebenso wie für eine kontinuierliche und zielgruppengerechte Weiterqualifizierung der „Professionals".

Bei den unterschiedlichen Qualifizierungsmaßnahmen innerhalb des DB-Konzerns verfolgen wir sowohl aus Sicht des Unternehmens wie aus Mitarbeitersicht das Leitprinzip der Passgenauigkeit. Passgenau qualifizieren heißt dabei vor allem, auf den Kompetenzen aufzubauen, die der Mitarbeiter zum Beispiel durch eine frühere Qualifizierung oder Berufserfahrung bereits erworben hat. Durch dieses Leitprinzip fördern wir die Durchlässigkeit in Bildungs- und Karrierepfaden und schaffen vielfältige Entwicklungswege.

So gut dieses System innerhalb eines Großkonzerns wie der Deutschen Bahn funktionieren mag, so entscheidend sind die verschiedensten Anschlussstellen und Anknüpfungspunkte dieses Systems an Qualifikationen, Zertifizierungen und Kompetenzen, die außerhalb des Systems erworben wurden und werden, seien sie national oder international. Hierfür bedarf es förderlicher politischer Rahmenbedingungen wie zum Beispiel einer klaren Regelung des Hochschulzugangs für beruflich Qualifizierte oder einer transparenten und nachvollziehbaren Anrechnung von im Ausland erworbenen Qualifikationen.

2. Wo wir stehen

2.1 Der demografische Wandel betrifft auch uns

Über den steigenden Altersdurchschnitt der Deutschen – eine nicht per se schlechte Entwicklung – gibt es vielfältige Statistiken, die in ihrer Kernaussage unisono klingen: Wir werden älter, jeder für sich und auch im Durchschnitt, weil die Geburtenrate nicht entsprechend des zunehmenden Alters steigt. Diese gesamtgesellschaftliche Entwicklung findet analog auch „im Kleinen" in deutschen Großkonzernen statt. Bei der Deutschen Bahn wird sich der Anteil der über fünfzigjährigen Mitarbeiter bis 2015 in etwa verdoppeln.

---

1 Aus Gründen der einfacheren Lesbarkeit haben wir im Text für die Bezeichnung gemischter Gruppen die grammatisch männliche Form gewählt, verstehen diese Bezeichnung aber ausdrücklich – und unserer Personalpolitik entsprechend – völlig geschlechtsneutral.

Gleichzeitig verändern sich die Anforderungen an die Mitarbeiterinnen und Mitarbeiter kontinuierlich. In vielen Bereichen steigen sie. So erfordern neue technische Komponenten wie Mikroprozessoren oder elektronische Displays ein im Vergleich zu vor zehn Jahren hohes Technikverständnis etwa bei den Triebfahrzeugführern, den Instandhaltern und den Disponenten. Diese und andere Berufsbilder der Bahn haben sich in den letzten zwanzig Jahren revolutionär gewandelt. Ebenso haben unter anderem neue Formen des Fahrkartenkaufs oder des Kundenservices dazu geführt, dass sich das Spektrum der Ausbildungsberufe bei der Deutschen Bahn verändert hat und heute zum Beispiel auch IT-Systemelektroniker oder Servicefachkräfte für Dialogmarketing ausgebildet werden.

2.2 Der Wettbewerb um die Talente wird intensiver

Seit dem Schuljahr 1995/1996 sind die Schülerzahlen rückläufig. In den neuen Bundesländern lernten im Schuljahr 2006/2007 5,1 Prozent weniger Schüler an allgemeinbildenden Schulen als noch ein Jahr zuvor (Statistisches Bundesamt, 2008a). In der Langfristperspektive gestaltet sich die Situation noch gravierender: Zwischen 2005 und 2020 geht die Gesamtzahl der Schüler an allgemeinbildenden und beruflichen Schulen von rund 12,3 Millionen auf ca. zehn Millionen Schüler zurück, was einem Rückgang von knapp zwanzig Prozent entspricht (KMK, 2007, S. 29ff.).

Die demografische Entwicklung ist jedoch nicht der einzige Grund dafür, dass der Wettbewerb um die jungen Talente anzieht. Ebenso spielt das tendenziell sinkende Niveau von Schulabgängern eine nicht unbedeutende Rolle. Hiermit ist nicht nur das Kompetenzniveau gemeint, sondern ebenso die körperliche Fitness. Die Jugendlichen von heute sind unsportlicher und dadurch vielfach dicker geworden. Auch führt zunehmendes Musik hören über Kopfhörer zu einem nachweisbar geringer werdenden Hörvermögen der Jugendlichen ebenso wie der Erwachsenen. Dies schlägt sich in sinkenden Quoten derjenigen nieder, die die Tauglichkeitsprüfungen zum Beispiel für Eisenbahner im Betriebsdienst, für Tiefbaufacharbeiter oder Gleisbauer bestehen. Mit anderen Worten: Die Entwicklungen in Demografie, Leistung und körperlicher Fitness sind für uns die wesentlichen Parameter für eine aktuelle Standortbestimmung im Bereich Ausbildung.

2.3 Die Reaktion der Deutschen Bahn auf die geänderten Rahmenbedingungen

Die Zeit, in der man mit einer dualen Ausbildung „ausgelernt" hat, ist definitiv vorbei. So lautet das wesentliche Fazit, dass die Deutsche Bahn aus der Standortbestimmung zieht. Mitarbeiter müssen sich vielmehr fortlaufend weiterqualifizieren, was nicht immer mit einem beruflichen Aufstieg verbunden sein kann und muss. Es geht um die Sicherung der „Employability", der Beschäftigungsfähigkeit der Mitarbeiter. Dazu müssen wir als Arbeitgeber zielgruppenspezifische Angebote entwickeln und bereitstellen: Angebote für den jungen Quereinsteiger, der seine Fachhochschulreife nebenberuflich nachholen will, ebenso wie Angebote für ältere und erfahrene Mitarbeiter, die mit sechzig Jahren eine neue berufliche Aufgabe übernehmen wollen. Als attraktiver Arbeitgeber müssen wir jedem unserer Mitarbeiter individuelle Entwicklungsperspektiven aufzeigen können.

2.3.1 Entwicklungswege

Um verschiedenen Mitarbeitergruppen diese Perspektiven aufzeigen zu können, hat die DB das Instrument der Entwicklungswege geschaffen. Mit den Entwicklungswegen werden mögliche Entwicklungsschritte innerhalb der Deutschen Bahn von einer Ausgangsfunktion zu weiterführenden Zielfunktionen in verschiedenen Varianten aufgezeigt. Entwicklungswege bieten somit eine Orientierung für Mitarbeiter, Vorgesetzte und das Personalmanagement. Sie beantworten aus Mitarbeitersicht zum Beispiel folgende Fragen: „Wie kann ich mich als Mechatroniker beruflich bei der Bahn weiterentwickeln?“, „Wie kann ich Disponent werden?“, „Welche Entwicklungsmöglichkeiten eröffnet mir ein Abschluss als Meister für den Bahnverkehr?“. Aber auch Fragen aus Unternehmenssicht werden beantwortet: „Wie können wir unseren zukünftigen Bedarf im Bereich Sicherungstechnik decken?“, „Durch welche Entwicklungsmöglichkeiten kann ich meine leistungsstarken Mitarbeiter binden?“. Im Augenblick gibt es 61 Entwicklungswege für 311 verschiedene Tätigkeiten.

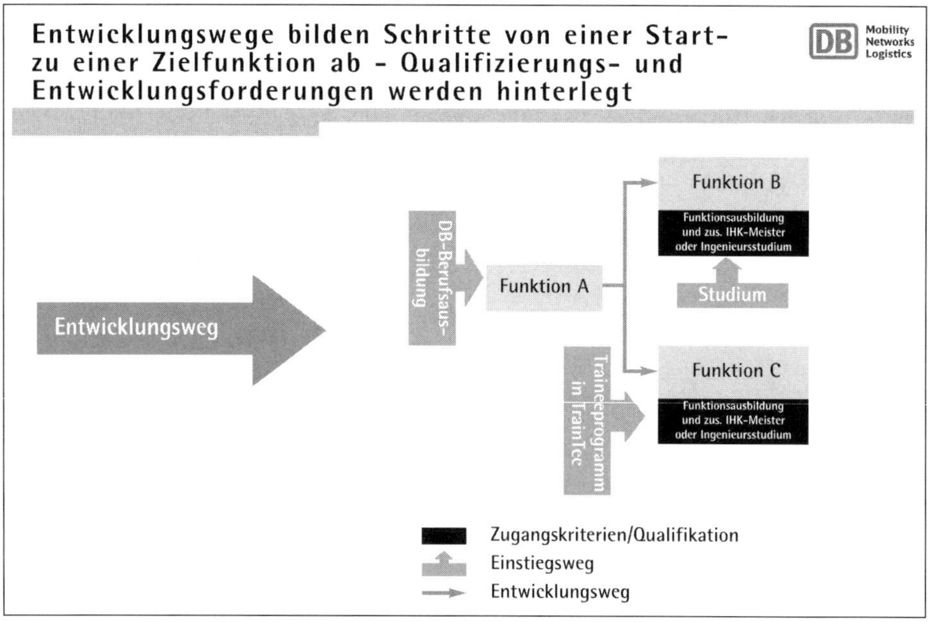

2.3.2 Akademie für internationale Mobilität

Wenn die Mitarbeiter eine Vorstellung davon haben, welche Entwicklungsperspektiven sich ihnen eröffnen und welche sie selber anstreben, ist es wichtig, diese Vision beziehungsweise dieses Ziel zeitnah mit entsprechenden konkreten Qualifizierungsangeboten zu unterlegen. Was ein Studium betrifft, so bietet die DB-eigene Akademie für internationale Mobilität – kurz AiM – hierzu vielfältige Möglichkeiten an (DB, 2008a). Initiative und eine nachhaltige Motivation der Mitarbeiter sind die Pfeiler, auf denen die AiM ihr Angebot gründet. Sie versteht sich als Informations- und Vermittlungsbörse für Weiterbildung im DB-Konzern. Die AiM selbst schließt Kooperationen mit Hochschulen im In- und Ausland, mit Fernlehrinstituten oder sonstigen Akademien.

Grundsätzlich stehen alle Studiengänge der AiM bis auf MBAs auch beruflich Qualifizierten ohne Hochschulzugangsberechtigung offen. Voraussetzung für die Studienaufnahme ist eine abgeschlossene Berufsausbildung und in der Regel eine mindestens dreijährige Berufstätigkeit.

Dank unterschiedlicher Angebote sind Beispiele wie das Folgende von Herrn M. regelmäßig im DB-Konzern zu finden: Herr M. steigt 1996 als Auszubildender zum Kaufmann für Verkehrsservice in den DB-Konzern ein. Nach der Ausbildung arbeitet er sieben Jahre als Sachbearbeiter in der Personalbetreuung mit dem Schwerpunkt Ausbildungskoordination. Parallel zu dieser Tätigkeit absolviert er ab 2005 berufsbegleitend einen Diplom-Studiengang in Betriebswirtschaftslehre. 2007 übernimmt er die Funktion des Teamleiters in der Personalbetreuung.

3. Zukunftsperspektiven für den Bildungsstandort Deutschland und die DB

Wir müssen über Bildung in Deutschland neu nachdenken. Die folgenden drei Beispiele sollen das verdeutlichen:

- Zehn Prozent unserer Schulabgänger gelten derzeit nicht als ausbildungsfähig, spezielle Einstiegsprogramme sind für sie notwendig. Diese müssen aber ineinander greifen. Ein Schüler, der bei der DB zunächst eine bis zu zwölfmonatige Berufsausbildungsvorbereitung absolviert und anschließend bei der DB in eine Berufsausbildung übernommen wird, muss derzeit noch bestimmte Bestandteile der Berufsausbildungsvorbereitung in der Berufsausbildung nochmals lernen beziehungsweise durchlaufen.
- In Frankreich kann ein Deutscher, der eine dreijährige Berufsausbildung erfolgreich absolviert hat, unmittelbar studieren, in Deutschland ist dies für ihn als Deutschen nicht oder nur mit zum Teil größeren Einschränkungen möglich.
- Auch die Spitzenbildung muss breiter gefördert werden. Die neue Exzellenzinitiative ist ein richtiger Schritt. Wir dürfen deren Tragweite aber nicht überschätzen. Die neun Exzellenzuniversitäten erhalten zusammen 210 Millionen Euro

Fördermittel pro Jahr. Die Harvard University hat allein ein Stiftungskapital von umgerechnet 22,3 Milliarden Euro und erhielt 2007 393 Millionen Euro an Stiftungsgeldern, also fast doppelt so viel wie alle deutschen Exzellenzuniversitäten zusammen (Harvard University, 2008).

Diese drei Schlaglichter veranschaulichen wesentliche Herausforderungen, für die wir, das heißt Unternehmensvertreter, Politiker und Sozialpartner, in Kürze gemeinsam praktikable Lösungen finden und umsetzen müssen.

3.1 Aufgaben für den DB-Konzern

Die Zukunft liegt für uns in der Anrechnung jeglicher beruflicher Kompetenzen auf weiterführende Bildungsmaßnahmen. Dies umfasst die Anrechnung von Kompetenzen an der Schnittstelle Berufsausbildungsvorbereitung und Berufsausbildung, innerhalb beruflicher Ausbildung zum Beispiel bei einem Wechsel des Ausbildungsgangs, von beruflicher Aus- und Fortbildung auf weiterführende Studiengänge sowie von Berufserfahrung auf eine IHK-Fortbildung, auf eine DB-spezifische Weiterbildung oder auch auf ein weiterführendes Studium.

Um dieses ehrgeizige Ziel zu erreichen, müssen wir in erster Linie Kompetenzen noch stärker als bisher zum Dreh- und Angelpunkt unserer Mitarbeiterbeurteilung und der darauf aufbauenden Qualifizierungen machen. Aus unterschiedlichen Projekten, insbesondere mit Jugendlichen, die noch nicht die notwendige Ausbildungsreife haben, haben wir gelernt, dass Zeugnisse und Schulnoten bei weitem nicht alles aussagen. Sie geben zum Beispiel keine Aussage darüber, über welche Servicekompetenzen der Jugendliche verfügt (Stodt, 2007). Kurz gesagt: Es ist unsere Aufgabe, auf Kompetenzen aufbauende Auswahl- und Bewertungssysteme, wie wir sie im Bereich der Hochschulabsolventen und „Professionals“ schon lange anwenden, noch breiter in den Bereich der Ausbildung zu übertragen. Die Herausforderung hierbei ist, dass die Ausbildung der Bereich ist, der mit Abstand die meisten Bewerbungen pro Jahr erhält, nämlich rund 60.000. Hier könnte es ein sinnvoller Weg sein, sich mit denjenigen Hochschulen auszutauschen, die Auswahlverfahren entwickelt haben, die mehr berücksichtigen als die reine Abiturnote; zum Beispiel die Universität Heidelberg, an der sich jedes Jahr rund 20.000 Personen auf nicht einmal 3.000 Studienplätze bewerben (Quelle: Universität Heidelberg, Studierendensekretariat).

Ein weiterer Schritt in Richtung Kompetenzorientierung liegt in der kompetenzorientierten Beschreibung sämtlicher Tätigkeitsprofile bei der DB. Ein besonderer Nachholbedarf findet sich auch hier im Bereich der Berufsausbildungsvorbereitung, wie jüngst als Ergebnis aus einem Projekt zur Erhöhung der Durchlässigkeit zwischen Berufsausbildungsvorbereitung und Berufsausbildung hervorgegangen ist. Die Untersuchungen, die die Deutsche Bahn im Rahmen des DECVET-Projekts des Bundesministeriums für Bildung und Forschung durchführt, zeigen, dass gerade im Bereich der Berufsausbildungsvorbereitung primär Lerninhalte definiert werden und nicht Lernergebnisse und Kompetenzen (siehe www.decvet.net).

Eine letzte, aber nicht weniger wichtige Baustelle im Zuge der Kompetenzorientierung ist die einheitliche und transparente Berücksichtigung informell erworbener Kompetenzen. Hier muss es uns gelingen, eine klar definierte und gleichzeitig wenig bürokratische Form ihrer Bewertung und Zertifizierung zu erzielen. Hierzu sollten wir uns den Weg näher anschauen, den die französischen Kollegen mit der Validation des „Acquis de l'Expérience" beschreiten (siehe www.vae.gouv.fr/; Gocke, 2007). Sobald wir diese Kompetenzen bewerten, können wir sie gleichzeitig auch auf unsere Entwicklungswege anrechnen. Somit wird es zunehmend irrelevant, in welchen Lernkontexten die jeweiligen Kompetenzen erworben wurden.

3.2 Aufgaben für die Politik

Unsere Bestrebungen für mehr Durchlässigkeit im DB-Konzern und darüber hinaus werden insbesondere dann auf fruchtbaren Boden fallen, wenn sich Politik, Bund und Länder gemeinsam folgenden drei Aufgaben annehmen und zeitnah nachhaltige Konzepte hierzu entwickeln:

- Investitionen in (frühkindliche) Bildung steigern;
- Deregulieren;
- Lebenslanges Lernen leben.

3.2.1 Investitionen erhöhen

Es ist an unterschiedlichsten Stellen von verschiedensten Personen – auch Politikern – bereits gesagt worden, dass die Hauptressource Deutschlands in den Köpfen und Händen der Einwohner des Landes steckt. Auswirkungen hatten Äußerungen dieser Art bislang hingegen kaum. Mit Blick auf den Anteil der gesamten Bildungsausgaben am Bruttoinlandsprodukt (BIP) liegt Deutschland seit vielen Jahren unter dem OECD-Durchschnitt. 2004 lag dieser Anteil in Deutschland bei 5,2 Prozent und ist damit im Vergleich zu 1995 um 0,2 Prozentpunkte gesunken (OECD, 2007). Insbesondere zeigen sich die Finanzierungsdefizite im Bereich der frühkindlichen Bildung. So betrugen die Ausgaben für frühkindliche Bildung in Deutschland laut OECD im Jahr 2004 nur rund 0,4 Prozent des BIP – im internationalen Vergleich liegt Deutschland damit im unteren Drittel. In Ländern wie Norwegen, Schweden oder Dänemark betragen die Investitionen für frühkindliche Bildung bis zu zwei Prozent des BIP (OECD, 2006).

Wenn die Jugendlichen in Erstkontakt mit einem Unternehmen treten, meistens in der Form, dass sie sich um einen Ausbildungsplatz bewerben, ist es für eine effiziente Nachsteuerung von Qualifizierungsdefiziten meistens deutlich zu spät. Hier muss die Politik einen noch stärkeren, gerade auch qualitativen Ausbau der frühkindlichen Bildung und Betreuung vorantreiben. Von den Neurowissenschaftlern wissen wir, um wie viel einfacher Kleinkinder Wissensdefizite aufholen als ihre jugendlichen Pendants (Herpertz-Dahlmann, 2006, S. 24) oder konkret wie viel einfacher es einem Dreijährigen fällt, eine Fremdsprache zu erlernen gegenüber einem Fünfzehnjährigen (siehe zum Beispiel Petitto, 2002). Wie der jüngste Arbeitgeberpreis für Bildung zum Thema „Zukunft = Bildung x $MINT^2$" zeigt, gibt es vielfältige Ansätze und Konzepte, die als Leuchtturmprojekte den Entdeckergeist von Kindern wecken und ihnen erlauben, ihre Experimentierfreude auszuleben (DB, 2008b). Hier ist es Aufgabe der Politik, solche richtungsweisenden Projekte bekannt zu machen, zu bündeln und Anreize zu ihrer Verbreiterung zu setzen.

3.2.2 Deregulieren

Eine zentrale Schraube, an der Bund und Länder drehen können, ist die Regelungsdichte. Warum weiten sich innovative Modelle zur Betreuung und Bildung von Kindern nicht aus? Ein Grund mag darin liegen, dass es sehr viel juristisches Wissen, Geduld und die richtige Höhe der Toiletten erfordert, um eine Kindertagesstätte in Deutschland zu gründen. Warum nimmt nur ein Prozent aller beruflich Qualifizierten ohne Hochschulzugangsberechtigung ein Studium auf? Weil es sechzehn unterschiedliche Regelungen für diese Bewerbergruppe gibt, die in einem 41-seitigen, fast ausschließlich von Juristen lesbaren Dokument dargestellt werden. Entscheidend für den Hochschulzugang müssen die Kompetenzen sein, die ein Bewerber mitbringt, nicht seine Abschlüsse.

Die hohe, in Teilen durch den Föderalismus begründete Regelungsdichte im Jugend- und bildungspolitischen Bereich bremst Kreativität, Innovation und Weiterbildungmotivation.

3.2.3 Lebenslanges Lernen leben

Auch zum Thema „Lebenslanges Lernen" sind bereits viele Sonntagsreden gehalten worden. An der Tatsache, dass ein Absolvent heute mit durchschnittlich 28,2 Jahren die Hochschule mit dem Examen in der Tasche verlässt (Statistisches Bundesamt, 2008b), in ein Unternehmen einsteigt und den Gedanken in sich trägt, er habe jetzt – zumindest was die wissenschaftliche Qualifizierung betrifft – ausgelernt, hat sich bislang hingegen (zu) wenig geändert. Lebenslanges Lernen heißt aus Wirtschaftssicht weniger, sich im Ruhestand noch einmal als Student im Alter mit Kunstgeschichte und Philosophie zu beschäftigen. Lebenslanges Lernen gründet vielmehr auf der Motivation, sich in einem oder mehreren Themengebieten auf dem Laufenden zu halten und bereit zu sein, Phasen des Lernens und des Arbeitens häufiger zu wechseln beziehungsweise miteinander zu kombinieren. Dazu sind zwei Dinge notwendig:

- Kürzere Erstausbildungszeiten: Dies gilt sowohl für die berufliche Qualifizierung wie für die Hochschulstudien. Durch den Bologna-Prozess konnte bei letzterem bereits ein sichtbarer Fortschritt erzielt werden. So beträgt das Durchschnittsalter der Bachelorabsolventen nur noch 25,9 Jahre (Statistisches Bundesamt, 2008b).

- Ein deutlich umfassenderes, berufsbegleitendes Weiterqualifizierungsangebot. Hier sind neben der Politik, die über Arbeitsregelungen im öffentlichen Dienst entscheidende Rahmenbedingungen für Hochschulen und deren Beschäftigte setzt, die Hochschulen selbst, aber ebenso die Kammern gefordert. Beide müssen sich auf vielfältigere Zielgruppen einstellen und ein entsprechendes Angebot entwickeln, sowohl was die Vorqualifikation als auch das Alter der Lernenden betrifft. Zu viele (öffentliche) Akteure haben das Marktpotenztial dieser neuen Zielgruppen noch nicht entdeckt, geschweige denn genutzt. Es ist davon auszugehen, dass in zehn bis fünfzehn Jahren ca. fünfzig Prozent der Masterstudiengänge berufsbegleitend absolviert werden. Unternehmen beginnen derzeit, in nicht unbeachtlicher Höhe Bachelorabsolventen einzustellen und geben diesen nach einigen Jahren Berufstätigkeit die Möglichkeit, berufsbegleitend einen Master zu machen.

Eine weitere Aufwertung lebenslangen Lernens erfolgt durch eine stärkere Wertschätzung informell erworbener Kompetenzen und damit gleichzeitiger Abkehr von einem in Deutschland nach wie vor ausgeprägten Abschluss- und Zertifikatefanatismus. Politik und Sozialpartner können hier einen Beitrag leisten, indem sie in Ausbildungsordnungen und Lehrplänen durchgängig die Lernergebnisse und nicht die Lerninhalte festschreiben und auch die Qualitätssicherung auf das Erreichen der Lernergebnisse beziehen. Gerade was den Bereich der Anrechnung von informellen Kompetenzen betrifft, ist jedoch auch eine gehörige Portion Mut und Vertrauen von der Politik gefragt: Ebenso wenig wie sich die hundertprozentige Vergleichbarkeit von Schul- oder IHK-Noten herstellen lässt, lassen sich informell erworbene Kompetenzen bis in das letzte Detail nachweisen; zumindest dann nicht, wenn ein geringerer Aufwand erreicht werden soll als beim Erwerb einer entsprechenden Vollqualifikation.

Eine weitere Aufgabe für die Politik im Zusammenhang mit der Förderung des lebenslangen Lernens durch die verbesserte Anrechnung von bereits erworbenen Kompetenzen besteht darin, die Rahmenbedingungen für eine einheitliche „Kompetenzsprache“ zu schaffen. Konkret bedeutet dies, dass es Aufgabe der Politik ist, die unterschiedlichen Partner von Einrichtungen der frühkindlichen Bildung über Unternehmen und Gewerkschaften bis hin zu Hochschulen zusammenzuführen und ihnen vielfältige Plattformen für den Austausch und die gemeinsame Entwicklung von Konzepten zu geben.

4. Zusammenfassung

Wie gezeigt, mangelt es uns nicht an kreativen Ideen und innovativen Lösungsansätzen, um auf die Herausforderungen, die der demografische Wandel und die fortschreitende Internationalisierung an uns und das deutsche Bildungssystem stellen, zu reagieren. Die Effizienz, mit der diese Ideen politisch umgesetzt werden, kann hingegen noch gesteigert werden. Dazu müssen bildungspolitische Gräben, zum Beispiel zwischen vollzeitschulischer und dualer Berufsausbildung wie aber auch zwischen dem Hochschulbereich einerseits und der Berufsausbildung andererseits, überwunden werden.

Wir als Deutsche Bahn haben zum Ziel, Zukunft zu bewegen – nicht nur auf der Schiene, der Straße in der Luft und auf See, sondern auch in der Personal- und Bildungspolitik. Hierbei ist für uns als Unternehmen sowie als gesellschaftspolitischer Akteur Durchlässigkeit der Schlüssel für eine Verbesserung des Systems. Gemeinsam kommen wir hierbei am besten ans Ziel!

Literatur

Deutsche Bahn (2008a): Leistungsportfolio der Akademie für internationale Mobilität. Verfügbar unter: www.db-training.de/site/dbtraining/de/leistungsportfolio/fernstudium/fernstudium.html (Zugriff am 17.07.2008).

Deutsche Bahn (2008b): Deutscher Arbeitgeberpreis für Bildung 2008. Verfügbar unter: http://www.db.de/site/bahn/de/unternehmen/verantwortung/jugend__bildung/arbeitgeberpreis__bildung/arbeitgeberpreis__bildung__ausschreibung__2008.html (Zugriff am 17.07.2008).

Gocke, J. (2007): Vom Europäischen zum Deutschen Qualifikationsrahmen. In: Kreklau, C. & Siegers, J. (Hrsg.): Handbuch der Aus- und Weiterbildung (183. Ergänzungslieferung, Beitrag 2915). Köln: Deutscher Wirtschaftsdienst.

Harvard University (2008): Financial report fiscal year 2007. Verfügbar unter: http://vpf-web.harvard.edu/annualfinancial (Zugriff am 17.07.2008).

Herpertz-Dahlmann, B. (2006): Kindliche Entwicklung: Wissenswertes für Eltern und andere Bezugspersonen. In: Hohenhagen, F. & Nessler, T. (Hrsg.): Wenn Geist und Seele streiken. Handbuch psychische Gesundheit. München: Südwest Verlag. S. 20-36.

Kultusministerkonferenz (2007): Vorausberechnung der Schüler und Absolventenzahlen 2005 bis 2020. Statistische Veröffentlichungen der Kultusministerkonferenz, Nr. 182, Mai 2007.

OECD (2006): Starting Strong II. Verfügbar unter: http://www.oecd.org/document/63/0,3343,fr_2649_39263231_37416703_1_1_1_1,00.html (Zugriff am 17.07.2008).

OECD (2007): Bildung auf einen Blick. Verfügbar unter: http://www.bmbf.de/pub/bildung_auf_einen_blick_07_wesentliche_aussagen.pdf (Zugriff am 17.07.2008).

Petitto, L.-A. (2002): Bilingual Babies' Maturational and Linguistic Milestones as a Function of their Age of First Exposure to Two Languages. Verfügbar unter: http://science.orf.at/science/news/61326 (Zugriff am 17.07.2008).

Statistisches Bundesamt (2008a): In allgemeinbildenden Schulen niedrigste Schülerzahl seit 1992. Verfügbar unter: http://www.destatis.de/jetspeed/portal/cms/Sites/destatis/Internet/DE/Content/Statistiken/BildungForschungKultur/Schulen/Aktuell,templateId=render Print.psml (Zugriff am 17.07.2008).

Statistisches Bundesamt (2008b): Bestandene Prüfungen Prüfungsgruppen, Geschlecht und Durchschnittsalter. Verfügbar unter: http://www.destatis.de/jetspeed/portal/cms/Sites/destatis/Internet/DE/Content/Statistiken/BildungForschungKultur/Hochschulen/Tabellen/Content50/BestandenePruefungenGruppen,templateId=renderPrint.psml (Zugriff am 17.07.2008).

Stodt, U. (2007): Generation kann nix – oder warum es sich lohnt, zweimal hinzuschauen. Personalführung, 10, S. 44-51.

Verzeichnis der Autorinnen und Autoren

Christoph Affeld
ACQUIN (Akkreditierungs-, Certifizierungs- und Qualitätssicherungs-Institut)
c/o Universität Bayreuth
95440 Bayreuth
Telefon: 0921 55-4852
E-Mail: affeld@acquin.org

Dr. Matthias Afting
Personal- und Bildungsstrategie
DB Mobility Logistics AG
Potsdamer Platz 2
10785 Berlin
Telefon: 030 297-61337
E-Mail: matthias.afting@bahn.de

Dr. Werner Altmann
Kölsch & Altmann Software & Management Consulting GmbH
Perlacher Str. 21
81539 München
Telefon: 089 651071-10
E-Mail: wa@koelsch-altmann.de

Prof. Dr. Erich Barthel
Frankfurt School of Finance & Management
Sonnemannstraße 9-11
60314 Frankfurt am Main
Telefon: 069 154008-207
E-Mail: e.barthel@frankfurt-school.de

Prof. Dr. jur. Axel Benning
Fachhochschule Bielefeld
Universitätsstrasse 25
33615 Bielefeld
Telefon: 0521 106-3748
E-Mail: benning@fh-bielefeld.de

Inge Bergmann-Tyacke, MPhil, BSc
KomPASS – Kompetenzentwicklung im Gesundheits- und Sozialbereich
Fachhochschule Bielefeld
Wilhelm-Bertelsmann-Straße 10
33609 Bielefeld
Telefon: 0521 106-7268
E-Mail: ibergmann-tyacke@fh-bielefeld.de

Dr.-Ing. Regina Beuthel
ProIT Professionals
Institut für Soziologie, TU Darmstadt
Residenzschloss
64283 Darmstadt
Telefon: 06151 166759
E-Mail: info@proit-professionals.de

Sandra Bick
University of Applied Sciences
RheinAhrCampus Remagen
Fachbereich Betriebs- und Sozialwirtschaft – Logistik & E-Business
Südallee 2
53424 Remagen
Telefon: 02642 932-452
E-Mail: bick@rheinahrcampus.de

Prof. Dr. Mathias Bonse-Rohmann
Fachhochschule Bielefeld
Fachbereich Wirtschaft und Gesundheit
Am Stadtholz 24
33609 Bielefeld
Telefon: 0521 106-7545
E-Mail: mathias.bonse-rohmann@fh-bielefeld.de

Elisabeth Bublitz
Lufthansa Technik AG
Zentrale Ausbildungskoordination
Weg beim Jäger 193
22335 Hamburg
Telefon: 040 5070 4272
E-Mail: elisabeth.bublitz@lht.dlh.de

Dr. Regina Buhr
VDI/VDE Innovation + Technik GmbH
Steinplatz 1
10623 Berlin
Telefon: 030 310078-109
E-Mail: buhr@vdivde-it.de

Prof. Dr. Heiko Burchert
Fachhochschule Bielefeld
Fachbereich Wirtschaft und Gesundheit
Am Stadtholz 24
33609 Bielefeld
Telefon: 0521 106-7435
E-Mail: heiko.burchert@fh-bielefeld.de

Dr. Martin Bütow
Haus der Wirtschaft Bildungszentrum gGmbH Stralsund
Lindenallee 63
18437 Stralsund
Telefon: 03831 477-364
E-Mail: buetow@hdw-bildungszentrum.de

Dr. Knut Diekmann
Grundsatzfragen, Weiterbildungspolitik
DIHK – Deutscher Industrie- und Handelskammertag e.V.
Breite Straße 29
10178 Berlin
Telefon: 030 20308-2521
E-Mail: diekmann.knut@dihk.de

Prof'in Dr. Sabine Doering
Carl von Ossietzky Universität Oldenburg
Fakultät III Sprach- und Kulturwissenschaften
Institut für Germanistik
Ammerländer Heerstraße 114-118
26129 Oldenburg
Telefon: 0441 798-4742
E-Mail: vizepraesidentin@uni-oldenburg.de

Dr. rer. oec. Dieter Dohmen
FiBS – Forschungsinstitut für Bildungs- und Sozialökonomie
Reinhardtstr. 31
10117 Berlin
Telefon: 030 8471223-0
E-Mail: d.dohmen@fibs.eu

Dr. Barbara Dorn
Abteilungsleiterin
Bildung / Berufliche Bildung
BDA Bundesvereinigung der Deutschen Arbeitgeberverbände
Haus der Deutschen Wirtschaft,
Breite Straße 29
10178 Berlin
Telefon: 030 2033-1501
E-Mail: B.Dorn@arbeitgeber.de

Dr. Werner Dostal
bis 2005 Forschungsbereich Berufs- und Qualifikationsforschung
Institut für Arbeitsmarkt- und Berufsforschung (IAB) der Bundesagentur für Arbeit (BA)
seitdem freiberuflich tätig
Dr. Werner Dostal
Cuxhavener Str. 9
90425 Nürnberg
Telefon: 0911 341927
E-Mail: werner.dostal@gmx.de

Dr. Michael Ehrke
IG Metall Vorstand
Ressort Bildungs- und Qualifizierungspolitik
60519 Frankfurt
Telefon: 069 6693-2861
E-Mail: michael.ehrke@igmetall.de

Andreas Eylert
Leuphana Universität Lüneburg
Fakultät I – Bildungs-, Kultur- und Sozialwissenschaften
Rotenbleicher Weg 67
21335 Lüneburg
Telefon: 04131 6777952
E-Mail: eylert@uni.leuphana.de

Eckhard Ficker
SMA Solar Technology AG
Personalmanagement
Sonnenallee 1
34266 Niestetal
Telefon: 0561 9522-2710
Fax: 0561 9522-2746
E-Mail: Eckhard.Ficker@SMA.de

Dr. Walburga Freitag
HIS Hochschul-Informations-System GmbH
Goseriede 9
30159 Hannover
Telefon: 0511 1220292
E-Mail: Freitag@his.de

Prof. Dr.-Ing. Hans-Heinrich Gatzen
Institut für Mikrotechnologie
Produktionstechnisches Zentrum Hannover
Leibniz Universität Hannover
30823 Garbsen
Telefon: 0511 762-5103
E-Mail: gatzen@imt.uni-hannover.de

Dr. Willi B. Gierke
Wolfgang Schulenberg-Institut für
Bildungsforschung und
Erwachsenenbildung an
der Universität Oldenburg
Ammerländer Heerstraße 121
26129 Oldenburg
Telefon: 0441 798-4889
E-Mail: w.b.gierke@uni-oldenburg.de

Prof'in Dr. Anke Hanft
Carl von Ossietzky Universität Oldenburg
Ammerländer Heerstraße 114-118
26129 Oldenburg
Telefon: 0441 798-2743
E-Mail: anke.hanft@uni-oldenburg.de

Prof. Dr.-Ing. Uwe Hansen
Logistics and Transport
University of Applied Sciences
RheinAhrCampus Remagen
Südallee 2
53424 Remagen
Telefon: 02642 932-304
E-Mail: hansen@rheinahrcampus.de

Prof. Dr. Ernst A. Hartmann
VDI/VDE Innovation + Technik GmbH
Steinplatz 1
10623 Berlin
Telefon: 030 310078-231
E-Mail: hartmann@vdivde-it.de

Kornelia Haugg
Bundesministerium für Bildung und
Forschung
Abteilung 3 Berufliche Bildung;
Lebenslanges Lernen
Hannoversche Straße 28-30
10115 Berlin
Telefon: 030 1857-5200
E-Mail: Kornelia.Haugg@bmbf.bund.de

Dr. Robert Helmrich
Bundesinstitut für Berufsbildung (BIBB)
Arbeitsbereich 2.2 „Qualifikation,
berufliche Integration und Erwerbstätigkeit"
Robert-Schuman-Platz 3
53175 Bonn
Telefon: 0228 107-1132
E-Mail: helmrich@bibb.de

Dr.-Ing. Petra Hennecke
Technische Universität Ilmenau
PF 10 05 65
98684 Ilmenau
Telefon: 03677 692779
E-Mail: petra.hennecke@tu-ilmenau.de

Prof'in Dr. Angelika Henschel
Leuphana Universität Lüneburg
Fakultät I – Bildungs-, Kultur- und,
Sozialwissenschaften
Rotenbleicher Weg 67
21335 Lüneburg
Telefon: 04131 6777826
E-Mail: henschel@uni.leuphana.de

Peter van der Hijden
Europäische Kommission
1049 Brüssel
Belgien
Telefon: 0032 2 2965229
E-Mail: peter.van-der-hijden@ec.europa.eu

Prof. Dr.-Ing. Ulrich Hoffmann
Fachhochschule Aachen
Ginsterweg 1
52428 Jülich
Telefon: 0241 6009-53040
E-Mail: uhoffmann@fh-aachen.de

Julia Jaspers
Nachwuchssicherung und
Personalentwicklung
DB Mobility Logistics AG
Lennéstraße 5
10785 Berlin
Telefon: 030 297-60130
E-Mail: julia.jaspers@bahn.de

Prof'in Dr. phil. Barbara Knigge-Demal
Fachhochschule Bielefeld
Pflegewissenschaft mit dem Schwerpunkt
Pflegedidaktik
Am Stadtholz 24
33609 Bielefeld
Telefon: 09521 106-7420
E-Mail: barbara.knigge-demal
@fh-bielefeld.de

Joachim Koch-Bantz
Deutscher Gewerkschaftsbund (DGB)
Bundesvorstand Bereich Bildung, Qualifizierung, Forschung
Postfach 110372
10833 Berlin
Telefon: 030 24060-288
E-Mail: Joachim.Koch-Bantz@dgb.de

Manfred Kremer
Bundesinstitut für Berufsbildung (BIBB)
Robert-Schuman-Platz 3
53175 Bonn
Telefon: 0228 107-0
E-Mail: schneider@bibb.de

Jan Kuper
Projektmanagement „IHK Die Weiterbildung“ Bereich Berufliche Bildung, Bildungspolitik
DIHK – Deutscher Industrie- und Handelskammertag e.V.
Breite Straße 29
10178 Berlin
Telefon: 030 20308-2575
E-Mail: kuper.jan@dihk.de

Dr. Stephan Kyas
Georg-Eckert-Institut für internationale Schulbuchforschung
Celler Straße 3
38114 Braunschweig
E-Mail: kyas@gei.de

Dr. Barbara Light
Institute for Work Based Learning
Middlesex University
Trent Park, Bramley Road
London N14 4YZ
Telefon: +44 208 411-6168
E-Mail: http://www.mdx.ac.uk/wbl/

Claudia Loroff
VDI/VDE Innovation + Technik GmbH
Steinplatz 1
10623 Berlin
Telefon: 030 310078-166
E-Mail: loroff@vdivde-it.de

Heike Mammen
Technische Universität Ilmenau
PF 10 05 65
98684 Ilmenau
Telefon: 03677 694583
E-Mail: heike.mammen@tu-ilmenau.de

Thomas Mattes
Management Research Centre
Sonnemannstr. 9-11
60314 Frankfurt
Telefon: 069 154008-744
E-Mail: t.mattes@frankfurt-school.de

Prof'in Dr. Rita Meyer
Universität Trier
Fachbereich I Pädagogik – Abteilung Weiterbildung
Universitätsring 15
54296 Trier
Telefon: 0651 201-2379
E-Mail: rmeyer@uni-trier.de

Karl-Heinz Minks
HIS Hochschul-Informations-System GmbH
Goseriede 9
30159 Hannover
Telefon: 0511 1220-203
E-Mail: minks@his.de

Kerstin Mucke
Bundesinstitut für Berufsbildung (BIBB)
Robert-Schuman-Platz 3
53175 Bonn
Telefon: 0228 107-1325
E-Mail: mucke@bibb.de

Dipl.-Kaufmann (FH) Christof Müller
Fachhochschule Bielefeld
Fachbereich Wirtschaft
Universitätsstrasse 25
33615 Bielefeld
Telefon: 0521 106-3736
E-Mail: christof.mueller@fh-bielefeld.de

Ass. jur. Susanne Müller
Abteilung Bildung/Berufliche Bildung
BDA Bundesvereinigung der Deutschen Arbeitgeberverbände
Haus der Deutschen Wirtschaft
Breite Straße 29
10178 Berlin
Telefon: 030 2033-1512
E-Mail: S.Mueller@arbeitgeber.de

Prof. Dr. Wilfried Müller
Hochschulrektorenkonferenz
Ahrstraße 39
53175 Bonn
Telefon: 0228 887-0
E-Mail: mueller@hrk.de

Dr. Wolfgang Müskens
Carl von Ossietzky Universität Oldenburg
Fakultät I – Bildungs- und Sozialwissenschaften, Arbeitsbereich Weiterbildung und Bildungsmanagement
26111 Oldenburg
Telefon: 0441 798-4319
E-Mail: wolfgang.mueskens@uni-oldenburg.de

Elke Niemann
Lufthansa Technik AG
Zentrale Ausbildungskoordination
Weg beim Jäger 193
22335 Hamburg
Telefon: 040 5070 4272
E-Mail: Elke.Niemann@lht.dlh.de

Dr. Rita Nikolai
Wissenschaftszentrum Berlin für Sozialforschung
Reichpietschufer 50
10785 Berlin
Telefon: 030 25491-522
E-Mail: Rita.Nikolai@wzb.eu

Anke Pannier
Alice-Salomon-Fachhochschule Berlin
Alice Salomon Platz 5
12627 Berlin
Telefon: 030 99245342
E-Mail: pannier@asfh-berlin.de

Florian Pape
Institut für Mikrotechnologie
Produktionstechnisches Zentrum Hannover
Leibniz Universität Hannover
30823 Garbsen
Telefon: 0511 762-5484
E-Mail: pape@imt.uni-hannover.de

Christian Plattner
Personal und Ausbildung (Bfe CP)
Kühne + Nagel (AG & Co.) KG
Ludwig-Erhard-Allee 40
33719 Bielefeld
Telefon: 0521 9203-1160
E-Mail: christian.plattner@kuehne-nagel.com

Kai Alexander Quante
EVES Information Technology AG
Obergstr. 2
38102 Braunschweig
Telefon: 0531 123129-0
E-Mail: kai.alexander.quante@eves-it.de

Sandra Rohner
VDI/VDE Innovation + Technik GmbH
Steinplatz 1
10623 Berlin
Telefon: 030 310078-174
E-Mail: rohner@vdivde-it.de

Dr.-Ing. Christine Ruffert
Institut für Mikrotechnologie
Produktionstechnisches Zentrum Hannover
Leibniz Universität Hannover
30823 Garbsen
Telefon: 0511 762-4034
E-Mail: ruffert@imt.uni-hannover.de

Margret Schermutzki
Fachhochschule Aachen
Zentrale Qualitätsentwicklung
Bereich Bologna/Akkreditierung
Hohenstaufenallee 10
52064 Aachen
Telefon: 0241 6009-51901
E-Mail: schermutzki@fh-aachen.de

Dipl.-Psych. Mirko Schürmann
Fachhochschule Bielefeld
Fachbereich Gesundheit und Wirtschaft
Am Stadtholz 24
33609 Bielefeld
Telefon: 0521 106-7279
E-Mail: mirko.schuermann@fh-bielefeld.de

Dr. Mario Stephan Seger
TU Darmstadt
Institut für Soziologie
Residenzschloss
64283 Darmstadt
Telefon: 06151 166759
E-Mail: seger@ifs.tu-darmstadt.de

Ida Stamm-Riemer
HIS Hochschul-Informations-System GmbH
Goseriede 9
30159 Hannover
Telefon: 0511 1220-225
E-Mail: Stamm@his.de

Michael Thielen
Bundesministerium für Bildung und Forschung
Hannoversche Straße 28-30
10115 Berlin
Telefon: 030 1857-5032
E-Mail: Michael.Thielen@bmbf.bund.de

Sabine Vollmer
Entwicklungsberatung & Veranstaltungsmanagement
Volkswagen Financial Services AG
Brieffach B-PWE
Schmalbachstraße 1
38093 Braunschweig
Telefon: 0531 212-4309
E-Mail: sabine.vollmer@vwfs.com

Prof. Dr. phil. habil. Andrä Wolter
TU Dresden
Fakultät Erziehungswissenschaften
01062 Dresden
Telefon: 0351 46337-646
E-Mail: andrae.wolter@tu-dresden.de